浙江改革开放四十年研究系列

# 文化发展

## 浙江的探索与实践

陈立旭 ◎ 著

中国社会科学出版社

图书在版编目(CIP)数据

文化发展：浙江的探索与实践/陈立旭著.—北京：中国社会科学出版社，2018.10（2022.8重印）

（浙江改革开放四十年研究系列）

ISBN 978-7-5203-3370-2

Ⅰ.①文⋯　Ⅱ.①陈⋯　Ⅲ.①文化事业—建设—研究—浙江　Ⅳ.①G127.55

中国版本图书馆 CIP 数据核字（2018）第 237557 号

| 出 版 人 | 赵剑英 |
|---|---|
| 责任编辑 | 徐沐熙 |
| 责任校对 | 郝阳洋 |
| 责任印制 | 王　超 |

| 出　　版 | 中国社会科学出版社 |
|---|---|
| 社　　址 | 北京鼓楼西大街甲 158 号 |
| 邮　　编 | 100720 |
| 网　　址 | http：//www.csspw.cn |
| 发 行 部 | 010-84083685 |
| 门 市 部 | 010-84029450 |
| 经　　销 | 新华书店及其他书店 |

| 印　　刷 | 北京君升印刷有限公司 |
|---|---|
| 装　　订 | 廊坊市广阳区广增装订厂 |
| 版　　次 | 2018 年 10 月第 1 版 |
| 印　　次 | 2022 年 8 月第 4 次印刷 |

| 开　　本 | 710×1000　1/16 |
|---|---|
| 印　　张 | 27.25 |
| 字　　数 | 401 千字 |
| 定　　价 | 109.00 元 |

凡购买中国社会科学出版社图书，如有质量问题请与本社营销中心联系调换

电话：010-84083683

版权所有　侵权必究

# 浙江省文化研究工程指导委员会

主　任：车　俊

副主任：葛慧君　郑栅洁　陈金彪　周江勇
　　　　成岳冲　陈伟俊　邹晓东

成　员：胡庆国　吴伟平　蔡晓春　来颖杰
　　　　徐明华　焦旭祥　郭华巍　徐宇宁
　　　　鲁　俊　褚子育　寿剑刚　盛世豪
　　　　蒋承勇　张伟斌　鲍洪俊　许　江
　　　　蔡袁强　蒋国俊　马晓晖　张　兵
　　　　马卫光　陈　龙　徐文光　俞东来
　　　　陈奕君　胡海峰

# 浙江文化研究工程成果文库总序

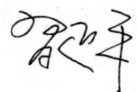

有人将文化比作一条来自老祖宗而又流向未来的河,这是说文化的传统,通过纵向传承和横向传递,生生不息地影响和引领着人们的生存与发展;有人说文化是人类的思想、智慧、信仰、情感和生活的载体、方式和方法,这是将文化作为人们代代相传的生活方式的整体。我们说,文化为群体生活提供规范、方式与环境,文化通过传承为社会进步发挥基础作用,文化会促进或制约经济乃至整个社会的发展。文化的力量,已经深深熔铸在民族的生命力、创造力和凝聚力之中。

在人类文化演化的进程中,各种文化都在其内部生成众多的元素、层次与类型,由此决定了文化的多样性与复杂性。

中国文化的博大精深,来源于其内部生成的多姿多彩;中国文化的历久弥新,取决于其变迁过程中各种元素、层次、类型在内容和结构上通过碰撞、解构、融合而产生的革故鼎新的强大动力。

中国土地广袤、疆域辽阔,不同区域间因自然环境、经济环境、社会环境等诸多方面的差异,建构了不同的区域文化。区域文化如同百川归海,共同汇聚成中国文化的大传统,这种大传统如同春风化雨,渗透于各种区域文化之中。在这个过程中,区域文化如同清溪山泉潺潺不息,在中国文化的共同价值取向下,以自己的独特个性支撑着、引领着本地经济社会的发展。

从区域文化入手,对一地文化的历史与现状展开全面、系统、扎实、有序的研究,一方面可以藉此梳理和弘扬当地的历史传统和文化资源，繁荣和丰富当代的先进文化建设活动，规划和指导未来的文化发展蓝图，增强文化软实力，为全面建设小康社会、加快推进社会主义现代化提供思想保证、精神动力、智力支持和舆论力量；另一方面，这也是深入了解中国文化、研究中国文化、发展中国文化、创新中国文化的重要途径之一。如今，区域文化研究日益受到各地重视，成为我国文化研究走向深入的一个重要标志。我们今天实施浙江文化研究工程，其目的和意义也在于此。

千百年来，浙江人民积淀和传承了一个底蕴深厚的文化传统。这种文化传统的独特性，正在于它令人惊叹的富于创造力的智慧和力量。

浙江文化中富于创造力的基因，早早地出现在其历史的源头。在浙江新石器时代最为著名的跨湖桥、河姆渡、马家浜和良渚的考古文化中，浙江先民们都以不同凡响的作为，在中华民族的文明之源留下了创造和进步的印记。

浙江人民在与时俱进的历史轨迹上一路走来，秉承富于创造力的文化传统，这深深地融汇在一代代浙江人民的血液中，体现在浙江人民的行为上，也在浙江历史上众多杰出人物身上得到充分展示。从大禹的因势利导、敬业治水，到勾践的卧薪尝胆、励精图治；从钱氏的保境安民、纳土归宋，到胡则的为官一任、造福一方；从岳飞、于谦的精忠报国、清白一生，到方孝孺、张苍水的刚正不阿、以身殉国；从沈括的博学多识、精研深究，到竺可桢的科学救国、求是一生；无论是陈亮、叶适的经世致用，还是黄宗羲的工商皆本；无论是王充、王阳明的批判、自觉，还是龚自珍、蔡元培的开明、开放，等等，都展示了浙江深厚的文化底蕴，凝聚了浙江人民求真务实的创造精神。

代代相传的文化创造的作为和精神，从观念、态度、行为方式和价值取向上，孕育、形成和发展了渊源有自的浙江地域文化传统和与时俱进的浙江文化精神，她滋育着浙江的生命力、催生着浙江的凝聚力、激发着浙江的创造力、培植着浙江的竞争力，激励着浙江人民永不自满、永不停息，在各个不同的历史时期不断地超越自我、创业奋进。

悠久深厚、意韵丰富的浙江文化传统，是历史赐予我们的宝贵财富,也是我们开拓未来的丰富资源和不竭动力。党的十六大以来推进浙江新发展的实践,使我们越来越深刻地认识到,与国家实施改革开放大政方针相伴随的浙江经济社会持续快速健康发展的深层原因,就在于浙江深厚的文化底蕴和文化传统与当今时代精神的有机结合,就在于发展先进生产力与发展先进文化的有机结合。今后一个时期浙江能否在全面建设小康社会、加快社会主义现代化建设进程中继续走在前列,很大程度上取决于我们对文化力量的深刻认识、对发展先进文化的高度自觉和对加快建设文化大省的工作力度。我们应该看到,文化的力量最终可以转化为物质的力量,文化的软实力最终可以转化为经济的硬实力。文化要素是综合竞争力的核心要素,文化资源是经济社会发展的重要资源,文化素质是领导者和劳动者的首要素质。因此,研究浙江文化的历史与现状,增强文化软实力,为浙江的现代化建设服务,是浙江人民的共同事业,也是浙江各级党委、政府的重要使命和责任。

2005年7月召开的中共浙江省委十一届八次全会,作出《关于加快建设文化大省的决定》,提出要从增强先进文化凝聚力、解放和发展生产力、增强社会公共服务能力入手,大力实施文明素质工程、文化精品工程、文化研究工程、文化保护工程、文化产业促进工程、文化阵地工程、文化传播工程、文化人才工程等"八项工程",实施科教兴国和人才强国战略,加快建设教育、科技、卫生、体育等"四个强省"。作为文化建设"八项工程"之一的文化研究工程,其任务就是系统研究浙江文化的历史成就和当代发展,深入挖掘浙江文化底蕴、研究浙江现象、总结浙江经验、指导浙江未来的发展。

浙江文化研究工程将重点研究"今、古、人、文"四个方面,即围绕浙江当代发展问题研究、浙江历史文化专题研究、浙江名人研究、浙江历史文献整理四大板块,开展系统研究,出版系列丛书。在研究内容上,深入挖掘浙江文化底蕴,系统梳理和分析浙江历史文化的内部结构、变化规律和地域特色,坚持和发展浙江精神;研究浙江文化与其他地域文化的异同,厘清浙江文化在中国文化中的地位和相互影响的关系;围绕浙江生动的当代实践,深入解读浙江现象,总结浙江经验,指导浙江发展。在研究力量上,通过课题组织、出版资助、重点研究基地建设、加强省内外大院名校合作、整合各地各部门力量等途径，形成上下联动、学界互动的整体合力。在成果运用上，注重研究成果的学术价值和应用价值，充分发挥其认识世界、传承文明、创新理论、咨政育人、服务社会的重要作用。

我们希望通过实施浙江文化研究工程，努力用浙江历史教育浙江人民、用浙江文化熏陶浙江人民、用浙江精神鼓舞浙江人民、用浙江经验引领浙江人民，进一步激发浙江人民的无穷智慧和伟大创造能力，推动浙江实现又快又好发展。

今天，我们踏着来自历史的河流，受着一方百姓的期许，理应负起使命，至诚奉献，让我们的文化绵延不绝，让我们的创造生生不息。

2006 年 5 月 30 日于杭州

# 浙江文化研究工程(第二期)序

*车俊*

  文化是一个国家、一个民族的灵魂。文化兴国运兴，文化强民族强。没有高度的文化自信，没有文化的繁荣昌盛，就没有中华民族伟大复兴。文化研究肩负着继承文化传统、推动文化创新、激发文化自觉、增强文化自信的历史重任和时代担当。

  浙江是中华文明的重要发祥地，文源深、文脉广、文气足。悠久深厚、意蕴丰富的浙江文化传统，是浙江改革发展最充沛的养分、最深沉的力量。2003年，时任浙江省委书记的习近平同志作出了"八八战略"重大决策部署，明确提出要"进一步发挥浙江的人文优势，积极推进科教兴省、人才强省，加快建设文化大省"。2005年，作为落实"八八战略"的重要举措，习近平同志亲自谋划实施浙江文化研究工程，并亲自担任指导委员会主任，提出要通过实施这一工程，用浙江历史教育浙江人民、用浙江文化熏陶浙江人民、用浙江精神鼓舞浙江人民、用浙江经验引领浙江人民。

  12年来，历届省委坚持一张蓝图绘到底，一年接着一年干，持续深入推进浙江文化研究工程的实施。全省哲学社会科学工作者积极响应、踊跃参与，将毕生所学倾注于一功，为工程的顺利实施提供了强大智力支持。经过这些年的艰苦努力和不断积淀，第一期"浙江文化研究工程"圆满完成了规划任务。通过实施第一期"浙江文化研究工程"，一大批优秀学术研究成果涌现出来，一大批优秀哲学社会科学人才成长起来，我省哲学社会科学研究水平站上了新高度，这不仅为优秀传统文化创造性转化、创新性发展作出了浙江探索，也为加快构建中国特色哲学社会科学提供了浙江素材。可以说，浙江文化研究工程，已经成为浙江文化大省、文化强省建设的有力抓手，成为浙江社会主义文化建设的一块"金字招牌"。

新时代，历史变化如此深刻，社会进步如此巨大，精神世界如此活跃，文化建设正当其时，文化研究正当其势。党的十九大深刻阐明了新时代中国特色社会主义文化发展的一系列重大问题，并对坚定文化自信、推动社会主义文化繁荣兴盛作出了全面部署。浙江省第十四次党代会也明确提出"在提升文化软实力上更进一步、更快一步，努力建设文化浙江"。在承接第一期成果的基础上，实施新一期浙江文化研究工程，是坚定不移沿着"八八战略"指引的路子走下去的具体行动，是推动新时代中国特色社会主义文化繁荣兴盛的重大举措，也是建设文化浙江的必然要求。新一期浙江文化研究工程将延续"今、古、人、文"的主题框架，通过突出当代发展研究、历史文化研究、"浙学"文化阐述三方面内容，努力把浙江历史讲得更动听、把浙江文化讲得更精彩、把浙江精神讲得更深刻、把浙江经验讲得更透彻。

新一期工程将进一步传承优秀文化，弘扬时代价值，提炼浙江文化的优秀基因和核心价值，推动优秀传统文化基因和思想融入经济社会发展之中，推动文化软实力转化为发展硬实力。

新一期工程将进一步整理文献典籍，发掘学术思想，继续对浙江文献典籍和学术思想进行系统梳理，对濒临失传的珍贵文献和经典著述进行抢救性发掘和系统整理，对历代有突出影响的文化名家进行深入研究，帮助人们加深对中华思想文化宝库的认识。

新一期工程将进一步注重成果运用，突出咨政功能，深入阐释红船精神、浙江精神，积极提炼浙江文化中的治理智慧和思想，为浙江改革发展提供学理支持。

新一期工程将进一步淬炼"浙学"品牌，完善学科体系，不断推出富有主体性、原创性的研究成果，切实提高浙江学术的影响力和话语权。

文化河流奔腾不息，文化研究逐浪前行。我们相信，浙江文化研究工程的深入实施，必将进一步满足浙江人民的精神文化需求，滋养浙江人民的精神家园，夯实浙江人民文化自信和文化自觉的根基，激励浙江人民坚定不移沿着习近平总书记指引的路子走下去，为高水平全面建成小康社会、高水平推进社会主义现代化建设凝聚起强大精神力量。

# 目　录

导　论 …………………………………………………………（1）

**第一章　发展先进文化的浙江探索与实践** ………………（18）
　　第一节　加快建设文化大省与发展先进文化的
　　　　　　高度自觉 ……………………………………（18）
　　第二节　发展先进文化先行探索与实践的顶层设计 ………（54）
　　第三节　从加快建设文化大省到努力建设文化浙江 ………（63）

**第二章　与时俱进地培育和弘扬浙江精神** ………………（89）
　　第一节　浙江精神与浙江现象 …………………………（89）
　　第二节　与时俱进地弘扬浙江精神 ……………………（115）
　　第三节　秉持浙江精神勇立潮头 ………………………（124）
　　第四节　培育和弘扬浙江精神的经验与启示 ……………（139）

**第三章　推动文化体制机制改革创新** ……………………（146）
　　第一节　文化体制改革从试点到全面铺开的历程 ………（147）
　　第二节　积极稳妥推进宏观文化管理体制改革 …………（185）
　　第三节　微观层面改革：培育和打造新型文化主体 ……（203）
　　第四节　文化体制改革的经验和启示 …………………（228）

**第四章　加快推进公共文化服务体系建设** ………………（236）
　　第一节　公共文化服务改革与发展的历程 ………………（237）

第二节　加大公共文化服务体系建设投入 …………………（256）
　　第三节　加强公共文化服务惠民力度 ………………………（262）
　　第四节　创新公共文化服务发展的体制机制 ………………（296）
　　第五节　加快公共文化服务发展的经验与启示 ……………（313）

**第五章　增强文化产业整体实力和竞争力** ……………………（321）
　　第一节　发展文化产业的探索与实践历程 …………………（322）
　　第二节　推动文化产业区块和园区发展 ……………………（360）
　　第三节　培育和打造文化产业发展主力军 …………………（372）
　　第四节　推动文化产业转型发展 ……………………………（385）
　　第五节　发展文化产业的经验与启示 ………………………（405）

**主要参考文献** ……………………………………………………（416）

**后　记** ……………………………………………………………（421）

# 导　　论

　　党的十八大以来，习近平站在实现中华民族伟大复兴中国梦的高度上，系统阐发了文化和文化建设的地位、作用和意义。他一再强调，文化是一个国家、一个民族的灵魂。文化兴国运兴，文化强民族强。没有高度的文化自信，没有文化的繁荣兴盛，就没有中华民族的伟大复兴。"一个民族的复兴不仅需要强大的物质力量，也需要强大的精神力量。没有先进文化的积极引领，没有人民精神世界的极大丰富，没有民族精神力量的不断增强，一个国家、一个民族不可能屹立于世界民族之林。"[①] 文化自信，是更基础、更广泛、更深厚的自信，是中华民族生生不息、走向复兴的深厚底蕴，是发展中国特色社会主义的精神支撑。正是基于对文化力量、对文化建设地位和作用的深入思考和认识，习近平全面回答了在新的时代条件下以什么样的立场和态度对待文化、用什么样的思路和举措发展文化、朝着什么样的方向和目标推进文化建设等重大理论和现实问题。他从中国特色社会主义文化建设的总体目标、指导思想、主要内容、重要部署等方面，系统地描绘了中国特色社会主义文化发展道路的蓝图，在新的历史方位上提出了文化建设的新构思，集中体现了在新的时代条件下对中华民族优秀文化、革命文化和社会主义先进文化的传承弘扬和创新发展，为全球文化的发展贡献了中国智慧、中国方案。

　　习近平新时代中国特色社会主义文化思想有其深刻的历史逻辑、

---

[①] 中共中央文献研究室编：《习近平关于社会主义文化建设论述摘编》，中央文献出版社2017年版，第7页。

理论逻辑和实践逻辑。这个思想的重要观点和论断，很多都源于习近平在浙江工作期间的思考与实践，都能在浙江发现原点、找到根源。他从人民群众改革开放的生动实践中，认识到了滋育着浙江生命力、催生着浙江凝聚力、激发着浙江创造力、培植着浙江竞争力的文化力量。改革开放以来，浙江在政策并无特殊、陆域资源并不丰富的情况下，赢得了经济发展和体制创新的先发优势，成为全国经济发展最好、最快和最富有活力的省份之一，其深层原因就在于浙江深厚的文化底蕴、能够较好适应市场经济的文化传统与当代精神、社会主义先进文化的有机结合。对浙江现象背后的深厚文化底蕴的深入思考，引发了他对深深熔铸在民族生命力、创造力和凝聚力之中的文化力量的更深层思考。他认为，文化的力量最终可以转化为物质的力量，文化软实力最终可以转化为物质硬实力。文化不仅为群体生活提供规范、方式和环境，而且会通过传承为社会进步发挥基础作用，促进或制约经济乃至整个社会的发展。文化要素是综合竞争力的核心要素。"文化的力量，或者我们称之为构成综合竞争力的文化软实力，总是'润物细无声'地融入经济力量、政治力量之中，成为经济发展的'助推器'、政治文明的'导航灯'、社会和谐的'粘合剂'。"[1]

不同的经济社会发展阶段，必然会对精神文化提出不同的要求。马克思说，"要研究精神生产和物质生产之间的关系，首先必须把这种物质生产本身不是当作一般范畴来考察。例如，与资本主义生产方式相适应的精神生产，就和中世纪生产方式相适应的精神生产不同。如果物质生产本身不从它的特殊的历史形式来看，那就不可能理解与它相适应的精神生产特征以及这两种生产的相互作用"[2]。在20、21世纪之交，浙江的发展条件已经发生了深刻的变化，经过20多年的快速增长，主要经济指标已经位居全国前列，与此同时，"发展中的问题""成长中的烦恼"也逐渐暴露了出来。浙江的经济发展方式面临由主要依靠增加物质资源消耗向主要依靠科技进步、劳动者素质提高、科技创新转变的新目标和新任务。产业能否尽快升级，主产业能否尽快转向高

---

[1] 习近平：《干在实处 走在前列》，中共中央党校出版社2006年版，第289页。
[2] 《马克思恩格斯全集》第二十六卷，人民出版社1972年版，第296页。

附加值领域，成为浙江经济社会发展面临的严峻课题。习近平认识到，在新的历史条件下，浙江能否破解发展的"瓶颈"，实现新的"突围"，不断增强综合实力和国际竞争力，继续走在全国前列，很大程度上取决于对发展先进文化的深刻认识和高度自觉、取决于对推进文化建设的工作力度。推动浙江新一轮发展，日益呼唤打造新的"文化支撑力"，迫切需要进一步发掘和弘扬浙江深厚的历史文化积淀，不断丰富其现实内涵，使之与时代要求更加紧密地结合在一起，从而不断增强区域发展的文化软实力，不断创造浙江经济社会发展的新优势。

不仅如此，中央对浙江在落实科学发展观方面走在全国前列的新期待，也对文化建设提出了新要求。党的十六大以来，党中央提出了推动科学发展、社会和谐的新理念新战略，统筹谋划经济建设、政治建设、文化建设、社会建设的总体布局，依靠经济力量、政治力量、文化力量和社会力量的共同作用，全面推进中国特色社会主义伟大事业不断取得新的胜利。胡锦涛对浙江提出了继续走在前列的期望。实现经济社会发展从以追求 GDP 增长为主向探索和践行科学发展转变，在落实科学发展观方面走在全国前列，顺理成章地要求浙江"用战略的思维、时代的要求、发展的眼光来审视文化建设"[①]，根据社会发展战略的变化及时调整和更新文化发展战略。

所谓"社会发展观"就是"用……的眼光看社会发展"，"文化发展观"就是"用……的眼光看文化发展"。不同的"社会发展观"必然会伴随着相应的"文化发展观"。在"以阶级斗争为纲"的年代，"文化运动"一直是"政治运动"的代名词，文化也就成为"政治"的诠释工具；与以"物"为中心、以"经济增长"为中心的发展观相对应，是作为经济建设"附庸"的文化发展观，文化仅仅为"经济唱戏"发挥"搭台"的功能。科学发展观要求从"发展""以人为本""全面协调可持续""统筹兼顾"等全新的眼光，重新审视整个社会的发展，顺理成章地也要求以全新的眼光审视作为社会发展重要组成部分的文化发展、以全新的眼光审视文化的力量。习近平说，落实科学发展观，"不仅要发展先进生产力，而且要发展先进文

---

[①] 习近平：《干在实处　走在前列》，中共中央党校出版社2006年版，第289页。

化，真正体现以人为本，实现经济社会全面协调发展，切实维护人民群众各方面的利益"①。以人为本的科学发展理念，"明确经济发展以社会发展为目的，社会发展以人的发展为归宿，人的发展以精神文化为内核。文化与教育、科技、卫生、体育等事业，集中体现了社会全面进步和人的全面发展的要求"②。

  2003年7月，习近平把"进一步发挥浙江人文优势，加快建设文化大省"作为"八八战略"的重要内容，将文化建设纳入社会主义现代化总体布局中予以通盘谋划和部署，从"八八战略"大布局中提出了浙江文化建设的顶层设计，体现了他立足浙江、站在党和国家全局的高度上，对先进文化发展道路先行探索先行实践的高度自觉。2005年7月，省委十一届八次全会通过《关于加快建设文化大省的决定》，全面阐述了加快建设文化大省的时代背景、战略意义、指导思想、总体目标、主要任务和保障措施，提出了"3+8+4"的加快建设文化大省的核心内容和基本框架："3"，就是增强先进文化凝聚力、解放和发展文化生产力、提高社会公共服务能力"三大着力点"；"8"，就是重点实施文明素质工程、文化精品工程、文化研究工程、文化保护工程、文化产业促进工程、文化阵地工程、文化传播工程、文化人才工程"八项工程"；"4"，就是加快建设教育强省、科技强省、卫生强省、体育强省"四个强省"。这就把"八八战略"中关于"加快建设文化大省战略"的内容具体化和系统化了，成为指导浙江未来文化发展的宏伟蓝图和顶层设计，成为贯穿于从加快建设文化大省、文化强省到努力建设文化浙江的"基本架构"和"行动指南"，历任省委省政府率领全省干部群众不断地在这个"基本架构"中添砖加瓦，不断地推动了中国特色社会主义文化在浙江的繁荣发展。

  在谋划和部署加快建设文化大省战略的同时，习近平从践行与时俱进的马克思主义理论品质、推动浙江"干在实处、走在前列"的新实践出发，提出要坚持和发展"自强不息、坚韧不拔、勇于创新、讲求实效"的浙江精神，与时俱进地培育和弘扬"求真务实，诚信

---

① 习近平：《干在实处　走在前列》，中共中央党校出版社2006年版，第290页。
② 同上书，第291页。

和谐,开放图强"的浙江精神。加快建设文化大省和与时俱进地弘扬浙江精神同条共贯,都聚焦于推动浙江新一轮发展这个目标,打造新的"文化支撑力"、更好地满足人民群众的精神文化需要,"始终坚持发展这个第一要务,充分发挥浙江人文优势,实现好维护好发展好人民群众的文化权益,不断提高浙江人民的思想道德素质、科学文化素质和健康素质"[①]。

习近平主政浙江期间,浙江文化建设加快推进。中国特色社会主义思想更加深入人心,文化体制机制不断健全,公共文化服务体系不断完善,服务效率显著提高,文化产业呈加速发展的趋势,从业人员人数、年营业收入、实现增加值和增加值占GDP的比重等文化产业发展主要指标都在全国名列前茅,文艺创作生产精品不断涌现,文化遗产保护工作取得了显著的成效。更重要的是,习近平对浙江文化建设的思考和实践,不仅拓展了浙江文化发展的新境界,而且为新时代中国特色社会主义思想的孕育和发展提供了活水源头、实践基础。

在浙江工作期间,习近平自觉地肩负起"干在实处、走在前列"的使命。他说,浙江作为沿海发达省份,有责任、有条件走在全国前列。"我们要实现的发展,不但要在速度上快于全国,而且要在质量和水平上高于全国,在统筹协调上领先于全国。"[②]正因如此,他对浙江发展的思考和实践,总是既立足于浙江,同时又站在党和国家全局的高度上。他对浙江文化建设的思考和实践,也鲜明地体现了这一特点。习近平既从"干在实处、走在前列"的角度提出要与时俱进地弘扬浙江精神、推动浙江又快又好发展,又站在传承和弘扬中华文化的高度上思考浙江精神,把弘扬浙江精神作为弘扬中华优秀文化的重要组成部分,作为弘扬以爱国主义为核心的民族精神、以改革创新为核心的时代精神在浙江的生动体现。他既希望通过梳理和发掘底蕴深厚的浙江区域的历史传统和文化资源,繁荣和丰富当代先进文化,加快建设文化大省,同时又从中华文化的高度思考浙江区域文化,强调浙江区域文化是在中国文化的共同价值取向下,以自身独特个性支

---

① 习近平:《干在实处 走在前列》,中共中央党校出版社2006年版,第291页。
② 同上书,第49页。

撑着、引领着本地经济社会的发展。他希望通过对浙江区域文化底蕴的深入挖掘，既能够促进浙江优秀历史文化的传承和发展、加快推动文化大省建设，也能够成为深入研究和了解中国文化、传承和弘扬中国文化、创新和发展中国文化的重要途径。他更希望通过对浙江区域文化建设规律的探索和实践，能够为世界各国特别是发展中国家提供一条区别于西方资本主义国家文化发展道路的"中国方案"贡献浙江的经验和智慧。"用带有浙江特点的优秀文化丰富中华文化内涵，用具有中华民族特性的先进文化丰富世界文化宝库，同时更好地吸收世界优秀文化成果，发展具有时代特征的先进文化，不断增强中华文化的竞争力和影响力。"[①] 正因如此，在谋划、布局和部署加快建设文化大省战略的同时，习近平既立足于浙江又跳出浙江，站在党和国家全局的高度上，自觉地肩负起弘扬中华传统文化、发展中国特色社会主义先行探索先行实践的责任，既从中国特色社会主义文化建设的高度思考浙江文化建设实践，又从浙江文化建设实践出发思考中国特色社会主义文化建设，形成了丰富的实践成果和思想成果。

实施加快建设文化大省战略以来，浙江历届省委坚持一张蓝图绘到底，一任接着一任干，从加快建设文化大省、文化强省到努力建设文化浙江，既一脉相承又与时俱进，在不同的历史条件下，不断推动浙江文化建设跃上新的台阶。

2007年10月，党的十七大对兴起文化建设新高潮、推动文化大发展大繁荣做出了新的战略部署。2008年6月浙江省委工作会议通过《浙江省推动文化大发展大繁荣纲要（2008—2012）》，不仅延续了2005年省委《关于加快建设文化大省的决定》中关于加快建设"八项工程"等内容，而且提出了加快建设社会主义核心价值体系、公共文化服务体系、文化产业发展体系"三大体系"的新目标，在新的历史起点上，对浙江文化建设做出了布局和部署。

2011年10月，党的十七届六中全会通过《关于深化文化体制改革、推动社会主义文化大发展大繁荣若干重大问题的决定》，标志着我党对文化建设的认识跃上了一个新高度。2011年11月，浙江省委

---

① 习近平：《干在实处　走在前列》，中共中央党校出版社2006年版，第290页。

十二届十次全会通过《关于贯彻十七届六中全会精神推进文化强省建设的决定》，首次对加快推动文化大省向文化强省迈进做出了谋划和布局。这个《决定》不仅延续了加快建设"八项工程"和"三大体系"等内容，而且进一步提出要深入推进文明素质工程等"十大计划"，在新的历史条件下开拓浙江文化发展的新境界。

从文化大省迈向文化强省，是浙江省委对"八八战略"中"发挥浙江人文优势，加快建设文化大省"顶层设计的进一步具体对接和发展，是省委又一次围绕深入实施"八八战略"，对浙江文化改革发展制定具体清晰的路线图。

党的十八大以来，浙江省委率领全省广大干部群众在更高的时代起点上兴起文化建设新高潮。2012年12月，紧随党的十八大召开的省委十三届二次全体（扩大）会议强调，要深化文化体制改革，加快建设文化强省。2013年11月，省委十三届四次全会通过《关于认真学习贯彻党的十八届三中全会精神 全面深化改革再创体制机制新优势的决定》，再次强调，要"着眼于开拓文化发展新境界，倡导和培育社会主义核心价值观，加强和改进文化管理，完善文化事业和文化产业发展机制，牢牢把握舆论特别是网络舆论主动权，不断增强文化软实力，加快建设文化强省"。2014年5月省委十三届五次全会通过《关于建设美丽浙江创造美好生活的决定》，着眼于"建设美丽浙江、创造美好生活"的战略目标，对加快建设文化强省提出了新内容和新要求。

2015年5月，习近平在浙江调研时强调，浙江历史文化丰厚，历史上文化名人群星璀璨。只要传承历史、守正出新，海纳百川、兼收并蓄，就一定能够实现建设文化强省的目标。这就对浙江文化建设提出了新任务、指明了新方向。省委十三届七次全体（扩大）会议，着眼于"干在实处永无止境、走在前列要谋新篇"的新使命，围绕深入实施"八八战略"，推进"四个全面"战略布局在浙江的实践，不断开辟文化发展新境界，提出了"紧扣'培育和践行社会主义核心价值观'，传承历史、守正出新，海纳百川、兼收并蓄，加快建设文化强省"的新要求。

2017年6月，浙江省第十四次党代会着眼于浙江发展的新方位，将建设文化浙江与建设富强浙江、法治浙江、平安浙江、美丽浙江、清廉浙江一起作为落实"两个高水平"奋斗目标的六个具体目标之一，提出了"在提升文化软实力上更进一步、更快一步，努力建设文化浙江"的新目标。"建设文化浙江"是在文化大省、文化强省接力建设的基础上，增强文化自信、激发文化活力、提升文化软实力的新目标载体，是在新的时代条件下对"八八战略"中加快建设文化大省顶层设计的进一步具体对接和发展，是继从文化大省迈向文化强省的具体布局和部署之后，又一次围绕深入实施"八八战略"，对浙江开拓文化发展新境界、推动文化建设取得新成就制定具体清晰的路线图。2017年11月，省委省政府发布《关于推进文化浙江建设的意见》，提出今后5年浙江将通过实施马克思主义理论研究和建设、社会主义核心价值观引领和公民文明素质提升、优秀传统文化传承发展、媒体融合发展、文艺繁荣发展和高峰攀登、万亿级文化产业推进、网络内容建设、基本公共文化服务提升、文化走出去、文化人才和文化名家培育"十大工程"，把浙江建设成为公民素质优良、社会文明进步的示范区，文化事业繁荣、文化产业发达、文化名家荟萃、文化氛围浓郁、文化印记鲜明的文化发展先行区，成为在全国具有重要影响的文化高地、文明高地。这就进一步将浙江省第十四次党代会提出的"建设文化浙江"的目标具体化、可操作化了。

2018年10月召开的全省宣传思想工作会议强调，要遵循习近平在全国宣传思想工作会议上的重要讲话精神，自觉担负起举旗帜、聚民心、育新人、兴文化、展形象的使命任务，守正创新、立破并举、担当作为，推动新时代浙江宣传思想工作谋好新篇、走在前列，为加快"两个高水平"建设提供更加强大的思想力量、精神支撑、文化引领。会议提出，要守护好浙江意识形态领域这块疆土，着力推动习近平新时代中国特色社会主义思想深入人心、落地生根，建设具有强大传播力引导力影响力公信力的主流舆论；加强和改进新时代精神文明建设，抓好理想信念教育这个重中之重，推动社会主义核心价值观内化于心、外化于行，大力弘扬时代新风，让浙江的时代新人成为一道亮丽的风景线；提供更高质量的文化供给，推动文艺创作从"高原"向"高峰"迈进，推动公共文化服务标准化均等化，推动文化产业高质量发展，切实增强全省人民的文化获得感；推进国际传播能力建设,讲好浙江故事,用足用好浙江丰富的外宣资源,发挥好文化贸易的外宣作用,努力提升浙江的对外知名度和美誉度。这就在明确新的时代条件下全省宣传思想工作使命任务的同时,进一步明确了努力建设文化浙江的目标和任务。

从加快建设文化大省、文化强省到努力建设文化浙江,历任省委坚持一张蓝图绘到底,一任接着一任干,不动摇、不停步、不懈怠、不折腾,把"干在实处、走在前列"的要求一贯到底,不断推动文化的繁荣兴盛,不仅有效地丰富了人民群众的文化生活,而且发挥了先进文化的"支撑"和"引擎"作用,激发、凝聚了全省人民群众从事改革开放和现代化建设的智慧、热情和勇气,巩固了全省人民团结奋斗的思想基础。

改革开放以来特别是实施"八八战略"以来,浙江发展先进文化的生动实践及其取得的丰硕成果,不仅为增强中国特色社会主义文化自信,扎实推进社会主义文化强国建设,走出一条具有中国实践特色、民族特征和时代特点的中国特色社会主义文化发展道路发挥了先行探索先行实践的作用,提供了一个具有原创性、典型性、成功性意义的"浙江探索",而且为我国向全球发展中国家提供一个区别于西方资本主义国家传统文化发展道路、体现中国智慧的文化建设的"中国方案""中国道路"贡献了浙江力量、浙江元素、浙江经验。

第一,文化发展为了人民、依靠人民,文化建设必须始终坚持以人民为中心。

在主政浙江期间,习近平已经从落实科学发展观的高度,提出了文化建设要"以人为本"的理念。2005年7月28日,习近平在浙江省委十一届八次全会上作报告时指出,"落实科学发展观,不仅要发展先进生产力,而且要发展先进文化,真正体现以人为本,实现经济社会全面协调可持续发展,切实维护人民群众各方面的利益"。"就是要把发展先进文化的要求落实到文化建设的各项工作中,建立科学的文化体制,创造丰富的文化产品,提供优良的文化服务,实现好维护好人民群众的文化利益。"[①] 2016年7月1日,在庆祝中国共产党成立95周年大会上

---

① 习近平:《干在实处 走在前列》,中共中央党校出版社2006年版,第290页。

的讲话中习近平强调:"坚信党的根基在人民、党的力量在人民,坚持一切为了人民、一切依靠人民,充分发挥广大人民群众积极性、主动性、创造性,不断把为人民造福事业推向前进。"① 坚持以人民为中心是中国共产党的根本政治立场,是马克思主义政党区别于其他政党的显著标志。文化建设坚持以人民为中心,就是要坚持文化发展为了人民、依靠人民,就是要顺应人民文化生活的期待,以保障和改善文化民生为重点,切实保障人民的文化权益,使群众有更多的文化获得感。

实施"八八战略"以来,历届省委省政府始终坚持了"以人为本""以人民为中心"的文化发展理念,不断顺应人民群众对精神文化生活的新期待,加快推动文化建设,着力构建公共文化服务体系和文化产业发展体系,广泛吸收借鉴国内外文明成果,积极推进文化观念理念、内容形式、体制机制、传播手段的创新,以改革促发展、促繁荣,不断创造新的文化品种、样式、载体和风格,催生新的文化业态,生产群众喜闻乐见的差异性、个性化和多样化的文化产品和服务,从而较好地满足了人民群众多方面、多层次、多样性的精神文化需求。与此同时,历届省委省政府也高度重视发挥人民群众在文化建设中的主体作用,放手发动广大群众积极参与文化、弘扬文化、创造文化、享受文化,尊重群众的首创精神,推动文化大省、文化强省、文化浙江的建设。

浙江的实践表明,中国特色社会主义文化,本质上就是人民的文化。文化建设要坚持以人民为中心,贴近实际、贴近生活、贴近群众,反映好人民心声,要坚持为人民服务、为社会主义服务这个根本方向,把满足人民的精神文化需求作为文化发展的出发点和落脚点,把人民群众作为文化建设得失成败的最终评判者。必须发挥人民在文化建设中的主体作用,坚持文化发展为了人民、文化发展依靠人民、文化发展成果由人民共享,保障人民的基本文化权利,即依法享有的参与文化创造、享受文化成果、表达文化主张、其文化创造成果得到应有保护等方面的权利。必须充分发挥文化化人、引人入胜、养人心智、育人情操的功能,努力提高人民群众的文明素质,促进人的全面发展和

---

① 习近平:《在庆祝中国共产党成立 95 周年大会上的讲话》,《人民日报》2016 年 7 月 2 日。

社会的全面进步。坚持以人民为中心，这既是中国特色社会主义文化建设的一项基本要求，也是决定我国文化事业前途命运的关键。

第二，文化自信是"更基本、更深沉、更持久的力量"，是"更基础、更广泛、更深厚的自信"，坚守文化自信是推动文化繁荣发展的前提。

党的十八大以来，党中央高度重视文化建设。习近平系统阐述了在新的时代条件下为什么要坚持文化自信以及如何坚持文化自信等一系列重大理论和现实问题，丰富和发展了中国特色社会主义文化理论和党中央治国理政的新理念、新思想、新战略。习近平不仅把坚定中国特色社会主义文化自信与坚定中国特色社会主义道路自信、理论自信、制度自信并列，而且强调文化自信是"更基本、更深沉、更持久的力量"，是"更基础、更广泛、更深厚的自信"。这就充分地阐明了在新的时代条件下坚持"文化自信"的重要意义，为进一步坚定文化自信、传承与弘扬中华优秀传统文化、繁荣和发展社会主义先进文化、凝聚中华民族伟大复兴的思想力量，指明了基本方向，提供了行动指南。

实施"八八战略"以来，历届省委始终坚守文化自信，带领全省广大干部群众始终坚持顺应时代大潮，提高文化自觉，用先进文化牢牢占领思想文化阵地、统领意识形态领域；始终坚持古为今用、守正出新、海纳百川、兼收并蓄，有鉴别地加以对待，有扬弃地予以继承，让悠久深厚的浙江文化传统的源头活水畅流于当代发展社会主义先进文化的生动实践中，不断充实浙江文化的内涵、拓展浙江文化的外延，增强浙江文化的创新能力、整体实力、综合竞争力，发挥浙江文化在深入实施"八八战略"、促进"两富""两美"现代化浙江建设、实现"两个高水平"奋斗目标中的作用；始终用带有浙江特点的优秀文化丰富中华文化的内涵，用具有中华民族特征的先进文化丰富世界宝库，同时更好地吸收世界优秀文化成果，发展具有时代特征的先进文化，不断为增强中华文化的竞争力和影响力贡献浙江的智慧和力量；始终努力把握文化与经济互动的规律，抓抢战略机遇期，增强文化发展的活力和实力，并利用文化的力量提升产品档次和产业层次，推动浙江区域文化、中华文化"走出去"，不断增强区域综合实力，为增强国家文化软实力、综合国力和国际竞争力做出了重要的贡献。

浙江的实践表明，文化自信是"更基本、更深沉、更持久的力量"，是"更基础、更广泛、更深厚的自信"，是支撑道路自信、理论自信、制度自信的基础。只有坚守文化自信，才能更加理性、更加自觉、更加从容和更加有定力地坚持道路自信、理论自信、制度自信。只有坚守文化自信，才能着眼于时代和社会发展的需要，准确把握中国特色社会主义文化的发展趋势，继承和弘扬中华优秀传统文化的精华，加快推动文化的繁荣与发展。一方面，文化建设实践的深入发展、区域文化品位的提升，总是伴随着人们文化自觉和文化自信的强化；另一方面，人们文化自觉和文化自信的强化，又为推动文化的繁荣和发展提供了强大的动力。坚守文化自信的关键，是既要不忘本来，又要吸收外来、面向未来。不忘本来，就是要继承和创造性发展中华优秀传统文化，加强对中华优秀传统文化的历史渊源、发展脉络、基本走向的挖掘和阐发，加大对中国人民和中华民族的独特创造、价值理念、鲜明文化特色以及光荣历史的正面宣传力度，激发全社会的文化认同感和自豪感，增强做中国人的骨气和底气。吸收外来，就是要立足于现实国情，结合新的实践，广泛吸收人类优秀文化成果，不断增强中华文化的创造活力，使中华民族最基本的文化基因与当代文化相适应、与现代社会相协调，把跨越时空、超越国界、富有永恒魅力、具有当代价值的文化精神弘扬起来。面向未来，就是要准确把握文化发展的新趋势、人民文化生活的新期待，始终把文化建设放在党和国家全局工作的重要战略地位上，推动文化建设不断取得新成就，不断增强国家文化软实力，不断丰富人民的精神生活，不断提升全民族的文化自信，使中华文化始终立于世界文化发展的潮头，鼓舞全国各族人民朝气蓬勃地迈向未来。

第三，文化软实力，从根本上说取决于其核心价值观的生命力、凝聚力、感召力，文化发展必须把握核心价值观这个魂。

党中央高度重视社会主义核心价值观的培育和践行。习近平指出，社会主义核心价值观是文化软实力的灵魂、文化软实力建设的重点，是决定文化性质和方向的最深层次的要素。一个国家的文化软实力，从根本上说，取决于其核心价值观的生命力、凝聚力、感召力。培育和弘扬核心价值观，有效整合社会意识，既是社会系统得以正常运转、社会秩序得以有效维护的重要途径，也是国家治理体系和治理能力的重要方面。

在率领全省干部群众推动浙江从加快建设文化大省到努力建设文化浙江的进程中，浙江省委牢牢把握社会主义核心价值观及其具体生动体现的浙江精神和当代浙江人的共同价值观这个魂。在"干在实处无止境、走在前列谋新篇"的新历史条件下，浙江省始终坚持把培育和弘扬社会主义核心价值观作为凝魂聚气、强基固本的基础工程，体现到文化建设的全过程和各方面中，引领文化改革发展，推动文化发展和繁荣；坚持把弘扬浙江精神和当代浙江人共同价值观与践行社会主义核心价值观紧密结合起来，坚持用浙江历史教育人民，用浙江文化熏陶人民，用浙江经验鼓舞人民，用浙江精神激励人民；坚持以实施"六大行动"为主要抓手，突出工作重点，强化项目引领，推动社会主义核心价值观落地生根、取得实效，把"最美浙江人"的主题活动作为重要载体，发挥先锋模范的作用，在落细落小落实上下工夫，有投入、有载体、有活动、有检查、有评价、有奖惩，使社会主义核心价值观更具感召力、向心力和凝聚力。

浙江的实践表明，中国特色社会主义文化发展必须牢牢把握社会主义核心价值观这个魂，必须把培育和践行社会主义核心价值观作为文化发展、文化软实力提升的重点，体现到建设中国特色社会主义文化的全过程和各个领域中，体现到精神文化产品创作生产传播的各个方面中，使之引领文化改革发展，贯穿于社会生活方方面面，贯穿于改革开放和现代化建设各个领域，使之像空气一样无所不在、无时不有，内化为人们的精神追求，外化为人们的自觉行动，成为人们日常工作生活的基本遵循。培育和践行社会主义核心价值观，必须发挥文化的熏陶作用、凝聚作用和感召作用。

第四，文化体制改革是文化发展的动力，推动文化发展必须抓住文化体制改革这一关键环节。

党中央高度重视文化体制改革。在中央全面深化改革领导小组第二次会议上，习近平指出："要紧紧围绕建设社会主义核心价值体系、建设社会主义文化强国，完善文化管理体制和文化生产经营机制，建立健全现代公共文化服务体系、现代文化市场体系来做好工作，以此推动社会主义文化大发展大繁荣。"① 这就阐明了推动文化体制改革与推动文化繁荣发展的辩证关系。

纵观改革开放以来特别是实施"八八战略"以来的历史，浙江省文化建设任务的提出和实施，总是与文化体制改革任务的提出和实施相伴随的。浙江省之所以在加强文化建设，解放和发展文化生产力、推动文化改革发展方面取得了"先行一步"的成就，一个重要的原因就是紧紧抓住了"文化体制改革"这个关键环节。

自从2003年上半年浙江被确定为全国文化体制改革综合试点省以来，浙江省已经着手由点到面、分期分批推进文化体制改革。2005年7月29日，省委十一届八次全会通过的《关于加快建设文化大省的决定》，不仅从坚决革除影响发展的体制弊端，营造文化发展良好环境，解放和发展文化生产力的高度，阐述了进一步深化文化体制改革的目标和意义，而且从宏观和微观两方面，清晰地描绘了文化体制改革的蓝图和顶层设计。在宏观方面，该《决定》提出，要"深化宏观管理体制改革，探索建立调控适度、运行有序、促进发展的文化宏观管理体制，初步形成党委领导、政府管理、行业自律、企事业单位依法运营的格局。进一步推进政府职能转变，逐步实现政企、政事分开，管办分离。深化文化市场综合执法改革，进一步理顺管理体制，健全法规体系，依法加强文化市场的建设和管理。坚持权利、义务和责任相统一，管人、管事和管资产相结合，建立国有文化资产管理新制度。积极发展文化行业组织"。在微观方面，该《决定》强调，要"深化微观运行机制改革，加快培育市场主体，建立保证正确导向、适应市场经济、富有活力的微观运行机制。改革和创新公益性文化事业单位管理和运行机制，不断提高公共服务能力和水平。积极推进经营性国有文化单位转企改制，建立和完善现代企业制度。进一步深化新闻出版广播影视集团化建设。规范市场准入，完善扶持政策，优化发展环境，充分调动多种所有制投资创业的积极性，大力发展民营文化企业"。在此后不同阶段制定的关于文化建设的重要政策

---

① 习近平：《在中央全面深化改革领导小组第二次会议上的讲话》，《人民日报》2014年3月1日。

文件中，改革的任务总是被省委省政府当作文化发展的动力一而再而三地提出来。可以说，浙江文化建设的每一新阶段，都对文化体制改革提出了新的要求和新的任务，而浙江文化体制改革的每一步新的进展，都为浙江文化建设注入了新的活力和因素。

浙江的实践表明，深化文化体制改革，是增强文化创造活力，让一切文化创造源泉充分涌流，推动社会主义文化大发展大繁荣的必由之路。在市场经济条件下，文化体制改革有其内在的必然性和逻辑，只有顺应这种必然性和逻辑，才能打破僵化体制的束缚，重构文化发展方式，解放和发展文化生产力。正如学者所说，"在新的宏观体制环境下，无论是文化发展规划的制定，文化政策的出台，还是文化市场的净化，都具有不同的含义。浙江是一个文化市场发达的省份，政府有更成熟的条件从直接服务的提供中解脱出来，集中精力于战略规划、政策支持、市场监管、公共服务，这对于进一步开放市场，解放文化生产力具有十分重大的意义。浙江的经验告诉我们，在市场经济条件下，随着政府从'建设型政府'转向'服务型政府'，文化行政主管部门也出现了根本性的转变，不再是一个在第一线直接生产和提供文化产品和服务的政府，而是一个退出一线生产机构，以法律、法规以及各种政策，通过打造文化发展环境以促进文化建设的政府。政府在管理文化方面已经越来越和管理其他经济活动的模式相一致：国家调节文化市场，市场调节文化企业、在这一模式中，法律、法规、政策多重调节机制构成体系，分散了过分集中的政府权力，调动了社会各方面的积极性，为文化发展提供了更大的空间"①。

浙江的实践也表明，文化体制改革必须牢牢把握先进文化的前进方向，必须遵循社会主义精神文明建设的特点和规律，必须适应社会主义市场经济的发展方向，必须把推进体制机制创新作为关键和重点。一方面，从计划到市场的经济体制转换，必然要求突破大包大揽的传统"文化事业"发展体制，按照社会主义市场经济规律重构文化发展模式，积极构建符合社会主义市场经济体制要求的现代文化市

---

① 李景源、张晓明主编：《浙江经验与中国发展（文化卷）》，社会科学文献出版社2007年版，第127页。

场体系。当市场经济已经成为一种基本经济制度时，不仅经营性文化产业必须充分运用市场机制得以发展并围绕市场经济的优势和缺陷发挥自身的功能，而且公益性公共文化事业也必须借助市场经济手段以提高自身的效率并围绕市场经济的优势和缺陷发挥自身的功能。与此同时，随着从全能政府向有限政府的转变，政府既无必要也无可能继续统包统揽所有文化发展事务，公共文化服务和文化产业也必须围绕政府的优势和缺陷发挥自身的功能。另一方面，市场机制既有推动文化繁荣兴盛、促进文化产品社会效益和经济效益相统一的一面，又有导致文化产品两种效益相矛盾的一面。因此，在社会主义市场经济条件下，如何充分发挥市场机制促进文化繁荣以及文化产品社会效益和经济效益相统一的有利一面避免相矛盾的消极一面，摆正市场在文化发展中的位置、处理好与市场的关系，是文化体制改革面临的一个重大现实课题。这就意味着在顺应市场经济规律的同时，文化体制改革必须遵循社会主义精神文明建设的特点和规律。在大胆推进改革、推动文化事业全面繁荣和文化产业快速发展的同时，必须把握好意识形态属性和产业属性、社会效益和经济效益的关系，始终把社会效益放在首位。无论改什么、怎么改，导向不能改，阵地不能丢。

第五，文化建设是"五位一体"现代化总体布局的重要组成部分，文化建设必须着眼于形成新发展优势的时代要求，从社会发展总战略中予以统筹谋划和部署。

在浙江工作期间，习近平从形成与经济转型升级、经济发展方式转型升级相适应的精神文化支撑的角度，阐述了文化建设对于形成新发展优势的战略意义，指出，"文化的力量最终可以转化为物质的力量，文化的软实力最终可以转化为经济的硬实力。文化要素是综合竞争力的核心要素，文化资源是经济社会发展的重要资源，文化素质是领导者和劳动者首要的素质"[①]。虽然，从根本上说，文化是由经济决定的，经济力量为文化力量提供发挥效能的物质平台，然而，"任何经济又离不开文化的支撑：文化赋予经济发展以极高的组织效能，促进社会主体间的相互沟通和社会凝聚力的形成；文化赋予经济发展以更强的竞争力，先进文化与生产力中的最活跃的人的因素一旦结合，

---

① 习近平：《干在实处　走在前列》，中共中央党校出版社2006年版，第294—295页。

劳动力素质会得到极大的提高，劳动对象的广度和深度会得到极大的拓展，人类改造自然、取得财富的能力与数量会成几何级数增加"[1]。

实施"八八战略"以来，正是基于文化建设对形成新发展优势重要战略意义的深刻认识，浙江省各个阶段文化建设任务的提出和定位，总是应对经济社会发展面临的机遇和挑战，并将文化建设与经济社会发展的战略目标紧密地结合起来，始终适应经济社会发展重大战略任务的需要。浙江省文化建设的思路和目标，也总是随着浙江经济社会发展战略定位的逐步清晰和提升而不断地清晰和提升的。党的十八大以来，省委省政府更是站在"干在实处无止境、走在前列谋新篇"的新的历史制高点上、站在改革开放的潮头上，从浙江经济社会发展的新任务出发，不断审视和俯瞰文化建设面临的新问题，提出文化建设的新目标和新任务。从加快建设文化大省、文化强省到努力建设文化浙江，历届省委制定的多个有关文化建设的文件，既体现了一张蓝图绘到底的文化建设思路的延续性，也体现了省委着眼于形成新发展优势的时代要求，根据浙江经济社会发展的不同阶段及时调整和不断完善文化发展思路的与时俱进精神。

浙江的实践表明，文化建设必须着眼于形成新发展优势的时代要求，必须与经济社会发展战略相适应，必须根据经济社会发展、总体发展战略的变化，及时地调整和更新文化发展思路。文化建设必须着眼于形成新发展优势的时代要求，就是要强化经济发展中科学技术、信息、观念、审美等因素的作用，从新发展方式是一种基于以创新或观念为核心的文化软实力发展方式的高度，把文化建设作为提高人们精神文化素质的一条重要的途径，通过文化熏陶和教育的方式，从根本上改变人们的传统生产方式、生活方式、交往方式和价值观念，引导人们提高素质、转变观念、迈向文明，不断地提升发展的文化软实力；就是要使文化具有经济力，成为社会生产力的重要组成部分，把文化的产业属性解放出来，强化文化产业在"产业结构"调整、经济转型升级中的作用；就是要适应经济社会发展不同阶段的要求，不断巩固人民团结奋斗的共同思想基础，激励广大干部群众始终保持昂扬向上、奋发有为的精神状态，不断增强社会发展的生机和活力。

---

[1] 习近平：《干在实处　走在前列》，中共中央党校出版社2006年版，第293页。

# 第一章　发展先进文化的浙江探索与实践

改革开放以来,在工业基础薄弱、农业比重大、资源匮乏等条件下,浙江经济快速发展,经济总量迅速上升。当代浙江经济社会持续快速健康发展的一个重要原因,就在于深厚的历史文化底蕴与时代精神的有机结合。进入21世纪以来,省委省政府更加自觉地推动文化建设,出台了一系列政策文件,对文化建设做出了新的部署。习近平主政浙江期间,站在全面建设小康社会、加快建设社会主义现代化的战略高度上,把进一步发挥浙江人文优势,加快建设文化大省作为实施"八八战略"的重要内容,提出了浙江文化建设的顶层设计。历届省委坚持一张蓝图画到底,一任接着一任干,持之不懈地在文化建设上谋新招,形成了文化繁荣兴盛的局面,陶冶了浙江人民特别能吃苦、特别能忍耐、特别能创业、特别能发现商机、特别能化解危机、特别能适应市场经济的优秀品行,有效激发、凝聚了人民群众从事改革开放和现代化建设的智慧、热情和勇气,巩固了共同奋斗的思想基础,发挥了先进文化在浙江经济社会发展中的"支撑"和"引擎"作用。从加快建设文化大省、文化强省到努力建设文化浙江,既一脉相承,又与时俱进,都是发展中国特色社会主义文化在浙江的生动探索和实践。

## 第一节　加快建设文化大省与发展先进文化的高度自觉

进入21世纪以来,一方面,经过改革开放以来20多年的快速发展，浙江主要经济指标已经位居全国前列；另一方面，"发展中的问题""成长中的烦恼"也逐渐暴露了出来，推动浙江新一轮发展，迫切需要寻求新的"突围"。习近平到浙江工作后，对"浙江现象"的深入思考，引发了他对深深熔铸在民族生命力、创造力和凝聚力之中的文化力量、精神力量的更深层思考。他意识到，破解浙江发展的瓶颈，必须打造新的"文化支撑力"，推动浙江新一轮的发展，"更需要作为文化核心价值观的浙江精神的引领和激励"[1]；"充分发挥浙江的人文优势，积极推进文化与经济的互促共进，不断提高浙江人民的思想道德素质、科学文化素质和健康素质"[2]。正因如此，习近平从浙江发展新特点、文化发展新趋势、人民群众精神文化生活新期待、落实中央"走在前列"总体要求等出发，以坚定的文化自信和高度的文化自觉，肩负起了发展中国特色社会主义文化先行探索先行实践的重大责任。

## 一 顺应内外发展环境变化的要求

改革开放以来，浙江经济快速发展，综合实力迅速上升。1978—1999年，浙江国内生产总值从124亿元增长到5350亿元，在全国大陆各省区市的排名由第12位上升到第4位，仅次于广东、江苏和山东。在世纪之交，浙江省的主要经济指标已经位居全国前列，城镇居民人均可支配收入和农村居民人均纯收入均居全国各省市自治区第3位。浙江的发展不仅局限于经济领域。"关于经济增长是一种变化形式的观念提醒我们，变化从来也不曾局限在经济领域之中，它也延伸到社会与政治领域。"[3] 正是在改革开放的波澜壮阔的历史场景中，浙江区域社会发生了一系列深刻的嬗变。比如，随着经济的快速发展，浙江快速地经历了城市化。"在1982年之前，浙江省的乡村人口总数处于仅增加态势：从1953年的1592.3万人增加到1964年的2525万人后，又继续增加到1982年的2888.77万人。但在此之后，

---

[1] 习近平：《与时俱进的浙江精神》，《浙江日报》2006年2月5日。
[2] 习近平：《干在实处 走在前列》，中共中央党校出版社2006年版，第291页。
[3] ［美］内森·罗森堡、小伯泽尔：《西方致富之路》，刘赛力等译，生活·读书·新知三联书店（香港）有限公司1989年版，第3页。

乡村人口的绝对数就开始处于减少的态势之中，在1990年第四次人口普查时降低到2628.02万人，在2000年第五次普查时降低到2357.40万人。"① 乡村人口的减少，主要得益于省内流动人口向城市的迁移就业。

在世纪之交，无论是学者的研究还是省委的思考，都得出了相同的结论：改革开放以来，浙江经济社会持续快速发展的一个深层次因素，就是源远流长的区域文化精神，构成了代代相传的文化基因，被改革开放政策的阳光雨露全面激活，深厚的历史文化底蕴与当今时代精神的有机结合对浙江当代经济社会的发展产生了重要作用。文化的力量已经深深熔铸到人民群众巨大的创造力和凝聚力之中，文化软实力越来越成为浙江综合实力的重要组成部分。

20世纪90年代中期以来，浙江省委省政府出台了一系列政策文件，更加自觉地推动文化建设。1996年年底，省委省政府制定了《浙江省文化发展规划（1996—2010）》。1999年省委省政府提出了"发展文化产业，建设文化大省"的战略目标。2000年年底省委常委会通过了《浙江省建设文化大省纲要（2001—2020年）》。2000年省委正式提炼和概括出了"自强不息、坚韧不拔、勇于创新、讲求实效"四句话、十六字的"浙江精神"。2000年7月28日，《浙江日报》发表了题为"弘扬浙江精神，开拓浙江未来"的特约评论员文章，对四句话、十六字的"浙江精神"作了系统全面的阐述。2001年省政府出台了《关于建设文化大省的若干文化经济政策》。2002年5月，省委省政府召开了全省文化工作会议，提出了发展"文化经济"的新课题，出台了《关于深化文化体制改革、加快发展文化产业的若干意见》《关于加强基层文化建设的若干意见》等政策文件。2002年6月召开的省第十一次党代会进一步提出了"繁荣社会主义文化事业，积极发展文化产业，促进文化与经济融合"的要求。

2002年10月，习近平到浙江工作。也正是在这个时候，浙江发展的内外大环境发生了深刻的变化。国际上，世界多极化和经济

---

① 李培林、景天魁：《浙江经验与中国发展（社会卷）》，社会科学文献出版社2007年版，第21—22页。

全球化的趋势在曲折中发展，科技进步日新月异，包括由经济、科技、军事实力等体现的"硬实力"和由文化、意识形态吸引力等体现的"软实力"组成的综合国力竞争日趋激烈。一方面，经济、科技、军事等"硬实力"构成了一个国家综合国力的基础。"要成为一个大国……必须有可使国家欣欣向荣的经济基础"①，"一国经济和军事的衰落不仅使其丧失硬力量，也使其丧失部分影响国际议程的能力，并丧失自身的部分吸引力"②。另一方面，文化软实力越来越成为一个国家综合国力的重要因素。"一国的软实力主要依赖于三种基本来源：它的文化（在对他人有吸引力的地方发挥作用）、它的政治价值观（当它在国内外遵循这些价值观时发挥作用）以及它的对外政策（在他人认为这些政策合法且具有道德权威时发挥作用）。"③ 大多数研究战后史的历史学家一致认为，"除了军队和金钱之外，美国在战后欧洲推动其软实力目标的能力还受到文化和思想的强烈影响"④。冷战结束后，西方文化特别是美国文化迎来了挟全球化之力大规模扩张的历史性机遇。美国价值观跟随英语、好莱坞影片、可口可乐、麦当劳迅速扩散到世界多个角落，全球化甚至一度被不少人等同于"西方化""美国化"。"尽管像马歇尔计划这样的政府计划是重要的，但历史学家们同样强调非政府行为的影响力。'美国公司和广告主管以及好莱坞电影公司的负责人向世界其他地区销售的不只是他们的产品，还有美国的文化和价值观，以及美国成功的秘密。'正如一位挪威学者所说：'联邦主义、民主和开放市场代表了美国的核心价值观，这是美国要向外输出的。'美国因此更容易维持它所称的'受邀请的帝国'。"⑤

在国内，当人类社会跨入21世纪的时候，中国进入了全面建设小康社会、加快推进社会主义现代化的新的发展阶段。2002年11月

---

① ［英］保罗·肯尼迪：《大国的兴衰：1500—2000年的经济变迁与军事冲突》，陈景彪等译，国际文化出版公司2006年版，第7页。
② ［美］约瑟夫·奈：《软力量——世界政坛成功之道》，吴晓辉等译，东方出版社2005年版，第9页。
③ ［美］约瑟夫·奈：《论权力》，王吉美译，中信出版社2015年版，第101页。
④ 同上书，第116页。
⑤ 同上。

召开的党的十六大提出，要在21世纪头20年，集中力量，全面建设惠及十几亿人口的更高水平的小康社会，使经济更加发展、民主更加健全、科教更加进步、文化更加繁荣、社会更加和谐、人民生活更加殷实。党的十六大以来，党中央提出了推进科学发展、社会和谐的大战略，高瞻远瞩地谋划经济建设、政治建设、文化建设、社会建设"四位一体"的总体布局，依靠经济力量、政治力量、文化力量和社会力量的共同作用，全面推进中国特色社会主义伟大事业。胡锦涛对浙江提出了在全面建设小康社会、加快推进社会主义现代化进程中继续走在前列的期望。

国内外大环境的深刻变化，不仅迫切要求浙江及时调整和更新经济社会发展战略，而且也迫切要求浙江及时调整和更新文化发展战略。

也正是在这个时候，浙江经济社会发展进入到了一个新的历史阶段。一方面，社会主义市场经济由形成时期走向成熟时期、经济社会发展由自发追求以GDP增长为主到自觉探索和践行科学发展的历史时期。2003年，浙江全省实现生产总值9200亿元，按可比价格计算，比上年增长14%；全省人均生产总值19730元，比上年增长13.2%。据国家发改委和国家统计局公布的2003年全国社会发展水平综合评价指数评估，浙江省社会发展综合水平居上海、北京之后，列居全国第3位，超过广东和天津。2004年，浙江成为全国第4个生产总值突破万亿元的省份，全省农村全面小康社会实现程度达到58.9%，大大高于21.6%的全国平均水平，仅次于上海、北京、天津，居全国省（区）第1位。2005年，全省城镇居民人均可支配收入和农民人均纯收入分别达到16294元和6660元，相当于全国平均水平的1.55倍和2倍。同年，浙江成为全国第一个（不包括直辖市）人均GDP超过3000美元的省份，以这一指标作为重要衡量标准，浙江经济发展进程大约比全国超前10年或更长一点时间。

另一方面，随着改革开放以来浙江经济的快速发展，"发展中的问题"也逐渐暴露了出来：土地、资金、电力、人才等生产要素供给缺乏，粗放性开发和生产造成的环境承载力下降；技术创新体系不完善，企业技术创新能力薄弱，核心技术和关键设备过度依赖进口，消化吸收再创新和自主研发能力不强,科技进步贡献率偏低;结构性矛盾比较突出,产业结构不合理,产品附加值不高,企业依赖低成本、低价格形成的竞争优势已明显弱化,服务业比重偏低,特别是现代服务业发展相对滞后,低附加值的传统工业比重偏大,高新技术产业发展相对缓慢,增加值率和劳动生产率不高,总体上处于产业链的低端。以量的扩张为主的粗放型经济发展方式,使资源能源与生态环境问题集中暴露出来。浙江是资源小省,这个资源不仅体现在有形资源上,也体现在环境容量上。就地理环境而言,浙江"七山一水两分田",生态环境质量总体上居于全国前列,主要体现于"七山"上,而平原面积则仅2.2万平方公里左右,环境容纳能力十分有限。随着领先于全国的快速发展,人民生活水平的迅速提升,浙江"资源小省"的矛盾日益凸显。2003年上半年以来,浙江省电力供应短缺问题越来越严重。2004年夏季,全省实际最大电力供应缺口在700万千瓦以上。2004年1—8月,全省拉限电损失电量达56.6亿千瓦,占全国的59%。

工业化、城市化率先全国的快速发展,也使浙江率先全国面临诸如水污染、大气污染、噪音污染、土壤贫瘠化、水资源短缺、土地供应紧张等一系列生态问题。生态环境问题日益成为公众普遍关注的热点,其中对水污染、空气污染、噪声污染的投诉呈逐年上升的趋势,因生态环境问题而引发的纠纷事件逐渐增多,群众性对立和冲突事件不断出现和蔓延,严重威胁着社会稳定。在浙江出现的生态问题中,以量的扩张为主的粗放型经济增长方式造成的水污染问题尤为突出,不少河网湖泊处于亚健康状态。早在2000年6月省政府颁布的《浙江省生态环境建设规划》已经指出,"我省人均水资源拥有量低于全国平均水平,而污水排放量却以每年9%—10%的速度增加。运河水域100%、平原河网84%河段不能满足功能要求;水污染防治工作面临的形势十分严峻。部分城镇缺水严重,有的饮用水源也遭到污染。地下水的过量开采,造成了局部地区较为严重的地面沉降。受长江入海污染物和陆源污染物的影响,我省近岸海域和部分港湾已出现不同程度的海水污染,氮磷富营养化较为严重,有些海域已成为赤潮多发区"。2003年,浙江区域内废水排放总量达27.03亿吨,工业废气排放总量达10432亿标立方米，工业固体废物产生量达1976万吨，分别比1990年增长84.8%、3.0倍和1.3倍。浙江每生产1亿元GDP排放28.8万吨废水，生产1亿元工业增加值排放2.38亿标立方米工业废气，产生0.45万吨工业固体废物，这些指标均大大高于发达国家标准的几倍甚至十几倍。八大水系和平原河网受到污染侵袭总体水质堪忧，部分支流和流经城镇的局部河段存在比较严重的污染现象，运河、平原河网和城市内河污染严重，湖库存在不同程度的富营养化现象。濒海地区、杭嘉湖地区地下水超采严重。

显然，先发地区必然遭遇先发问题，某些方面走在全国前列并不意味着所有问题都能迎刃而解。经济发展方式是否能由主要依靠增加物质资源消耗向主要依靠科技进步、劳动者素质提高、科技创新转变，产业能否尽快升级，主产业能否尽快转向高附加值领域，这些都成为浙江经济社会发展面临的严峻挑战。除此以外，社会公正、社会治安和社会矛盾问题、公共安全和安全生产问题、市场经济秩序问题等也亟待解决。推动浙江新一轮的发展，迫切需要寻求新的"突围"。在这一背景下，省委省政府开始全面总结改革开放以来的历史经验、全面进行自我诊断。

习近平到浙江工作以来，对"浙江现象"以及浙江如何破解"成长烦恼"和"先发问题"、推动浙江新一轮发展进行了深入的思考。他强调，一方面，"发展是硬道理，是第一要务。发展犹如逆水行舟，不进则退。无论在任何条件下，遇到任何困难，发展的意识不能淡化，发展的热情不能降低，发展的干劲不能减少"；另一方面，"发展也不是盲目蛮干，不能走老路。再走'高投入、高消耗、高污染'的粗放经营老路，国家政策不允许，资源环境不允许，人民群众不答应"[①]。习近平认为，发展观必须回答四个基本问题：什么是发展？为什么要发展？怎样发展？如何评价发展？"我们仍然需要GDP，但经济增长不等于发展，也必须明确经济发展不是最终目的，以人为中心的社会发展才是最终目标。""发展必须是可持续的。这些道理一经揭示出来，看似浅显易明，但不揭示出来，可能在实践中就忽略

---

[①] 习近平：《干在实处　走在前列》，中共中央党校出版社2006年版，第22—23页。

了；一旦忽略，就出现许多问题，有些问题积重难返，就非下'虎狼之药'不可。"①"近几年来，随着发展环境、发展条件、发展要求的变化，特别是要素供给和环境承载力瓶颈制约的进一步凸显，我们在深深感受到'成长的烦恼'和'制约的疼痛'的同时，也切实增强了推进科技进步、提高自主创新能力、提升产业层次、实现'凤凰涅槃'的自觉性和紧迫性。"②

习近平对"浙江现象"以及浙江新阶段"如何发展"、破解"成长烦恼""先发问题"的深入思考，引发了他对深深熔铸在民族生命力、创造力和凝聚力之中的文化力量、精神力量的更深层思考。在2003年7月文化体制改革和文化大省建设座谈会上，习近平指出，"文化是民族的灵魂，是维系国家统一和民族团结的精神纽带，是民族生命力、创造力和凝聚力的集中体现。文化的力量是民族生存和强大的根本力量。中华民族历史悠久、饱经沧桑，几经分合，几遭侵略，都不能被分裂和消亡，始终保持着强大的生命力，根本原因就在于我们具有源远流长、博大精深的文化内涵"③。他认为，改革开放以来，浙江经济社会发展的历程充分显示了优秀传统文化的突出优势、强大生命力和时代价值。浙江在政策并无特殊、陆域资源并不丰富的情况下，成为全国经济发展最好最快的省份之一，其深层原因，"就在于文化的力量，在于浙江深厚的文化底蕴，在于浙江能够较好地适应市场经济的文化传统，在于浙江人'自强不息、坚忍不拔、勇于创新、讲求实效'的人文精神"④。工厂和项目，谁都可以竞争，但经济与文化相互交融所形成的强大的软实力，不是哪一个省在短时间内所能赶得上的。改革开放以来，浙江经济社会发展的辉煌历程不仅充分表明，"文化的力量最终可以转化为物质的力量，文化的软实力最终可以转化为经济的硬实力"；而且也充分表明，文化的力量"为发展民主政治提供基础和条件，为新旧制度的更替提供精神武器，为一定社会的政治状况提供国民的政治觉悟水准和社会的心理、风

---

① 习近平：《干在实处 走在前列》，中共中央党校出版社2006年版，第23页。
② 同上书，第33页。
③ 同上书，第293页。
④ 同上书，第294页。

尚、习俗等。一定社会的文化环境，对生活其中的人们产生同化作用，进而化作维系社会、民族的生生不息的巨大力量，中华民族共同的文化传统才使我们对中华文明有了强烈的认同感和归属感；要化解人与自然、人与人、人与社会的各种矛盾，必须依靠文化的熏陶、教育、激励作用，发挥先进文化的凝聚、润滑、整合作用"[1]。

习近平深刻意识到，破解浙江发展的瓶颈，日益呼唤打造新的"文化支撑力"，推动浙江新一轮的发展，"更需要作为文化核心价值观的浙江精神的引领和激励，支撑我们在未来的实践中奋发图强，励精图治，与时俱进"[2]。浙江已进入全面加快推进现代化建设的新阶段，浙江经济能否不断增强综合实力和国际竞争力，继续保持在全国的领先地位，很大程度上取决于对先进文化的深刻认识和推进文化发展的高度自觉。正因如此，"我们必须用战略的思维、时代的要求、发展的眼光来审视文化建设"[3]，以全新的眼光来认识文化的力量、精神的力量，在更高层次、更宽视野、更大力度上发挥文化的作用、精神的作用。他认为，对文化力量的深刻认识、对发展先进文化的高度自觉、对推进文化建设的工作力度，是关系今后一个时期浙江能否"继续走在全国前列"的重大课题。从经济的角度看，任何经济离不开文化的支撑，文化赋予经济发展以深厚的人文价值，文化赋予经济发展以极高的组织效能，文化赋予经济发展以更强的竞争力。因此，"在新的历史条件下，我们必须坚持先进文化的前进方向，进一步弘扬和发展浙江精神，不断发掘其历史积淀，不断丰富其现实内涵，实现浙江人文精神的与时俱进，使之与社会主义市场经济发展的要求结合得更加紧密，与人民群众积极性和创造性的发挥结合得更加紧密，从而不断增强浙江经济社会发展的软实力，不断创造浙江经济社会发展的新优势"[4]。

不仅如此，习近平还从经济、政治、文化、社会全面协调发展的高度，重新审视了文化的力量，把文化的力量比喻为经济发展的"助

---

[1] 习近平：《干在实处　走在前列》，中共中央党校出版社2006年版，第293页。
[2] 习近平：《与时俱进的浙江精神》，《浙江日报》2006年2月5日。
[3] 习近平：《干在实处　走在前列》，中共中央党校出版社2006年版，第289页。
[4] 同上书，第319页。

推器"、政治文明的"导航灯"、社会和谐的"黏合剂",总是"润物细无声"地融入经济力量、政治力量、社会力量之中。这就表明,在浙江新的发展阶段上,文化的地位和作用必须由仅仅服务于粗放型经济增长时期的"搭台"和"配角",上升为转变经济发展方式、破解浙江"成长烦恼"和"先发问题"、推进科学发展与社会和谐的精神动力,在现代化总体布局中,彰显出文化的强大力量。科学发展观要求以"发展""以人为本""全面协调可持续""统筹兼顾"等全新的眼光,重新审视整个社会的发展,顺理成章地也要求以全新的眼光重新审视作为社会发展重要组成部分的文化发展、以全新的眼光重新审视文化的力量。内外大环境的深刻变化、经济社会发展阶段的升级,要求浙江从推进科学发展、社会和谐的高度,更加自觉地加快推动文化建设。

习近平到浙江工作的第二年,即2003年7月,省委召开了第十一届四次全体(扩大)会议。习近平代表省委完整、系统地提出了面向未来发展的八项举措,即进一步发挥八个方面优势、推进八个方面举措的"八八战略"。"八八战略"着力于破解浙江"成长烦恼"和"先发问题",解决浙江如何实现科学发展和转变发展方式、如何全面建设小康社会、继而率先实现现代化等重大问题;解决浙江如何全面深化改革,实现经济、政治、文化、社会、生态协调发展等关键性和全局性问题。"八八战略"中的第一个"八",是发挥浙江的体制机制、区位、块状产业、城乡协调发展、生态、山海资源、环境和人文等优势,将潜在的优势转变为现实的优势;第二个"八",是探索和完善相应实施机制,进一步发挥、培育和转化优势,推动浙江发展再上新台阶。"八八战略"是在全面贯彻落实科学发展观过程中提出的,是立足于浙江原有基础、发挥既有优势和发掘潜在优势而作出的重大战略决策,是引领浙江发展的总纲领、推进浙江各项工作的总方略,是中国特色社会主义在浙江的生动实践和具体体现,是事关浙江现代化建设全局的重大战略选择和总抓手。

在"八八战略"指引下,省委提出了"干在实处、走在前列"的总要求,出台了建设"活力浙江""平安浙江""文化大省""法制浙江""绿色浙江"等重大战略决策,从而率先形成了区域经济、政治、文化、社会、生态文明建设五位一体的社会主义现代化总体布局。历任省委带领全省干部群众坚持一张蓝图绘到底,一任接着一任干,坚定不移地实施和续写"八八战略",不断深化"八八战略"的科学内涵和具体举措,从十二届省委的"创业富民、创新强省"发展战略、十三届省委的"物质富裕精神富有"发展战略、省委十三届五次全体会议的"建设美丽浙江、创造美好生活"决策部署,到十四届省委的实现"两个高水平"奋斗目标,都聚焦于"八八战略"的核心主题和目标,都是"八八战略"的深化和具体化。

在这个"管全局、管长远"的"八八战略"中,习近平把加快建设文化大省作为其重要内容,提出了"进一步发挥浙江的人文优势,积极推进科教兴省、人才强省,加快建设文化大省"的战略,明确了切实加强精神文明建设,大力弘扬、发展"浙江精神",深化文化体制改革,推动文化与经济的相互交融,不断增强构成浙江综合竞争力的软实力,促进人的全面发展和社会全面进步的任务。这就将文化建设纳入"八八战略"的整体战略、社会主义现代化总体布局中予以通盘谋划和部署,从"八八战略"的大布局中提出了浙江文化建设的顶层设计。对此,有学者这样评论:"'八八战略'是浙江率先确定全面科学发展观,从自发发展转向自觉发展的里程碑式文献。"从整体与部分的关系来看,加快文化大省战略是"八八战略"的重要组成部分。但提出建设文化大省的诉求本身就是浙江全面进行自我诊断、自觉形成全面科学发展观的开端性事件和标志。"事实上,2000年以来浙江一系列关于文化大省战略的文件都十分强调文化对促进浙江市场经济升级、对促进经济、政治、社会的全面发展、对培育'新型浙江人'的重要意义。"[①]

## 二 补浙江发展的文化短板

从"建设文化大省"到"加快建设文化大省","八八战略"虽然在"建设文化大省"前仅仅增加了"加快"两字,却蕴含着重大

---

[①] 李景源、张晓明主编:《浙江经验与中国发展(文化卷)》,社会科学文献出版社2007年版,第22页。

而深远的意义，体现了习近平在主政浙江期间省委省政府从经济、政治、文化、社会、生态"五位一体"全面发展的高度，对文化建设地位的重新定位，体现了省委对率先解决长期以来文化领域的欠账问题、尽快补上文化建设"短板"的愿望和诉求。"在今天的浙江我们常听到这样一句话：经济腾飞一代人可以实现，文化积累则是三代人的事。当代浙江各级党委和政府已充分认识到'文化发展'成为浙江经济发展的一块'短板'，因此加快文化建设刻不容缓。"①

改革开放以来，像全国其他地区一样，文化事业一直是浙江经济社会发展中欠账较多的领域。虽然浙江经济增长迅猛，但在相当一段时期，经济发展的成果主要被用于改善人民群众的物质生活、扩大物质部门的再生产以及与经济发展直接相关的公共设施建设上。正是在这样的背景下，浙江的文化发展曾一度大大落伍于经济的快速发展。

1978—1995 年的 17 年间，全国经济效益指数平均每年增长 6.0%，而浙江省年均增长率为 9.8%，高出全国平均值 3.8 个百分点，增速居全国第二。其中人均国内生产总值由 1978 年的 375 元增至 1995 年的 4754 元，年均增长率为 8.3%。浙江人均国内生产总值则从 1978 年的 327 元，上升至 1995 年的 8074 元。按可比价格计算，年均递增 13.0%，高出全国平均值 4.7 个百分点，增速居全国之首。改革开放前，浙江省人均国内生产总值低于全国平均数；1995 年则升至全国第 4 位。此外，在这 17 年间，全国社会劳动生产率增长速度最快的也是浙江省，平均每年增长 12.2%，高出全国平均值 4.6 个百分点。全国生活质量指数年均增长 7.2%，而浙江的年均增长率则为 9.1%，比全国年均增幅高出 1.9 个百分点，居全国增长速度的前两位。其中，城镇居民人均生活费收入、农民人均纯收入、居民消费水平、每百人拥有电话机数等指标，浙江都位居全国前列。

然而，也正是经济发展的巨大成就，强烈地衬托出了文化等方面发展的"滞后"。据"浙江社会发展现状与对策研究"课题组在《1992—1996 浙江社会发展状况》中的测算和评估，1978—1995 年，

---

① 李景源、张晓明主编：《浙江经验与中国发展（文化卷）》，社会科学文献出版社 2007 年版，第 23 页。

全国社会发展增长了144.0%，年均增长率为5.4%。浙江省社会发展指数在这期间共增长了255%，平均每年递增7.7%，比全国年均增长率高出2.3个百分点。改革开放十七年来，社会发展动量指数全国平均为140.8%，浙江省则高达221.2%，仅次于广东（233.2%）和上海（223.7%），居全国第三位。然而，浙江省社会发展之所以有如此高的增长速度，主要得益于经济增长的拉动。改革开放十七年间，全国经济效益综合指数平均增长6.0%，而浙江省年均增长率为9.8%，高出全国平均值3.8%个百分点，增速居全国第二。其中人均国内生产总值和社会劳动生产率增长最快。全国人均国内生产总值由1978年的375元增至1995的4754元，扣除价格上涨因素，实际增长29%，年均增长率8.3%；浙江省人均国内生产总值则从1978年的327元增至1995的8074元。按可比价格计算，年均递增13.0%，高出全国平均值4.7个百分点，增速居全国之首。此外，17年来，社会劳动生产率增长速度最快的也是浙江省，平均每年递增12.2%，高出全国平均值4.6个百分点。因此，"在社会发展总指数中，增长最快的还是与经济发展直接相关的人均国内生产总值和人均收入等指标。由于这几个数值惊人的增长速度，再加上该指标权数较高，使得社会发展水平总数得分颇多。而社会结构和人口素质中一些指标指数增长则相对缓慢。社会结构指数全国17年平均增长3.1%，我省则不足平均增速。人口素质中受教育程度，人均拥有科教文卫体资源等增长缓慢，应该引起我们的高度重视"①。

毋庸置疑，从纵向比较看，改革开放以来，浙江文化事业建设也取得了相当大的进展。比如，到1996年浙江全省共有群艺馆2126个，比1990年增长了4倍多，群艺馆和文化馆平均馆所面积分别比"七五"末增长36%和3%。有公共图书馆81个，公共图书馆藏书量达1549万册（件），比1990年增长22.35%，每人平均拥有公共图书馆藏书量有所提高。各级博物馆、纪念馆、陈列馆90家，文艺表演团体89个。有广播电台48座，广播和电视台的覆盖率分别达到

---

① "浙江社会发展现状与对策研究"课题组：《1992—1996浙江社会发展状况》，浙江人民出版社1997年版，第6页。

82.1%和91.1%。然而,与全省主要经济指标已经位居全国前列形成鲜明对照,浙江文化建设不仅未领先于全国,不少主要指标甚至还落后于全国。对此,"浙江社会发展现状与对策研究"课题组在《1992—1996浙江社会发展状况》中这样评估:"在文化设施建设方面,虽然近年进一步加大了力度,我省文化设施也有了较大的改善,但标志性的文化设施群尚未形成,我省至今没有全国瞩目的高档次、高品位的标志性文化设施。1994年,全省每万人口拥有的艺术表演场所、电影放映单位仅0.86个,体育场地3.86个,分别居全国第19位、第22位和第18位。因缺乏资金,全省17个剧场危房的维修改造问题,'八五'期间未能完成,达到文化部制定的文化馆舍面积3000平方米的标准馆要求的全省只有十分之一,未完成'八五'计划中提出的四分之一的要求;全省图书馆危房问题仍然比较突出,'八五'计划中提出的基本解决危房1万平方米,实际至今尚有24个馆为危房,总计面积约8100平方米。"① 时任浙江省委宣传部常务副部长沈晖说,"这几年我们对宣传文化的投入显得不足,这与我省快速发展的经济并不协调。浙江省图书馆购买图书的经费1985年确定为120万元,当时可购买9万册左右的图书。到1995年,这笔钱始终没有增加,但只能购买1万多册图书了。我省社科规划经费1987年确定为每年33万元,此后7年一直没有增加,而这7年中通货膨胀率累计达68%。近几年,我省许多文艺单位和团体财政投入增加不多,而人员费用增长迅速,长期处于经济拮据的困境之中。剧团排新戏,经文化厅认可的才能由厅投资4万元,但实际需要10万元以上,不足部分则由剧团自行集资。由于投入不足,不仅理论、文艺部门的领导,连广电、报社等部门领导甚至业务骨干都将主要精力用于抓经济、搞创收,而不是用于出人才、出精品"②。

另据完成于1996年的浙江省计经委社会发展处《"九五"及至2010年浙江省文化事业基础设施建设发展基本思路》中的描述:"从

---

① "浙江社会发展现状与对策研究"课题组:《1992—1996浙江社会发展状况》,浙江人民出版社1997年版,第110页。

② 沈晖:《培养"四个一批人才"重振"文物之邦"雄风》,载沈晖主编《再创辉煌——浙江文化发展战略文集》,浙江人民出版社1997年版,第314页。

总体上看，我省的文化基础设施仍比较落后。按照国家规定各省、市、自治区'六五'期间基本上要达到'市市有博物馆，县县有图书馆、文化馆，乡乡有文化站'（即三馆一站）的目标，但'八五'期末，我省仍没有达到。据初步统计，到目前为止全省仍有2个县（绍兴县、衢县）无图书馆，14个市辖区无图书馆建制，4个县无图书馆舍，17个县无独立的图书馆舍；全省11个地市只有2个地市有少儿图书馆。有1个县、4个市辖区无文化馆舍；有1个市（地）无博物馆。另外，全省约有30个左右的专业剧团无排练用房，占全省专业剧团数的三分之一。特别在一些经济不发达地区，基本文化设施尤为缺乏。"至1996年，"一些市、县的文化设施仍沿用解放前的旧建筑，由于年久失修，大部分已经成为危房。全省有17个县以上公共图书馆建筑面积不足300平方米，缺少书库和基本的阅览场地，不能正常开放接待读者，占县级以上图书馆总数的21%；全省24个公共图书馆有危房建筑，面积达8111平方米。有12个县（区）的文化馆建筑面积不足400平方米，不能正常开展群众性文化活动，占县以上文化馆总数的14%"。"我省是一个文物大省，全省省级以上文保单位就达228处。但是全省文物库房设施却相对落后。按标准博物馆库房每平方米存放15件藏品。现全省馆藏文物276342件，库房面积仅16776平方米，缺1751平方米。目前不少文物库房仍占用寺、庙。全省文物库房危房的面积达4000多平方米。"[①]

上述数据所体现出来的浙江经济发展与文化发展不平衡现象，与浙江省委省政府的诊断也是相吻合的。早在《浙江省文化发展规划（1996—2010）》中，省委省政府已经指出，就浙江文化的整体情况来看，还存在着四个较为突出的问题。其中三个问题，就集中地反映了浙江经济与文化发展不平衡现象，即"与经济发展相对滞后，文化投入不足，欠账较多"；"与先进省份相比，我省文化优势不明显"；"与人民群众日益增长的文化需求不相适应，现有文化设施、文化产

---

[①] 浙江省计经委社会发展处：《"九五"及至2010年浙江省文化事业基础设施建设发展基本思路》，载沈晖主编《再创辉煌——浙江文化发展战略文集》，浙江人民出版社1997年版，第272—273页。

品、文化活动还不能满足人民群众多层次的文化生活需求"。

在20世纪90年代中后期，浙江已经成为在主要经济指标方面位居全国前列的省份，但文化建设的欠债问题仍然未能从根本上得到解决。

在20世纪末，浙江的经济发展优势进一步凸显。浙江国内生产总值占全国的比重从1995年的6.0%提高到了1999年的6.5%，财政收入占全国比重也由1995年的4.0%提高到1999年的4.2%。"九五"期间，浙江城乡居民收入水平继续稳步增长，比全国平均水平高出44%和78.6%。1999年，全省城镇居民人均可支配收入为8428元，列沪、京、粤之后，居全国第4位；农民人均纯收入3948元，列京、沪郊区之后，居全国第3位。浙江城乡居民的消费恩格尔系数分别从1995年的47.1%和50.4%下降到1999年的40.3%和46.1%。《"九五"浙江发展报告（1996—2000年）》判断，在20世纪末，"从总体上说，浙江目前已进入国际社会所通常认为的下中等社会发展阶段，其中某些社会指标还达到了中等发达社会的水平"[1]。

但是，在20、21世纪之交，浙江经济发展与文化发展不平衡现象仍然未发生根本的改变。据《"九五"浙江发展报告（1996—2000年）》的评估：在20世纪末，"同其他省市相比，浙江省文化发展仅处于中上水平，落后于上海、江苏等周边省市；同自身相比，浙江省文化发展水平落后于其他一些领域，尤其是经济领域的发展水平"[2]。经济建设和文化建设一手硬，一手软的现象仍然相当突出。

"九五"期间，浙江全社会固定资产投资显著增加，但文化投入却并未同步增加。据《"九五"浙江发展报告（1996—2000年）》的表述，"'九五'期间，浙江累计完成全社会固定资产投资预计9180元，比'八五'时期增长1.5倍，为'九五'计划指标的122.4%。固定资产投资进一步向基础设施和基础产业倾斜。无论在投资回落的年份还是投资扩大的年份，重点建设项目的投资力度都有所增强。仅

---

[1] 杨建华、葛立成主编：《"九五"浙江发展报告（1996—2000年）》，浙江教育出版社2000年版，第7页。

[2] 同上书，第400页。

1998年，全省重点建设项目完成额240亿元，在上年增长30%的基础上又进一步增长了40%，形成了较好的发展势头"[①]。然而，与此形成鲜明对比，"据1999年底统计，全省县（市）文化馆中馆舍建筑面积不足2000平方米的达64个（其中面积仅500平方米左右的20个，有馆无舍的有6个），占文化站总数的77%；全省乡镇文化站达到500平方米以上的，仅占文化站总数的30%，有102个乡镇未建文化站。全省已建的70个县（市）公共图书馆中有55个馆舍面积低于2500平方米（其中面积仅500平方米左右的有14个，有馆无舍的5个），占县（市）公共图书馆总数的79%"[②]。

上述数据在相当程度上反映了在20、21世纪之交浙江全省的概貌。全省各个市地的情况也大体相似。从1978年到20世纪末，浙江各个市地经济发展十分迅猛，但在同一时期文化建设投入并未相应增加。在这一方面，浙江省省会城市杭州市和全国市场经济先发城市温州市的状况，都具有相当的代表性。

1999年，杭州的人均GDP已达到2400美元，其中市区人均GDP已突破4200美元，这标志着杭州经济社会发展已经进入到了一个新的阶段。但在20、21世纪之交，杭州公共文化发展滞后于经济发展的现象仍然十分突出。据杭州创文化名城研究课题组1999年《杭州创文化名城研究》一文中的说法，"由于历史欠账太多，起步不高，杭州文化设施建设滞后，已制约了杭州文化事业的发展，也影响了杭州对外开放、旅游经贸发展和城市文化品位的体现。杭州图书馆馆舍面积在全国省会城市中排名倒数第一，仅够国家三级图书馆标准。杭州缺少能满足大型文艺演出的剧院，缺乏上规模、高水准的美术馆和展览馆，因此失去了不少承办全国大型艺术赛事、展览的机遇。目前，浙江省正申办2003年'第七届中国艺术节'，在4年内能否建成足够数量和标准的表演场馆已成为最主要的问题"。"城市广场是城市的大厅，市民休闲、文化活动的主要场所，杭州只有武林广场、青

---

[①] 杨建华、葛立成主编：《"九五"浙江发展报告（1996—2000年）》，浙江教育出版社2000年版，第3页。

[②] 同上书，第403页。

少年活动中心广场和新建的吴山广场等屈指可数的几个,且广场规模较小,特色不够明显,跟不上社会的发展,广场的文化功能尤显不足。""杭州城市雕塑一直比较薄弱,没有广大市民普遍认同、赞赏的雕塑。有的新建雕塑因为品位不高、内涵不深、缺乏想象力等原因受到各界责难。"① 在20、21世纪之交,杭州市公共文化事业投入偏少的问题未有根本的改观。据2000年杭州市一份调研报告的表述,"从分行业看,具有公益服务性较强的文化单位(如图书馆、档案馆、博物馆等单位)资金较为困难。如杭州文物公司20多万件文物艺术品,因资金等问题只能封库,发挥不了应有的作用。杭州图书馆今年尽管争取到购书经费近100万元,但和广州300万元、哈尔滨200万元、南京160万元相比,仍然有较大差距,这与杭州确定的'创文化名城'的目标是不相适应的"②。

温州是浙江省民营经济发展的典型,号称"民营之都",以"温州模式"而闻名全国。改革开放以来,温州经济得到了快速的发展,国内生产总值由1978年的13亿元增长为1998年的680亿元,增长了19倍,年递增率为15.9%,其中民营企业创造的产值占全市国内生产总值的85%,占工业总产值的96%,上缴税收占全市财政收入的56.7%。温州民营经济中的许多行业在全国名列前茅,拥有相当高的国内市场占有率,如皮鞋占国内市场的20%,低压电器占35%,防风打火机占90%,眼镜占80%,等等。温州的民营经济形式多样,包括个体工商户、私营企业、股份合作制企业、以民间资本为主的股份有限公司和有限责任公司等。1998年,全市个体工商户约20万户,有限责任公司约17万户,股份有限公司为22万户,民营企业占全市企业总数的90%以上,涌现出正泰、德力西、天正、荣光、神力等一批科技型、外向型的企业集团,创立了一批全国驰名品牌。然而,与经济上的辉煌成就形成鲜明对比,在1998年以前,温州文化投入滞后于经济发展的现象却十分突出:"一个地处江心孤岛上的博

---

① 杭州市委宣传部编:《名城方略——杭州创文化名城研究文集》(未刊稿),2001年,第115—116页。

② 同上书,第155页。

物馆、一个破旧的图书馆、几家小电影院是当年温州勉强可以称得上的文化设施,身处社会主义市场经济前沿的温州虽然正迎来经济发展的春天,但其简陋破落、难以与城市发展相匹配的公共文化设施及文化事业也每每遭人指责。然而建设这些大型设施的资金筹措却并不容易,是温州市政府于1998年首次公开拍卖300个新增出租车营运权,将2亿元拍卖款全部用于青少年活动中心、博物馆和科技馆的建设,这才有了三年文化设施的竣工并投入使用。"[1]

上述表明,改革开放以来,浙江经济发展取得了举世瞩目的成就,但文化建设滞后于经济发展的现象却凸显了出来。与此同时,"随着经济高速发展,财政收入日益增加,偿还'发展'旧账也摆上了议事日程。它要求城市反哺农村,重视绿色发展,改善浙江本地群众和外来浙江人的文化消费权利,等等,而这一切归根结底是个'经济社会和人的全面发展'问题"[2]。随着经济的高速发展、公共财政的相对宽裕,解决浙江经济建设和文化建设"一手硬,一手软"的问题,已经成为水到渠成、迫在眉睫的事情。2003年7月18日习近平在文化体制改革和文化大省建设座谈会上指出,"随着物质生活水平的不断提高,人们对精神文化生活提出了新的更高要求。这不仅给文化建设注入了新的动力,也使得精神文化产品的生产与人民群众日益增长的精神文化需求之间的矛盾更加突出,因此,加快建设文化大省,不断满足人民群众日益增长的多层次精神文化需求,推动人的全面发展,已经成为我省现代化建设的一项重大而紧迫的任务"[3]。

因此,"八八战略"在"建设文化大省"之前加了"加快"两字,不仅体现了习近平主政下的省委从经济、政治、文化、社会"四位一体"全面发展的高度对文化建设地位的重新定位,而且体现了省委对文化建设滞后于浙江经济建设现实状况的清醒认识,体现了省委对尽快补上文化建设"短板"的愿望和诉求。正如学者所说,"浙江

---

[1] 陈中权:《温州文化产业发展现状与对策》,载金浩、王春光主编《2008年温州经济社会形势分析与预测》,社会科学文献出版社2008年版。
[2] 李景源、张晓明主编:《浙江经验与中国发展(文化卷)》,社会科学文献出版社2007年版,第23页。
[3] 习近平:《干在实处 走在前列》,中共中央党校出版社2006年版,第296页。

省委、省政府从经济、政治、文化、社会'四位一体'着眼,将文化建设与浙江经济社会发展的整体战略联系起来。建设文化大省战略站在政治和全局的高度,以浙江整体改革和发展战略为依托和支撑,是新形势、新战略中不可或缺的实践举措"①。"八八战略"在实质上就是要追求全面协调可持续发展。将"加快建设文化大省"纳入"八八战略",不仅体现了习近平主政下的省委以勇于担当的精神,以更快的步伐、更快的速度推进浙江文化建设,在更高层次、更宽视野、更大力度上谋划和布局浙江文化发展,而且也体现了习近平主政下的省委,在推进科学发展、社会和谐的时代背景下对文化力量的重新认识,对中国特色社会主义文化发展道路先行探索的高度自觉。

在20、21世纪之交,浙江较早遇到了经济越发展、社会矛盾突出这个很多发达国家都曾遇到过的问题。习近平到浙江工作后,带领全省干部群众率先开启构建社会主义和谐社会的探索和实践。2004年省委召开了第十一届六次全体(扩大)会议,做出了全面建设平安浙江的重大决策部署。在这次全会上,习近平指出,"'八八战略'明确提出要进一步发挥环境优势,加强法治建设、信用建设;进一步发挥人文优势,抓好文化大省建设,推进全社会思想道德素质、科学文化素质的提高等。这些都对'平安浙江'提出了明确的要求"②。"平安浙江"中的"平安",不是狭义的"平安",而是涵盖了经济、政治、文化和社会各方面宽领域、大范围、多层面的广义"平安"。建设"平安浙江"内含着"五个更加"的目标,即政治更加稳定、经济更加发展、文化更加繁荣、社会更加和谐、人民生活更加安康。这就进一步阐述了加快建设文化大省与建设平安浙江、实施"八八战略"的辩证关系。

### 三 提升发展的文化软实力支撑

在对"浙江现象"以及浙江如何破解"成长烦恼"和"先发问

---

① 谢地坤主编:《中国梦与浙江实践(文化卷)》,社会科学文献出版社2015年版,第29页。

② 习近平:《干在实处 走在前列》,中共中央党校出版社2006年版,第237页。

题"、推动浙江新一轮发展的深入思考过程中，习近平清醒地看到了浙江发展中存在的深层次问题：浙江发展速度虽然很快，但资源要素和环境承载力的制约不断加大；浙江的块状经济发达，但产业层次较低，高技术产业和服务业比重低；浙江企业市场意识强、应变速度快，但技术创新和研发能力相对较弱，产品技术含量低。对"先发问题"的"自我诊断"是"治疗"的基础，是从自发发展到自觉发展的转折点。正是基于"自我诊断"，省委自觉提出了转变经济发展方式的战略主题，这个主题被形象地表述为"二次创业""腾笼换鸟""凤凰涅槃""浴火重生"等；也是基于"自我诊断"，省委提出了实施"八八战略"、全面建设平安浙江、加快建设文化大省、建设法治浙江、创建生态省等重大战略和举措。正是在这样的背景下，省委从破解"成长烦恼"和"先发问题"、提升浙江新一轮发展软实力支撑的高度，对实施加快建设文化大省战略进行了全面的谋划、布局和部署。

2005 年 7 月，浙江省委召开了第十一届八次全体（扩大）会议。习近平作了《加快建设文化大省，为全面建设小康社会、提前基本实现现代化进程中走在前列提供强大力量》的报告。会议着眼于经济、政治、文化和社会建设"四位一体"的整体推进，着眼于为全面建设小康社会、提前基本实现现代化进程中继续走在前列提供文化软实力支撑，通过了中共浙江省委《关于加快建设文化大省的决定》。这个纲领性文件系统阐述了加快建设文化大省的时代背景和战略意义、指导思想和总体目标、主要任务和保障措施，对加快建设文化大省做出了新的布局和部署，提出，要"从增强先进文化凝聚力、解放和发展文化生产力、提高社会公共服务能力入手，重点实施文明素质工程、文化精品工程、文化研究工程、文化保护工程、文化产业促进工程、文化阵地工程、文化传播工程、文化人才工程'八项工程'，加快建设教育强省、科技强省、卫生强省、体育强省'四个强省'"。这个有关加快建设文化大省的纲领性文件，是对"八八战略"中提出的"进一步发挥浙江人文优势、加快建设文化大省战略"的具体化和系统化，既充分体现了浙江文化改革发展实践的基本经验，总结和概括了浙江人民群众的创新和智慧，又是指导未来浙江加快推动文化建设的行动指南、顶层设计和宏伟蓝图。《关于加快建设文化大省的决定》的出台,标志着浙江文化建设进入了一个崭新的阶段。

《关于加快建设文化大省的决定》要求有关部门结合研究制定"十一五"规划,制定完善文化建设"八项工程"实施意见,制定完善以建设一批重点文化设施、发展一批重点文化产业、培育一批重点产业区块、壮大一批重点文化企业为内容的"四个一批规划"配套措施,突出发展重点,抓好项目落实。各地各部门要结合实际,制定加快文化建设的具体实施意见,进一步明确文化发展的目标、任务和要求。各级文化行政部门和文化单位要相应制定各自领域的文化事业和文化产业发展的专项规划,列出一批重点发展项目,引导投资方向,形成发展亮点。2006年2月,浙江省政府正式出台《浙江省文化建设"四个一批"规划(2005—2010)》,对"十一五"期间建设一批重点文化设施、发展一批重点文化产业、培育一批重点产业区块、壮大一批重点文化企业进行了具体的布局和部署,其范围包括全省新闻出版、广播影视、文化艺术、文化旅游、体育五大领域。省政府希望通过"四个一批"规划的全面实施,加快建设覆盖全省城乡、功能完备、富有特色的文化设施网络,加快集聚具有规模实力、竞争力、辐射力的现代文化产业区块和骨干文化企业,加快形成优势产业、传统产业、新兴产业协调、融合、共促发展的现代文化产业体系,加快推进文化大省建设,增强浙江省综合竞争力的软实力。

在全面谋划和部署加快建设文化大省战略的同时,习近平提出了弘扬红船精神和弘扬与时俱进浙江精神的新任务新要求。

2005年6月21日,他在《光明日报》上发表了《弘扬"红船精神" 走在时代前列》一文,首次阐述了以"开天辟地、敢为人先的首创精神,坚定理想、百折不挠的奋斗精神,立党为公、忠诚为民的奉献精神"为主要内涵的红船精神。他认为,红船精神与井冈山精神、长征精神、延安精神、西柏坡精神等伴随中国革命的光辉历程,共同构成了中国共产党在前进道路上战胜各种困难和风险、不断夺取新胜利的强大精神力量和宝贵精神财富。习近平强调,"要在新的实践中继承和弘扬'红船精神',在'红船精神'的激励和鼓舞下,不断强化前列意识,切实把'走在前列'的要求体现到精神状态上,贯彻到衡量标准上,落实到各项工作上,再接再厉,乘势而上,努力为全国大局作出积极的贡献"①。

2006年2月5日,习近平在《浙江日报》上发表了《与时俱进的浙江精神》一文,提出在新的历史起点上,在推进"十一五"规划的实践中,浙江面对全球化的新挑战、推进浙江发展的新实践、中央对浙江走在前列的新期待,迫切要求浙江人民在全面建设小康社会、加快推进社会主义现代化建设的不懈追求中具有现代的思想观念、价值取向、心理状态和社会道德标准。为此,"更需要作为文化核心价值观的浙江精神的引领和激励,支撑我们在未来的实践中奋发图强,励精图治,与时俱进。我们要坚持和发展'自强不息、坚韧不拔、勇于创新、讲求实效'的浙江精神,与时俱进地培育和弘扬'求真务实,诚信和谐,开放图强'的精神,以此激励全省人民'干在实处,走在前列'"②。

显然,加快建设文化大省和弘扬红船精神、弘扬与时俱进的浙江精神是同条共贯的,两者存在着内在的关联,都聚焦于推动浙江新一轮发展这个目标,打造新的"文化支撑力"。习近平说,"红船起航于浙江,既有历史的偶然性,也有历史的必然性。这是浙江的光荣,也是推进浙江发展的精神力量所在"。"'红船精神'是我们党创立时期坚持和实践自身先进性的一个历史明证。正如党的先进性不是与生俱来、一劳永逸的,'红船精神'也是具体的、历史的。我们要把'红船精神'贯穿于树立和落实科学发展观、构建社会主义和谐社会和加强党的先进性建设的实践上来。"③ 而实施加快建设文化大省战略和弘扬与时俱进的浙江精神,正如有学者所说,标志着浙江发展观的重大转变,标志着浙江的发展从自发到自觉的重要转变,其核心是使文化软实力服务于经济社会和人的全面发展的总目标,服务于"以人为本"和谐社会建设的总目标。"浙江精神的提升和转化,浙江文化大省战略的提出和完善,昭示着浙江经济社

---

① 习近平:《弘扬"红船精神" 走在时代前列》,《光明日报》2005年6月21日。
② 习近平:《与时俱进的浙江精神》,《浙江日报》2006年2月5日。
③ 习近平:《弘扬"红船精神" 走在时代前列》,《光明日报》2005年6月21日。

会发展正在实现新的飞跃。从这个过程，我们可以清楚地看到文化软实力对一个地区经济文化发展的重要作用，看到文化建设不仅作为发展手段而且作为发展目的的基本价值。它最终诠释着从康德到马克思以来人们一直强调的真理，即人是目的，而不是手段。经济发展的硬道理只有围绕着'人的全面发展'，才是真正'过硬的'道理。"①

## 四 释放文化发展的活力

加快建设文化大省的一个内在逻辑，就是要根据精神文明建设的特点和规律、适应市场经济的要求，革除制约文化发展的体制性障碍，解放文化生产力，推动文化的繁荣发展，增强浙江发展的软实力支撑，更好地满足人民群众的精神文化需求。正因如此，浙江的文化体制改革不仅随着建设文化大省战略的实施从自发走向自觉、从局部走向全面，而且也随着建设文化大省战略的加快推进而不断推进。市场经济和民营经济的先发优势、较早形成的政府"有所为有所不为"的传统，都为浙江省先于全国打破计划经济体制的束缚，创新文化发展方式提供了重要的条件。

从 20 世纪 50 年代开始，中国逐步地建立了与计划经济体制相适应的文化发展模式。随着社会主义改造、事业企业机构的公有化、单位化，中国的文化管理也具有了高度集中统一的特征，计划指令性趋势越来越明显，从中央到地方逐步形成了一体化的文化管理体制。首先，1953 年 11 月，中共中央作出《关于加强干部管理工作的决定》，提出逐步建立在中央及各级党委统一领导和在中央各级党委组织统一管理下的分部分级管理干部的制度。规定第二类干部即文教干部，由党委宣传部负责管理。其次，中央在建立分级分类管理干部的同时，作为配套措施，建立了对政府部门的归口管理制度。为在全国范围内开展反对分散主义和地方主义，1953 年中央把政府工作按性质划分为工交口、财贸口、文教口等，由同级党委的常委（后来为分管书

---

① 李景源、张晓明主编：《浙江经验与中国发展（文化卷）》，社会科学文献出版社 2007 年版，第 78 页。

记）分口负责，以加强对政府行政工作的领导。① 与此同时，在一体化文化管理体制的实际运行过程中，也形成了与之相适应的文化管理工作机制，包括决议、命令、指示、决定、规定、批示、会议等。通过这些工作机制，文化产品和服务的生产、流通和消费被进一步地纳入集中统一管理的计划体制框架之中。

早在1950年3月，出版总署就公布了《关于统一新华书店的决定》，强调新华书店必须迅速走向统一、集中，加强专业化、企业化，并明确全国新华书店的业务均由新华书店总管理处领导。此后，全国新华书店系统增强了整体观念，统一了业务规章制度，消除了各自为政的现象，为统一书价、垂直发运、扩大发行网点、扩建印刷厂创造了条件。新华书店从分散经营走向集中统一，是中国图书发行事业的一个历史转折点。出版、印刷、发行工作的集中和统一，也迅速奠定了新中国出版体制的基础。② 1952年10月，出版总署颁发的《关于国营出版社编辑机构及工作制度的规定》，规定国营出版社"必须作出全年的选题计划、编辑计划、发稿计划和出书计划；并且根据全年计划拟定每季每月的计划"。同月制订的《1953年出版事业建设计划》，是第一个全国性的出版事业发展计划，接着又制订了《全国出版事业五年建设计划》。1952年12月，中央颁布了《关于加强报纸期刊出版发行工作的规定》，推行报刊、期刊、书籍的计划发行制度："为了使我国各种出版物的出版和分配更加合理，减少编辑力量、印刷力量、发行力量、纸张以及读者购买力和阅读时间的浪费，避免积压和强迫摊派现象，有计划地配合国家经济建设和文教建设，必须进一步实行报刊、期刊、书籍的计划发行和预订制度，要求各报刊上报发行对象、发行地区范围、计划中的全年每期发行份数、计划中的预订和零售的比例，经中宣部核定后，不可以任意加印份数，突破计划。"③ 显然，该《规定》希望通过建立一种计划发行制度，能够有

---

① 蒯大申、饶先来：《新中国文化管理体制研究》，上海人民出版社2010年版，第154页。

② 同上书，第117页。

③ 《中共中央关于加强报纸、期刊出版发行工作的规定》（1952年12月），载《中国共产党新闻工作文件汇编》（中册），新华出版社1980年版，第233页。

效地实现全国报刊、期刊、书籍供给和消费需求之间的平衡。计划经济体制下的电影发行放映运作机制的核心则是"统购包销",即全国电影由中影公司统一组织生产,统一购买,统一结算,统一发行,统一放映,并实行统一领导下的分级业务管理制。地方电影公司没有影片经营的主导权,发行什么节目,投入拷贝的规模和上映时机,均统一按照中影公司年度计划分月执行。同时各级电影公司发行收入也主要集中于中影公司。这种统购包销式的计划体制,规定了省级电影公司作为中影公司的一级代理机构,其行政管理归属当地文化主管部门,业务(发行、结算)归口中影公司,对上贯彻中影公司年度和当地文化主管部门下达的各项任务,对下具体实施、督导计划和任务完成。

除了新闻出版、发行、电影以外,其他文化行业也都被纳入集中统一管理的计划体制框架之中。政府统一调配为执行文化产品生产计划所需要的人力和物力,以指令方式规定文化生产部门的产品品种、产量以及供销渠道,确定其职工数量、干部级别及具体人选,控制其资金规模及使用方向;文化产品的生产部门只能按照计划进行创作和生产,不能自行决定文化产品创作和生产的品种和数量。这就形成了行政化的文化管理模式。文化管理的行政化,是指文化艺术机构在体制构成和运作方面与行政机关具有基本相同的属性,并按照行政体制的结构和运作模式来建构和运行。

计划经济体制下中国文化管理行政化的集中体现,就是政府依靠行政手段对各种文化活动进行干预,并对文化企事业单位实行直接具体的管辖,直接介入业务的管理,政府既"管文化"也"办文化",管办不分、政事不分、政企不分。其具体表现有如下几方面:

首先,在计划经济体制下,中央和地方各级政府都设立了相应的文化事业行政管理部门,一些文化事业单位设置往往既不是按照文化发展规律要求,也不是按照公众文化需求,而是仅仅考虑政府本部门的特殊需要。各类文化艺术机构都有上级主管部门,并由这些上级主管部门分头管理。人事权掌握在上级主管部门手中,文化企事业单位的负责人由党政机关任命,工作人员由上级机关调配;文化艺术机构的生产和供给由上级主管部门决定,出版、演出、发行等计划,要向上级主管部门呈报，获得批准才能实施。政府通过行政手段、根据行政级别对文化事业单位进行人、财、物等方面的资源配置和管理，形成了国家"办事业""养事业""管事业"的组织结构和管理框架。由于各类组织主体之间责、权、利界限不清晰，往往政府该管的事没有管好，不该管的事又管了。政府既"管文化"也"办文化"，使政府与事业单位、企业单位交织在一起，导致政府与政府部门管理下的事业单位"裁判员"和"运动员"角色关系的错位。

其次，文化事业单位内部不仅按照行政级别和行政体制来建构，而且也按照行政体制的运作模式来运行。正如有学者所说，包括文化事业单位在内的"单位内部的运作从表象上来看，是在科层制所确立的制度框架中进行的。单位内部部门之间的权限划分、单位领导集体成员分管的领域、单位内部的领导关系等等，都是在科层制中获得其理性表达的。……与科层制同时并行的还有政党的组织系统，它与行政指挥系统共同构成了单位内部制度化的运行机制"[①]。诚然，这种单位组织建构和运行模式也曾释放出了巨大的能量，显示出了其独特的政治、经济和文化功能，但也付出了巨大的成本。文化事业单位按照行政级别和行政体制来建构、按照行政体制运作模式来运行，不仅使文化事业单位本身在行政意志的渗透和干预下，管理机制和运行机制被人为扭曲，导致机构恶性膨胀、文化资源严重浪费等现象，而且也使文化艺术人才权利得不到保障，激励和约束机制失灵，创新精神受到束缚，难以生产和供给高质量的文化产品和服务。此外，这些"大而全，小而全"的、高度行政化的文化事业单位大多条块分割，各自为政，各自为"事"，往往把本部门的利益置于全社会的文化利益之上。

这种"文化事业"体制虽然也发挥了重要的历史功能，但从产生开始就暴露出了种种的弊端。政府大包大揽、政事政企不分的管理体制，混淆了政府的职能界限，加重了公共财政的负担，导致了政府运行效率的低下；缺乏自主创新的激励机制的"大锅饭"体制，导致

---

① 刘建军：《单位中国——社会调控体系重建中的个人、组织与国家》，天津人民出版社2000年版，第219页。

了文化事业单位机构臃肿、人浮于事以及文化艺术工作者创造力萎缩等现象。

改革开放以来,像全国其他地区一样,浙江经历了从计划经济体制向市场经济体制的转换。文化体制改革与经济、政治、社会等领域的体制改革具有内在联系,是改革开放以来继经济体制改革之后又一次涉及全局性的深刻而复杂的变革。市场化取向的改革,必然对计划体制下文化产品和服务全部或几乎全部"以公共方式"提供的"大包大揽"模式产生冲击,从而引起市场经济条件下文化发展模式的重构。从改革开放以前和改革开放初期由政府大包大揽的"文化事业",到20、21世纪之交先于全国把"公益性文化事业"和"文化产业"从传统的文化发展模式中剥离出来,在这个过程中,浙江省不仅在文化体制改革的理论和政策上取得了较大的突破,而且在实践上也取得了较快的推进,积累了不少推进文化体制改革的经验。

2003年6月,中央召开文化体制改革试点工作会议。浙江和广东一起被确定为全国文化体制改革综合试点省。文化体制改革综合试点省的确立,既意味着中央对作为市场经济先发省份的浙江省文化体制改革先行探索和实践的肯定,也标志着浙江文化改革发展的重要性和紧迫性更加突显。省委省政府高度重视,把文化体制改革作为一项战略性任务摆上重要工作位置。在2003年实施"八八战略"之初,省委书记习近平就提出了"率先建立能够调动千万人积极性的体制机制"的任务,指出,"没有市场的文化,肯定不是先进文化"[①]。

综合试点工作刚开始,习近平用4整天时间,专门调研推进文化体制改革和加快建设文化大省的问题,实地考察了文化、新闻、出版、旅游和体育等20多家单位。省委省政府两次召开专题会议,全面部署试点启动工作。2003年7月,浙江省初步拟定了全省文化体制改革综合试点的总体方案和试点部门、试点城市方案。同年8月,《浙江省文化体制改革综合试点总体方案》得到中央批复同意后,浙江省文化体制改革领导小组迅速批复了省文化厅、省新闻出版局、省广播电视局、浙江日报报业集团、浙江出版联合集团、浙

---

① 习近平:《干在实处 走在前列》,中共中央党校出版社2006年版,第332页。

江广播电视集团6个省级试点部门和杭州、宁波两个试点城市的试点方案。由此，浙江省文化体制改革试点工作开始从宏观和微观两个层面上全面启动。在第一期试点工作中，浙江省确定了涉及12个部门的30个省级试点单位（杭州、宁波）。从2005年起，省级试点单位扩大到112个；地区试点扩展到了全省11个地级市（每个市至少有5个）。

开展文化体制改革试点工作以来，在中央和省委的高度重视和直接领导下，作为先行一步的文化体制改革综合试点地区，浙江省的试点工作取得了明显进展和阶段性成果，为全面深化改革打下了坚实的思想基础和工作基础。在这个背景下，2005年7月，省委第十一届八次全体（扩大）会议通过的《关于加快建设文化大省的决定》进一步提出，要"积极推进文化理念创新、内容创新、制度创新、科技创新，坚决冲破妨碍发展的思想观念，坚决改变束缚发展的做法和规定，坚决革除影响发展的体制弊端，尊重群众的首创精神，充分调动文化工作者积极性，营造文化发展的良好环境"。"坚持改革的正确方向，积极发挥传统文化、民族文化、革命文化、区域文化的优势，为增强中华文化的竞争力和影响力作贡献。以推进文化体制改革综合试点为契机，在全省新闻出版、广播影视、文化演艺领域，扩大改革范围，增加改革试点，拓展改革内容，由点到面、分期分批全面推进文化体制改革。深化宏观管理体制改革，探索建立调控适度、运行有序、促进发展的文化宏观管理体制，初步形成党委领导、政府管理、行业自律、企事业单位依法运营的格局。进一步推进政府职能转变，逐步实现政企、政事分开，管办分离。深化文化市场综合执法改革，进一步理顺管理体制，健全法规体系，依法加强文化市场的建设和管理。坚持权利、义务和责任相统一，管人、管事和管资产相结合，建立国有文化资产管理新制度。积极发展文化行业组织。深化微观运行机制改革，加快培育市场主体，建立保证正确导向、适应市场经济、富有活力的微观运行机制。改革和创新公益性文化事业单位管理和运行机制，不断提高公共服务能力和水平。积极推进经营性国有文化单位转企改制，建立和完善现代企业制度。进一步深化新闻出版广播影视集团化建设。规范市场准入，完善扶持政策，优化发展环境，充分调动多种所有制投资创业的积极性,大力发展民营文化企业。"这就进一步明确了深化文化体制改革的思路和目标。

2006年6月,全省文化体制改革工作会议召开,加紧部署了切实推进文化体制改革,加快繁荣社会主义文化事业,积极发展文化产业等一系列事关文化建设与发展的重要工作。同年,浙江省率先在全国将地级市以下文化局、广电局、新闻出版局合并为"文化广电新闻出版局"。同时成立文化市场综合执法机构,对文化市场实现统一执法,效果良好,在文化部文化市场行政执法考评中连续多年位居前两名。实践表明,加快建设文化大省战略的实施为推动浙江文化体制改革提供了重要机遇,而文化体制改革的全面推进则为加快建设文化大省提供了新的引擎和动力。

## 五 传承与发展区域优秀传统文化

浙江自古就是天下文脉之所在,"天下文章出浙江"早已为人耳熟能详。从"建设文化大省"到"加快建设文化大省",不仅体现了省委对文化建设地位的重新定位,对尽快补上文化建设"短板"、提升浙江发展文化软实力支撑、释放文化发展活力的愿望,而且也体现了省委传承与发展区域优秀传统文化、发挥浙江人文优势的诉求,是省委回应浙江古老传统对新时期浙江人提出创新性发展新的历史要求的重大战略抉择。

早在10万年前,浙江大地就已经出现了"建德人"的足迹。跨湖桥、河姆渡、马家浜、良渚文化,更是进一步呈现出文明的曙光。以钱塘江为界,从"建德人"到"上山文化""跨湖桥文化"再到"河姆渡文化"都处于钱塘江之东南,而从"马家浜文化"到"崧泽文化"再到"良渚文化"都处于钱塘江之西北,这两大支系与长期以来以钱塘江为界划分浙东、浙西两大地理板块相对应,构成了浙江历史文脉的两大源头。夏、商、周三代以来,由于生产力水平、人口数量,以及政治、文化各方面的因素,浙江地区的开发虽然总体上相对落后于北方黄河流域,处于文化边缘状态,但浙江文明的发展仍处于不断累积的过程中。从魏晋南北朝开始,随着北方移民的南迁,先进的学术文化和技术文明推动了浙江地区的快速发展。南宋定都杭州以后，浙江结束了长期以来的文化边缘地位，进入文化中心舞台，通过不断累积和突破，先后形成了绵延不绝的文化高峰。在南宋时期，浙江形成了以吕祖谦等为代表的金华学派、以陈亮为代表的永康学派和以薛季宣、陈傅良、叶适为代表的永嘉学派，拥有全国著名文学家的33.2%，三分天下有其一。在明代，浙江诞生了阳明心学，拥有全国著名文学家的23.69%。在清代，浙江形成了以黄宗羲为代表的浙东经史学派。进入现代以来，浙江出现了以蔡元培为代表的教育家群体、以鲁迅为代表的文学家群体以及以章太炎和王国维为代表的学者群体，分别成为中国现代教育、现代文学、现代学术的奠基者，并共同推进了中国文化的现代转型。

  习近平到浙江工作后，从继续走在全国前列和加快建设文化大省的战略高度出发，深入思考并深刻阐述了传承与弘扬浙江区域优秀传统文化的意义和价值。他说，"千百年来，浙江人民积淀了一个底蕴深厚的文化传统。这种文化传统的独特性，正在于它令人惊叹的富于创造力的智慧和力量"①。悠久深厚、意韵丰富的浙江文化传统，是历史赐予的宝贵财富，也是开拓未来的不竭精神动力。正是基于对文化的力量、对优秀传统文化历史和现实价值的深刻认识，在率领全省各级干部和人民群众加快建设文化大省和推进改革开放的实践中，习近平高度重视优秀传统文化的传承、保护和发展，将之作为浙江人民的共同事业、全省各级党委政府的重要使命和职责。他说，"保护和传承文化遗产是每个人的事。只有我们每个人都关心和爱惜前人给我们留下的这些财富，我们民族的精神和独特的审美情趣、独特的传统气质，才能传承下去"②。文化遗产是先人留给后人具有文化价值的财产，我们有义务保护好祖先的遗产，这份财产不但属于我们，也属于我们的子孙后代。我们要"利用各种渠道宣传文化遗产保护，通过展示、演出和媒体等各种载体向人民群众，尤其是青少年进行文化遗产的保护宣传和教育，倡导珍爱文化遗产的文明之风，增强公众对文化遗产的认识和了解，努力形成全社会共同参与文化遗产保护的良好

---

  ① 习近平：《"浙江文化研究工程成果文库"总序》，2006年5月30日。
  ② 习近平：《干在实处 走在前列》，中共中央党校出版社2006年版，第325页。

氛围，进而更好地熟悉中华历史，传承中华文明，弘扬中华文化，不断激发民族自豪感和爱国热情"[1]。习近平既希望通过深入挖掘浙江文化深厚底蕴、传承和发展浙江区域优秀传统文化，繁荣和丰富当代的先进文化、加快建设文化大省，用浙江历史教育浙江人民、用浙江精神鼓舞浙江人民、用浙江经验引领浙江人民，进一步激发浙江人民"干在实处，走在前列"的无穷智慧和伟大创造力；也希望从中华文化的高度思考浙江区域文化，把深入挖掘浙江区域优秀传统文化底蕴，作为深入了解中国文化、研究中国文化、发展中国文化、创新中国文化、弘扬中华民族精神的重要途径之一。

习近平将传承与发展优秀传统文化作为加快建设文化大省的重要内容，多次强调要省社联组织力量深入研究浙江历史文化、解读浙江现象、总结浙江经验、丰富与发展浙江精神，推动浙江又快又好发展。在习近平作出上述指示后，省社科联立即着手论证和编制"浙江文化研究工程"的有关方案。省委和省委宣传部领导多次听取方案汇报，指导方案的论证和完善。经过近一年的准备和筹划，文化研究工程构想逐渐成熟。2005年7月省委十一届八次全会通过《关于加快建设文化大省的决定》。这个纲领性文件把"文化研究工程"纳入加快建设文化大省的"八项工程"而正式提上了建设日程。2005年8月，省委下发《关于印发〈浙江省文明素质工程〉等八项工程实施方案的通知》（浙委办〔2005〕70号），对实施包括"文化研究工程"在内的"八项工程"做了具体部署。习近平亲自担任第一任指导委员会主任。他一直高度关心、重视并亲自指导、谋划和布局文化研究工程的实施。2005年8月30日习近平主持召开指导委员会第一次会议，标志着文化研究工程正式启动。2006年习近平亲自为浙江文化研究工程成果文库作总序，在工程实施过程中多次作指示、出题目。根据习近平的要求，浙江文化研究工程重点研究"今、古、人、文"四个方面，"浙江当代发展研究""浙江历史文化专题研究""浙江名人研究"和"浙江历史文献整理"四大板块，开展系统研究。围绕这一中心任务，省委宣传部、省社科发展规划领导小组加强领导，提供条

---

[1] 习近平：《干在实处　走在前列》，中共中央党校出版社2006年版，第324页。

件，督促落实工程建设。省社科联作为具体组织实施单位，积极建立和完善机制，在工程实施之初就成立了文化研究工程办公室，聚焦主攻方向，积极组织制定研究规划、搭建研讨平台、整合研究力量、培育学术团队，跨地区跨学科地确立了"科学发展观与浙江发展研究基地"等20多个省哲学社会科学重点研究基地，凝练了数十个与浙江当代发展和浙江历史文化密切相关的研究方向，严格监督和把控成果质量。全省广大哲学社会科学工作者为工程的顺利实施倾注了满腔的工作热情，提供了强大的智力支持，先后有1000余位专家学者参与工程项目研究。他们兢兢业业、刻苦钻研，将毕生所学贯注于一功，绝大部分项目耗时一年以上，有些研究耗时数年，数十人参与。

第一期"浙江文化研究工程"从2005年开始实施，至2015年结束，财政专项投入超过1亿元，设立研究项目811项。经过十年持之以恒的努力和积累，第一期"浙江文化研究工程"圆满完成了规划任务，出版学术专著1000多部，产生的一批学术精品，得到了国家和地方各级领导的重视和批示，赢得国内外学术界的广泛认可。《宋画全集》、《元画全集》填补了中国宋画、元画整理汇编的历史空白，开创了中国绘画历史大型断代的集成先河，受到习近平总书记的重视和赞赏。习近平对此作出过五次批示；《毛泽东在浙江的785个日日夜夜》等受到了中央、省有关部门的肯定；《科学发展观在浙江实践系列丛书》等12部专著被省委确定为省两会代表的学习资料。一大批高质量研究成果纷纷被引用，也多次被政府部门列为学习材料，或作为礼品赠送给国内外嘉宾。一批学术精品，获得了多项国内高水平奖项，在省第十四至十八届哲学社会科学优秀成果奖中，浙江文化研究工程成果占比大、等级高，其中，一等奖36项，占总数的23.2%；二等奖45项，占总数的15.0%；三等奖66项，占总数的12.1%。文化研究工程的成功实施，不仅推出了一批重点研究项目和重大研究成果，培育了一批具有浙江特色和全国影响的优势学科，而且也打造了一批研究力量较强的学术团队，带出了一批在全国有影响的学术名师和学科骨干。全省哲学社会科学的研究水平跃上了新台阶，在全国的影响力不断扩大，品牌效应逐步凸显，学科特色日益鲜明，一大批优秀社科人才得以脱颖而出。

在圆满完成第一期"浙江文化研究工程"规划任务的基础上，2017年1月19日，省委办公厅、省政府办公厅发布《关于印发〈浙江文化研究工程（第二期）实施方案〉的通知》，标志着第二期"浙江文化研究工程"正式启动。第二期将延续第一期"今、古、人、文"四个方面，即"浙江当代发展研究""浙江历史文化专题研究""浙江名人研究"和"浙江历史文献整理"四大主题，重点突出当代发展研究、历史文化研究和"浙学"文化研究，具体设置了五大板块共26项研究任务。通过五年的努力，计划推出一批在全国有重大影响的精品成果，培养一批在全国有影响的学术名家和学科骨干，培育一批在全国有重大影响的优势学科，形成有浙江特色的当代"浙学"品牌，打造出浙江文化研究的新高地。2017年年初以来，文化研究工程第二期25个专题约40个系列已全面启动，包括中国方案的浙江系列研究、改革开放40年研究（市地卷）、"改革开放与浙江经验"学术著作外译、中国村庄发展的浙江研究、党领导下的浙江革命武装斗争史研究、浙江历史经典产业系列研究、浙江海外交流史研究、浙江学术编年、天台山和合文化研究、中国画院志、浙江历代进士录、浙江儒学通史、浙江古代文献总目、浙江未刊古籍整理研究、浙江现代文学名家年谱（第一辑）、浙江书法研究大系等，共有来自42所高校、科研机构的108位专家学者参与课题研究，2018年将出版130余部著作。

浙江是中国古代文明的发祥地之一，历史悠久、人文荟萃，素称"文物之邦"，从史前文化到古代文明，从近代变革到当代发展，都为中华民族留下了众多弥足珍贵的文化遗产。像全国其他地区一样，如何正确处理众多弥足珍贵的文化遗产的保护、传承与管理、利用的关系，也是浙江这个市场经济、现代化先发省份面临的重大课题。

市场经济、城市化、现代化引起了人类生产方式、生活方式和居住方式的改变，在这个过程中，也隐藏着对文化遗产进行破坏的危险，在现实中就存在着对城市文化个性的轻视甚至埋没，造成文脉的断裂，造成"千城一面"的现象。在市场经济条件下，人们往往会注重具有市场价值、能够给自身带来可观利润的东西，而忽视那些无市场价值或缺乏赚钱效应的东西。因此，当眼前的经济效益与历史文化保护难以兼顾时，人们往往会舍弃后者而追逐前者。比如，一些历史文化古城大多位于现今的城市中心部位，土地的有偿使用让地价寸土寸金，在这里改变用地功能或增加建筑密度可以获得巨大的经济利益，是开发商生财、敛财的好地方，这种情况下，一些地方的旧城改造往往追求高密度、高容积率，而很难兼顾保护的要求。在经济利益的驱使下，不少地方把商业化开发和利润最大化作为文化遗产保护工作的出发点，在一些旅游胜地，过量的游客蜂拥而至，常常使文化遗址遭到破坏，加快了文化遗存的损耗速度，缩短了文化遗产的生命。

  习近平不仅高度重视浙江"今、古、人、文"文化资源的发掘和研究，而且高度重视浙江文化遗产的保护和抢救工作。他把保护好、传承好历史文化遗产，推动文化遗产资源实现创造性转化和创新性发展与现代文化、现代产业发展融合共生，作为加快建设文化大省的一项重要任务。他深刻地意识到，在城市化和新农村建设过程中，"文化遗产保护任务依然艰巨，文化遗产保护和经济社会发展的矛盾仍然突出，一些文化遗产及其生存环境受到严重威胁"。针对这些矛盾，他明确地指出，"我们要站在落实科学发展观和构建社会主义和谐社会的高度，从加快建设文化大省的要求出发，正确处理文化遗产保护和经济社会发展的关系，正确处理文化遗产保护、传承与管理、利用的关系，全面落实《国务院关于加强文化遗产保护的通知》精神，加快抢救速度，加大保护力度，抢救为主、保护第一，切实保护好不可再生的文化遗产"[①]。历史文化遗产是不可多得、不可复制的珍品，具有极高的文物价值，需要在保护的基础上加以合理地开发利用，这是一条不可逾越的红线。如果按照"事业"和"产业"来区分，"文化遗产保护就应该是事业为主，产业为辅。虽然文化遗产中有一定产业因素，如文物拍卖、艺术品交易等，但主要的还是事业。所以在这方面的工作，主要是保护、抢救，更多的是花钱，而不是赚钱，这个问题要把握好"[②]。这就意味着丰富的历史文化遗产和绚丽多彩的民族民间艺术，是加快建设文化大省重要而又独特的宝贵资源，文化遗

---

[①] 习近平：《干在实处　走在前列》，中共中央党校出版社2006年版，第324页。
[②] 同上书，第324—325页。

产的价值主要是文化性的,必须把社会效益放在首位,保护先行,在保护中开发,"正确处理文物保护与旅游开发的关系,做到保护第一、开发第二,坚决禁止破坏性开发。对文物项目的维修也要坚持保护第一、做到修旧如旧,坚持质量第一、做到进度服从质量"①。"要重视历史文化遗产的保护和开发,使我省优秀的文化传统得以传承,众多的名城、名镇、名宅、名园得到保护,优良的民族、民间艺术得以流传。"② 2005 年 5—6 月,习近平对非物质文化遗产保护作了 6 次批示,涉及"浙江民间工艺传承保护""浦江县高登山古村落抢救""民间艺术保护工程""抢救振兴永嘉昆剧团"等文化遗产的保护与传承。

习近平还系统地阐述了在市场经济和政府职能转变的背景下如何加强对文化遗产保护工作的领导、加大立法和保障力度、增加投入、创新保护的体制机制等问题。他说,"要鼓励文博单位拓展经营,完善机制,增强自我发展能力。要积极引导、鼓励社会力量参与文化遗产的保护,在坚持政府投入为主的前提下,引导民间资金进入文化遗产的保护和开发"。"要完善文化遗产保护的专家咨询制度、公众舆论监督制度,充分发挥学术单位的作用,共同开发保护工作。"③ 历史已经表明,过去那种由政府"大包统揽"的文化遗产保护模式,并未有效地实现政府责任。市场经济的发展,要求在不放弃政府保护文化遗产责任的前提下,推进文化遗产保护体制机制的革新,通过引入市场机制、社会力量,将政府权威与市场交换的功能优势有机地组合在一起,构造高效的文化遗产保护模式。

在习近平于浙江工作期间,浙江省文化遗产保护政策和制度得到了不断完善。2003 年,省政府出台了《关于进一步加强文物工作的意见》;同年,省政府出台《浙江省生态省建设规划纲要》,对加强民间艺术保护工作提出了明确要求。2004 年,省政府办公厅下发了《加强民间艺术保护工作的通知》。2005 年 7 月省委十一届八次全会

---

① 习近平:《干在实处 走在前列》,中共中央党校出版社 2006 年版,第 325 页。
② 同上书,第 331 页。
③ 同上书,第 325 页。

通过的《关于加快建设文化大省的决定》，把"文化保护工程"作为加快建设文化大省的"八项工程"之一，提出，要"加强文物保护利用示范、世界文化遗产申报、文物保护科技攻关、历史文化名城保护、博物馆建设等工作，构建比较完备的不可移动文物与历史文化名城和历史文化街区、村镇保护体系，基本建立布局合理、富有浙江地域特色的博物馆网络。制定和实施民族民间艺术保护规划，抢救一批濒临消失的传统民族民间艺术，做大一批民族民间艺术品牌活动项目，建设一批民族民间艺术馆，培育一批民族民间艺术经典旅游景区，发展一批民族民间艺术生态保护区，建立一批民族民间艺术产业基地"。同年，省委办公厅、省政府办公厅印发了《浙江省文化保护工程实施方案》。2006年，为贯彻落实国务院《关于加强文化遗产保护的通知》、国务院办公厅《关于加强我国非物质文化遗产保护工作的意见》，省政府出台了《关于进一步加强文化遗产保护的意见》。这些地方法规和政府制度性、规范性文件的施行，有力地推动了浙江省文化遗产的保护工作。根据省委省政府文件精神，浙江省全面编制并实施了第一、二批共43处省级历史文化街区、村镇的保护规划。2006年公布的第三批省级历史文化村镇，也都开展了保护规划的编制工作。全省各地还积极开展历史文化街区、村镇内重要历史地段详细规划的编制工作，进一步明确每幢历史建筑的保护整治具体要求，使保护规划更具实际操作性。文化遗产保护投入显著加大，文化遗产保护体制机制更加健全，文化遗产保护队伍不断发展壮大。

## 第二节　发展先进文化先行探索与实践的顶层设计

习近平主政浙江期间制定的省委有关浙江文化建设的纲领性文件，即2005年7月省委十一届八次全会通过的《关于加快建设文化大省的决定》，在对浙江文化建设状况进行全面分析和诊断的基础上，系统阐述了加快建设文化大省的时代背景、战略意义、指导思想、总体目标、着力点、八项工程和保障措施，提出了浙江文化建设的顶层设计，描绘了浙江文化发展的宏伟蓝图。历任省委一任接着一任干，坚持将这张蓝图绘到底，贯穿于从加快建设文化大省、文化强省到文化浙江的全过程，持之不懈地推动浙江文化建设的顶层设计逐步具体化和现实化。

**一 浙江文化建设状况的全面诊断**

《关于加快建设文化大省的决定》首先对省委制定实施《浙江省建设文化大省纲要（2001—2020年）》，特别是党的十六大以来，浙江对建设文化大省的状况进行了全面的分析和诊断并指出，一方面，浙江文化体制改革稳步推进，文化发展环境得到改善，文化事业不断繁荣，文化产业快速发展，教育、科技、卫生、体育等社会事业取得新的进展，有力地促进了经济社会的协调发展，丰富了人民群众的精神文化生活，提高了人的综合素质和社会的文明程度，为加快建设文化大省奠定了良好的基础。显然，这是一种十分客观的评价。事实上，浙江省开始着手解决改革开放以来文化建设方面的欠账问题，是在《浙江省建设文化大省纲要（2001—2020年）》出台之后特别是实施"八八战略"以来。为了将建设文化大省战略落到实处，全省各级政府十分注重文化经济政策的制定，大力推进文化体制改革，显著加大公共财政扶持文化事业和文化产业的力度，取得了明显的效益，为文化繁荣发展创造了良好的环境。正因如此，浙江省呈现了文化事业不断繁荣、文化产业快速发展、人民群众精神文化生活不断丰富、人的综合素质和社会文明程度不断提高的生动局面。

另一方面，《关于加快建设文化大省的决定》也实事求是地分析了浙江文化建设存在的问题：其一，表现为三大"不相适应"，即与经济发展不相适应，与人民群众日益增长的精神文化需求不相适应，与经济全球化、世界多极化、社会信息化和文化多样化的客观现实和发展趋势不相适应。"在浙江，造成这些'不相适应'的原因恰恰是因为市场经济的高速发展：人民生活水平的提高敞开了文化消费空间，经济浙江的崛起要求文化浙江与之匹配。"[①] 虽然从纵向看，改

---

① 李景源、张晓明主编：《浙江经验与中国发展（文化卷）》，社会科学文献出版社2007年版，第22页。

革开放以来浙江文化建设也取得了令人瞩目的成就，但从与经济的快速发展、全球化的趋势等横向比较来看，仍然存在着差距，仍然是浙江发展的一块"短板"；其二，浙江文化建设存在的问题，也表现在一个"不协调"和四个"有待于"上：一个"不协调"，即城乡之间、区域之间的文化发展还不够协调；四个"有待于"，即文化体制改革有待进一步深化，文化事业有待进一步繁荣，文化产业有待进一步壮大，教育、科技、卫生、体育等社会事业有待进一步加强。一个"不协调"和四个"有待于"，反映了浙江文化发展的不平衡和不充分。一方面，改革开放以来，随着经济的快速增长，浙江已经有了相当的文化发展积累；另一方面，文化发展水平并不算很高，与人民群众日益增长的文化需求相比仍然存在很大差距，文化发展城市与农村之间不平衡、发达地区与欠发达地区之间不平衡，甚至城市内部之间、发达地区内部之间、农村内部之间、欠发达地区内部之间也存在不平衡现象。文化发展的这些不平衡现象，既与经济发展水平的不平衡有关，也与人们的文化自觉程度和对文化建设重要性的认识程度密不可分。只有有了文化自觉，人们才会意识到这种不平衡。

## 二　加快推动文化发展的宏伟蓝图

在对省委制定实施《浙江省建设文化大省纲要（2001—2020年）》以来建设文化大省状况全面分析和诊断的基础上，《关于加快建设文化大省的决定》系统阐述了加快建设文化大省的时代背景、战略意义、指导思想、总体目标、着力点、八项工程和保障措施，提出了浙江文化建设的顶层设计，描绘了浙江文化发展的宏伟蓝图。

该《决定》从文化在综合国力竞争中的地位，从深入实施"八八战略"、全面建设"平安浙江"、继续走在全国前列、新世纪新阶段推进浙江新发展、促进经济政治文化社会协调发展等角度，全面深入地阐述了加快建设文化大省的时代背景和战略意义。这就将加快建设文化大省的地位、作用和意义提升到了前所未有的高度来认识，体现了习近平主政下的省委所具有的新的文化自觉。正如学者所说，加快建设文化大省战略"代表着浙江省委省政府层面的文化自觉意识。基于这种自觉意识，浙江社会主义发展从'摸着石头过河'、允许试错的自发性探索阶段走向了具有'自觉策划'特征的规划发展阶段"。"从'八八战略'和'文化大省战略'的形成,我们再次见证了文化软实力是如何服务于发展的硬道理和全面发展的总目标的。"[①]

该《决定》把加快建设文化大省指导思想确定为:坚持以邓小平理论和"三个代表"重要思想为指导,按照落实科学发展观和构建社会主义和谐社会的要求,着眼于经济、政治、文化和社会建设"四位一体"的整体推进,坚持以经济建设为中心,围绕实施"八八战略"、建设"平安浙江"、加强党的执政能力建设的具体实践,大力发展社会主义先进文化,全面推进各项社会事业,以人为本,不断满足人民群众的精神文化需求,提高人民群众的思想道德素质、科学文化素质和健康素质,促进人的全面发展和社会的全面进步,增强文化软实力,为在加快全面建设小康社会、提前基本实现现代化进程中走在前列提供思想保证、精神动力、智力支持和舆论力量。

该《决定》提出的加快建设文化大省的总体目标是:从增强先进文化凝聚力、解放和发展文化生产力、提高社会公共服务能力入手,重点实施文明素质工程、文化精品工程、文化研究工程、文化保护工程、文化产业促进工程、文化阵地工程、文化传播工程、文化人才工程"八项工程",加快建设教育强省、科技强省、卫生强省、体育强省"四个强省"。争取到2010年,初步形成与浙江经济社会发展相适应的文化发展格局,培育具有时代特征、中国特色、浙江特点的人文精神,构筑与人民群众日益增长的文化需求相适应的公共文化服务体系,建立资源优化配置、运行健康有序的文化市场体系,营造有利于出精品、出人才、出效益的文化发展环境,使全省的教育科技文化卫生体育事业主要发展指标绝大多数处于全国前列;到2020年,争取使浙江成为全民素质优良,社会文明进步,文化事业繁荣,文化产业发达,教育科技文化卫生体育事业主要发展指标全国领先的文化大省。该《决定》提出的加快建设文化大省的"总体目标"涵盖了人的精神素质、公共文化服务、文化产业、文化市场等文化发展各个方面的内容。

---

[①] 李景源、张晓明主编:《浙江经验与中国发展(文化卷)》,社会科学文献出版社2007年版,第23页。

显然，加快建设文化大省的总体目标，与实施"八八战略"这一浙江经济社会发展重大战略任务已经紧密地结合起来，从而适应浙江在新的历史阶段上经济社会发展的新要求。这一总体目标是习近平主政下的省委省政府站在新的历史制高点上、站在改革开放的潮头上，从党和国家全局的高度，不断审视和俯瞰文化建设面临的新问题和新任务而制定的，体现了发展社会主义先进文化先行探索的重要成果。从这一张加快建设文化大省的蓝图中，可以充分地触摸到一个经济建设走在全国前列的省份在文化建设上也"走在全国前列"的雄心。这一点不仅体现在该《决定》中"争取使浙江成为全民素质优良，社会文明进步，文化事业繁荣，文化产业发达"这样的表述上，而且更重要的是体现在该《决定》关于到2020年各项主要文化发展指标"全国领先"这个关键词上。"全国领先"这个关键词不仅充分地体现了习近平主政下的省委发展中国特色社会主义先进文化先行探索的高度自觉，而且也体现了省委在文化建设方面"干在实处、走在前列"的强烈责任意识。

该《决定》提出的加快建设文化大省的核心内容和基本框架，可用"3＋8＋4"来概括。所谓"3"，就是增强先进文化凝聚力、解放和发展文化生产力、提高社会公共服务能力"三大着力点"；所谓"8"，就是重点实施文明素质工程、文化精品工程、文化研究工程、文化保护工程、文化产业促进工程、文化阵地工程、文化传播工程、文化人才工程"八项工程"；所谓"4"，就是加快建设教育强省、科技强省、卫生强省、体育强省"四个强省"。"3＋8＋4"是一个有机的整体，"3"即"三大着力点"在"3＋8＋4"总体战略中具有重要的地位，"比较5年前发布的《纲要》，《决定》在建设文化大省战略思路的叙述上显得逻辑更为统一。坚持和弘扬浙江精神，被列入了'增强先进文化凝聚力'这一建设目标之中；文化体制改革作为'解放和发展生产力'这一建设目标的主要内容，是实现'八项工程'的根本保障；'提高社会公共服务能力'则覆盖了包括文化在内的所有公共服务部门"[①]。

---

[①] 李景源、张晓明主编：《浙江经验与中国发展（文化卷）》，社会科学文献出版社2007年版，第122页。

因此,"3"即"三大着力点"是加快建设文化大省的三个具体目标。而"8"即"八项工程"与"4"即"四个强省"则是加快建设文化大省的具体抓手。自从实施加快建设文化大省战略以来,"3+8+4"这个核心内容在历任省委制定的有关浙江文化建设的纲领性文件中得到了继承和弘扬,"八项工程"持之以恒地被历任省委实施。虽然此后历任省委根据浙江不同发展阶段的新要求,先后提出了建设文化强省的"十大计划"、建设文化浙江的"十大工程",但核心内容和底色仍然是对"八大工程"的传承、弘扬和发展。这就表明,习近平主政浙江期间制定的省委《关于加快建设文化大省的决定》,已经成为指导浙江推动文化建设、发展先进文化先行探索的顶层设计。这个顶层设计是贯穿于从加快建设文化大省、文化强省到努力建设文化浙江之中的"基本架构",历任省委省政府率领全省干部群众不断添砖加瓦,不断地推动了中国特色社会主义文化在浙江的繁荣兴盛。

### 三 加快建设文化大省的显著成效

习近平在浙江工作期间,文化大省建设加快推进。省委积极引导党员、干部系统掌握马克思主义立场、观点、方法,学习贯彻党的基本理论、基本路线、基本纲领、基本经验,着力提高领导干部运用科学理论和知识分析、解决问题的能力;结合中国特色社会主义在浙江的生动实践,联系干部群众的思想实际,针对社会热点难点问题,从理论和实践结合上作出有说服力的回答;扎实开展形势政策、国情、革命传统、改革开放、国防等各种主题教育活动,积极组织学习中国近现代史特别是党领导人民进行革命、建设、改革的历史,坚定广大干部群众对中国特色社会主义的信心和信念。马克思主义指导地位更加巩固,以爱国主义为核心的民族精神、以改革开放为核心的时代精神、"与时俱进的浙江精神"在全省得到了广泛的宣传和弘扬,为浙江经济社会又好又快发展提供了强大的精神动力。

实施"八八战略"以来,特别是《关于加快建设文化大省的决定》出台以来,公共文化服务体系建设步伐明显加快。以公共图书馆、文化馆、博物馆、文化馆等为主体的基本公共文化设施逐步完善。根据省委宣传部《关于创新浙江省公共文化服务体系建设的调研报告》，至2007年年底，全省有省级先进县36个，其中全国先进文化县20个；县级以上文化广场、文化中心285个；县级文化馆87个、县级图书馆79个，覆盖率分别达到96.7%和87.8%，平均建筑面积分别达2442平方米和3528平方米，超过国家一级馆馆舍标准；乡镇综合文化站挂牌建制的为1483个，其中有站舍的972个，覆盖率为66%，有485个乡镇（街道）被命名为"浙江东海文化明珠"；70%左右的行政村因地制宜地建成了村级活动室；全省博物馆总数发展到了195所，民办博物馆在数量和运行模式上全国领先。全省各地建成并投入使用了杭州大剧院、浙江文化大厦、杭州历史博物馆、宁波大剧院、宁波美术馆、温州博物馆、温州图书馆、嘉兴文化艺术中心等一大批标志性文化设施。至2007年年底，浙江省共有广播电视播出机构83家，办有广播电视节目106套、电视节目114套，其中省级台办有7套广播、10套电视，11个市级台有33套广播、38套电视，66家县级台办有广播、电视节目各一套；全省1215个乡镇和32976个行政村的有线电视联网率分别达到99.5%和95%，其中杭州、宁波、嘉兴、湖州、绍兴、衢州6个市和52个县（市、区）基本实现了乡镇和行政村有线电视联网率均为100%的"双百"目标。农村文化建设得到普遍加强，全省乡镇文化站和行政村文化活动室建设步伐加快，至2007年年底，行政村文化活动室覆盖率达到70%，全省农村活跃着1300多支电影放映队、1万多支业余文保队伍、500多家民间职业剧团、近2.5万余支业余文体队伍以及51.4万名业余文体骨干。不仅如此，公共文化服务传输手段不断改进，公共文化服务机制不断创新，公共文化服务队伍不断壮大。各级政府在加大文化投入的同时，逐步改变投入方式，逐步改变过去"养人头"的拨款方式，通过购买文化服务、以奖代补、以奖代拨、拨款跟项目走等方式，提高公共文化服务的效率。

  习近平在浙江工作的五年间，文艺创作生产精品不断涌现，涌现出了越剧《陆游与唐琬》、昆剧《公孙之都》、民族音乐剧《五姑娘》等一批精品力作；据不完全统计，共有230余件优秀作品在国际和全国性赛事上获得奖项。重大公共文化活动丰富多彩，基层公共文化服务蓬勃开展，浙江省积极举办第七届中国艺术节、越剧诞辰百年庆典、中国越剧艺术节等一系列有全国影响的大型文化活动，积极打造钱江浪花艺术团巡演、"赏心乐事"系列音乐演出、"雏鹰计划"优秀儿童剧演出、新年演出季、民族艺术和高雅艺术进校园等演出品牌。

　　实施加快建设文化大省战略以来，文化产业呈加速发展的趋势。2006年，国家统计局的统计数据表明，在文化产业发展的几个主要统计指标上，如文化产业从业人员数、年营业收入、实现增加值和增加值占GDP的比重，浙江都在全国名列前茅。2007年，浙江全省文化产业总产出2123.44亿元，实现增加值595.93亿元，占全省GDP的3.2%；文化产业发展水平和层次有了一定程度的提高，以新闻出版、广播影视和文化艺术为主的文化产业核心层的增加值达142.84亿元，占文化产业增加值的24%；以文化旅游、网络游戏、休闲娱乐等新兴文化服务业为主的文化产业外围层实现增加值83.15亿元，占13.9%。至2007年年底，浙江省已拥有影视制作机构381家，注册资金18亿元，总量居全国第二，仅次于广东，涌现出了一批在全国较有影响的品牌制作公司；共有网民1509万人，网站9万多个，网民数和网站数分别位居全国第三位和第四位。开展加快建设文化大省战略以来，浙江文化走出去步伐逐渐加快。据省外经贸厅统计，浙江省文化产品和服务年出口总额实现了较快增长，由2002年的10亿美元增加到2007年的39.22亿美元，年增幅高达54.4%，文化产品和服务出口遍及世界180多个国家和地区。浙江省通过影像版权、播放权出让和合作拍摄等形式，共有《中国母亲》《绍兴师爷》等1400部电视剧，《济公》等676集、6070分钟动画片被海外市场收购，在全国处于领先水平。

　　习近平在浙江工作的五年间，浙江省文化遗产保护工作取得了显著的成效。至2007年，全省有国家级历史文化名城6个、全国历史文化名镇6个、全国历史文化名村2个、省级历史文化名城6个、省级历史文化名城6个、省级历史文化名镇15个、省级历史文化名村4个、省级历史文化保护区25个、省级历史文化村镇33个、省级历史文化街区2个、温州市级历史文化街区1个、温州市级历史文化村镇12个、宁波市级历史文化村镇10个；全国重点文物保护单位132处，省级文物保护单位382处，市县级文物保护单位2762余处；文物保护点2万余处，其中第三次全省历史文化遗产普查新登记7649处。在加快文物保护单位保护范围和建设控制地带的划定、记录档案的建立以及文物保护单位和历史文化名城（街区、村镇）保护规划的编制等基础工作的同时，加大了文物抢救修缮和环境整治力度。2001—2005年，全省共完成文物保护单位修缮项目750个，累计维修面积达55万余平方米，投入资金17114.2万元，其中省级以上文保单位维修项目186处，省级补助经费5050万元。2001—2006年省财政用于文物保护的专项补助经费也从每年400余万元增加到每年2500万元。浙江省是我国非物质文化遗产保护较早的省份之一。2005年和2007年，省政府分别公布了第一批和第二批浙江省非物质文化遗产名录，共305个项目，这标志着浙江省非物质文化遗产保护工作取得了重大的实质性进展。

改革开放以来，随着经济体制从计划到市场的转变，在财政捉襟见肘的情况下，一些公益性文化部门开始面向市场开展"生产自救"。一些原先免费、低收费的公益性文化场所逐渐地收费或一步步地提高了门票的价格。这种做法虽然解决了运费经费不足的问题，也在一定程度上提高了职工的收入，却违背了公共文化机构保障人民群众基本文化权益的宗旨。作为一个在全国具有先发优势的省份，浙江较早地意识到了之前做法的偏颇。随着公共财政的逐渐宽裕、文化意识的逐步觉醒，浙江率先全国开始逐渐地对原先收费的公共文化服务设施实行免费和低收费策略。

2002年，杭州市西湖环湖公园全部实现24小时免费开放。此后，浙江省出现了公益性文化机构免费开放的多个全国第一。2003年5月18日，即当年的"国际博物馆日"，杭州西湖周边的中国茶叶博物馆、南宋官窑博物馆、杭州历史博物馆、章太炎纪念馆、苏东坡纪念馆，加上之前已经免费开放的于谦祠、俞曲园纪念馆、林风眠故居纪念馆、浙江辛亥革命纪念馆等，已宣布全部免费对外开放。同年，杭州市、区政府办的博物馆全部免费开放。为保证免费开放后的服务质量，杭州市在这些不同类型的博物馆之间开展了达标评比。评比内容涉及讲解及窗口服务，也涉及卫生、库房和学术研究。"这样的评比在全国是没有第二家的，而杭州作为一个旅游城市的服务质量也因此大大提升。"①

2004年，浙江省博物馆、中国丝绸博物馆分别在全国省级博物馆和国字头博物馆中率先实行常年免费开放。2007年，浙江图书馆在国家和省级公共图书馆中率先免费开放，率先开通网络图书馆，构建城乡一体化的公共图书馆系统"一卡通"工程。杭州图书馆新馆2008年9月开馆，是全国第一家实现免证、免押金、免服务费的图书馆。2008年，根据国家有关规定，文化文物部门归口管理的公共博物馆、纪念馆以及全国爱国主义教育示范基地，全部实行免费开放，由此带来的门票损失等由财政予以补助。浙江美术馆自2009年8月开放后即在全国美术馆中率先免费开放，而隶属于浙江博物馆的西湖美术馆也早就在2004年免费开放了。2012年，浙江省文化厅与财政厅联合颁发《关于进一步推进美术馆、公共图书馆、文化馆（站）免费开放工作的实施意见》，全省文化行政主管部门归口管理的各级美术馆、图书馆、文化馆（站）全面实现了无障碍、零门槛进入，公共空间设施场地全部免费开放，所提供的基本服务项目全部免费。

显然，这些做法再次体现了作为"走在全国前列"省份的文化自觉。免费开放使博物馆、图书馆、美术馆等公共文化机构的"公益性""公平性"得以回归，恢复了公共文化服务社会公有、社会共享、社会公用等公益性事业的特征，使更多的观众有机会了解历史、体验文明。免费开放前，浙江省博物馆每年参观人数约40万—50万人次，自2004年免费开放以来，平均每年参观人数超过140万人次；中国丝绸博物馆年观众量在40万人次左右，是免费开放前的2倍。

## 第三节　从加快建设文化大省到努力建设文化浙江

大战略管全局、管长远。加快建设文化大省战略提出十多年来，

---

① 李景源、张晓明主编：《浙江经验与中国发展（文化卷）》，社会科学文献出版社2007年版，第208页。

历届省委省政府坚持一张蓝图画到底，一任接着一任干，持之不懈抓落实，努力在创新创优上下功夫，在文化惠民上办实事，在提升管理上闯新路，在加强建设上谋新招，文化事业蓬勃繁荣，文化产业加快发展。从加快建设文化大省、加快建设文化强省到努力建设文化浙江，都是中国特色社会主义文化发展道路在浙江的生动的具体实践，既一脉相承、一以贯之，又与时俱进。

## 一 加快建设文化大省：一任接着一任干

实施"八八战略"以来，浙江经济发展取得了显著的成就，既为文化的大发展大繁荣奠定了物质基础，也对文化建设提出了更高的要求。2007年，浙江全省生产总值（GDP）达到18640亿元，人均GDP达到37130元，接近5000美元。2008年，全省GDP为21487亿元，比2007年增长10.1%，按常住人口计算，人均GDP为42214元，按6.945的年平均汇率折算为6078美元，比2007年增加1158美元，增长8.6%。浙江人均GDP比全国（约22698元、3268美元）高出86%，位列上海、北京、天津之后，居全国第4位、各省区第1位，江苏约为39620元、5705美元（GDP按国家反馈资料计算），广东为37588元、5412美元，山东为33083元、4749美元。这意味着浙江省公共财政更加宽裕，浙江人更加富裕，人们的货币支付能力也更强了，居民生活质量得到明显改善，文化消费潜力和能力也普遍得到了提高。

自开展文化大省建设以来，一方面，浙江省各地文化投入逐渐加大、服务网络逐步完善、服务内容不断丰富、服务方式不断创新、服务手段不断增加，更好地满足了人民群众的精神文化需求；另一方面，社会公众对文化服务的要求又越来越高。这一点在2008年3月浙江省委宣传部对全省近年以来公共文化服务体系建设基本情况的调研中得到了印证。这次调研分三个层面进行：一是实地调研，课题组赴杭州、宁波、湖州、嘉兴、台州等地共召开座谈会十余次；二是开展联动调研，全省11个市委宣传部和12家省级宣传单位围绕公共文化服务各自开展专题调研，共形成子课题报告23篇；三是问卷调查，委托省统计局民意民生调查中心采用CATI（计算机辅助电话调查系统）方式对社会公众的公共文化生活情况进行了抽样问卷调查，共成功采集调查样本 1678 个。调查结果显示，在社会公众对自身文化生活的评价上，有 6.8% 的社会公众表示"很满意"，39.99% 表示"满意"，但仍有 45.17% 的社会公众表示"一般"，7.09% 表示"不满意"，1.37% 表示"很不满意"。在社会公众对目前浙江的文化环境的评价上，有 6.26% 的社会公众表示"很满意"，44.4% 表示"比较满意"，但仍有 43.68% 表示"一般"，4.17% 表示"不满意"，1.07% 表示"很不满意"。从差异分析来看，城市公众的满意度要明显好于农村公众。以对目前自身的文化生活满意度为例，表示"比较满意"的城市公众比例达到 43.8%，而农村公众的比例只有 32.5%，比城市公众低 11.3 个百分点；表示"一般"的城市公众的比例只有 42.5%，而农村公众的比例则达到 51.1%；表示"很不满意"的城市公众只有 0.9%，而农村公众的比例则达到 2.6%，农村公众对文化服务满意度偏低。这些调查数据表明，在经济发展的一定阶段上，社会公众更加注重物质需要的满足，随着基本生活问题的解决，人们会更加注重精神文化需求的满足。同时也表明，浙江的文化建设还难以有效地满足人们的精神文化需求。

　　调查结果也显示，虽然浙江省公共财政更加宽裕，浙江人更加富裕，人们的货币支付能力也更强了，但社会公众对政府免费或低收费提供公共文化服务的要求却并未降低。社会公众认为，当前妨碍其进一步享受文化生活的主要因素，首先最高的选项是"费用太高，难以承受"，比例达到 35.1%；其次是"就近方便的文化设施太少"，比例达到 33.19%；最后是"文化活动没人组织"，比例为 24.43%。与其对应的是，社会公众认为当前政府最需要提供的文化服务，首先最高的选项是"举办各种免费或低票价的公益性演出"，比例达到 45.17%；其次是"图书馆、青少年活动中心等场所免费开放"，比例达到 33.19%。[①] 这一调查结果，不仅显示了浙江社会公众对免费、低收费公益性文化活动需求的迫切程度，而且也表明，市场经济作为

---

　　① 浙江省委宣传部：《关于创新公共文化服务体系建设的调研报告》，载中共浙江省委宣传部编《推动文化大发展大繁荣专题调研成果汇编》（内部资料），2008 年 7 月。

人类历史上最有效率的经济制度，在有效地促进经济发展、提高社会富裕程度的同时，也会大大地强化人们的"主体意识"以及"纳税人意识""公共服务意识"。

自开展建设文化大省以来，各级财政明显加大了对文化的扶持力度，"十五"期间投入总量较"九五"同期有显著提高。"从全国范围看，2001年始浙江文化事业费稳居全国第二，位于广东之后。据统计，'十五'前四年全省文化、文物事业费（指财政投入部分，含专项经费，不包括基本建设投资）为35.24亿元，较'九五'期间增加19.65亿元，增长了1.3倍；'十五'前四年年递增速度为26.2%，高于同期财政年递增速度4个百分点，占全省财政预算总支出比重也由2001年的0.99个百分点上升为2004年的1.12个百分点。"[1] 实施"八八战略"以来，浙江省各级财政的文化投入力度逐年加大，从2002年的8.48亿元，到2003年的8.92亿元、2004年的12.4亿元、2005年的14.88亿元、2006年的17.26亿元，平均每年以20%以上的速度增长。另据《2008年浙江发展报告（文化卷）》："几年来，各地普遍重视文化基础设施建设，是历史上文化基础设施建设力度最大、建成设施最多的一个时期。到目前为止，全省已建和在建县级以上文化广场、文化中心285个，已建有县级以上公共图书馆90个，群艺馆12个，县级文化馆87个，县级以上博物馆73个，县级以上电影院190个，乡镇文化站1290个。过去几年，全省共投入3.2亿元支持广播电视'村村通'，消灭广播电视盲点自然村13030个。全省乡镇和行政村有线电视联网率分别达到95.8%和87.4%。"[2]

尽管如此，要在短短五六年内完全解决长期以来的欠债问题，也是不现实的。在"十五"和"十一五"之交，"浙江省文化发展有些数据尤其是公共文化服务方面的一些数据仍位于全国中游水平，有的甚至不及全国平均数；与国际标准和发达国家相比，差距更大。从公

---

[1] 浙江省文化厅课题组：《浙江省基本公共文化服务均等化财政保障体制机制研究》，载陈野执行主编《2009年浙江发展报告（文化卷）》，杭州出版社2009年版，第191页。

[2] 陈野执行主编：《2008年浙江发展报告（文化卷）》，杭州出版社2008年版，第5页。

共图书馆建设情况来看,全国平均45.9万人拥有一个公共图书馆,而浙江省平均56.2万人拥有一个,还达不到全国平均数,仅相当于国际标准的1/28;从群众文化事业机构数来看,浙江省群众文化事业机构仅居全国第10位,文化馆机构数仅居全国第13位,文化站机构数仅为全国第10位"[①];"在全省乡镇(街道)中,尚有672个乡镇(街道)文化站有站无舍,占全省的44%,如果按照一级文化站站舍建筑面积500平方米以上的标准,目前尚有69%的乡镇(街道)文化站没有达到这一标准"[②]。这表明,浙江省解决文化投入历史欠债问题,依然任重而道远。与经济快速发展、社会公众日益增长的文化需求等相比,浙江文化建设仍然存在一定的差距。

另据2008年浙江省委宣传部诊断,浙江省公共文化服务方面还存在以下几大突出的问题:一是面向大众、面向特殊社会群体、面向基层的公共文化产品和服务还够不丰富。内容、节目等是广播电影电视文化服务的核心和重中之重。但全省广播影视存在频道较少、精品较少、节目同质化等现象。市(地)县(市)级广播电视台尤其是县(市)级电视台有关农民、少年儿童等公益性、通用性节目源偏少、可看性较弱,服务广度和深度不够,无法更好地满足当地农民、少年儿童等特殊受众群体对服务性节目的需求。文化产品和服务面向基层传播的机制尚未形成和完善。一些公共文化机构定位不准确,文化产品和服务内容单一,服务水平和能力不够高,难以有效满足公众日益增长的精神文化需求。一些地方基层文化事业机构、编制等问题长期得不到解决,不能正常发挥功能。全省各级政府管理部门对公益性文化事业单位面向基层开展文化服务往往仅仅停留在一般性要求上,而缺少具体的评估指标和监督考核办法,难以有效激发其积极性,这是导致基层公益性文化活动偏少、服务水平不高的主要原因。市场机制、社会力量在推动公共文化服务发展中的作用发挥得还不够充分。二是公共文化服务人才队伍相对缺乏。文化人才总量不足,基

---

① 杨建新:《大力构建公共文化服务体系》,《今日浙江》2005年5月25日。
② 骆威、陈如福:《构建公共文化服务体系 保障人民群众文化权益》,载陈野执行主编《2008年浙江发展报告(文化卷)》,杭州出版社2008年版,第35页。

层文化单位人员偏少、年龄偏大、整体素质偏低。文化产品生产、文化服务供给和文化传播在数量和质量上都远远难以满足人民群众的需求。杭州市的调查统计数据显示,乡镇文化站的工作人员平均缺编比为17.98%,兼职比为37.32%。各区、县(市)文化馆的现有185名从业人员中,具有中高级职称的108人,占58.3%,具有高级职称的仅2人。经济文化较发达的杭州市尚且如此,更别论其他欠发达地区了。三是与建设公共文化服务体系相配套的政策法规体系还远未形成。党委、政府作为公共文化建设的责任主体,在推动公共文化建设的法制化、规范化、制度化上还有不少差距,还没有建立科学的政绩考核制度,尚未将公共文化服务体系建设纳入干部的考核指标,经常出现有部署、无考核的现象,许多文化建设任务不能很好地落实到位。落实相关政策的力度也还远远不够,基层在落实一些公共文化政策上显得相当困难,影响了公共文化服务体系的建立和完善。[①]

在这样的背景下,加快推动文化发展和繁荣的问题,顺理成章地被提到了更加重要的议事日程。党的十七大对兴起文化建设新高潮、推动文化大发展大繁荣做出全面部署,为中国特色社会主义文化建设指明了方向。浙江省第十二次党代会提出,推进"创业富民、创新强省"实践,坚持把发展先进文化作为推进创业、创新的重要支撑。2007年11月出台的《关于认真贯彻党的十七大精神扎实推进创业富民创新强省的决定》提出,要"大力培育创业创新主体,积极弘扬创业创新文化,不断健全创业创新机制,加快完善创业创新政策,着力优化创业创新环境,把创业富民、创新强省落实到经济建设、政治建设、文化建设、社会建设和党的建设各个方面,贯穿于改革开放和现代化建设全过程,加快建设全民创业型社会,努力打造全面创新型省份,确保实现全面建设惠及全省人民的小康社会、继续走在前列的奋斗目标";要"积极推进文化内容形式创新,发掘浙江历史文化的丰厚资源,立足浙江改革发展的生动实践,繁荣哲学社会科学,打造文化艺术精品,培育新的文化业态,不断推出文化创新成果,掀起社

---

① 浙江省委宣传部:《关于创新公共文化服务体系建设的调研报告》,载中共浙江省委宣传部编《推动文化大发展大繁荣专题调研成果汇编》(内部资料),2008年7月。

会主义文化建设新高潮";"坚持用以创业创新为核心的浙江精神凝聚力量、激发活力、鼓舞斗志,进一步发扬浙江人民特别能吃苦、特别能创业的优秀品行,弘扬浙江人民善于创业、勇于创新的精神品格和文化传承,形成鼓励创业创新、宽容失败挫折的社会氛围,在创业创新中不断实现新的发展"。在推进"创业富民、创新强省"的新时代起点上,推动文化创新是繁荣文化、提高文化软实力的内在要求。

为了在更高的历史起点上全方位地谋划和布局浙江文化发展,将加快建设文化大省这张蓝图绘到底,2008 年 6 月,省委工作会议通过《浙江省推动文化大发展大繁荣纲要(2008—2012)》,这是 21 世纪以来浙江省委有关建设文化大省的第三个纲领性文件。该《纲要》进一步明确了推动文化大发展大繁荣的指导思想,提出要"高举中国特色社会主义伟大旗帜,以邓小平理论和'三个代表'重要思想为指导,深入贯彻落实科学发展观,按照省第十二次党代会的部署,深入实施'创业富民、创新强省'总战略,适应全面建设小康社会的新要求,遵循社会主义文化发展规律,继续解放思想,推进文化创新,建设和谐文化,在加快建设教育强省、科技强省、卫生强省、体育强省的同时,深化文明素质工程、文化精品工程、文化研究工程、文化保护工程、文化产业促进工程、文化阵地工程、文化传播工程、文化人才工程'八项工程',建设社会主义核心价值体系、公共文化服务体系、文化产业发展体系'三大体系',不断满足人民群众日益增长的精神文化需求,不断提高人民群众的思想道德素质、科学文化素质和健康素质,不断增强我省的文化综合实力和竞争力,为全面建设惠及全省人民的小康社会提供强有力的文化支撑"。

这个新的有关加快建设文化大省的纲领性文件,不仅延续了2005年省委《关于加快建设文化大省的决定》中关于加快建设"四个强省""八项工程"这个浙江文化建设的主体框架、主要内容,而且增加了"三大体系",既一脉相承,又与时俱进,在新的时代起点上,对掀起文化大省建设新高潮、推动文化大发展大繁荣做出了新的布局和部署。需要特别说明的是,《浙江省推动文化大发展大繁荣纲要(2008—2012)》,把文化发展体系归纳为社会主义核心价值体系、公共文化服务体系、文化产业发展体系"三大体系",比全国整整早了三年。① 这再次体现了浙江省委"干在实处，走在前列"的精神、发展中国特色社会主义先行探索的高度自觉和责任意识。

## 二 从文化大省迈向文化强省

省委《关于加快建设文化大省的决定》出台以来的五年，浙江文化发展全面加快。"十一五"期间，浙江省已经初步形成了优势互补、错位发展、优化配置、布局合理的城乡区域公共文化服务体系一体化格局。全省各级财政显著加大了对文化的扶持力度，公共文化投入逐年提高，每年文化事业费总量仅次于广东，均稳居全国第二。"十一五"期间，覆盖全省的公共文化设施网络基本形成，全省已建成县级以上文化广场、文化中心300余个，浙江自然博物馆新馆、浙江美术馆、浙江省博物馆武林馆区（浙江革命历史纪念馆）等省级大型设施先后建成，全省建成了温州大剧院、湖州大剧院、杭州图书馆、宁波博物馆、丽水文化艺术中心、良渚博物院等一批标志性重点文化设施。至2010年年底，全省城市中每10万人拥有公共文化服务机构数达0.95个，全省共有全国文化先进县27个，省级文化先进县42个，"浙江东海文化明珠"乡镇545个，省级文化示范村（社区）431个；县级图书馆、县级文化馆、乡镇综合文化站基本实现全覆盖，村级文化活动室的覆盖率达到85%，平均面积分别达到4420、3222、1084、206平方米，比"十五"末分别增加1339、829、541、37平方米；"文化信息资源共享工程"覆盖农村，基层服务站点达4万余个，其中乡镇覆盖率达100%，村覆盖率98.5%，建成"职工电子书屋"6000余家，拥有教学辅导、组织管理和技术服务三支骨干队伍5万余人。"十一五"期间，全省公共文化服务能力显著加强，累计送9.1万场演出、110万场电影、1015万册图书到农村，全省省、市、县三级文化部门累计培训基层文化干部、业余文艺骨干、村级文化管理员超过11万人次，率先实行博物馆常年免费开放，共举

---

① 三年后的2011年10月，党的十七届六中全会通过的《中共中央关于深化文化体制改革、推动社会主义文化大发展大繁荣若干重大问题的决定》，首次将社会主义核心价值体系、公共文化服务体系、文化产业发展体系并提，作为中国特色社会主义文化建设的主要内容。

办陈列展览3230个，参观总人数超过6200万人次。与此同时，全省各地不断完善公共文化投入和管理体制，从创新服务机制、增加服务手段、完善服务网络等方面入手，坚持面向基层、服务群众，不断完善和充实公共文化服务体系内涵，不断增加公共文化产品和服务供给，重点关注人民群众最关心、最直接、最现实和最薄弱的文化需求，持之不懈地坚持将财政投入向基层和弱势社会群体倾斜，推动公共文化服务均等化，从而丰富了群众文化生活，有效地改善了文化民生。

"十一五"时期，浙江省艺术创作取得丰硕成果，有近百部（个）优秀作品在国内外重大艺术评比中取得佳绩，为浙江赢得了荣誉。文化体制改革取得阶段性明显成效，文化创新能力不断增强，加快推动文化发展的体制机制初步形成。文化遗产保护工作显著加强，文化遗产保护制度进一步健全，文化遗产保护状况得到明显改善。对外与港澳台文化交流渠道不断拓展，至"十一五"期末，浙江省与112个国家和地区开展了文化交流，与58个国家和地区建立了相对稳定的交流关系。

"十一五"时期，浙江文化产业增加值年均增长19.0%，高出同期GDP现价增幅3.4个百分点。2006—2008年和2009—2010年浙江文化产业增速较快，由于金融危机的影响，2008—2009年文化产业的增速和GDP增速有所下降但仍然大于GDP的增速。2010年浙江文化产业增加值首次跨过千亿元大关，达1056.09亿元。全省文化产业增加值在国内生产总值中的比重达到3.8%，比2005年提高0.5个百分点，高出全国平均水平1个百分点。2010年文化产品制造业实现增加值525亿元，文化产品批发零售业实现增加值133.1亿元，文化服务业实现增加值398.1亿元，制造业、批发零售业、服务业三者实现增加值之比为49.7∶12.6∶37.7。文化服务业（包括批发零售）实现增加值占第三产业的比重为4.4%。在规模持续较快增长的同时，浙江文化产业布局不断优化、发展层次不断提升、现代文化市场体系不断完善，文化产业集群和多元投资格局逐步形成，"走出去"步伐显著加快，在推动经济结构调整和转型升级中的作用日益凸显。据2011年12月发布的中国人民大学《中国省市文化产业发展指数》，浙江文化产业发展综合指数仅次于京沪粤,居全国第四位。浙江省新闻出版、影视服务、数字内容与动漫、文化旅游、文化会展和文化产品制造等已经在全国逐步确立了优势。2010年浙江省新闻出版业主营业务收入228.3亿元,利润总额21.3亿元,分别居全国第二位与第一位;电视剧产量仅次于北京,居全国第二位;动画片产量仅次于江苏,居全国第二位,其中杭州市动画片产量居全国第一位;电影票房收入位居全国第五位。浙江省国有文化资源进一步得到了优化配置,竞争实力显著增强,民营文化企业成长迅速,涌现出了横店集团、宋城集团、华策影视、中南卡通等一批在全国有影响的民营文化龙头企业,中国资本市场上的"电影第一股""演艺第一股"和"电视剧第一股"的华谊兄弟、宋城集团、华策影视都出自浙江。在文化企业发展壮大的同时,文化产业园区建设进入快速发展时期,全省各地涌现出具有鲜明地域特色的文化产业园区多达70余个,吸引了人才、资本、技术等要素,集中了软件、工业设计、广告、传媒、艺术品创作和交易等优势产业,产业集聚发展态势的快速形成,对全省文化产业发展的示范和带动效应不断扩大,为进一步提高文化产业规模化、集约化、专业化水平,奠定了坚实的基础。

但是,也应看到,浙江文化发展中也存在着一些问题。比如,进入"十一五"时期以来,浙江省显著加大了对农村和欠发达地区文化投入的力度,但农村和欠发达地区的文化建设仍然是浙江文化建设的"短板"。2006年,省级专项资金对农村文化投入达到8200万元,比"十五"期间每年投入的1500万元增加了4.5倍。从2007年起,省级专项资金对全省农村文化建设的投入更是增加到每年1.09亿元,投入之大、增长之快,前所未有。但长期累积的农村文化建设的问题,并不是短期就能完全解决的。在"十一"期末,与发达地区、城市相比,欠发达地区和农村仍然是浙江省文化投入的薄弱环节。2010年,嘉兴市的人均文化事业费为43.85元,而衢州市则只有27.53元,前者差不多是后者的一倍。2011年,宁波市鄞州区文化建设的财政投入达1.3亿元,其中1500万元专项资金用于国家公共文化服务体系示范区的创建;2012年,文化建设公共财政投入达1.87亿元,其中2470万元专项资金用于国家公共文化服务体系示范区的创建，分别增长 43.8% 和 64.7%，人均文化经费达 125 元。早在 2006 年鄞州区的公共文化事业费、人均文化事业费已经分别达到 6319 万元和 44.23 元，到 2009 年则进一步上升到 17832 万元和 112.86 元。而 2010 年温州的瑞安、乐清、永嘉、平阳、苍南、文成、泰顺人均文化事业费则分别只有 11.92、17.05、19.95、11.29、23.98、27.67、22.08 元，不仅与鄞州不可同日而语，而且也远远低于全省均值的 44.08 元。此外，在"十一五"期末，不仅全省各区域之间文化投入方面仍然存在差距，即使在同一个区域内部也存在着差距。这些都表明，即使像浙江这样经济发达的省份，把更多财政资金投向文化建设的薄弱环节，实现文化发展城乡、区域之间的平衡，也仍然有很长的路要走。据《浙江省文化产业发展规划（2010—2015）》的表述，尽管全省文化产业发展成就显著，但也存在一些问题：产业发展水平还不高，还未成为全省的支柱产业。产业规模较小，2009 年全省文化产业增加值仅占生产总值的 3.5%。2010 年全省文化产业增加值占生产总值比重虽有所提高但也仅为 3.8%，总量规模仍偏小，还未成为全省的支柱产业，与浙江在全国的经济地位不相称。文化产业结构不尽合理，文化资源配置区域差异较大。在 2010 年全省文化产业增加值构成中，以新闻、出版、广播影视、文化艺术服务等主要提供文化服务的核心层和外围层共计占 52.1%，而提供文化用品、设备及相关文化产品的生产和销售活动的相关层则占 46.9%；区域间文化设施资源相差较大，如 2009 年全省 58 个县级城市只有 19 个建有多厅影院。文化消费支出占比较低，文化消费结构有待优化，2009 年全省城镇居民人均娱乐教育文化消费支出占总消费支出的比重为 13.8%，明显低于发达国家 30% 的水平；城镇居民人均文化消费支出是农村人均文化消费支出的 2.86 倍，城乡文化消费差距仍较大。

2011 年，浙江人均 GDP 突破了 9000 美元，经济结构、社会结构、城乡结构、消费结构变化步伐显著加快，人民群众的精神文化需求迅速增长，呈现出多方面、多层次、多样性等特点，对文化建设提出了更高要求，为文化建设注入了新动力。2011 年也是"十二五"时期的起始年。"十一五"时期浙江文化的持续快速发展，为"十二五"时期的文化发展奠定了坚实的基础。2011年8月，浙江省发改委、浙江省文化厅印发列入浙江省级"十二五"规划编制体系目录的专项规划《浙江省文化发展"十二五"规划》，提出了到2015年文化发展的总体目标：通过文化体制改革和创新，"浙江文化建设取得新的全面进步，文化发展环境更加优化，文化软实力显著提升，有利于文化科学发展的体制机制逐步健全，建立起与全面小康社会相适应的文化发展格局，文化大省建设的各项主要任务和重要指标基本完成，文化事业整体水平和文化产业综合实力走在全国前列，成为在全国具有重要影响力的文化示范区域"，再一次体现了浙江省在文化建设领域"干在实处、走在前列"的意识。

2011年10月，党的十七届六中全会通过了《中共中央关于深化文化体制改革、推动社会主义文化大发展大繁荣若干重大问题的决定》，着眼于中国进入全面建设小康社会的关键时期和深化改革开放、加快转变经济发展方式的攻坚时期，文化越来越成为民族凝聚力和创造力的重要源泉、越来越成为综合国力竞争的重要因素、越来越成为经济社会发展的重要支撑，丰富精神文化生活越来越成为我国人民的热切愿望，明确提出建设社会主义文化强国的战略思想和战略举措，"着力推动社会主义先进文化更加深入人心，推动社会主义精神文明和物质文明全面发展，不断开创全民族文化创造活力持续迸发、社会文化生活更加丰富多彩、人民基本文化权益得到更好保障、人民思想道德素质和科学文化素质全面提高的新局面，建设中华民族共有精神家园，为人类文明进步作出更大贡献"。党的十七届六中全会以科学发展为主题，重点研究和解决文化水平与综合国力不适应、文化发展与经济增长不适应、文化发展与国民素质要求不适应等问题，标志着中国共产党对文化建设的认识，达到了一个前所未有的新高度。

2011年11月，省委十二届十次全会通过《关于贯彻十七届六中全会精神大力推进文化强省建设的决定》，提出"在巩固文化大省建设成果基础上，继续深入推进社会主义核心价值体系、公共文化服务体系、文化产业发展体系'三大体系'建设，深入推进文明素质工程、文化精品工程、文化研究工程、文化保护工程、文化产业促进工程、文化阵地工程、文化传播工程、文化人才工程'八项工程'，重点实施中国特色社会主义理论体系普及计划、公民道德养成计划、文艺精品打造计划、网络文化和现代媒体建设计划、重大文化设施建设计划、基本公共文化服务提升计划、文化遗产传承计划、文化产业倍增计划、对外文化拓展计划、文化名家造就计划'十大计划'，以更高层次、更宽视野、更大力度，推动社会主义先进文化更加深入人心，推动社会主义精神文明和物质文明更加全面发展，推动全社会的文化创造活力更加迸发、社会文化生活更加丰富多彩，推动人民群众基本文化权益得到更好保障、人民思想道德素质和科学文化素质全面提高，把浙江建设成为人文精神高尚、文化事业繁荣、文化产业发达、文化氛围浓郁、文化形象鲜明的文化强省"。这就在巩固文化大省建设成果的基础上，从浙江科学发展新要求、文化发展新趋势、人民群众精神文化生活新期待、落实中央对浙江提出"走在前列"的总体要求、切实担负起为文化强国建设先行探索重大责任的新高度，对加快推动文化大省向文化强省迈进做出了新的战略部署。在高的时代起点上兴起文化强省建设新高潮，是增强浙江发展文化软实力的重要举措，是深入实施"八八战略"总战略的有力支撑，是浙江经济社会又好又快发展的迫切需要，是高水平全面建设惠及全省人民的小康社会的重大任务。

改革开放以来，在底蕴深厚的区域文化和时代精神的引导下，浙江一步步从温饱不足到总体小康再到全面小康，形成了令人瞩目的浙江现象，每一个节点都十分关键。现在，浙江又处在发展的重大关口：实现人均生产总值从1万美元向2万美元的历史性跨越，顺利进入国际公认的现代化门槛。不失时机地迈向现代化新征程，更加需要加强文化建设，以先进文化引导浙江人民在科学发展的道路上干在实处，走在前列。

从文化大省迈向文化强省，浙江是省委省政府对"八八战略"中提出的"发挥浙江人文优势，加快建设文化大省"顶层设计的进一步具体对接和发展，是又一次围绕深入实施"八八战略"，对浙江文化改革发展制定具体清晰的路线图。特别值得注意的是，《关于贯彻十七届六中全会精神大力推进文化强省建设的决定》不仅提出要深入实施《关于加快建设文化大省的决定》《浙江省推动文化大发展大繁荣纲要（2008—2012）》这两个纲领性文件提出的"八项工程"和"三大体系"建设，而且提出要深入推进文明素质工程等"十大计划"。"十大计划"与"八项工程"既一脉相承，又与时俱进，前者是在新的时代起点上对后者的进一步深化和具体化。

2012年6月召开的省第十三次党代会提出了"努力建设物质富裕精神富有的现代化浙江"的奋斗目标。这是贯彻中央"三步走"战略部署和东部地区率先发展要求的实际行动，是深化"八八战略"的目标追求，是顺应全省人民过上更加美好生活新期待的内在要求。与建设全面小康社会相比，建设现代化浙江的要求更高、内涵更丰富、任务更艰巨。省第十三次党代会提出的"物质富裕精神富有现代化浙江"，涵盖了经济、政治、文化、社会建设以及生态文明建设各领域，贯穿于生产、分配、交换、消费和社会活动各环节，体现在人民群众物质文化生活各方面。"既要大力推进经济持续平稳较快发展，切实加强生态建设和环境保护，努力创造更加丰裕的物质财富，又要大力推进社会主义文化大发展大繁荣，切实加强民主法治建设和社会建设，努力创造更加丰富的精神财富，从而不断满足人民群众日益增长的物质文化需求；既要保护好发展好人民群众勤劳致富的积极性创造性，让一部分人先富起来，又要注重先富带后富，努力实现充分就业，积极探索促进居民财产增值保值方式，不断完善社会保障体系，着力提高基本公共服务均等化水平，切实改善低收入群众生活，提高中等收入者比重，最终实现物质上共同富裕；既要充分发挥党员领导干部表率作用和先进模范人物示范作用，又要着力提高全体人民科学文化素养、民主法治素养、思想道德素养、生态文明素养，切实保障人民群众的经济、政治、文化、社会等各项权益，不断丰富城乡居民精神文化生活，弘扬真善美，反对假恶丑，教育、引导和带领全体社会成员共同建设中华民族共有精神家园，最终实现精神上共同富有。"[①] 为此，省委更加强调共建共享、社会和谐、物的现代化与人

---

[①] 赵洪祝：《坚持科学发展 深化创业创新 为建设物质富裕精神富有的现代化浙江而奋斗——在中国共产党浙江省第十三次代表大会上的报告》，《浙江日报》2012年6月12日。

的现代化有机统一，使现代化建设成果惠及全省人民，切实增强全省人民的发展自豪感、生活幸福感、心灵归属感、社会认同感。这就在明确"物质富裕精神富有现代化浙江"内涵的同时，进一步明确了文化建设的地位和作用。推动文化建设是推动"物质富裕精神富有现代化浙江"建设的重要内容，文化发展水平是衡量"物质富裕精神富有现代化浙江"的重要尺度。"物质富裕精神富有现代化浙江"意味着物质硬实力和文化软实力的同步提升。

党的十八大以来，在新中国成立特别是改革开放以来取得的重大成就基础上，经过长期努力，中国特色社会主义进入了新时代，这是我国发展新的历史方位，省委省政府率领全省广大干部群众在更高的新时代起点上兴起文化建设新高潮。2012年12月，紧随党的十八大闭幕而召开的省委十三届二次全体（扩大）会议强调，要深化文化体制改革，加快推进浙江从文化大省向文化强省迈进。2013年1月18日召开的全省宣传思想工作视频会议强调，要以更大的勇气和智慧，继续深化文化体制改革，激发文化创造活力，推动文化产业有质量、有效益地发展，扎实推进文化强省建设，不断满足人民群众对丰富精神文化生活的向往。2013年11月29日，省委十三届四次全会通过《关于认真学习贯彻党的十八届三中全会精神 全面深化改革再创体制机制新优势的决定》，强调要"着眼于开拓文化发展新境界，倡导和培育社会主义核心价值观，加强和改进文化管理，完善文化事业和文化产业发展机制，牢牢把握舆论特别是网络舆论主动权，不断增强文化软实力，加快建设文化强省"。2014年5月，省委十三届五次全会通过《关于建设美丽浙江创造美好生活的决定》，着眼于"建设美丽浙江、创造美好生活"的战略目标，提出要"注重挖掘浙江传统文化中的生态理念和生态思想，加强国家重大文化和自然遗产地、重点文物保护单位、重要革命遗址遗迹、历史文化名城名镇名村保护建设，抓好非物质文化遗产保护传承与利用，丰富民间民俗特色文化活动载体，传承乡愁记忆，延续历史文脉。发现和培养扎根基层的乡土文化能人、民族民间文化传承人。开展优秀传统文化教育普及活动，积极打造文化精品，促进传统文化现代化"。"不断提升公民人文素养。积极培育和践行社会主义核心价值观，倡导'务实、守信、崇学、向善'的当代浙江人共同价值观。大力宣传建设美丽浙江、创造美好生活的'最美景观''最美人物''最美现象',促进'最美'由'盆景'变为'风景',进而成为风尚,不断焕发社会正能量。培育和激发全体公民建设美丽浙江、创造美好生活的主体意识,大力推进志愿服务制度化,推动养成与生态文明建设相适应的思想品德、职业道德、社会公德和家庭美德。增强公民法治观念和科学人文素养,提高全社会节约资源、保护环境的自觉意识,大力倡导绿色低碳的生活方式、消费模式和行为习惯。"

2015年5月,习近平总书记在浙江调研时强调,干在实处永无止境,走在前列要谋新篇,同时指出文化是国家和民族的精神支撑,实现中华民族的伟大复兴必然包括实现中华文化的伟大复兴。浙江历史文化丰厚,历史上文化名人群星璀璨。只要传承历史、守正出新,海纳百川、兼收并蓄,就一定能够实现建设文化强省的目标。他还强调,文化建设要有魂,这个魂就是社会主义核心价值观。培育和践行社会主义核心价值观是具体生动的,有投入、有载体、有活动、有检查、有评价、有奖惩,不能满足一般口号,要发挥党员先锋作用,发挥高知识群体、民营企业家、网络重点人士的作用。要把弘扬浙江精神同培育和践行社会主义核心价值观紧密结合起来,使培育和践行社会主义核心价值观更具感召力。文化的主要功能在于化人、引人入胜、养人心智、育人情操,要让广大群众参与文化、弘扬文化、创造文化、享受文化,要大力发展公共文化服务、文化产业,不断丰富人民群众的精神文化生活。

习近平的新思想新论断新要求,着眼于建设社会主义文化强国的战略部署、浙江加快建设文化强省的新实践,把准了浙江文化建设的深层脉动,赋予了浙江发展社会主义先进文化的新使命。在这一新的时代背景下,2015年11月27日,省委十三届七次全体(扩大)会议,着眼于新使命,以永无止境的追求、要谋新篇的作为,坚持和深化"八八战略",推进"四个全面"战略思想和战略布局在全省的生动实践,不断开辟中国特色社会主义在浙江实现新境界,围绕把"两富"浙江、"两美"浙江的宏伟蓝图描绘得更加绚丽多彩,提出了"紧扣'培育和践行社会主义核心价值观',传承历史、守正出新,海纳百川、兼收并蓄,加快建设文化强省"的新要求。

2015年也是"十二五"时期的收官之年。在"十二五"时期,浙江文化建设取得显著成绩。公共文化服务体系基本实现城乡全覆盖,基本公共文化服务标准颁布实施,公共文化产品和公共文化服务渠道进一步拓宽,公共文化服务效能稳步提升;公共文化设施建设加快推进,全省文化行政主管部门归口管理的各级博物馆、美术馆、图书馆、文化馆(站)全面实现免费开放;被文化部确定为全国公共文化服务标准化、基层综合性文化服务中心建设、公共文化机构法人治理结构改革试点省份;杭州西湖文化景观和大运河(浙江段)先后被列入世界遗产名录,入选国家级非物质文化遗产名录项目数量连续四批位居各省(区、市)首位;文化产业增加值占全省GDP比重超过5%,文化产业已成为全省国民经济的支柱性产业。"十二五"时期,浙江文化持续快速发展,为"十三五"文化发展奠定了坚实的基础。正是在这样的背景下,2016年8月省政府颁发《浙江省文化发展"十三五"规划》,提出到2020年,努力建成文化强省,文化治理能力明显增强,文化发展环境明显改善,文化品质明显提升,浙江文化影响力明显扩大,基本建成全国公共文化服务示范区、文艺精品创作繁荣区、文化产业发展先行区、文化遗产保护模范区、优秀文化人才集聚区、文化体制机制创新区,文化发展主要指标位居全国前列,成为在全国具有重要影响力的文化发展示范区域。这就明确了未来五年浙江文化建设的总体目标。

### 三 建设文化浙江:开拓文化发展新境界

省第十三次党代会以来,省委率领全省干部群众坚持以"八八战略"为总纲,围绕干好"一三五"实现"四翻番",全力打好转型升级系列组合拳,统筹抓好法治浙江、文化强省、平安浙江、美丽浙江和党的建设,下大力气补齐科技创新、交通基础设施、生态环境、公共服务有效供给、低收入农户增收致富、改革落地"六块短板",扎实推进"两富""两美"浙江建设,省第十三次党代会确定的各项任务全面完成,各方面工作取得重大成就。五年来,在世界经济复苏艰难、全国经济下行压力加大、浙江省加快淘汰落后产能的情况下,全省生产总值实现年均增长 7.9%，2016 年达到 4.65 万亿元，呈现出新旧动能加快转换，高新技术产业、现代服务业加速发展的良好态势。这五年是浙江高水平全面建成小康社会取得重大进展的五年，改革开放全面深化，城乡区域发展更加协调，法治建设平安建设有序推进，文化建设成果丰硕，民生福祉全面增进，全面从严治党成效显著。

五年以来，省委率领全省干部群众坚持用文化体制改革释放文化发展活力，推动文化发展不断跃上新台阶，社会主义核心价值观更加深入人心，公共文化服务体系日益完善，文化产业不断发展壮大，全省人民文化生活不断丰富、精神素质不断提升。

第一，社会主义核心价值观更加深入人心。省委坚持把培育和践行核心价值观，作为加快建设文化强省的重中之重，作为凝魂聚气、强基固本的基础工程，在落细落小落实上下功夫，社会主义核心价值观更加深入人心。出台了《浙江省培育和践行社会主义核心价值观的实施方案》，通过深入实施核心价值观普及、优秀文化传承、文化礼堂推进、最美风尚培育、网络空间清朗、诚信建设推进"六大行动"，推动核心价值观落细落小落实。至 2017 年年底，全省已经建成农村文化礼堂近 8000 家。"三个倡导" 24 个字和当代浙江人共同价值观 4 个核心词普遍地在全省各地文化礼堂上墙入室。通过教育教化、乡愁乡风、礼仪礼节、文化文艺"四进"礼堂，通过设置一个"善行义举"榜、组织创作一首"村歌"、制定一则"村训"、每年举办一台"村晚"、开展一次以上"文化走亲"活动、张贴一幅"村民笑脸集成照"、建设一支以上"宣传文体队伍""七个一"为重点的文化内容建设，文化礼堂已成为宣传展示核心价值观的重要红色殿堂。

第二，马克思主义指导地位更加巩固。积极引导干部群众掌握马克思主义立场、观点、方法，提高分析和解决问题的能力，坚定理想信念。结合中国梦在浙江的生动实践，联系干部群众的思想实际和社会热点难点问题，作出有说服力的回答。大力加强和改进大学生思想政治教育，推动中国特色社会主义理论体系进教材、进课堂、进头脑。扎实开展形势、政策、国情、国防、中国近现代史特别是党的历史、改革开放等主题教育活动。大力弘扬民族精神和时代精神，积极引导干部群众秉持浙江精神、干在实处、走在前列、勇立潮头。

第三，公民思想道德水平不断提升。深入开展"诚信""友善""勤俭"等主题实践活动，积极组织"邻里守望""万朵鲜花送雷锋"等活动，深入实施文明出行、文明旅游、文明餐桌、文明用水"四项行动"，深入开展"寻找不文明陋习"活动，引导全社会营造文明新风，着力开展政风、行风建设，深入开展科普教育、廉政文化建设，营造风清气正的社会环境，公民思想道德素质不断提升。

第四，公共文化服务体系日益完善。省委把增强公共文化服务能力作为建设文化强省的重要内容，予以高度重视并积极谋划和布局，全省公共文化设施网络进一步完善，文化惠民能力和水平明显提升。浙江音乐学院建成投用，浙江小百花艺术中心、中国丝绸博物馆改扩建工程、浙江自然博物园核心馆区等重大文化设施建设加快推进。至2016年年底，全省共有公共图书馆102个，文化馆102个，文化站1364个，博物馆275个，隶属文化部门艺术表演团体63个。有线广播电视用户数1531万户；广播、电视人口综合覆盖率分别为99.6%和99.7%。公开发行报纸68种，出版期刊226种。乡镇综合文化站、村级文化活动室基本实现全覆盖。公共文化服务治理结构日益优化。文体场馆实行企业化运作、转企改制、委托管理等改革不断深入，政府主导、市场化运作、社会力量参与的更优公共文化服务发展机制加快形成，全省公共文化服务效率进一步提升、服务能力显著增强。

第五，文化遗产保护成效明显。加大了运河申遗后保护管理，统筹推进良渚古城遗址、江南水乡古镇、海上丝绸之路、中国明清城墙、浙江青瓷窑址等申遗工作。非物质遗产保护工作取得令人瞩目的成绩，创造了非遗普查、申报、保护的"浙江现象""浙江经验"，在国家非遗项目申报中实现了四连冠。浙江省是第一个在全国范围开展历史文化村落保护利用工作的省份。2016年6月，在已公布的中国传统村落名录中，浙江占176处，数量居全国第三。2016年10月，总规模达20亿元的浙江省古村落保护利用基金正式成立，成为全国第一个专项用于传统村落活态保护和历史文化传承利用的基金。传统戏曲保护和传承迈出了重要的步伐，2015年1月和2016年3月先后发布了《浙江省传统戏剧保护振兴计划》《关于支持戏曲传承发展的实施意见》。至2017年年底，全省拥有3处世界遗产、10项人类非物质文化遗产、231处全国重点文物保护单位、217项国家级非物质文化遗产，10处国家历史文化名城，10处省历史文化名城，274处国家、省历史文化名镇名村（街区），省级以上历史文化名镇名村涉及47个县（市）。其中，国家历史文化名城名镇名村总数均居全国第一。

  第六，文化精品不断涌现。全省哲学社会科学界围绕重大理论和现实问题，积极开展哲学社会科学理论和应用研究，取得了一批高质量的研究成果。2014年、2016年分别评选出199项、200项、200项（论文、著作和研究报告）浙江省第十七届、十八届、十九届哲学社会科学优秀成果奖。这些具有重大理论价值和现实意义的获奖成果体现出了所在领域的前沿水平，在传承发展优秀传统文化、服务浙江改革开放和现代化建设等方面发挥了重要作用。文艺领域也呈现出了蓬勃发展的生动景象，一批艺术精湛、制作精良的文学、电影、戏剧、动漫、美术、书法、音乐、舞蹈精品力作不断涌现。省文联及各团体会员创作了主旋律长篇小说《雷锋》《回家》，报告文学《主义之花》，音乐剧《告诉海》和越剧《我的娘姨我的娘》等，在央视一套黄金时段推出了《五星红旗迎风飘扬》《温州一家人》《向东是大海》和《焦裕禄》等一批优秀影视作品。在第十二届全国美展中，浙江22项大奖领跑全国。2011—2015年，在全国书法大展中，浙江共有1792人次入展、153人次获奖；在全国民间文艺"山花奖"评选中，浙江获奖数连续三届名列第一；共有9人次荣获中国戏剧"梅花奖"，位列各省市第一；在全国"五个一工程"和电视"飞天奖""金鹰奖"评比中，浙产电视剧获奖数量和质量位列全国第一。2016年2月省委颁发《关于繁荣发展社会主义文艺的实施意见》，提出要全面推进戏剧、文学、影视、音乐、舞蹈、美术、书法、摄影、曲艺、杂技、民间文艺等各个艺术门类繁荣发展，突出重点门类，搭建发展平台，完善工作机制，实现"高原"之上再创"高峰"，打造全国文艺重镇，再创浙江文艺新辉煌，满足人民群众日益增长的精神文化需求，推动浙江文艺继续走在前列。这就进一步明确了在新的时代条件下浙江文艺工作的主要目标。

第七，文化产业不断发展壮大。省委顺应浙江发展新趋势，对发展文化产业做出了新的布局和部署。文化产业发展政策环境不断优化，出台《省委省政府关于进一步加快文化产业发展的若干意见》（浙委发〔2013〕28号）、《省政府办公厅关于进一步推动我省文化产业加快发展的实施意见》（浙政办发〔2015〕49号）、《浙江省深化文化体制改革实施方案》等政策文件，为加快推动文化产业发展营造了良好的政策环境。文化产业要素支撑不断增强，深入实施文化强省战略、文化产业倍增计划，全省文化产业不断发展壮大，2015年全省文化及相关特色产业实现增加值2490亿元，占GDP的比重达5.81%，已成为全省国民经济支柱性产业，综合实力位居全国第4位。文化产业特色优势、集聚发展态势加快形成。广播影视、新闻出版、动漫游戏、文化演艺和文化产品制造等领域优势凸显，文化与新媒体新技术融合日趋深入，文化产品交易市场更加活跃、"走出去"步伐明显加快。至2016年，浙江有36家上市文化企业，80家文化企业挂牌新三板，横跨新闻出版、广播影视、文化演艺和文化旅游等多个领域。2017年，浙江文化企业入选榜单的总数创历史新高。浙报传媒控股集团有限公司、浙江出版联合集团有限公司、浙江华策影视股份有限公司、宋城演艺发展股份有限公司、华谊兄弟传媒股份有限公司5家浙江文化企业获"全国文化企业30强"称号，华数传媒网络有限公司、思美传媒股份有限公司获提名奖。值得注意的是，浙报传媒（已更名为"浙数文化"）是唯一入选的报业集团。

第八，文化体制改革进一步深化。省委省政府积极谋划和布局新一轮文化体制改革，文化政策法规进一步完善，政府职能进一步转变，文化治理能力明显增强，文化法治水平有效提升，为文化发展营造了良好的政策和社会环境。出台了《浙江省深化文化体制改革实施方案》和《浙江省深化文化体制改革重点举措及工作项目》，确定了培育社会主义核心价值体系、理顺文化宏观管理体系、优化文化微观运营体系、完善现代文化市场体系、构建现代公共文化服务体系、拓展传统文化传承和对外传播体系六大方面改革任务和30个重点改革项目，确定了深化文化体制改革的路线图和时间表。宏观管理体制日益完善，微观层面改革稳步推进。政府部门由办文化向管文化转变进一步加快，党委政府监管国有文化资产的管理体制进一步完善。简政放权、文化审批制度改革步伐进一步加快，行政许可审批效率得到有效提升，主流媒体管理和运行体制、网络安全与信息化领导和管理体制等进一步完善。公益性文化事业单位用人、分配、社会保障等内部体制不断完善，机构活力、服务水平明显提高。经营性文化单位转企改制日益深化，公司法人治理结构进一步完善；制播分离、宣传业务和经营业务两分开等改革步伐加快；文化企业跨地区、跨行业、跨所有制兼并重组和股份制改造日益深入，投资主体日趋多元化。

2017年12月，省委宣传部、省统计局编制的浙江省文化发展指数（CDI）2016年度评价报告正式发布。数据显示，以2015年全省文化发展指数为基准值100计算，2016年浙江省文化发展指数为112.30，比2015年提高了12.30个百分点。这是浙江省文化发展指数继2014年提升13.89个百分点，2015年提升10.30个百分点之后，连续第三年实现两位数的增长。在设定的六大评价领域中，"文化资源支撑力"指数为106.23，"文化价值引领力"指数为103.88，"公共文化服务力"指数为127.23，"文化产业竞争力"指数为115.94，"区域文化创新力"指数为113.25，"公众评价"指数为104.63。

2017年6月，省第十四次党代会召开。会议对浙江所处的新的历史方位做出全面的判断，强调，当前世界多极化、经济全球化、社会信息化、文化多样化深入发展，变革创新的步伐持续向前，我国经济发展新常态的特征更加明显。这些大趋势、大变革、大逻辑总体上有利于浙江实现持续健康发展。特别是"一带一路"和长江经济带建设在浙江交汇，以贸易投资、海洋经济、中国制造、信息经济、创新驱动、金融发展等为主题的众多国家级改革试点在全省叠加，为浙江深化改革、扩大开放、强化创新提供了难得的历史契机。同时，外部的诸多风险挑战、国内的改革发展稳定难题与浙江转型发展的矛盾问题相互交织，宏观形势更加错综复杂。今后五年是浙江大有作为的战略机遇期、干事创业的发展黄金期、不进则退的转型关键期。

基于对浙江历史方位的客观分析和准确把握，省第十四次党代会提出了今后五年的奋斗目标：确保到2020年高水平全面建成小康社会,并在此基础上,高水平推进社会主义现代化建设,以"两个高水平"的优异成绩,谱写实现"两个一百年"奋斗目标在浙江的崭新篇章。省第十四次党代会将建设文化浙江与建设富强浙江、法治浙江、平安浙江、美丽浙江、清廉浙江一起作为落实"两个高水平"奋斗目标的六个具体目标,强调要"在提升文化软实力上更进一步、更快一步,努力建设文化浙江。文化自信进一步坚定,中国梦和社会主义核心价值观深入人心,红船精神、浙江精神广泛弘扬,优秀传统文化得到有效保护和传承,公共文化服务体系更加完善,文化产业成为万亿级产业,人民精神文化生活更加丰富,公民文明素质和社会文明程度明显提高,文化创造力传播力影响力显著增强"。

2017年11月29日,作为全面落实省第十四次党代会决策部署的一个重大举措,省委省政府发布《关于推进文化浙江建设的意见》,指出,今后五年,浙江将通过实施马克思主义理论研究和建设、社会主义核心价值观引领和公民文明素质提升、优秀传统文化传承发展、媒体融合发展、文艺繁荣发展和高峰攀登、万亿级文化产业推进、网络内容建设、基本公共文化服务提升、文化走出去、文化人才和文化名家培育"十大工程",从加强组织领导、完善政策保障、强化管理考核等四个方面为建设文化浙江提供有力支撑,把浙江建设成为公民素质优良、社会文明进步的示范区,文化事业繁荣、文化产业发达、文化名家荟萃、文化氛围浓郁、文化印记鲜明的文化发展先行区,成为在全国具有重要影响的文化高地、文明高地。这就以实施"十大工程"的方式,将省十四次党代会提出的"建设文化浙江"目标具体化、可操作化了。

"建设文化浙江"与"建设文化大省""建设文化强省"既一脉相承又与时俱进,是把握浙江发展新历史方位、落实习近平总书记对浙江"更进一步、更快一步"要求、实现"两个高水平"奋斗目标、开拓浙江文化发展新境界的重大举措。

首先,"建设文化浙江"是对习近平总书记对浙江提出的"在提高全面建成小康社会水平上更进一步,在推进改革开放和社会主义现代化建设中更快一步,继续发挥先行和示范作用"要求在文化建设领域的回应。"建设文化浙江"体现了全省在文化建设领域"秉持浙江精神，干在实处、走在前列、勇立潮头""要谋新篇"的新使命新要求，体现了全省推动文化发展继往开来、再创辉煌的担当作为，体现了全省发展中国特色社会主义先进文化先行探索先行实践的高度自觉，体现了全省文化建设与全国历史进程同步、发展水平更高的不懈追求。

其次，"建设文化浙江"是实现省第十四次党代会提出的"两个高水平"奋斗目标的重要内容，是从更高层次、更宽视野、更大力度谋划和布局文化发展。在实现"两个高水平"奋斗目标的新历史起点上，浙江人民对未来有着更加美好的憧憬和更高水平的期待，人们不仅普遍期望收入水平更高，而且普遍期望精神文化生活更丰富、公共服务更优质、生态环境更优美、生活环境更安全。"建设文化浙江"就是要在实现"两个高水平"奋斗目标的新历史方位下，谋划浙江文化发展新篇章，把人民对未来文化生活更加美好的憧憬和更高水平的期待作为奋斗目标，在不断满足人民群众日益增长的物质需求的同时，不断满足人民群众日益增长的文化需求，全面提高人民群众的获得感。

再次，"建设文化浙江"是从文化大省迈向文化强省的出发点和归宿点，是浙江文化建设的更高阶段和升级版本。"建设文化浙江"与"建设文化大省""建设文化强省"具有内在的联系，是在文化大省、文化强省接力建设的基础上，增强文化自信、激发文化活力、提升文化软实力的新目标载体，是在新的时代条件下对"八八战略"中加快建设文化大省顶层设计的进一步具体对接和发展，是继从文化大省迈向文化强省具体布局和部署之后，又一次围绕深入实施"八八战略"，对浙江开拓文化发展新境界、推动文化建设取得新成就制定具体清晰的路线图和重大举措。从"建设文化大省""建设文化强省"到"建设文化浙江"，都是先进文化发展道路在浙江的具体实践。"建设文化浙江"就是要使浙江成为文化创造活力更加迸发、人文精神更加高尚、文化事业更加繁荣、文化产业更加发达、文化氛围更加浓郁、文化形象更加鲜明、文化生活更加丰富多彩的全国文化、文明高地。

省第十四次党代会以来，浙江省不仅出台了《关于推进文化浙江建设的意见》，而且还陆续发布了与这个纲领性文件相配套的具体实施意见和计划。2017年9月，省委省政府发布《关于加快把文化产业打造成为万亿级产业的意见》，提出，浙江将实施影视演艺产业发展等八大重点产业计划，从深化文化体制改革等六个方面强化文化产业发展支撑，从加强组织领导、健全工作机制等五个方面加强政策制度保障。2017年12月，省委印发《关于加快推进哲学社会科学发展的实施意见》，提出要推进哲学社会科学学术、学科、教材、话语"四大体系"建设。努力推出一批有重大影响的原创性成果和标志性成果，打造浙江文化研究新高地。实施新型智库建设计划、浙江优势学科培育计划、浙江学术品牌打造计划、人文素养提升计划、哲学社会科学协同创新计划以及哲学社会科学基础设施提升计划。2018年5月，省政府发布《浙江省传承发展浙江优秀传统文化行动计划》，明确了浙江传承优秀传统文化的发展目标：到2020年，通过实施浙江世界级文化遗产培育申报、传统村落民居保护、非物质文化遗产展示体验、浙江优秀传统文化研究阐释、浙江优秀传统文化精品创作服务、浙江特色传统文化重点提升6大重点工程，使浙江成为新时代中华优秀传统文化传承发展的新高地，为浙江高水平全面建成小康社会、高水平推进社会主义现代化建设提供强有力的文化支撑；基本形成党委领导、政府主导、党政群协同、部门地方各负其责、全社会参与的工作新格局。五年内新申报成功联合国教科文组织世界遗产名录1项以上；整理出版浙江优秀传统文化类重要典籍10部以上；新创作编排以浙江优秀传统文化为主要内容和表现方式的各类文化精品60部以上；修（新）建各类传统文化展览展示设施200个以上；以传统文化为内容的旅游活动参与人次实现翻一番；优秀传统文化宣传教育覆盖人群3000万人次以上。2018年6月，浙江省政府印发《之江文化产业带建设规划》，提出将以钱塘江杭州段为轴线，以上城、江干、西湖、滨江、萧山、富阳6个沿江分布的主城区为核心，按照"串珠式"布局模式，串联起区域内的产业基地（组团）、文化企业、文化金融机构、文化服务发展平台、文化教育艺术单位及各类文化设施，打造集文化长廊、生态长廊、旅游长廊等为一体的之江文化产业带，使之成为浙江文化产业发展的重要增长带和参与省际乃至国际文化产业竞争的重大平台，为打造万亿级产业、实现全省文化产业大发展大繁荣提供战略支撑。这些配套性文件的出台和落实，意味着推进"文化浙江"建设有了具体的行动计划和载体。

从加快建设文化大省、加快建设文化强省到努力建设文化浙江，历任省委坚持一张蓝图绘到底，一任接着一任干，不动摇、不停步、不懈怠、不折腾，把"干在实处，走在前列"的要求一贯到底，坚持把思想理论建设放在首位，全面落实意识形态工作主体责任，社会主义核心价值观更加深入人心，坚持用文化体制改革释放文化发展的活力，大力发展文化事业和文化产业，加快媒体融合发展，推动浙江文化建设不断跃上新台阶。据 2018 年 7 月 3 日社会科学文献出版社和湖北大学共同在武汉发布的《文化建设蓝皮书：中国文化发展报告 (2018)》，在 2017 年中国文化发展指数及指数排名中，广东省、上海市、浙江省分列全国 31 个省市自治区前三位。在文化投入分类指数排名中，浙江仅次于北京、广东，位居全国第三；在文化供给分类指数排名中，浙江位居全国第一；在文化传播分类指数排名中，浙江仅次于广东、福建，位居全国第三；在文化消费指数排名中，浙江仅次于上海、北京，也位居全国第三。文化的发展繁荣，显著提升了人民群众的思想道德素质和科学文化素质，有效地激发、凝聚了人民群众从事改革开放和现代化建设的智慧、热情和勇气，巩固了共同奋斗的思想基础，发挥了先进文化在浙江经济社会发展中的"支撑"和"引擎"作用。从加快建设文化大省、文化强省到努力建设文化浙江的生动实践，为增强中国特色社会主义文化自信，为扎实推进社会主义文化强国建设，为走出一条具有中国实践特色、民族特征和时代特点的中国特色社会主义文化发展道路发挥了先行探索的作用，提供了一个极具典型性的成功"探索"，贡献了丰富的经验和启示。

# 第二章 与时俱进地培育和弘扬浙江精神

当代浙江经济社会所发生的深刻变化，是在一个并不优越的自然和经济社会条件下起步的。在20、21世纪之交，浙江现象引起了全国范围的广泛关注和讨论，不仅成为全国理论界研究的重大课题，而且更成为省委思考的重要话题。在浙江工作期间，习近平从打造推动浙江又好又快发展的"文化软实力支撑"的高度出发，深入地思考和探讨了浙江现象背后底蕴深厚、富于创造力的文化基因，在谋划和部署加快建设文化大省的同时，提出要与时俱进地弘扬浙江精神。实施"八八战略"以来，历任浙江省委秉持浙江精神不动摇，把与时俱进地培育和弘扬浙江精神贯穿于从加快文化大省、文化强省到努力建设文化浙江的全过程，进一步锤炼了浙江人民厚德崇文、创业创新的精神特质，砥砺了浙江人民干在实处、走在前列、勇立潮头的精神品格，激发了浙江人民的无穷智慧和伟大创造，有力地推动了浙江又好又快的发展。党的十八大以来，习近平从实现中华民族伟大复兴中国梦的高度，强调要大力弘扬中国精神。从弘扬浙江精神、秉持浙江精神到弘扬中国精神，其间一以贯之的是习近平对中华文化的高度自信，对文化软实力、精神力量的高度重视。

## 第一节 浙江精神与浙江现象

在20、21世纪之交，浙江现象引起了全国范围的广泛关注和讨论，不仅成为全国理论界研究的重大课题，而且更成为省委思考的重要话题。无论是学者们的学理研究,还是省委的思考,都得出了一个共同的结论:改革开放以来,浙江现象的形成与浙江深厚的文化底蕴和浙江人独特的精神气质密切相关。

## 一 令人瞩目的浙江现象

当代浙江经济社会所发生的深刻变化,是在一个并不优越的自然和经济社会条件下起步的。浙江是资源小省,人均资源拥有量综合指数位居全国倒数第3位,人均耕地面积不到全国平均数的一半。改革开放前,浙江国家投资少、国有企业少,1950—1978年,国家投资额全国人均600元以上,浙江人均仅240元,不到全国平均水平的1/2。1978年,中央企业和大中型企业占浙江工业总产值比重仅为2.6%和16%。温州、台州、丽水、金华等地的国家投资额更低。在1978年以来的相当一段时期内,国家对浙江投资额低的状况并未有根本性改变。比如,1978—1992年,国家对浙江投资额仅为全国平均水平的3/4;从沿海有可比性的7个省份与浙江(辽宁、河北、山东、江苏、浙江、福建、广东)1985—1997年国家投资额比较,浙江仅排在福建之前,位居第6位。

然而,在工业基础薄弱、农业比重大、资源匮乏等不利条件下,改革开放以来,浙江人民创造了令人瞩目的浙江现象。1978—1999年,浙江国内生产总值从124亿元增长到5350亿元,在全国大陆各省(区)市的排位由第12位上升到第4位。从20世纪90年代末开始,浙江经济进入新一轮快速发展期。2001年,全省国内生产总值上升到6748.2亿元,城镇居民人均可支配收入首次突破万元,达到10465万元,农村居民纯收入达4582万元。1999—2003年,浙江GDP年均增幅达到11.7%,高出全国同期平均增幅3.4个百分点。改革开放以来,浙江经济总量迅速上升,从全国中游跃居全国第4位,浙江主要经济指标都位居全国前列,城乡面貌发生巨大变化,人民生活水平显著提高。

改革开放以来,浙江现象不仅表现在惊人的经济成就上,也表现在"民间诱致"和"政府增进"的制度创新与经济发展模式上。"民间诱致"和"政府增进"的制度创新与经济社会发展模式,是一个自下而上和自上而下相结合的过程,既需要政府在政策上给予松动(取消限制性政策),为人民群众的制度创新活动和经济活动提供必要的组织协调和保护,也需要民众在制度不均衡产生的获利机会面前,根据预期收益与成本的比较做出主动的选择。"民间诱致"和"政府增进"的制度创新与经济社会发展模式的显著特征,带有强烈的自组织特征,其动力来源于内生的民间力量,政府则起着促进性作用。正是这一特点与以政府(尤其是乡镇政府)强干预为特征的苏南模式形成了鲜明的对照。

浙江民营经济的发展历程,尤其鲜明地体现为一种"自我生成""民间诱致"的特点。即使在计划经济严格管制尤其是"割资本主义尾巴"的时代,浙江许多地方已经自发地产生了家庭经营经济的苗头,包产到户、务工经商等活动可以说一直屡禁不绝,并被不少地方的群众看成解决温饱问题乃至脱贫致富的有效途径;在计划经济的严密控制和极"左"意识形态泛滥的情况下,市场机制仍在缝隙中顽强地发挥作用,并与计划控制相抗争。[①] 1956 年 5 月,为了提高农业的生产效益,经过中共温州地委农工部负责人的首肯,永嘉县委根据生产力发展的现状,决定在雄溪乡燎原社进行产量责任制的试验,后来定名为"包产到户"。1957 年,永嘉全县实行包产到户的合作社,已达到 255 个,温州地区则有 1000 多个,社员 17.8 万户,约占全区入社农户的 15%。此后,永嘉以至温州地区的包产到户很快受到批判并被"纠正"。1961 年,包产到户在浙江一些地区再次出现,这一年的 6 月中旬,嵊县全县 1880 个生产大队、9498 个生产队中,包产到户的已有 357 个大队和 1468 个生产队,分别占大队、生产队总数的 19% 和 15.5%。到 11 月,在新昌全县 49 个公社、832 个大队、4881 个生产队中,有 46 个公社、472 个大队、2735 个生产队进行包产到户,分别占公社、大队、生产队总数的 93.8%、57% 和 55%。[②] 不久以后,包产到户再次得到了制止和"纠正",但是,这种"纠正"

---

[①] 中共浙江省委宣传部课题组:《活力的源泉——解读浙江》,载何福清主编《纵论浙江》,浙江人民出版社 2003 年版。

[②] 中共浙江省委党史研究室、当代浙江研究所编:《当代浙江简史 1949—1998》,当代中国出版社 2000 年版,第 161、198 页。

违背了民众的愿望,降低了农业生产的效率,因而遭到了民众的抵制。有的地方则采取明是集体劳动、暗是包产到户的做法。此后,虽然包产到户被上升到了路线斗争的高度而予以抑制,但其仍在新昌、嵊县等地农村逐步扩展。到1962年5月,仅新昌一县就有67.6%的生产大队、70%的生产队实行了包产到户或分田到户。全省大部分土地或全部土地包产到户的生产队,约占生产队总数的2%—3%。①1962年9月召开的中共八届十中全会,在重提阶级斗争的同时,把包产到户批判为走资本主义道路的"单干风",严令禁止,浙江当然不能幸免。1975—1976年,极"左"政治势力大张旗鼓地宣扬:"人民公社制度有着强大的生命力,但少数地、富、反、坏、右并没有停止破坏活动,小生产的残余还存在,一部分农民还不同程度上保持着小生产的习惯,农村资本主义自发势力还经常抬头,社会主义和资本主义道路的斗争还很激烈。"②然而,即使在这种政治气氛下,1975年、1976年,温州永嘉县包产到户的生产队仍然占77%。在1976年冬举行的第二次全国农业学大寨会议上,永嘉县被列为浙江省"分田单干,集体经济破坏最严重"的县,而受到了猛烈的批判。③

20世纪80年代末,随着改革开放的浪潮,浙江温州、台州、金华等地的个体民营经济作为历史传统的继承和创新应运而生。这种自发形成的个体民营经济一开始也是处于"地下"的隐蔽状态。尽管"姓社姓资"的争议一直没有停止过,但浙江的个体民营经济却一直在民间自发力量的推动下不断地成长。在20世纪80年代初期"打击严重经济犯罪活动"中,温州当时的"旧货大王""机电大王""目录大王"等"八大王"被判刑。不久以后"八大王"被平反,个体、私营和股份经济再度活跃。随后,"左"的思想时常返潮,对"温州模式"的议论更多。在个体私营经济仍受歧视的情况下,许多地方(典型的如温州、台州、永康、义乌等地)的个体私营企业,就变通地采取了挂靠方式或戴"红帽子"的形式,即挂集体企业的牌子;

---

① 中共浙江省委党史研究室、当代浙江研究所编:《当代浙江简史1949—1998》,当代中国出版社2000年版,第200—201页。
② 池恒:《认真学习无产阶级专政的理论》,《红旗》杂志1975年第2期。
③ 《温州市志》,中华书局1998年版,第1041页。

在对股份制、股份合作制以及专业市场、民间创办公共事业等制度创新的行为还存在争议的情况下，许多地方就灵活地采取"先生孩子，后起名字"的方式；许多地方在改革尝试还未得到公认时，就采取"先看一看，不下结论"的政策。这些做法都体现了"民间诱致"与"政府增进"的特点。

比如，20世纪70年代末，台州地区玉环县的个体企业及个人出资的合伙企业开始出现，到20世纪80年代前半期得到迅速发展。当时的国家宏观制度背景，是允许私营经济存在，但只能在作为公有制补充的范围内发展；对私营经济的歧视性制度和政策虽有所减少，但仍然广泛存在。这段时间中，玉环县政府采取了看一看的态度，既不制止，也不特别支持。在1988年的一份政策性文件中，玉环县委规定，私人出资的股份企业如自愿申请，允许挂"集体"牌子，对内仍保持股份性质不变，任何部门和个人不得借"集体"之名平调财产。政府对股份合作制的"集体性质"的肯定，使得不到政策承认和政策优惠的私营、股份制等企业将它当作了"护身符"。同样的变通做法，也见之于玉环县的上级即当时的台州地委和行署。1987年，国家工商行政管理局242号文件否定股份合作经济的公有制性质，而台州则在文件中明确股份合作制经济姓"公"，享受集体经济的优惠政策。1989年，浙江省工商局和税务局联合下文，要摘掉挂集体企业的股份合作企业的"红帽子"，并规定"凡集体企业，其固定资产中乡村集体占有额必须在50%以上"。台州行署经过多方工作，加以变通，把集体占有额降至20%，使绝大部分股份合作企业继续戴集体"红帽子"，享受各项优惠政策。在此情形下，台州大批的私有企业和个体工商户和股份合作企业戴上了"集体"的"红帽子"。1993年，当明晰产权成为企业继续发展中的迫切问题时，政府又出台了为戴帽子企业摘帽的文件，为4000多家戴帽子的个体、私营、村办、农村股份合作制企业解决了产权问题。

温州人在改革开放初期也发明了"挂户经营"模式。1980年在苍南金乡镇一个40余人的村办企业——金星大队文具厂，由于没有什么盈利，厂部决定采用分散生产集中管理的办法。对外在坚持集体工厂名义的前提下，实行统一厂名、统一银行账号、统一纳税、统一提成和统一上交管理费；对内则实行经济上独立核算。这种分散生产集中管理的办法成为"挂户经营"的雏形。温州成熟形态的"挂户经营"，是指在私营经济仍受歧视、国家政策对私人从事商品性经营活动的管制仍然十分严格的情况下，因各种原因没有取得独立法人地位的个人或联合经营者，挂靠在集体或国有企业之下，以挂靠单位的名义，从事生产和经营活动。其具体的做法是：需要挂户者同被挂靠单位协商，征得同意后，被挂靠单位提供服务，并收取挂户管理费。被挂单位的服务内容一般是"三代三借"，即代开统一发票，代为建账记账，代收国家税收；让挂户者借用本单位的介绍信、空白合同书、银行账户。① 由于挂户经营这种务实的做法，既使实际上的个体私营经济取得了合法性，也使它们能够利用集体和国有企业的种种优惠条件，因而被温州各地竞相仿效。据 1985 年对温州瑞安县 1750 家企业的调查，其中挂集体牌子的私人合伙、股份或私营的企业有 926 家，占总数的 52.9%。

除了个体民营经济、股份合作经济以外，改革开放以来浙江专业市场的兴起，一乡一品、一村一品特色经济的崛起，遍布全国各地的"浙江村""浙江街""温州村"的形成，自筹资金建设城镇（"全国农民第一城"龙港镇是典型代表）、旧城改造资金自我平衡，乃至于台州温岭等地的民主恳谈会、民办教育等，也都更充分地显示了"民间诱致"和"政府增进"的特征。卡尔·门格尔（Carl Menger）认为，占据主导地位的社会制度一开始并不是由某些行为个体进行协商之后形成的带有意图性的结果，而往往是源于一大群人的非意图性行为。门格尔指出，所有个体行为的汇总会自发地形成合作性协调行为，这将有利于社会中的每一个人。而且，如果社会管理与行为规则能够保持稳定并得到每一个社会成员的遵守，那么，整个社会将形成一种普遍的秩序。浙江制度创新和经济发展上的"政府增进"总是以"民间诱致"为基础的，"民间诱致"又总是以"政府增进"为条件的。

---

① 朱康对：《家族文化与温州区域经济发展》，载史晋川等《制度变迁与经济发展：温州模式研究》，浙江大学出版社 2002 年版，第 364—365 页。

如何解读浙江现象？帕森斯认为，在解释社会现象时，任何单因论观点都是幼稚的，任何因素都与其他因素存在着相互依赖的关系。马克斯·韦伯主张一种多因素弹性解释体系，即不仅考察制度结构、物质和文化等各种因素对社会的独立影响，而且从一定时空条件下价值体系与其他制度化结构交互作用来观察它们的整体社会影响。他对欧洲资本主义兴起原因的探讨，就体现了这种思路。韦伯并不是仅仅从功能契合角度来论证"新教伦理"与"资本主义精神"的关系，而是从发生学角度全方位考察了欧洲资本主义兴起的历史背景。虽然韦伯表达了对学术界仅仅从物质层面阐释资本主义起源的不满，但同时又强调："我们仅仅尝试性地探究了新教的禁欲主义对其他因素产生过影响这一事实和方向；尽管这是非常重要的一点，但我们也应当而且有必要去探究新教的禁欲主义对其他因素产生过影响这一事实和方向；尽管这是非常重要的一点，但我们也应当而且有必要去探究新教的禁欲主义在其发展中及其特征又怎样反过来受到整个社会条件，特别是经济条件的影响。一般而言，现代人，即使是带着最好的愿望，也不能切实看到宗教思想所具有的文化意义及其对于民族特征形成的重要性。但是，以对文化和历史所作的片面的唯灵论因果解释来替代同样片面的唯物论解释，当然也不是我的宗旨。每一种解释都有同等的可能性，但是如果不是作作准备而已，而是作为一次调查探讨所得出的结论，那么，每一种解释不会揭示历史的真理。"[①] 这就提供了一种方法论的启示：解读浙江现象也必须从多角度、多因素的视野出发。20世纪80—90年代，随着浙江经济领先于全国的快速发展，不少省内外学者已经从经济、政治等层面对浙江现象进行了深入的阐释，但浙江现象背后文化的、精神的因素，仍然未受到学者们的充分关注和重视。

诚然，浙江现象的形成是与国家实施改革开放大政方针相伴随的，是改革开放政策孕育了浙江经济社会持续快速发展的生机。但需要进一步思考的问题是：一方面，改革开放政策作为普照和普降全中

---

[①] [德] 马克斯·韦伯：《新教伦理与资本主义精神》，于晓、陈维纲等译，生活·读书·新知三联书店1987年版，第143—144页。

国的阳光雨露,并不是专门为浙江设计和安排的;另一方面,令人瞩目的"浙江现象"的形成又表明,浙江似乎"偏得"了改革开放政策的阳光雨露,浙江的经济是"一有阳光就灿烂,一有雨露就发芽"。因此,从政治或经济等单个因素出发并不能对浙江现象作出合理、完美的阐释。

在1894年1月25日致瓦·博尔吉乌斯的信中,恩格斯指出:"政治、法、哲学、宗教、文学、艺术等等的发展是以经济发展为基础的。但是,它们又都相互作用并对经济基础发生作用。并非只有经济状况才是原因,才是积极的,其余一切都不过是消极的结果。这是在归根结底总是得到实现的经济必然性的基础上的相互作用。"① 他认为,1648—1830年时期德国经济的可怜状况从根本上造成了资产阶级的软弱——先是表现为虔敬主义,后来又表现出多愁善感和对诸侯贵族的奴颜婢膝,而这些因素反过来又阻碍了德国经济的发展。从表面上看,政治、法、哲学、宗教、文学、艺术似乎完全是独立的,与经济事实毫无关系,但深入分析下去,仍然可以窥见它们常常通过好多中间环节对经济生活发生影响和作用。② "至于那些更高地悬浮于空中的意识形态的领域(ideologischen Gebiete),即宗教、哲学等等……从事这些事情的人们又属于分工的特殊部门,并且认为自己是致力于一个独立的领域。只要他们形成社会分工之内的独立集团,他们的产物,包括它们的错误在内,就要反过来影响全部社会发展,甚至影响经济发展。"③ 恩格斯的上述观点,有力地为深入阐释浙江现象提供了理论和方法论的引导。

在现实世界中,文化的重要性难以低估。人们的日常生活,时刻都发生、发展在特定的文化氛围和社会情景之中,每个人的行动事事处处都受到文化的内在指引和制约。从这个意义上可以说,文化是社会生活的内在构成性因素,是人们任何社会行动不可或缺的条件。布坎南指出:"文化进化已经形成或产生了非本能行为的抽象规则,我

---

① 《马克思恩格斯选集》第四卷,人民出版社1995年版,第732页。
② 参见俞吾金《意识形态论》,人民出版社2009年版,第121页。
③ 《马克思恩格斯选集》第四卷,人民出版社1995年版,第703页。

们一直依靠这些抽象规则生活,但并不理解这些规则。"文化进化形成的规则"是我们不能理解和不能(在结构上)明确加以构造的、始终作为对我们的行为能力的约束条件的各种规则"①。诺斯也认为,价值信念、伦理道德、习惯以及意识形态等统称为文化的东西即非正式制度安排,是影响经济社会演进轨迹的重要因素。"非正规约束在制度的渐进的演进方式中起重要作用,因此是路线依赖性的来源。我们仍然有一个关于文化演进模式的长期方式。但是我们确实了解,文化信念具有极大的生存能力,而且大多数文化变迁是渐进式的。"② 在北京大学的演讲中,诺斯又进一步指出,我们的社会演化到今天,我们的文化传统,我们的信仰体系,这一切都是根本性的制约因素。我们必须仍然考虑这些制约因素,即我们必须非常敏感地注意到这一点:你过去是怎么走过来的,你的过渡是怎么进行的。这样,才能很清楚未来面对的制约因素,选择我们有哪些机会。在经济社会生活中,人们总是有意无意地按照一定的惯例、习俗而行动,在一定的社会、制度以及文化框架中谋求自身的利益。因此,文化传统对经济社会活动、经济社会过程便具有不容忽视的重要作用。如果离开了文化的视野,就难以对浙江现象作出全面、深入的阐释。

早在 2000 年 7 月召开的浙江省委十届四次全体(扩大)会议上,省委就已经明确地指出,"研究浙江经济,不得不研究浙江文化,不研究浙江文化,就无法真正认识浙江经济。我们要充分认识文化因素在经济社会发展中的重要推动作用,在建设文化大省中,总结浙江经验,弘扬浙江精神,丰富和发展浙江文化,为我省社会主义现代化提供强大的精神动力"。在这一背景下,浙江省社会科学界联合会发动全省理论工作者对浙江精神进行了研讨,为提炼和概括浙江精神提供了理论支撑。2000 年 7 月,浙江省委正式提炼和概括出了"自强不息、坚韧不拔、勇于创新、讲求实效"四句话、十六字的"浙江精神"。2000 年 7 月 28 日《浙江日报》发表了《弘扬浙江精神 开拓

---

① [美]布坎南:《自由、市场与国家》,平新乔、莫扶民译,生活·读书·新知三联书店 1989 年版,第 115—116 页。

② [美]道格拉斯·C. 诺斯:《制度、制度变迁与经济绩效》,刘守英译,生活·读书·新知三联书店 1994 年版,第 133、61 页。

浙江未来》一文，对四句话、十六字的"浙江精神"作了全面的阐述：

自强不息。浙江自然资源匮乏、工业基础薄弱，但浙江人不等不靠，自强不息，锐意改革，形成先发优势。靠自己的勤劳和智慧，坚持以市场为取向，闯出了一条脱贫致富之路。在求发展的奋斗中，浙江人树立了自力更生、追求富裕生活的坚定信念。自强不息的执着追求，使浙江人经受住了各种艰苦环境的磨炼，经受住了激烈的市场竞争的考验。无论遇到什么样的艰难险阻，靠自己的艰苦奋斗去追求幸福生活的信念都矢志不渝。为了实现创业目标，他们什么苦都能吃，什么脏活、苦活、累活都肯干。靠着含辛茹苦的资本积累和对市场机会的灵敏把握，从昔日默默无闻的能工巧匠和劳务输出的队伍中，成长起了一大批市场经济的开路先锋和企业家。自强不息的信念，极大地调动和激发了浙江人民改革开放和现代化建设的积极性、主动性和创造性，为浙江经济和社会的发展注入了生机和活力。

坚韧不拔。浙江人一旦确立了奋斗目标，就会百折不挠、坚持不懈地干下去。在"左"的思潮盛行时期，浙江许多地方仍然想方设法发展家庭副业，不怕压，不气馁，"资本主义尾巴"割了又长。有了这样一股志在必得、不达目的誓不罢休的韧劲，一遇上改革开放的春风，创业的激情就不可遏制地迸发出来，形成了千家万户办企业、千军万马闯市场的大潮。几乎每一个成功的创业者，都有一部艰辛的创业史。为了在激烈的市场竞争中站稳脚跟，想尽千方百计，走过千山万水，说遍千言万语，历经千难万险。在创业的历程中，浙江人从不言败，不怨天，不尤人，放下包袱，一切从头再来。破产了，不灰心，不丧气，打工赚钱，另起炉灶。没有放不下的架子，没有抹不去的面子，有的是一股越挫越勇的韧劲。

勇于创新。浙江人敢于冲破各种僵化观念和陈规陋习的束缚，敢闯敢冒，敢为天下先，表现出了勇于创新的可贵品质。他们具有一种钱江大潮弄潮儿的无畏气概，具有第一个"吃螃蟹"的冒险精神、"争喝头口水"的超前意识，敢走天下路，敢为天下先。一批又一批连普通话都不会讲、双脚沾满泥巴的农民就这样义无反顾地走四方、闯天下，"浙江村""温州街"遍布天南海北，哪里有市场哪里就有浙江人，哪里有浙江人哪里就有市场。浙江人还大胆地走出国门，闯国际大市场。凭着这种勇往直前的开拓创新精神，浙江人民创造了许许多多可以载入改革史册的全国第一：全国第一批发放的个体工商执照，第一批闻名全国的农村专业市场，第一座农民城，第一批股份合作制企业及其规范性的行政规章等。正是这样一种敢为天下先的创新勇气，使浙江人抓住了一个个机遇。

讲求实效。浙江人重视学习别人的先进经验，但不盲从；对于符合本地实际、能带来实效的发展路子，无论外界有什么议论和压力，都能毫不动摇地坚持。注重实际，讲求实效，使浙江在探索工业化道路过程中，形成了符合自身实际的多种发展模式。国有企业可以大胆地借鉴私营企业的某些管理经验，私营企业也可以积极移植国有企业的做法。"先生孩子后起名"，不图虚名，不搞花架子，多做少说，做也不说。面对指责，不争论，不辩解；面对成绩，不自大，不张扬，形成了"真富、民富、不露富"的局面。

"自强不息、坚韧不拔、勇于创新、讲求实效"，是浙江人民在建设有中国特色社会主义实践中奋发进取精神状态的集中反映，是民族精神、时代精神在当代浙江的生动体现。这种精神赋予浙江人很强的适应能力和创新能力，使浙江赢得了经济发展和体制创新的先发优势，成为全国经济增长速度最快和最富有活力的省份之一。"浙江精神与浙江各项硬实力成就之间的印证关系无疑是探讨浙江精神'名实关系'的一个重要维度，此外，这里还存在着另一个重要维度，那就是我们可以通过浙江精神的这些断语——诸如'自强不息、坚韧不拔、勇于创新、讲求实效'等等——来了解当代浙江人，了解这些浙江人在创建社会主义市场经济过程中出现的大量鲜活生动的实践故事。这样，浙江精神的各个断语就成为了解当代浙江人的主题索引词。当人们说浙江精神反映了浙江群众那种草根性的群体无意识内容，这恰恰说明了这种精神的实在性。"[1] 从这个意义上说，对浙江精神的命名就是一种展示，从多方面、多角度展示出浙江改革开放和

---

[1] 李景源、张晓明主编：《浙江经验与中国发展（文化卷）》，社会科学文献出版社2007年版，第15页。

现代化建设惊心动魄的创业历史。

## 二 浙江现象背后的深厚精神底蕴

习近平到浙江工作后,对"浙江现象"背后的深层原因进行了深入的思考。他从人民群众改革开放的生动实践中,认识到了滋育着浙江生命力、催生着浙江凝聚力、激发着浙江创造力、培植着浙江竞争力的文化力量、精神力量。他说,"浙江老百姓聪明,干部精明,出的招数很高明。其背后是浙江的人文优势,是深厚的文化底蕴和'浙江精神'在起作用"①。"浙江在没有特殊政策、没有特殊资源的情况下,之所以能取得今天这样的成就,一个重要的原因就在于,浙江有着深厚的历史文化底蕴,而且浙江的文化传统非常适应市场经济的要求。"② 这就从历史唯物主义关于文化对经济的反作用基本原理出发,通过浙江精神与浙江发展的硬实力成就之间彼此印证的关系,揭示出了浙江底蕴深厚的文化软实力与发展硬实力之间的辩证关系。

在担任浙江省委书记期间,习近平从对浙江现象背后深厚文化底蕴的深入思考出发,深刻地阐述了系统研究浙江文化对繁荣和丰富当代先进文化、推动浙江又快又好发展的意义;从传承和弘扬中华文化的高度自觉,阐述了研究浙江区域文化对深入了解中国文化、研究中国文化、发展中国文化、创新中国文化的意义。习近平到浙江工作后,在多个场合表达了对推动浙江文化研究、丰富与弘扬浙江精神、加快推动浙江文化建设的关心和重视。2004年夏天,习近平到省社联、省社科院调研时,要求组织力量深入研究浙江历史文化,挖掘浙江现象的文化底蕴,丰富与时俱进的浙江精神。2004年12月,习近平在省社联第五次代表大会上再次要求全省社会科学界深入研究"浙江现象",进一步总结"浙江经验",与时俱进地充实和丰富"浙江精神"。

在上述背景下,中共浙江省委宣传部、浙江省社会科学界联合会

---

① 习近平:《干在实处 走在前列》,中共中央党校出版社2006年版,第315—316页。

② 同上书,第317页。

发动全省社会科学界对浙江精神进行了研讨,并以课题的形式专门委托相关专家学者对"浙江精神"进行专题研究,为提炼和概括浙江精神提供了理论支撑。浙江学者围绕浙学、浙东学术、浙东学派的内涵及其与浙江精神的关系,浙东学术精神的传递途径和传承机制,区域文化精神与当代浙江经济发展,浙江精神与浙江现象的内在动力及其作用机制,现代浙江精神与未来展望等进行了广泛的研究和讨论。

2005年3月,浙江省社会科学界联合会、浙江省社会科学院在杭州联合召开了"浙东学术与浙江精神"研讨会。来自北京、上海及浙江省的近百名专家出席了会议。时任浙江省委书记习近平致信,要求浙江省社会科学界"以邓小平理论和三个代表重要思想为指导,在深入推进文化大省建设的实践中,总结过去、立足现实、面向未来,进一步丰富、发展和弘扬与时俱进的浙江精神,为浙江全面建设小康社会、提前基本实现现代化提供精神动力"。与会者围绕"浙东学术""浙学"与浙江精神,概括和提炼与时俱进浙江精神的方法,对与时俱进浙江精神的内涵等进行了热烈的讨论,提出了许多有益的建议。如以人为本的人文精神、自强自立的创业精神、开放创新的进取精神、务实守信的真诚精神;立足现实、励志利民;勇于开拓、敢于承担;诚恳踏实、正义谋利;博采众长、整合创新;实事求是、讲求实效、海纳百川、自得创新、开拓进取;追求卓越、大气开放;思想活跃、敢作敢为;关注民生、追求富裕;务实致用、注重事功;有志竞成、艰苦创业。会后,省社联编辑出版了《浙东学派与浙江精神》一书,[①] 收录了《浙学、浙东学术、浙东学派与浙江人精神》《"浙学"与浙江精神》《浙东学术精神的传递途径和传承机制》《区域工商文化与当代浙江经济发展特色——传统浙商、晋商、徽商与当代经济发展的比较分析》《浙江精神:浙江现象的内在动力及其作用机制研究》《现代浙江精神与未来展望》《再论"浙学"的内涵——兼论当代浙江精神》《"浙学"的内涵与两浙的并进》《王充:浙东学派的奠基人——兼论"事实判断"思维的源流》《"浙学"刍议——"浙

---

① 浙江省社会科学界联合会编:《浙东学派与浙江精神》,浙江古籍出版社2006年版。

学"传统与浙江精神研究之一》《对有组织经济进步的民间文化解释——鸡毛换糖、义乌兵与板凳龙》《浙江经济现象的地理解读》《甬商与晋商的比较研究及其启示》《"草根文化"与台州社会经济发展》《文化传统与浙江精神》《试论浙东学术与浙江精神》《湖州传统文化与湖州经济社会的发展》等18篇论文。

顺便说明一下,浙江省社会各界关于浙江精神的讨论,随着实施"八八战略"的不断深入,贯穿于浙江从加快建设文化大省、文化强省到努力建设文化浙江的全过程。这种讨论具有重要的意义和作用,"我们看到浙江精神的'命名'过程也是浙江干部群众不断进行理论反省、推进群体性思想动员的过程。伴随着浙江社会主义市场经济的形成发展,浙江省委和宣传部门在社会上多次就浙江精神主题展开大讨论。正是在这些讨论中,浙江民众的探索精神得到了合法性的确认,各种不适应市场经济发展的陈旧观念得到荡涤,浙江经济社会发展目标不断得到明确和提升。它告诉我们,在我国经济社会发展中,群体性意识可以而且上升为公共性的表达,而这种公共性表达可以生成使人民群众心往一处想、劲往一处使的精神合力"[①]。这就表明,关于浙江精神的讨论,也是浙江人思想不断解放的过程,是浙江人精神共识和认同、凝聚力和向心力、推动发展的精神支撑力等不断形成的过程。

2005年7月,省委十一届八次全会作出《关于加快建设文化大省的决定》,全面实施文化建设"八项工程",推进教育、科技、卫生、体育"四个强省"建设。浙江文化研究工程布阵其间,以全省经济之雄厚实力,集八方才俊之渊博学识,开展浙江文化"今、古、人、文"的全方位、多角度、深层次的研究探讨。学者们按照省委省政府的统一部署和要求,在文化研究工程领导小组的具体指导下,围绕当代浙江的生动实践,解读浙江现象,总结浙江经验,研究重大问题,指导浙江发展;围绕浙江源远流长的文明,梳理浙江历史脉络,挖掘浙江文化底蕴,分析社会演变规律,揭示地域特色,提炼和发展

---

① 李景源、张晓明主编:《浙江经验与中国发展(文化卷)》,社会科学文献出版社2007年版,第15—16页。

浙江精神。

P.科斯洛夫斯基等学者认为，现代市场经济在结构和内生条件上与传统商品经济有很大的不同，它要求与之相应的思想观念的形成作为前提条件，即需要将有利于市场经济发展的观念因素，如追求成就的动机、创业的动机、热情和意志、敢试敢闯敢冒的精神以及节俭意识、恪守规章精神、敬业精神、精打细算等从传统主义的束缚中释放出来。P.科斯洛夫斯基在谈到欧洲现代市场经济形成的过程时指出，"商业的动机结构从宗教和文化的联系中被解放出来却是现代的特征，这一特征在文艺复兴和重商主义时期开始形成，它预示着经济时代的到来"[1]。在哲学上，有利于市场经济发展思想观念的形成过程，也就是个体化、主体化和理性化意识的形成过程。"个体化意味着人从与生俱来的社会状况的固定性中脱离出来，从社会与宗教准则的确定性中脱离出来。它取决于个体和集体的差异和纠纷，而单个人把这种纠纷同时感受成为解放和异化。个体化是向主体性发展的标志。"[2] 从浙江区域群体文化精神中，可以发现有别于国内外其他区域、具有浙江自身特色的有利于市场经济发展和现代化的"观念因素"。

在浙江工作期间，习近平深入地分析了"哺育了浙江人特别能适应市场经济的思想观念和行为方式"的"文化基因""观念因素"。他梳理了从新石器时代最为著名的跨湖桥、河姆渡、马家浜和良渚考古文化到明清时期的浙江区域文化的创新历程，勾画了从古代大禹因势利导、敬业治水到近代龚自珍、蔡元培开明、开放的浙江文化精神的发展脉络。他从两个方面归纳了底蕴深厚的浙江文化精神的鲜明特点：

第一，洋溢着浓郁的经济脉息。"与'钱塘自古繁华'相适应，古代浙江许多伟大的思想家也都倡导义利并重、注重工商的思想，不仅在中国文化史上独树一帜，而且深深地影响着浙江人的思想观念和行为方式，成为浙江思想文化的重要源泉。"[3]

---

[1] ［德］P.科斯洛夫斯基：《资本主义的伦理学》，王彤译，中国社会科学出版社1996年版，第8页。
[2] 同上书，第9页。
[3] 习近平：《干在实处　走在前列》，中共中央党校出版社2006年版，第319页。

第二，融会了多元文化的精神特质。浙江文化兼具内陆文化与海洋文化之长处，融合了吴越文化与中原文化之精髓，反映了中国文化与西方文化之激荡。浙江人生活在"山海并利"的环境里，受到多种文化因素的熏陶，因此既表现出山的韧劲，又有海的胸襟；既具有内陆文化吃苦耐劳、顽强拼搏的优点，又有海洋文化敢于开拓、勇于冒险的胆气。

在上述分析的基础上，习近平得出了明确的结论："千百年来，浙江人民积淀和传承了一个底蕴深厚的文化传统。""代代相传的文化创造的作为和精神，从观念、态度、行为方式和价值取向上，孕育、形成和发展了渊源有自的浙江地域文化传统和与时俱进的浙江文化精神。"[1]"义利并重"的价值观念和"工商皆本"的文化传统，孕育了浙江人的经商意识和务实性格；先天不足的资源条件和人口密集的生存压力，造就了浙江人的自强意识和拼搏精神；对外交往的悠久历史和多样文化的相互激荡，塑造了浙江人的开拓精神和创新意识；"百工之乡"的产业传统和尊师重教的文化积淀，哺育了浙江人的专业技能和聪明才智。

"百工之乡的产业传统""经商意识""自强意识"等，都是"哺育了浙江人特别能适应市场经济的思想观念和行为方式"的"文化基因""观念因素"。如"百工之乡的产业传统"。早在新石器时代的后期，杭州人的祖先就已聚居生息于今北郊良渚一带，从事着原始的农耕、畜牧和渔猎，陶器、玉器、竹木器制作和丝麻纺织等手工艺，达到了较高水平。春秋战国时期，越国的种植业、养殖业已有相当规模，纺织、冶炼、酿酒等手工业亦兴起。至三国时期，山阴又成为全国最重要的铜镜、越布交易中心。唐代，越州的青瓷器、丝绸市场闻名海外。历史上，浙江不仅纺织业、制陶业、造纸业、酿酒业等固定的手工业作坊相当兴盛，而且木工、漆工、石刻、竹编、弹花、箍桶、缝纫、理发、厨师、打金等流动百工手艺人也层出不穷。这些百工手艺人多数挑行担，出县出省，俗称"出门"。这种手艺工匠在浙江手工业者中所占比例最大，他们特别能吃苦，上山到尖，下乡到

---

[1] 习近平：《"浙江文化研究工程成果文库"总序》，2006年5月30日。

边,上门制作,加工和修理。在浙江历史上的手工业中,著名的有东阳的泥水木匠、永康的铁匠、义乌的麦芽糖艺人、台州的绣花女、温州的皮鞋匠、永嘉的弹棉花郎等等。直至 1949 年之后,仍有大量的工匠挑着行担外出谋生。这些世代相传的手工业专业技能,构成了浙江特殊的专业性人力资源优势,不仅使浙江人能够在自然资源和产业基础并不占优势的情况下,在改革开放之初便迅速形成千家万户办企业的创业浪潮,而且使许多地区形成了富有特色的本土产业,为浙江的区域特色经济奠定了重要基础。费孝通在比较了苏南和温州的传统后说,"苏南的历史传统是农工相辅、男耕女织,可以说是'牛郎织女';而温州地区的历史传统却是'八仙过海',是石刻、竹编、弹花、箍桶、裁缝、理发、厨师等百工手艺人和挑担卖糖、卖小百货的生意郎周游各地,挣钱回乡,养家立业。这些飘泊异乡的手艺人和商贩同居家耕地的农家女相结合,是艺商与农业的结合。在这两种不同的老根基上,苏南长出来的是社队工业和后来兴起的乡镇工业,浙南冒出来的是家庭工业和加工专业市场。苏南是从农副业出工业,以工补农;浙南是从商贩业出工业,以工扩商"[①]。

历史上,浙江不仅是一个手工业相对发达的"百工之乡",而且也是全国民间商业相对发达、民间工商文化传统较为深厚的地区之一。最早见于文献记载的浙江集市,是秦汉时期会稽的"越大市"。东汉时期,会稽的越布、越瓷、铜镜等产品名闻中外。在朝廷实行减赋和提倡"食货并重"的政策背景下,会稽境内商贸活动日见频繁,"贩缯(丝绸)为业""抱布贸丝"者遍及城乡。东晋、南朝时期,绍兴市面繁荣,时有"今之会稽,昔之关中"之誉。山阴道上民物殷阜,征货贸粒,商旅往来,成为江东绢米交易中心。同一时期,温州永嘉郡内出现了定期集市。隋朝时期,随着京杭大运河的开通,杭州形成了"珍异所聚,商贾辐辏"的集市贸易。中唐以后,杭州不仅已是"百货所殖"之地,而且更是"万商所聚"之所,永泰元年(765)李华撰《杭州刺史厅壁记》说杭州"咽喉吴越,势雄江海,

---

[①] 费孝通:《小商品 大市场》,转引自何福清主编《纵论浙江》,浙江人民出版社 2003 年版,第 350 页。

骈樯二十里，开肆三万室"①。至唐末，杭州"东眄巨浸，辕闽粤之舟橹，北倚郭邑，通商旅之宝货"②，呈现出"灯火家家市，笙歌处处楼""鱼盐聚为市，烟火起为村""夜市桥边火，春风寺外船"的繁荣景象。五代时期，吴越国多次扩建城垣，杭州逐步形成南宫北城格局。前朝后市、临街盖店，扩大市场，境内商贸集市十分兴盛。北宋时期，浙江集市贸易的发达及商品经济的繁荣，可以用商税作为一个衡量尺度。据《宋会要辑稿》记载，北宋熙宁十年（公元1077年）以前，杭州商税额包括杭州城及龙山、浙江、北郭、范浦、余杭、柏坎、临安、於潜、昌化、富阳、新城、南新十三场共120303贯。同一时期，越州商税额包括越州城及上虞、新昌、渔浦、诸暨、余姚、西兴、萧山、剡县九场共27577贯。熙宁十年（公元1077年），杭州的商税额包括杭州城以及富阳、新城、临安、於潜、昌化、盐官6县，浙江场、龙山场、范浦镇、江涨桥镇、外县场镇、南新场、柏坎场、曹桥场，共173813贯523文。越州的商税额包括越州城以及萧山、剡、诸暨、上虞、余姚、新昌6县，西兴镇、渔浦镇、曹娥镇、三界场，共64002贯77文。③

自南宋建都临安（杭州）以来，浙江的商品经济有了进一步的发展。叶适说，淳熙年间（公元1174—1189年），"夫吴越之地……以四十年都邑之盛，四方流徙尽集于千里之内，而衣冠贵人不知其几族。故以十五州之众而当今天下之半，计其地不足以居其半。而米粟布帛之值三倍于旧，鸡豚菜茹樵薪之鬻五倍于旧，其便利上腴争取而不置者数十百倍于就"④。斯波义信说，"无需引用马可·波罗的证词，南宋首都临安府（治今杭州）是9—13世纪发生在中国的商业革命、城市革命的颇具代表性的一个范例"⑤。南宋时期，杭州的市场圈可分为三个层次：以杭州为中心的最大腹地构成的远距离商业运输

---

① 《全唐文》卷三一六，中华书局1983年版。
② 罗隐：《杭州罗城记》。
③ 以上关于杭越两州商税的资料均引自《宋会要辑稿》食货一六之七。
④ 叶适：《水心别集》卷2《民事中》，中华书局1960年版。
⑤ [日]斯波义信：《宋代江南经济史研究》，方键、何忠礼译，江苏人民出版社2001年版，第321页。

圈，杭州是全国屈指可数的药材和香料集散市场，来自东南沿海和南海的舶来品自不待言，而且吸引了蜀地；以杭州为中心的小范围腹地构成的商圈，是为满足杭州150万人口日常生活需要的直供商品和储备物资而形成的中距离商业运输圈；由杭州及其直属郊区组成的通商圈，在这个小商圈区域内，"东门菜、西门水、南门柴、北门米"这种专业分工特色十分鲜明。据吴自牧《梦粱录》记载，"杭州行都一百余年，户口蕃盛，商贾买卖者十倍于昔，往来幅辏，非他群比"。"客贩往来，旁午于道，曾无虚日"，境内"自大街及诸坊巷，大小席铺，连门俱是，即无虚空之屋"。《梦粱录》还记述，临安"处处各有茶坊、酒肆、面店、果子、彩帛、绒线、香烛、油酱、食米、下饭、鱼肉鲞腊案"十余类店铺。临安当时的"经济市井之家"，往往多于店（宅）舍。如城南的吴山一带，即是外地"江商海贾"的寄寓地。商人中还形成了一批善于钻营、谋取厚利的大商人。商业的繁荣，使府城内外形成了许多"行业街市"，就是同行业的店铺，货摊相对集中于一条街巷，简称"行""团"或"市"。据《咸淳临安志》《梦粱录》等所记载，当时主要有药市、花市、珠子市、米市、肉市、菜市、鲜鱼行、鱼行、南猪行、北猪行、布行、蟹行、青果团、柑子团、鲞团、书房等。万物所聚，应有尽有，诸行百市，鳞次栉比，买卖者络绎不绝。城区有早市、夜市，城郊形成了浙江市（今南星桥一带）、北郭市、江涨东市、湖州市（即湖墅）、江涨西市、半道红市、西溪市（留下镇）、赤山市等市镇。元初，杭州为外国商人麇集之所，贸易之盛，殆过于宋。据《马可·波罗游记》记载，元时，杭州城市中有大市十所，沿街小市无数，每星期有三日为市集之日，有四五万人挈消费之百货来此贸易，种种食物甚丰。后因天灾人祸不断，市场日趋衰落。明清时期，杭州的商贸业逐渐恢复和发展。据明万历《杭州府志》记载，境内有寿安坊市、众安桥市、惠济桥市、东花园市、布市、春熙桥市、庆春桥菜市（菜市桥）。这些市场聚贸蔬果鱼肉、糖果米面，南北冬夏布匹、牲口、衣服、器皿等物。清代时期，杭州城内有道江市、清河坊街、司前市、塔儿头市、闹市、羊市街市、东花园市、寿安坊市、众安桥市、惠济桥市、东街市等。

不仅仅在杭州，而且在浙江的其他地区，历史上尤其是南宋以来也都形成了较为深厚的民间商业传统。比如，南宋宝庆年间（公元1225—1227年），宁波府已有22个集市。明代宁波府著名集市有大市、中市、后市、甬东市、西郭市、西郭八市、东津四九市等。四城门外的集市一旬举行一次交易，西门外集市逢八举行，南门外集市逢七，东渡门外集市逢九、灵桥门外集市逢四举行。至清乾隆年间，宁波府集市已增加到了113市，并由从前的十日一市发展到为五日一市、三日一市。延至清朝末年，宁波集市形式更趋多样化，如余姚县大集市有日日市、单日市、双日市或每旬3市、4市等形式；小集市又称露天集、半天集，一般是凌晨上市、近午散市。每逢风调雨顺，丰收的季节，集市内店铺摊贩林立，远近万商云集，南北百货竞销，人来人往，熙熙攘攘，交易兴旺，市声不绝于耳。南宋时期，绍兴府城由北宋大中祥符年间的36坊，增加到南宋嘉泰年间的96坊。除首都临安之外，与金陵齐名，成为全国三大都市之一。并在96坊中设有照水坊市、清道桥市、大云桥东市、古废市（即越大市）、大云桥西市、龙兴寺前市、驿地市等八个集市，形成城市内部的商业网络。明清时期，绍兴市场发育更加完善，不仅市场数量增加，而且还出现了一批颇具特色的专业市场。据乾隆《绍兴府志》记载，当时府城集市有照水坊市、酒务坊市、大云桥东市、越大市、清道桥市、龙兴寺前市、大云桥西市、驿地市、江桥市等，以经营农副产品等产品为主。此外，由于府城酿酒、锡箔业发达和粮食消费量大的特点，逐步形成酒行、锡箔、茶市和米行街等专业市场。民国时期，作为消费城市的绍兴，城南靠近会稽山区，地势较高，以山货交易市场为多；城北地势较低，与平原水网相通，以水产品交易为主；城周围的偏门、西郭门、昌安门、五云门是城乡交通要道，多有集市分布；城内则按传统格局，东有长桥市，西有北海桥市，北有大江桥市，大多以销售农副产品为主。地处市中心的大善寺，因年久失修，寺舍荒废，隙地增多，许多商贩及江湖艺人渐集于此，开设饭店、小吃店、百杂店、理发店、针线铺、烟行、茶室、书场、小戏院以及游艺杂耍等，商贾云集。绍兴酒、锡箔等地方产品，也有各自的营销方式。绍兴酒以酿坊主和零售商分散经营为主，民国二十五年（公元1936年），绍兴城区有零售和批零兼营酒店367家，年销量占绍兴酒总量的十分之二三。城内锡箔铺、锡箔坊所产锡箔，历来靠锡庄收购运销外埠，箔铺、箔坊与箔庄之间的买卖，多以茶店为洽谈交易场所，俗称锡箔茶市。①

在南宋初期，温州的商业繁盛，商人众多，就已闻名全国了。南宋绍兴年间程俱所作《席益差知温州制》说到温州，"其货纤靡，其人多贾"。当时温州从商者"晨钟未歇，人与鸟雀偕起"②。因为州治商业的繁荣，北宋熙宁十年（公元1077年），永嘉县税场的商税就已高达二万五千三百九十一贯六文，是全国各县平均商税的七倍。南宋永嘉县税场的商税收入当然比北宋更多，可惜缺乏这方面的正式材料，但叶适的《登北务后江亭赠郭希吕》云："何必随逐栏头奴，日招税钱三百万。"每日税钱三百万，虽可能有所夸大，但可看出南宋永嘉县商税收入之多。不仅温州一些县的商税多，而且温州一些镇的商税也很可观。据《宋会要辑稿·食货》记载，瑞安镇每年商税是六千二百八十七贯，永安镇四千七百零三贯，柳市镇二千零四十九贯七百九十四文，前仓镇一千五百一十二贯一百三十文。南宋以来温州商业的内部分工日趋细密，到明末瑞安已有当行、缎行、布行、衣行、果子行、鱼伢行、酒行、纸行、米行、碗行、屠行、饼行、杉木行、时果行、鸡鹅行、打铜行等。③入清以来，温州"鱼盐充牣，商贾辐辏"，商业日趋繁荣，市内形成了以中药业、酱园业、南货业和绸缎业为四大台柱的商业网络。当时，温州已成为"商贾交会"之地，"温州好，贾客四方民，吴会洋船经宿到，福清土物逐时新，直北是天津"④。温州地区吸引了不少外地商人来经商，常有"漳泉大贾飞墙集，粤海奇珍巨槛来"⑤。宁波帮、福建帮都是当时温州地区商业领域有举足轻重地位的商帮。温州地区的集市贸易作为温州人

---

① 浙江省市场志编辑部编：《浙江省市场志》，方志出版社2000年版，第250—251页。
② 戴栩：《浣川集》卷五《江山胜概楼记》。
③ 明天启六年（公元1626年）《毕侯去思碑》拓片，温州博物馆藏。
④ 《光绪永嘉县志》卷六《风土》引录（清）孙犷《温州好》。
⑤ 方鼎锐：《温州竹枝词》。

"易粟与一切居处日用之资"的据点由来已久。明清时期，乐清县有"新市三八日市，湖边一六日市，芙蓉二七日市，白溪十二月二十日至二十九日市，大荆三六九日市"① 等。明清之际，平阳县被称为"市"和镇的有13处，在现县境的有6处。民国初期，平阳城乡集镇如县城、鳌江、水头等地就有水产、柴火、仔猪、耕牛、竹木、茶叶、水果等专业性市场。民国《平阳县志》根据规模大小，将平阳的集镇、街市分为"市"和"小市"两种。其中称为"市"的有17处，因地处通衢或人烟稠密村落，设有旅栈店摊而称"小市"的有27处。台州的商业亦有悠久的历史。临海自隋开皇十一年（公元591年）起，历朝为台州郡治、州治、路治、府治所在地，商业素称发达。明代就有"府城日日市"之称。以白塔桥、十字街为城内闹市区。依托灵江水运，竹、木、柴、炭、水果及其他农产品多在江下街集散。宋时的温岭有泉溪（今城关）、郑庄（今泽国）、峤岭（今温峤）、侍郎（今大溪）等镇。至明嘉靖十九年（公元1540年），县内已有19个集镇聚货交易。清嘉庆十五年（公元1810年），县内主要集镇就有30余个，并形成交叉集市日制度。据1935年的《温岭县政概况》记载，民国前期"本县各重要市镇商业之繁盛，以泽国为最，县城及新河、松门、温岭街次之。箬横、大溪、潘郎、呑环、大间、桥下、长屿、塘下等处又次之，其他较少之乡村市镇亦均有市日。商贾经营以棉布绸缎、京广洋货、酱油烟杂、南北货、国药、土杂产品、干鲜水产、猪肉禽蛋、粮食油料及茶馆茶食、客栈等为主"。温岭泽国的集市贸易始于五代，形成于宋。元明清时渐具规模，交易品种为日常生活用品。清光绪六年（公元1880年）至宣统二年（公元1910年），玉环县有黄旗、西青、后湾等13处街市，民国时期形成的有下岸宫、老傲前等9处街市。这些街市除少数不复存在外，其余均相沿至今。在宋代，今章安镇为临海县三大集镇之一，设有官酤酒库及税场征管货税，是为椒江境内最早的饮料酒及调味品专业市场。清乾隆和嘉庆年间，界牌、水陡、下陈、横塘、沙殿、三甲、横河陈、黄礁、蹈感塘等地市集已具规模。至清末，椒江两岸已形成逐日

---

① 《光绪乐清县志》卷三《规制·街市》。

参差有市的集市网络。明代，黄岩县城有大井头市、天长市，乡村有县桥（院桥）、路桥等十市。清代有大井头、石塘岗等39市，民国时有64个市场，各市场沿街门前设摊，人称"买鱼买肉大井头，买鸡买鸭草巷口，买米买柴桥亭头"。

历史上浙江也形成了深厚的务实精神底蕴。首先，自宋以来，浙江不断增加的人口及其所导致的人地矛盾，是浙江民间"讲求实效""注重功利"文化精神形成的一个重要原因。明代时江南地区的人均耕地面积是5.6亩，而到了清代的雍正年间由于人口的进一步增长，浙江的人均耕地已下降到了3.3亩，乾隆时又降为2.9亩。[①] 这还是浙江地区的一般状况，有些地方人口的增长速度和人均耕地的下降速度都要超过这一平均数。比如，浙南的乐清在1731—1825年不到100年的时间内人口从7.97万人上升到22.89万人，猛增了近2倍，而人均耕地面积则从4.39亩下降到了1.62亩。[②] 而按照当时的生产力水平，在江南地区需4亩地，才能养活一口人。根据一个朴素的原理，人们只有在解决了吃穿住等基本问题以后，才能从事其他活动。在土地难以养活人，面临着严重的生存压力的情况下，人们必然是十分务实的。应当说，事功学"讲求实效，注重功利"的精神在浙东得以形成，并不是偶然的，而是与人多地少的浙东自然环境可能具有一种必然的联系。叶坦认为，"区分两浙的东、西是区域史研究中应注意的"[③]。他列举了大量的史料以证明这一观点。在历史上，浙东包括温、处、婺、衢、明、台、越七州；浙西包括杭、苏、湖、秀、常、严六州及江阴军、镇江府八地。浙东多山地，浙西多泽国。王柏说："东浙之贫，不可与西浙并称也。"[④] 浙东山地贫瘠，负山近海不宜耕种，如越州"地无三尺土"[⑤]；台州"负山濒海，沃土少而瘠地多。民生其间，转侧

---

① 段本洛、单强：《近代江南农村》，江苏人民出版社1994年版，第57—58页。
② 周晓虹：《传统与变迁——江浙农民的社会心理及其近代以来的嬗变》，生活·读书·新知三联书店1998年版，第88页。
③ 叶坦：《宋代浙东实学经济思想研究——以叶适为中心》，《中国经济史研究》2000年第4期。
④ 《鲁斋集》卷7《赈济利害书》。
⑤ 庄绰：《鸡肋编》卷上。

以谋衣食"①。温州平阳县"浙东之穷处也，邑于山谷间"②。浙东粮食不能自给"全借浙右客艘之米济焉"。③ "永嘉不宜蚕，民岁输绢，以贸易旁郡为苦。"④ 在此情形下，浙东人不务实，当然就难以生存。其次，如前所说，浙江历史上尤其是宋元明清以来，浙江民间相对发达的工商业，而工商活动的经济理性，决定了手工业者和商人必然是"讲求实际""注重功利"的。这种务实精神必定是先孕育于民间，此后才反映于浙东事功学大传统中的。当然，浙东事功学的大传统反过来也会对民间社会心理产生影响，在一定程度上强化民间"讲求实效、注重功利"的精神。再次，如杨念群所说，清以来的时局变故尤其是近代以来的内忧外患，迫使江浙儒生完成了从学者型向实用型人才的心理转换。清初统治者的文化政策曾经在江浙地区造就了一个边缘性的儒士阶层。这批人凭借溢出于科举界定之外的特殊学问和技能，作为谋取生计和地位的重要资源。这群"文化边际人"除以考据训古作为基本的自娱或谋取生计的手段之外，尚有一些人精于算验制造之法。"由于清中叶以前，儒学的道德治国论盛行于天下，社会根本不会给予这种'雕虫小技'以任何发展的空间。所以直至中西冲突发展到迫使清廷必须正视西学中的这些'奇技淫巧'时，这批人方才脱颖而出，成为幕府中自强运动的中坚力量。"⑤ 需要进一步说明的是，江浙儒生之所以较其他地区儒生更快地完成了从学者型向实用型人才的心理转换，除了清初文化政策、国家时局的变化等因素外，具有鲜明地域特色的浙江民间"讲求实效"心理的影响，可能也是一个重要的因素。同时，在中国传统社会中，儒士阶层乃是社会的精英和领导阶层，对社会承担着"教化"的责任。因此，清初以来浙江儒士阶层以"实用"和"谋生"为取向的思想和行为，无疑也会对浙江民间社会心理产生一种"上行之，下效之"的导向作用。

---

① 嘉定《赤城志》卷13。
② 许景衡：《横塘集》卷18。
③ 周去非：《岭外代答》卷4。
④ 陈傅良：《止斋文集》卷51。
⑤ 杨念群：《儒学地域化的近代形态——三大知识群体互动的比较研究》，生活·读书·新知三联书店1997年版，第287页。

习近平认为，正是代代相传的"文化基因""观念因素"构成了当代"浙江现象"形成的内在动因。"'自强不息、坚韧不拔、勇于创新、讲求实效'的浙江精神，是浙江人民在长期实践中形成的。""这种地域文化哺育了浙江人特别能适应市场经济的思想观念和行为方式，成为发展市场经济的精神动力。"①"她滋育着浙江的生命力、催生着浙江的凝聚力、激发着浙江的创造力、培植着浙江的竞争力，激励着浙江人民永不自满、永不停息，在各个不同历史时期不断超越自我、创业奋进。"这就阐明了精神因素、令人惊叹的富于创造力的"文化基因"在浙江经济社会发展中的地位和作用。

唯物辩证法认为，外因是事物变化的条件，内因是事物变化的根据，外因通过内因而起作用。恩格斯曾在引用黑格尔"相互作用是事物的真正的终极原因"这句话后进一步指出："我们不能追溯到比对这个相互作用的认识更远的地方，因为正是在它背后没有什么要认识的了……只有从这个普遍的相互作用出发，我们才能了解现实的因果关系。"②这就表明，相互作用既包括事物内部诸要素之间的相互作用，也包括各事物之间即内因和外因的相互作用，理解事物变化发展的动因不能仅仅从一项（内因或外因）而是必须从两项（内因和外因）出发。考察浙江现象形成的原因，当然也必须从"内因"和"外因"两大视角切入。

习近平认为，浙江现象的背后是浙江的人文优势，是深厚的文化底蕴和"浙江精神"在起作用。"在浙江人民创造自己灿烂文明史的背后，始终跳动着、支撑着、推进着和引领着他（她）们的力量，正是浙江人民的精神。"③因此，底蕴深厚、富有创造力的"文化基因"是浙江现象形成的内因。但是，这种"文化基因"在当代迸发出巨大的创造力，还需要与一定的条件（外因）有机结合。换言之，"浙江现象"是底蕴深厚的文化基因、浙江精神与这些必要条件相互作用的结果。

---

① 习近平：《干在实处 走在前列》，中共中央党校出版社2006年版，第319页。
② 《马克思恩格斯全集》第二十卷，人民出版社1971年版，第574—575页。
③ 习近平：《与时俱进的浙江精神》，《浙江日报》2006年2月5日。

首先，是浙江人富于创造力的"文化基因"与改革开放政策的有机结合和相互作用。重大的经济社会变革必然伴随着重大的文化变革。正如马克思主义思想家拉法格所说，"人是两种环境的产物：宇宙的或自然的环境和经济的或'人为的'环境，是因为它是人类创造的产物。人类社会的民事和政治的制度、宗教、哲学体系和文学都是根植于经济环境里。它们在经济的土壤里获得自己盛衰的因素"[1]。从浙江文明史来看，从古代到现代，富于创造力的文化传统总是与浙江经济社会的发展、浙江人民与时俱进的历史轨迹相伴随的。习近平指出，"浙江先民们都以不同凡响的作为，在中华民族的文明之源留下了创造和进步的印记"[2]。今天，正是改革开放和建设中国特色社会主义伟大实践的阳光雨露，全面激活了浙江人的这种"文化基因"。正是浙江人"文化基因"与改革开放政策的有机结合和相互作用，"孕育和造就了'自强不息、坚韧不拔、勇于创新、讲求实效'的浙江精神，推动了文化与经济的相互交融，构成了浙江综合竞争力的软实力，极大地促进了社会生产力的解放和发展"[3]。比如"自强不息"，浙江人不奢望天上掉下馅饼，找不到国有企业的"铁饭碗"，就办乡镇企业和个私企业，自己造一个"泥饭碗"，由此走出一条有浙江特色的工业化道路。再如"坚韧不拔"，就是说浙江人宁肯苦干，不愿苦熬，为了创业，可以四海为家，"白天当老板，晚上睡地板"。又如"勇于创新"，就是说浙江人敢闯敢干，敢为天下先，在改革开放实践中进行了许多卓有成效、全国颇有影响的探索创新。还有"讲求实效"，就是说浙江人不尚空谈，不图虚名，不争论、不攀比、不张扬，踏踏实实地从小事做起，一步一步地创业，一点一点地积累。对于探索中的尝试，多做少说，只做不说；对于卓有成效的做法，无论别人怎么议论，也决不动摇。由此，习近平得出结论，"浙江人的这种'文化基因'，一旦遇到改革开放的阳光雨露，必然'一有雨露就发芽，一有阳光就灿烂'，迸发出巨大的创造力，

---

[1] ［法］拉法格：《唯心史观和唯物史观》，王子野译，生活·读书·新知三联书店1965年版，第39页。
[2] 习近平：《干在实处 走在前列》，中共中央党校出版社2006年版，第317页。
[3] 同上书，第318页。

极大地推动浙江生产力的解放和发展"①。

其次,是浙江文化中富于创造力的基因与当今时代精神的有机结合和相互作用。习近平指出,"与国家实施改革开放大政方针相伴随的经济社会持续快速健康发展的深层原因,就在于浙江深厚的文化传统与当今时代精神的有机结合,就在于发展先进生产力与发展先进文化的有机结合"②。这就表明,浙江现象形成的深层原因或浙江精神,并不是一种"原封不动"的文化传统,而是一种与"当今时代精神"有机结合、既"传承过去"又与时俱进"创新发展"了的"新传统"。希尔斯指出,"由于对某些已接受了传统的人来说,传统并不是十全十美的,从而他们发生了变化。当一项传统处于一种新的境况时,人们便可以感受到原先隐藏着的新的可能性"③。改革开放以来特别是党的十六大以来,历届省委省政府紧密结合浙江实际,坚持物质文明和精神文明两手抓,坚持用先进文化引领浙江区域文化精神,使浙江传统文化与当代文化相适应、与现代社会相协调,有效地推动了浙江文化中富于创造力的基因与当今时代精神的有机结合。习近平指出,改革开放以来,正是这种区域文化传统与当今时代精神有机结合的浙江精神,"激发了浙江人民敢为人先、创新创业的智慧和勇气,陶冶了浙江人民特别能吃苦、特别能忍耐、特别能创业、特别能发现商机、特别能化解危机、特别能适应市场经济的优秀品行"④。

## 第二节 与时俱进地弘扬浙江精神

习近平对"浙江现象"以及浙江新阶段"如何发展"、破解先发问题的深入思考,引发了他对深深熔铸在民族生命力、创造力和凝聚力之中的文化力量、精神力量的更深层思考。他深刻地意识到,破解浙江发展的瓶颈,推动浙江新一轮的发展,更需要作为文化核心价值观的浙江精神的引领和激励。因此,在谋划和部署加快建设文化大省

---

① 习近平:《干在实处 走在前列》,中共中央党校出版社2006年版,第316页。
② 习近平:《"浙江文化研究工程成果文库"总序》,2006年5月30日。
③ [美] 希尔斯:《论传统》,傅铿、吕乐译,上海人民出版社1991年版,第285页。
④ 习近平:《与时俱进的浙江精神》,《浙江日报》2006年2月5日。

的同时,习近平提出了与时俱进地弘扬浙江精神的新任务新要求。加快建设文化大省和与时俱进地弘扬浙江精神,是同条共贯的,两者存在着内在的关联,都聚焦于推动浙江新一轮发展这个目标,打造新的"精神支撑力"。

## 一 打造推动新一轮发展的精神支撑力

2005年,浙江全省生产总值达13340亿元,人均生产总值达28160元,财政总收入超过2000亿元,达2115亿元。瑞士洛桑国际管理学院公布的《2005年国际竞争力年度报告》指出,浙江省在被评价的国家和地区中名列第二十位,被视为效力提升最快的地区之一。尽管浙江多项主要经济指标已经位居全国前列,但省委省政府仍清醒地感受到了发展的压力。习近平到浙江工作后,在深入调研和分析的基础上,"用欣赏的眼光看别人,用挑剔的眼光看自己"[①],对浙江新发展阶段面临的挑战和问题进行了全面的诊断:"我们虽然在经济社会发展上取得了长足的进步,也面临着'先天的不足'和'成长的烦恼',一些老问题未从根本上解决,一些新问题又不同程度地比全国先期遇到。比如经济发展中高投入、高消耗、高排放、低效益的粗放型格局尚未根本改变,人多地少、资源紧缺、能源、土地、水等资源要素和环境承载力的制约不断加大,社会公正、社会治安和社会矛盾问题、公共安全和安全生产问题、市场经济秩序问题等都亟待解决。我们要充分认识到,先发地区必然遇到先发问题,某些方面走在前列并不意味着所有问题都能迎刃而解。"[②] 归纳而言,浙江面临的问题既有"先天的不足",也有"成长的烦恼",一些老问题未从根本上得到解决,一些新问题又不同程度地比全国先期遇到。"怎样发展",特别是各领域之间如何全面、协调、可持续发展已经上升为一个全局性的战略问题。

习近平深刻地意识到,破解浙江发展的瓶颈,日益呼唤打造新的"文化支撑力",推动浙江新一轮的发展,"更需要作为文化核心价值

---

① 习近平:《干在实处　走在前列》,中共中央党校出版社2006年版,第11页。
② 同上书,第7页。

观的浙江精神的引领和激励，支撑我们在未来的实践中奋发图强，励精图治，与时俱进"①。正因如此，"我们必须用战略的思维、时代的要求、发展的眼光来审视文化建设"②，以全新眼光来认识文化的力量、精神的力量，在更高层次、更宽视野、更大力度上发挥文化的作用、精神的作用。

文化的力量、精神的力量是影响社会发展的重要力量。正是在这一意义上，斯特斯·林赛说，"一个国家能否繁荣，文化是一个重大的决定因素，因为文化影响到个人对风险、报偿和机会的看法"；"在人类进步的过程中，文化价值观确实是重要的，因为它们影响到人们对进步的想法"。③ 马克斯·韦伯也指出，"不是思想，而是利益（物质的和思想的）直接支配人的行为。但是，观念创造出的'世界图像'，时常像扳道夫一样决定着由利益驱动的行为的发展方向"④。文化发展不仅影响经济社会发展，而且也是社会发展的重要组成部分，是衡量社会发展水平的重要尺度。

习近平对"浙江现象"以及浙江新阶段"如何发展"、破解先发问题的深入思考，引发了他对深深熔铸在民族生命力、创造力和凝聚力之中的文化力量、精神力量的更深层思考。他认为，对文化力量的深刻认识、对发展先进文化的高度自觉、对推进文化大省建设的工作力度，是关系今后一个时期浙江"实现什么样的发展"、能否"继续走在全国前列"的重大课题。从经济的角度看，任何经济离不开文化的支撑，文化赋予经济发展以深厚的人文价值，文化赋予经济发展以极高的组织效能，文化赋予经济发展以更强的竞争力。因此，"在新的历史条件下，我们必须坚持先进文化的前进方向，进一步弘扬和发展浙江精神，不断发掘其历史积淀，不断丰富其现实内涵，实现浙江人文精神的与时俱进，使之与社会主义市场经济发展的要求结合得更

---

① 习近平：《与时俱进的浙江精神》，《浙江日报》2006年2月5日。
② 习近平：《干在实处 走在前列》，中共中央党校出版社2006年版，第289页。
③ ［美］斯特斯·林赛：《文化，心理模式和国家繁荣》，载［美］塞缪尔·亨廷顿、劳伦斯·哈里森主编《文化的重要作用——价值观如何影响人类进步》，程克雄译，新华出版社2002年版。
④ 转引自苏国勋《理性化及其限制——韦伯思想引论》，上海人民出版社1988年版，第84页。

加紧密，与人民群众积极性和创造性的发挥结合得更加紧密，从而不断增强浙江经济社会发展的软实力，不断创造浙江经济社会发展的新优势"①。不仅如此，习近平还从社会全面发展的高度，重新审视了文化的力量，把文化的力量比喻为经济发展的"助推器"、政治文明的"导航灯"、社会和谐的"黏合剂"，总是"润物细无声"地融入经济力量、政治力量、社会力量之中。这就表明，在浙江新的发展阶段上，文化的地位和作用必须由仅仅服务于粗放型经济增长时期的"搭台"和"配角"，上升为转变经济发展方式、破解浙江"成长烦恼"和"先发问题"、推进科学发展与社会和谐的精神动力，在现代化总体布局中，彰显出文化的强大力量。

　　正是在这样的背景下，2003年7月，习近平把进一步发挥浙江人文优势，加快建设文化大省作为"八八战略"的重要内容，提出了浙江文化建设的顶层设计，体现了他立足浙江、站在党和国家全局的高度上，对先进文化发展道路先行探索先行实践的高度自觉。2005年7月省委制定《关于加快建设文化大省的决定》，系统阐述了加快建设文化大省的时代背景和战略意义、指导思想和总体目标、主要任务和保障措施。这就把"八八战略"中关于"加快建设文化大省战略"的内容系统化和具体化了，成为指导未来浙江文化建设的行动蓝图。在谋划和部署加快建设文化大省的同时，习近平提出了与时俱进地弘扬浙江精神的新任务新要求。显然，加快建设文化大省和与时俱进地弘扬浙江精神，是同条共贯的，两者存在着内在的关联，都聚焦于推动浙江新一轮发展这个目标，打造新的"文化支撑力"。

　　一方面，"浙江市场经济的升级日益呼唤打造'文化支撑力'，浙江千年来作为文物之邦的历史要求复活浙江的文化形象，这些要求在文化大省战略中得到了集中体现。这一战略的基本目标是建设与'经济大省'地位相称的'文化大省'"。另一方面，"文化大省战略和'与时俱进的浙江精神'标志着浙江发展观的重要转变。这一转变的特征是实现人从自发到自觉的发展，其核心是使文化软实力服务

---

① 习近平：《干在实处　走在前列》，中共中央党校出版社2006年版，第319页。

于经济社会和人的全面发展的总目标,服务于'以人为本'的和谐社会建设的总目标"①。

## 二 培育和弘扬与时俱进的浙江精神

2006年2月5日,《浙江日报》发表了习近平《与时俱进的浙江精神》一文,在梳理、总结和归纳浙江精神的优秀历史传统以及浙江精神在当代的生动展现的基础上,全面系统地阐述了"求真务实,诚信和谐,开放图强"的精神,提出了浙江精神在新时期新阶段必须与时俱进的新任务新使命:

"求真"就是追求真理、遵循规律、崇尚科学。"求真",就是求理论之"真",按照学在深处、谋在新处、干在实处的要求,学以立德,学以致用,知行合一,大力推进"三个代表"重要思想和科学发展观在浙江的实践,做到"真学、真懂、真信、真用",从而使理论转化为全省干部群众认识和改造世界的强大精神动力。"求真",就是求规律之"真",更自觉地认识规律、遵循规律、运用规律,使各项工作进一步体现时代性,把握规律性,富于创造性;就是要牢固树立和全面落实科学发展观,遵循浙江经济社会发展的内在规律,保持浙江发展的个性和特色,既老老实实地按规律办事,又不墨守成规,勇于创新。"求真",就是求科学之"真",在科学精神、思想、方法的指导下,充分尊重群众的首创精神,激发和支持人们在实践中创新、创业、创造的智慧和勇气。

"务实",就是要尊重实际、注重实干、讲求实效。尊重实际,就是要始终坚持从世情、国情、省情和面临的实际以及全省人民的愿望要求出发;就是要清醒地认识到浙江先行遭遇的新挑战和新问题,不囿于以往的经验,不照搬别人的做法,作出符合浙江实际的战略抉择。注重实干,就是要始终坚持以经济建设为中心不动摇,增强用科学发展观统领全局的自觉性和坚定性,聚精会神搞建设,一心一意谋发展,推动经济社会发展转入科学发展的轨道;就是要善于抓住和用

---

① 李景源、张晓明主编:《浙江经验与中国发展(文化卷)》,社会科学文献出版社2007年版,第78页。

好机遇，务实求变，务实求新，务实求进，用宽广的眼光、改革的思路、发展的办法解决前进中的问题。讲求实效，就是要进一步树立效率理念，加强科学管理，提高资源利用效率，发展循环经济和建设节约型社会。

"诚信"，就是重规则、守契约、讲信用、言必信、行必果。就是要把诚信作为现代社会文明之基，不仅要弘扬传统的"诚信"美德，更要大力推进以个人为基础、企业为重点、政府为关键的现代"信用"建设。在全社会牢固树立个人无信不立、企业无信不旺、政府无信不威、国家无信不强的观念，使现代诚信意识深入人心，成为全社会自觉的行为规范。就是要把诚信作为公民安身立命之本，把诚信作为企业兴旺发展之道，把诚信作为政府公正公信之源。

"和谐"，就是民主法治、公平正义、诚信友爱、充满活力、安定有序、人与自然和谐相处。"和谐"，就是要有和美与共的情怀，努力实现人与自然的和谐相处，进一步树立生态意识，自觉地关爱自然，保护自然，构建人与自然和谐相伴的生态文明；就是要努力营造和谐创业的氛围，让一切创造社会财富的源泉充分涌流，为和谐社会奠定坚实的物质基础；就是要妥善处理和化解利益冲突，促进不同利益群体平等友爱、相互协调、良性互动，为促进社会的公平正义提供有效的制度保证；就是要以共同目标为价值追求，和而不同，求同存异，和衷共济，共同构建具有时代特征、中国特色、浙江特点的和谐社会；就是要有和悦自适的情操，不断促进人的自我超越与全面发展，使广大人民群众生活富足，体魄强健，精神愉悦。

"开放"，就是全球意识、世界胸襟，就是海纳百川、兼容并蓄，以我为主，为我所用。"开放"，就是要进一步树立开放理念和兼容胸怀。要在高度的自省中虚心汲取全人类创造的一切文明成果，使人们的思想观念、生活习惯、行为方式和精神素质不断适应开放的世界和全球化竞争的需要。"开放"，就是要进一步增强全球眼光和战略意识。要有跳出浙江发展浙江的大手笔，具备积极参与全球化合作与竞争的勇气和胆略，在更大范围、更广领域、更高层次上参与国内外的经济技术合作和竞争，努力提高对外开放的水平。"开放"，就是要进一步提升作世界公民的文明素质和人文情怀，关心全人类的文明进步和共同发展。

"图强",就是勇于拼搏、奔竞不息,就是奋发进取、走在前列。"图强",就是要始终保持昂扬向上、奋发有为的精神状态,认清目标不动摇,抓住机遇不放松,坚持发展不停步,把浙江的各项事业做好做强,创造出不辜负时代、不辜负人民的一流业绩。"图强",就是要树立忧患"兢慎"的意识,就是要弘扬卧薪尝胆、勇于拼搏的精神,始终保持谦虚谨慎、不骄不躁的作风,切实做到自豪而不自满,昂扬而不张扬,务实而不浮躁。要"兢慎"做工作,"兢慎"干事业,审时度势,逆进顺取,不断前行。"图强",就是要增强勇立潮头的胆略,继续发扬"先人一步""高人一招"的改革创新精神和胆略,化挑战为机遇,转潜力为实力,变困境为佳境。由被动"倒逼"转向主动选择,从"适应性"改革向"预见性"改革转变,加快经济结构调整和增长方式的根本转变,实现"腾笼换鸟""浴火重生"飞向新高。"图强",就是要具有甘于奉献的胸襟,浙江人不仅要有勇立潮头的气概,更应有心忧天下、为全国大局做贡献的宽广胸襟。

习近平从践行与时俱进的马克思主义理论品质、推动浙江"干在实处,走在前列"的发展新实践出发,提出浙江精神的优秀历史传统"不仅与浙江人民的历史生命相伴,而且更与浙江人民的现实生活与未来创造相随。在加快全面建设小康社会的今天,只有让这源头活水畅流于我们的实践中,才能不断滋润我们的生命,进一步开拓我们的未来"[①]。习近平指出,我们不仅要坚持和发展"'自强不息、坚韧不拔、勇于创新、讲求实效'的浙江精神",而且要"与时俱进地培育和弘扬'求真务实,诚信和谐,开放图强'的精神,以此激励全省人民'干在实处,走在前列'"[②]。这就深入地阐明了两个版本的浙江精神之间的内在逻辑联系,明确了不同的侧重点。四句话、十六字的"浙江精神",即"自强不息、坚韧不拔、勇于创新、讲求实效",要"坚持和发展";三句话、十二个字的"浙江精神",即"求真务实,

---

[①] 习近平:《与时俱进的浙江精神》,《浙江日报》2006年2月5日。

[②] 同上。

诚信和谐，开放图强"，则要"与时俱进地培育和弘扬"。

有学者指出，两个版本的浙江精神体现了不同的时代主题。以"自强不息、坚韧不拔、勇于创新、讲求实效"为核心的浙江精神，产生于浙江市场经济的形成时期，"其内涵鲜明地体现出'释放'主题。所谓'释放'，就是要人们从'割资本主义尾巴'的极'左'思潮影响下，从'姓社姓资'的空洞争论中，从传统的'本末'观念熏陶下解放出来，使许多在传统伦理评价中受到压抑和贬斥的但却有利于社会主义市场经济形成的伦理资源得到充分释放"[①]。它们对浙江率先形成自身模式的市场经济，对使浙江尽快"走在全国的前列"产生了巨大的推动力。而"求真务实，诚信和谐，开放图强"的精神，则是浙江精神的升级版本，如果从字面上看，把这个版本与原初版本的浙江精神相比较，可以看到，其特别增加了两个新的要素：一个是"求真"，"即充分认识浙江社会主义市场经济可持续发展的客观规律"；另一个是"诚信和谐"，"它标志着为适应浙江社会主义市场经济走向成熟的要求，浙江人正在市场经济伦理方面实现着从自发到自觉的转变。在这里，以'释放'为主题的思想解放开始转换为以引入'约束'或'规范'为主题的思想解放"[②]。"如果说原初版本的浙江精神旨在概括、表彰或推荐浙江民众中的那种强烈的创业意识，那么升级版本的浙江精神则鲜明体现出缺什么就补什么的'治疗'特性。"[③]

这一看法较为清晰地勾画了两者之间的辩证关系。四句话、十六字的"浙江精神"，即"自强不息、坚韧不拔、勇于创新、讲求实效"，是在长期的历史过程中特别是在当代浙江发展市场经济的实践中逐步形成的，是对浙江人群体身上"已有"精神个性、浙江现象背后精神动因的总结、提炼和概括，是一种特别有利于社会主义市场经济形成的群体意识、观念因素。由于这种群体意识、观念因素的推

---

① 李景源、张晓明主编：《浙江经验与中国发展（文化卷）》，社会科学文献出版社2007年版，第70页。
② 李河：《让文化发展也成为硬道理》，载李景源、张晓明主编《浙江经验与中国发展（文化卷）》，社会科学文献出版社2007年版，第71页。
③ 同上书，第75页。

动，浙江在很短的时间内从一个经济社会发展位居全国中游的省份成长为一个走在全国前列的省份。也是在这个意义上，习近平指出，"在浙江的改革开放和现代化建设中，'自强不息、坚韧不拔、勇于创新、讲求实效'的浙江精神极大地促进了经济快速发展，成为能动的经济创造力；极大地促进了社会全面进步，成为巨大的社会凝聚力；极大地促进了文化大省建设，成为核心的文化竞争力"①。与此同时，随着世界的变化、时代的进步、形势的发展，"自强不息、坚韧不拔、勇于创新、讲求实效"，不仅需要"坚持"，而且需要不断挖掘、与时俱进地丰富其现实的内涵，"使之与社会主义市场经济发展的要求结合得更加紧密，从而不断增强浙江经济社会发展的软实力，不断创造浙江经济社会发展的新优势"②。

而三句话、十二字的"浙江精神"，即"求真务实，诚信和谐，开放图强"，则聚焦于新的历史起点，聚焦于破解先发问题，聚焦于打造推动浙江新一轮发展的新的"文化支撑力"。它是在浙江区域市场经济走向成熟的过程中得以提炼和概括的，着眼于形成浙江人群体开拓未来"应有"的精神个性，适应于由被动"倒逼"转向主动选择、从"适应性"改革向"预见性"改革转变，以实现"腾笼换鸟""浴火重生"飞向新高的要求，从而构成了浙江经济社会发展新阶段所必须或应该具备的精神条件。正是在这一意义上，习近平指出，"求真务实，诚信和谐，开放图强"的精神，"既是浙江人民对昨天的总结与传承，更是对今天的鞭策和对明天的引领"，需要"与时俱进地培育和弘扬"。"用与时俱进的浙江精神作为文化核心价值观，进一步激发浙江人民的智慧、活力和创造精神，进而让浙江的经济更富强、生活更富裕、精神更富足、社会更和谐。"③ 这就阐明了浙江精神"与时俱进"的内涵。

2006年3月，习近平在接受《光明日报》记者采访时，再次阐述了"与时俱进的浙江精神"的时代内涵与实践意义。他指出，浙江要

---

① 习近平：《与时俱进的浙江精神》，《浙江日报》2006年2月5日。
② 习近平：《干在实处　走在前列》，中共中央党校出版社2006年版，第319页。
③ 习近平：《与时俱进的浙江精神》，《浙江日报》2006年2月5日。

进一步培育和弘扬遵循规律、崇尚科学的"求真"精神,求理论之"真",求规律之"真",求科学之"真";进一步培育和弘扬真抓实干、讲求实效的"务实"精神,要清醒认识浙江先发遭遇的新挑战,先行遇到的新问题,做出符合浙江实际的战略抉择;进一步培育和弘扬诚实立身、信誉兴业的"诚信"精神,要把诚信作为现代文明社会之基,不仅要弘扬传统的"诚信"美德,而且要把诚信作为公民安身立命、企业兴旺发展之道、政府公正公信之源,强化公共服务意识,切实转变政府职能,严格依法行政,真心诚意为民服务,努力增加政务透明度,使政府真正成为法治政府、有限政府和服务型政府。[1]

## 第三节 秉持浙江精神勇立潮头

实施"八八战略"以来,历任浙江省委秉持浙江精神不动摇,进一步锤炼了浙江人民厚德崇文、创业创新的精神特质,砥砺了浙江人民干在实处、走在前列、勇立潮头的精神品格,激发了浙江人民的无穷智慧和伟大创造,有力地推动了浙江又好又快的发展。

### 一 增强创业创新的精神支撑作用

党的十七大适应国内外形势的新变化,顺应全国各族人民过上更好生活的新期待,把握经济社会发展趋势和规律,坚持中国特色社会主义经济建设、政治建设、文化建设、社会建设的基本目标和基本政策构成的基本纲领,在十六大确立的全面建设小康社会目标的基础上对我国发展提出了更高新的要求。全面建设小康社会、实现中华民族伟大复兴必然伴随着中华文化的繁荣兴盛。党的十七大把文化提升到民族凝聚力和创造力重要源泉、综合国力竞争重要因素的高度来认识,对兴起文化建设新高潮、推动文化大发展大繁荣做出全面部署,为社会主义文化建设指明了方向。

也正是在这个时候,浙江省进入了深入推进工业化、信息化、城

---

[1] 参见谢地坤主编《中国梦与浙江实践(文化卷)》,社会科学文献出版社2015年版,第28页。

市化、市场化、国际化的关键时期，既面临前所未有的机遇，也面临前所未有的挑战。改革开放以来，浙江省取得了巨大成就，但也面临不少困难和问题，特别是自主创新能力还不强，体制机制的先发性优势在减弱，经济增长的资源环境代价过大；国际竞争日趋激烈，发达国家在经济科技上占优势的压力长期存在；城乡和区域、经济社会发展仍然不平衡，事关群众切身利益的问题还不少，统筹兼顾各方利益、全面改善民生任务艰巨；文化发展还满足不了人民群众日趋增长的精神文化需求；民主法制建设还有待进一步加强；党的执政能力建设与新形势新任务还不完全适应。正是在这一背景下，浙江省第十二届党代会将"创业富民、创新强省"作为破解新发展阶段中存在问题的重大举措。浙江省第十二届党代会二次会议通过《中共浙江省委关于认真贯彻党的十七大精神扎实推进创业富民创新强省的决定》，进一步把创业创新作为富民之本、强省之源。省委认为，创业富民、创新强省是改革开放以来浙江发展经验的深刻总结，是"八八战略"的深化，是落实科学发展观、全面建设小康社会、推动浙江今后一个时期发展的重大决策。创业富民、创新强省，就是要按照科学发展观的要求，在新时期新阶段，全面推进个人、企业和其他各类组织的创业再创业，全面推进理论创新、制度创新、科技创新、文化创新、社会管理创新、党建工作创新和其他各方面的创新，形成全民创业和全面创新的生动局面，使全省人民收入水平持续提高，家庭财产普遍增加，生活品质明显改善，走共同富裕道路；使全省综合实力、国际竞争力、可持续发展能力不断增强，加快建设富强民主文明和谐的新浙江。省委要求全省各级党委政府统一认识，保持清醒头脑，增强忧患意识，进一步增强紧迫感、责任感，充分激发全省人民创业创新的热情，不断增添各方面创业创新的活力，以创业创新破解发展难题，增强发展后劲，在新的起点上实现更大新的发展，不断深化中国特色社会主义在浙江的实践。

创业富民、创新强省，必须强化精神文化因素的支撑作用，大力弘扬以创业创新为核心的浙江精神。熊比特曾经将现代经济的发展归因于一大批人的创业创新行为。而人们的创业、创新行为需要以一定的动机、热情和意志为精神动力。熊彼特认为，企业家是典型的反享乐主义者，具有从事"创新性的破坏"工作的动机，固然是以挖掘潜在利润为直接目的，但不一定出自个人发财致富的欲望。企业家与只想赚钱的普通商人或投机者不同，个人致富充其量仅是他的部分目的，利润和金钱是次要的考虑，其最突出的动机来自"个人实现"的心理，即"企业家精神"，他有一种梦想和意志，要去找到一个私人王国。企业家有创造的欢乐，把事情做成的欢乐，或者只是施展个人能力和智谋的欢乐，为改革而改革，以冒险为乐事，有征服的意志、战斗的冲动，有证明自己比别人优越的冲动，他求得成功不仅是为了成功的果实，而是为了成功本身，成功的果实仅仅作为成功的指标和胜利的象征才受到重视。在 P. 科斯洛夫斯基等学者所归纳的有利于市场经济发展的观念因素中，包括追求成就的动机、创业的动机、热情和意志、敢试敢闯敢冒的精神等。这些观念因素的实质就是"创业创新"。

　　回溯改革开放以来的历史，在浙江人创造的浙江现象背后是浙江人的创业创新，而"自强不息、讲求实效、坚韧不拔、勇于创新"的浙江精神以及"求真务实、诚信和谐、开放图强"的浙江精神所鲜明体现的，也是"创业创新"。

　　改革开放以来的历史证明，"创业创新"对浙江经济社会发展产生了精神动力的作用。计划经济的边缘区域以及人多地少、资源缺乏等自然禀赋，使浙江人尤其是人地矛盾更加突出的浙南人，面临着较大的生存压力，最本真的求生欲望迫使他们必须离开土地，使他们必须"想"出解决问题的办法，使他们具有较强烈的自主谋生意愿和创业创新精神，这些构成了浙江制度变迁和经济社会发展的"历史传统"和"精神资源"。改革开放以来，浙江省"一村一品""一方一业"的形成，个体私营经济的迅猛发展，股份合作制企业制度的创新，各类专业市场的培育，自筹资金建设城镇（"全国农民第一城"龙港镇是典型代表）的路子，农业规模经营的实践，旧城改造资金自我平衡，通过股份制创办大学（如温州大学）的探索，"自行贷款、自行建设、自行收费、自行还贷"的"四自"办交通的路子，以及在水利建设领域推行"五自"政策（比前述"四自"多一个"自行管理"）等等，是浙江人运用创业创新精神这种"历史传统"和"精神资源"的结果。浙江经济呈现区域多样化，诸如宁波服装、温州皮鞋、绍兴化纤面料、海宁皮衣、义乌小商品、永康小五金、乐清低压电器、东阳磁性材料、黄岩精细化工、庆元香菇、新昌名茶和制药、安吉竹产品等之类各具特色的区域经济，可以列出很多。尤其值得一提的是，改革开放以来，浙江许多地方形成了"零资源经济"的现象。所谓"零资源经济"，就是区域经济的发展不以本地自然资源为依托，生产原料与销售市场两头在外的经济发展模式。比如，地处平原的嘉善县本地既没有森林，也不产木材，但嘉善却是全国最大的胶合板生产基地，嘉善的胶合板占据了国内市场份额的1/3。余姚不生产塑料的原料，却是中国南方最大的塑料原料集散地。目前，浙江没有自然资源依托的"零资源经济"特色产业群有300多个。① 这种各具特色的区域经济、"零资源经济"现象的形成，如果离开了计划经济边缘以及人多地少环境下萌生的浙江各地人民群众的创业创新精神，便是不可想象的。

事实上，创业创新的区域精神，不仅仅表现于改革开放以来的经济领域，也广泛地渗透到了浙江区域的其他社会领域。在20世纪80年代，浙江的城市化水平远远低于全国城市化的平均水平。在国家财政投入捉襟见肘的情况下，浙江各地出现了由农民自理口粮进城，自己集资建成镇的潮流。像乐清北白象镇就曾集资1亿元，把全镇翻新。类似的还有瓯海的永中镇、乐清的柳市镇等等。而龙港农民城的兴建更是农民集资兴建一个城镇的典型代表。② 1988年温州市第一批民间商会——温州市三资企业联合商会、食品工商企业同业工会、百货同业商会成立。由此起步，温州民间商会已经走过了十多年的发展历程，现在已经蔚然成林。温州民间商会乃是新崛起的地方治理主体，是温州民间自主创业和自主创新精神的一种必然的结果。正是民营经济自我保护和发展的需要直接催生了民间商会。民营经济的自我保护需求是内生的、本能的、自发的，其本质是需要形成一个"行业

---

① 盛世豪、郑燕伟：《"浙江现象"——产业集群与区域经济发展》，清华大学出版社2004年版，第59页。

② 温州学者朱康对曾经对龙港城市化个案作了深入的研究，参见朱康对《来自底层的变革——龙港城市化个案研究》，浙江人民出版社2004年版。

代言人",以代表行业的整体利益,协调行业内外的各种社会关系。在温州经济社会的发展过程中,温州民间商会发挥了独特的作用。主要有:组织和服务功能,办成了许多单个企业想办而又难以办成的事;协调功能,"开展行业自律,规范同业竞争,协调内外关系,解决矛盾纠纷",承接了一些政府做不到、做不好或不便去做的事;在中国已经加入世界贸易组织后,在各种反倾销、反技术壁垒、反补贴的贸易战已经陆续打响的背景下,发挥解决贸易争端、参与和促进国际合作、开辟获取国外知识技术和资金的新渠道、以民间渠道和方式对国际经济决策施加影响、参与各种非官方的国际经济活动和事务等功能。改革开放以来,浙江的许多基层民主政治新举措,如台州的基层民主恳谈活动、金华的政务公开、余杭干部报酬民主评议、镇海村务决策听证制、奉化重大事务公决制、武义村务监委会、枫桥多方参与共同维护社区和谐秩序、嘉兴预算外资金"四统一管理"、杭州市长公开电话、天台效能网等等,既是地方政府发挥促进性、辅助性、倡导性、主持性作用的结果,也是"民间诱致"所使然,同时,也是民间创业创新精神的鲜明呈现。

2007年浙江省人均GDP已经达到近5000美元,这意味着浙江进入了新的发展阶段。国际经验表明,当一个国家和地区人均GDP达到5000美元之后,经济发展将会出现两种趋势,面临"发展之坎",既可能继续保持稳定上升甚至加速增长的趋势,迅速步入高收入国家和地区行列,也可能徘徊不前甚至陷于衰退。人均GDP达到5000美元之后,主要发达国家注重发挥科技对经济增长的促进作用,经济发展表现出较强的自主创新性。在跨越"发展之坎"的新历史起点上,在深入实施"八八战略"的进程中,更需要作为文化核心价值观的浙江精神的引领和激励,支撑浙江人民在"创业富民、创新强省"的实践中奋发图强,励精图治,与时俱进。正因如此,省委十二届党代会二次会议强调,"浙江精神是民族精神和时代精神在浙江的生动体现,是浙江人民在创业创新伟大实践中创造的宝贵精神财富";要"坚持用以创业创新为核心的浙江精神凝聚力量、激发活力、鼓舞斗志,进一步发扬浙江人民特别能吃苦、特别能创业的优秀品行,弘扬浙江人民善于创业、勇于创新的精神品格和文化传承,形成鼓励创业创新、宽容失败挫折的社会氛围,在创业创新中不断实现新的发展"①。2008 年 6 月省委工作会议通过《浙江省推动文化大发展大繁荣纲要(2008—2012)》,着眼于不断增强全省的文化综合实力和竞争力,为全面建设惠及全省人民的小康社会提供强有力的文化支撑,进一步提出,要"加强优秀传统文化教育,注重浙江传统文化的挖掘和保护,弘扬浙江精神,体现传统文化的区域性特色和时代性";要"坚持用以创业创新为核心的浙江精神凝聚力量、激发活力、鼓舞斗志,大力弘扬浙江人民善于创业、勇于创新的精神品格和文化传统,努力在全社会形成鼓励创业创新、宽容失败挫折的社会氛围。深化对浙江精神的研究,适应时代发展要求,与时俱进地丰富和发展浙江精神"。这就表明,推动创业创新,需要强化各个创业创新主体的有效凝聚和联结,形成一股合力,不仅需要诉诸"利益共同性",而且更需要依归于创业创新主体内部成员对产业、项目发展目标、任务的意义共识、情感共鸣、价值认同等"意义共同性",更需要一种通过合作实现"做事"目标的"促进性互依"(promotively interdependent)、一种"事本主义"的文化凝聚力。"人们认为,个体间的促进性互依因为促成了需求的满足,所以它在个体之间创造出了吸引力。""人际吸引是群体归属产生的心理动力,人际吸引的出现源于为了实现促进性互依目标而进行合作所带来的彼此需求的满足。"② 因此,在新的条件下,推动"创业富民、创新强省",更需要重视对新文化凝聚力的培育,更需要发挥浙江精神、民族精神、时代精神的引领、渗透、感召、辐射和凝聚作用,更需要重视维系创业创新主体之间的共同精神纽带的构建,得到"我们感",形成"心心相印""同心同德""齐心协力"的心理共同体。

古今中外的历史表明,创业创新动机、热情和意愿的强弱取决于包括文化因素在内的多种因素。创业创新动机、热情和意志是在一定的精神文化氛围中得以孕育和强化的。在一个鼓励创业创新、倡导竞

---

① 《中共浙江省委关于认真贯彻党的十七大精神扎实推进创业富民创新强省的决定》,《浙江日报》2007 年 11 月 12 日。
② [澳]迈克尔·A. 豪格、[英]多米尼克·阿布拉姆斯:《社会认同过程》,高明华译,中国人民大学出版社 2011 年版,第 121 页。

争、容忍失败，以成就、公平正义为取向的文化氛围中，人们自然而然具有较强的创业创新动机、热情和意志，而在一个贪图安逸、惧怕风险、不求进取、耻笑失败的文化氛围中，人们的创业创新动机、热情和意志必然会减弱。马克斯·韦伯的研究表明，正是那种视履行职业责任为神圣"天职"、寓拯救于创业之中的新教伦理，激发了无数人的创业动机、热情和意志。艾勒塔斯、勃格、派伊等关于东亚工业化的研究也表明，对财富、荣誉、健康拥有强烈的动机，光宗耀祖的愿望，一种对家庭几乎没有保留的许诺（为了家庭，个人必须努力工作和储蓄）以及一种纪律和节俭的规范，这些儒家文化的重要因素，足以衍化为强烈的成就欲望和创业动机并发展出一种生猛的经济行为。"中国的这一重要的文化价值观用戴维·麦克莱兰的话说，就是'取得成就的需要'。麦克莱兰证明，凡是有成功发展的国家，按儿童读物中教导的行为动机来衡量，在'取得成就需要'这一点上也都是得分高。不论用什么办法衡量中国人'取得成就需要'，都能证实一般人对中国文化的一个印象，即中国人争取有所成就的劲头是高的。中国儿童所受到的教导都强调要有成就，否则就愧对父母。""在中国，成就会在家庭内部受到奖赏，儒家文化所规定的儿子对父亲的义务以及兄弟间彼此的义务是终身的责任。"① 显然，作为推动"创业富民、创新强省"精神动力的动机、热情和意志，也必须通过培育良好的文化环境得以激发、培育和强化。推动"创业富民、创新强省"，需要用以创业创新为核心的浙江精神凝聚力量、激发活力、鼓舞斗志，大力弘扬浙江人民善于创业、勇于创新的精神品格和文化传统；需要引导创业创新主体在成功面前志存高远，不安现状，始终怀抱强烈的忧患意识和时不我待的紧迫感、危机感，消除"小富即安"意识，富而思进，永不懈怠，树立生命不息、创业创新不止的责任感、使命感；需要引导人们在永无止境的创业历程中不断超越自我，将单纯追求物质财富的创业创新意识，升华为创业创新成就事

---

① ［美］卢西恩·派伊：《"亚洲价值观"：从狄纳莫到多米诺？》，载［美］塞缪尔·亨廷顿、劳伦斯·哈里森主编《文化的重要作用——价值观如何影响人类进步》，程克雄译，新华出版社2002年版。

业、报效社会的精神,将拓展事业当作自己的精神追求,将创业历程本身当作生命价值的最高体现,不断以更高的目标激励自我;不断提升创业创新文化的品位,营造出一种以创业创新为荣、不思进取为耻,鼓励创业创新、宽容失败挫折的良好社会氛围,努力在全社会形成人人争当创业创新先锋的局面。

**二 强化建设两富现代化浙江的精神基础**

省第十二次党代会以来,省委带领全省干部群众全面实施"八八战略",推进"创业富民、创新强省",以"全面小康六大行动计划"为抓手,扎实推进经济建设、政治建设、文化建设、社会建设以及生态文明建设和党的建设,胜利完成了省第十二次党代会确定的各项任务,基本实现了全面建设惠及全省人民小康社会的目标。五年来,全省生产总值年均增长10.9%,2011年达到32000亿元,财政总收入和地方财政收入分别达到5925亿元和3151亿元,人均生产总值超过9000美元。在这一背景下,2012年召开的省第十三次党代会提出了建设物质富裕精神富有现代化浙江的历史使命。实现全省人民物质富裕精神富有,涵盖经济、政治、文化、社会建设以及生态文明建设各领域,贯穿生产、分配、交换、消费和社会活动各环节,体现在人民群众物质文化生活各方面。既要大力推进经济持续平稳较快发展,切实加强生态建设和环境保护,努力创造更加丰裕的物质财富,又要大力推进社会主义文化大发展大繁荣,切实加强民主法治建设和社会建设,努力创造更加丰富的精神财富,从而不断满足人民群众日益增长的物质文化需求。

建设物质富裕精神富有现代化浙江的新历史使命,需要人们的心理、思想、态度和行为方式都经历一个大的转变。改革开放以来,在浙江精神的引领下,浙江一步步从温饱不足到总体小康再到全面小康,形成了令人瞩目的浙江现象,每一个节点都十分关键。现在,浙江又处在发展的重大关口,如何实现人均生产总值从1万美元向2万美元的历史性跨越,顺利进入国际公认的现代化门槛。不失时机地迈向现代化新征程,更加需要精神的激励,以此引导浙江人民在现代化道路上干在实处,走在前列。具体来说,建设物质富裕精神富有现代化浙江，需要形成"竞争性"和"规范性"两种精神文化因素。而从浙江的实际状况来看，竞争性精神因素相对充足，而规范性精神因素则相对匮乏。

所谓竞争性精神文化因素，是指人们追求成就的动机、创业创新的动机、热情和意志、敢试敢闯敢冒及进取精神等。这些精神文化因素的核心就是"创业创新"。而从"四千精神"[①] 到"自强不息、坚韧不拔、勇于创新、讲求实效"精神，再到"求真务实、诚信和谐、开放图强"精神中所鲜明体现的也是"创业创新"。改革开放以来的历史证明，正是"创业创新"的动机、热情和意志，对浙江经济社会发展起到了重要的精神动力作用。在新的发展阶段，"创业创新"的动机、热情和意志，仍然是加速推动发展方式转变、推进浙江从全面建设小康社会迈向社会主义现代化的不竭精神动力、源泉。

与此同时，建设物质富裕精神富有现代化浙江，更需要形成规范性精神文化因素。所谓规范就是调节、约束人们行为、关系的准则。不同的经济社会发展阶段，必然要求不同的社会规范，要求形成不同的规范性精神文化因素。在建设物质富裕精神富有现代化浙江的新发展阶段，所需要的约束性或规范性精神文化因素包括：公德意识、诚实守信意识、遵章守纪意识、节制意识、敬业精神、精打细算精神、严谨的工作态度、守时惜时精神等。

建设物质富裕精神富有现代化浙江，既需要强化竞争性精神文化因素，也需要形成规范性精神文化因素。这是因为，人们追求成就的动机、热情、意志和愿望的显著强化，同时也意味着人们利益、自主、自强和竞争等意识的显著强化。但是，在人们追求各自利益和目标的过程中，往往会产生冲突。在这种情况下，规范便成为超越于个人之上的外部约束力量对个体加以限制。因此，规范性精神文化因素，有助于保证群体互动的有序性并产生效率。然而，从实际状况来看，浙江区域规范性精神文化因素相对缺乏。比如，改革开放以来，

---

① 原版的"四千精神"："千言万语，千山万水，千方百计，千辛万苦"；新版的"四千精神"："千方百计提升品牌，千方百计开拓市场，千方百计自主创新，千方百计改善管理"。

一方面，浙江诚信观念逐步强化，经历了从假冒伪劣泛滥到注重品牌、企业形象和声誉的过程。但另一方面，诚信问题仍然相当严重。与违约相关的欺诈和犯罪问题，仍然在全省许多地区不同程度地存在。像全国其他地区一样，浙江省还面临着如何从特殊主义信任观念向普遍主义信任观念转变的问题。如费孝通所说，按照特殊主义逻辑，"一切普遍的标准并不发生作用，一定要问清了，对象是谁，和自己是什么关系后，才能拿出什么标准来"①。特殊主义信任模式无法把信任扩大到陌生人身上，从而不利于在全社会建立普遍的相互信任关系，也不利于把企业做大做强。又如，就总体而言，当代浙江人遵章守纪意识逐步强化，但仍有不少人处事过于灵活。一些人常常希望钻法律规章的空子，喜欢法律规章能约束别人，而自己是例外；对自己有利时遵守，对自己不利时就不遵守。如果人们遵纪守法意识淡薄，那么制度和准则就会成为"好看"的摆设，就会在实施中被软化、扭曲、变形，从而大大地削减其功能和效率。

发达国家、新兴工业化国家的发展历程表明，一个区域人均生产总值达到9000美元左右，是经济发展的一个重要转折点。随着基本生活问题的解决，人们会更加注重生活品质的提升，从而会更加注重物质产品的文化含量，更加重视产品的品质，更加注重产品的质量、精细程度、文化附加值以及审美含量等。与此相适应，全要素生产率的贡献率，即扣除劳动和资本因素之外的"余额"，包括劳动者素质的提高、技术进步、管理提升、组织创新、制度变革等对经济发展的作用，将会越来越明显。正因如此，在这个发展阶段，既会凸显"资源瓶颈""环境瓶颈"，也会显著地突出"文化瓶颈""精神瓶颈"。劳动者的素质，包括敬业、惜时、遵章守纪、诚信等职业规范以及知识、审美水平、能力水平等精神文化因素，对经济社会发展的精神动力和智力支持作用将迅速上升，文化软实力对经济社会发展的影响将比以往时期更加明显，精神文化在综合竞争力提升中的地位和作用将越来越突出。

正因如此，省第十三次党代会在提出建设物质富裕精神富有的现

---

① 费孝通：《乡土中国》，生活·读书·新知三联书店1985年版，第35页。

代化浙江新目标的同时,对弘扬浙江精神、培育和打造当代浙江人的精神家园提出了更高的要求,强调要"深化社会主义核心价值体系建设。大力推进中国特色社会主义理论体系的学习宣传和普及,加强理想信念教育。大力弘扬民族精神、时代精神和以创业创新为核心的浙江精神,积极倡导以'务实、守信、崇学、向善'为内涵的当代浙江人共同价值观。坚持用社会主义荣辱观引领社会风尚,深入实施《浙江省公民道德建设纲要》,广泛持久地开展学雷锋活动,不断深化群众性精神文明创建活动"①。其中,特别值得注意的是,"积极倡导以'务实、守信、崇学、向善'为内涵的当代浙江人共同价值观"这个新的内容、新的提法。

从 2012 年 1—5 月,浙江省经历了 4 个月关于"我们的价值观"的讨论。全省范围内举办各类座谈会、报告会和研讨会 8000 余场,超过 1000 万人参与,价值观表达词的网络筛选投票也超过 1000 万人次。在讨论活动中,各地各部门积极运用教育引导、寓教于乐、春风化雨的方式,构建群众喜闻乐见、方便参与、覆盖广泛的活动平台。从传统的座谈会、讨论会、辩论赛延伸到微博互动、网络投票、手机短信。通过观点交锋、思想碰撞,浙江人切实提高了自身的精神境界和道德素养,对符合时代发展要求的价值观有了更深入的认识,建设共同价值观的自觉性进一步增强。提炼具有时代特点、浙江特色的核心价值观,是这次大讨论活动的重要内容。2012 年 5 月,全省共征集到各界建议稿 5 万多份,核心词 23 万余条次。经过归纳整理、层层遴选,"务实""守信""崇学""向善"等核心词得到社会认同度较高。

在这一背景下,省第十三次党代会首次正式提出,要"积极倡导以'务实、守信、崇学、向善'为内涵的当代浙江人共同价值观"。弘扬当代浙江人的共同价值观和与时俱进地弘扬浙江精神,是同条共贯、一脉相承的。浙江精神和当代浙江人共同价值观,积淀了浙江的历史人文底蕴,彰显了当代浙江人的精神特质,体现了新时期浙江人

---

① 赵洪祝:《坚持科学发展 深化创业创新 为建设物质富裕精神富有的现代化浙江而奋斗——在中国共产党浙江省第十三次代表大会上的报告》,《浙江日报》2012 年 6 月 12 日。

的精神追求和共同价值标准，都是浙江历史传承与时代创新实践的统一。当代浙江人的共同价值观，倡导"以踏实奋进、开拓创新的姿态，以诚实守信、和礼天下的品质，以学以修身、学以济世的精神，以善善从长、乐善不倦的心态"作一个当代浙江人，丰富了全省人民奋力实现物质富裕精神富有现代化浙江新的时代条件下浙江精神的内涵。

更值得一提的是，当代浙江人的共同价值观既蕴含着对竞争性精神文化因素的诉求，更蕴含着对规范性精神文化因素的诉求。从某种意义上说，培育和践行"务实、守信、崇学、向善"当代浙江人共同价值观的目的，就是在保持全省竞争性精神文化因素的同时，大力培育浙江区域较为不足的公德意识、诚实守信意识、遵章守纪意识、节制意识、敬业精神、精打细算精神、严谨的工作态度、守时惜时精神等规范性精神文化因素，全面提升人民群众的道德素质、科学文化素质、审美素质。

省第十三次党代会以来，省内各地各部门将积极倡导当代浙江人的共同价值观与大力弘扬民族精神、时代精神和以创业创新为核心的浙江精神有机地结合在一起，注重知行合一，在企业、社区、农村、机关、学校开展价值观大实践活动，推动形成弘扬民族精神时代精神和浙江精神、践行浙江人共同价值观的热潮；引导广大干部群众努力在平凡岗位上争创先进、争当优秀，提高全社会的道德素养和文明程度，巩固全省人民实现物质富裕精神富有现代化浙江的共同思想道德基础。

### 三 秉持浙江精神走在前列

党的十八大以来，习近平高度重视文化建设，围绕"提高国家文化软实力、坚定文化自信"这一主题提出了许多新理念新思想新要求，丰富和发展了中国特色社会主义文化理论。他不仅将坚持中国特色社会主义文化自信与坚持道路自信、理论自信、制度自信并提，而且进一步强调，文化自信是更基本、更深沉、更持久的力量，是更基础、更广泛、更深厚的自信。文化是一个国家、一个民族的灵魂。文化兴国兴运，文化强民族强。没有高度的文化自信，没有文化的繁荣兴盛，就没有中华民族的伟大复兴。不仅如此，习近平还从坚持中国道路、弘扬中国精神、凝聚中国力量这三个方面，阐述了实现中国梦的现实路径、价值支撑和动力源泉，强调中国梦意味着中国人民和中华民族的价值体现和价值追求。他把中华文化的繁荣兴盛作为中华民族伟大复兴的重要内容，再三强调一个民族的复兴既需要强大的物质力量，也需要强大的精神力量。没有先进文化的引领，没有人民精神世界的丰富，没有民族精神力量的不断增强，一个国家、一个民族不可能屹立于世界民族之林。这就更深入地阐发了精神力量、文化力量的重要性和作用。

从弘扬"浙江精神"到弘扬"中国精神"，其间一脉相承，体现了习近平对传承和弘扬中华优秀文化、发展先进文化的高度自觉和担当意识。在担任浙江省委书记期间，习近平既立足于浙江又站在党和国家全局的高度上思考浙江区域文化、浙江精神，在谋划和布局"用浙江文化熏陶浙江人民、用浙江精神鼓舞人民、用浙江经验引领浙江人民"的同时，已经自觉肩负起了弘扬中华民族精神、发展先进文化先行探索先行实践的重大责任。他说，"浙江人不仅要有勇立潮头的气概，更应有心忧天下、为全国大局作贡献的宽广胸襟"[1]。作为经济发达的沿海省份，浙江"理应在世界文化交流和竞争中加快建设文化大省，为增强中国特色社会主义文化的吸引力和感召力，增强综合国力和综合竞争力，作出应有的贡献"[2]。正因如此，习近平既从强化推动浙江新一轮发展文化软实力支撑的角度，提出要与时俱进地弘扬浙江精神，又站在传承和弘扬中华民族精神的高度上，把弘扬浙江精神作为弘扬中华优秀文化的重要组成部分，作为弘扬以爱国主义为核心的民族精神、以改革创新为核心的时代精神在浙江的生动体现。因此，他希望通过对浙江区域文化底蕴、"代代相传的文化创造的作为和精神"的深入挖掘，能够成为深入了解中国文化、研究中国文化、发展中国文化、创新中国文化、弘扬中华民族精神的重要途径之一。

党的十八大以来，习近平不仅高度重视弘扬中国精神，而且一以

---

[1] 习近平：《与时俱进的浙江精神》，《浙江日报》2006年2月5日。
[2] 习近平：《干在实处 走在前列》，中共中央党校出版社2006年版，第294页。

贯之地倡导与时俱进地秉持浙江精神。2015年5月习近平在浙江考察时强调，文化是国家和民族的精神支撑，实现中华民族的伟大复兴必然包括实现中华文化的伟大复兴。总书记指出，浙江历史文化丰厚，历史上文化名人群星璀璨。只要传承历史、守正出新，海纳百川、兼收并蓄，就一定能够实现建设文化强省的目标。文化建设要有魂，这个魂就是社会主义核心价值观。培育和践行社会主义核心价值观是具体生动的，有投入、有载体、有活动、有检查、有评价、有奖惩，不能满足一般口号，要发挥党员先锋作用，发挥高知识群体、民营企业家、网络重点人士的作用。要把弘扬浙江精神同培育和践行社会主义核心价值观紧密结合起来，使培育和践行社会主义核心价值观更具感召力。文化的主要功能在于化人、引人入胜、养人心智、育人情操，要让广大群众参与文化、弘扬文化、创造文化、享受文化，要大力发展公共文化服务、文化产业，不断丰富人民群众的精神文化生活。在2016年9月的杭州G20峰会上，习近平总书记对浙江提出了"秉持浙江精神，干在实处，走在前列，勇立潮头"的新要求和新任务，寄托了对浙江人民的殷切希望和新的嘱咐。同年10月20日，省委宣传部、省社科院、省社科联在杭州联合召开"与时俱进的浙江精神"理论研讨会，社科理论界20多位专家学者围绕在新的历史起点上，如何更好地秉持与时俱进的浙江精神进行了深入研讨和交流。

党的十八大以来，在"干在实处无止境、走在前列谋新篇"的新历史条件下，省委始终把弘扬浙江精神作为文化建设的重中之重，始终坚持以"八八战略"为总纲，坚持稳中求进工作总基调，秉持浙江精神，干在实处，走在前列，勇立潮头，为坚定不移打好转型升级系列组合拳、深化改革开放、坚定不移保障和改善民生、维护社会和谐稳定、坚定不移落实全面从严治党各项要求汇聚强大的正能量。经过改革开放以来的发展，浙江又跃上了新台阶。2016年浙江GDP达到46485亿元，人均GDP达到12577美元，接近世界银行分类标准中的高收入经济体水平；城乡居民收入分别达到47237元和22866元，分别连续16年和32年居各省（区）第一位，城乡居民收入比缩小为2.07倍，系全国最低。家庭人均年收入4600元以下的贫困现象全面消除。全面小康社会实现程度居各省（区）市第一。

2017年6月省第十四次党代会提出,确保到2020年高水平全面建成小康社会,并在此基础上,高水平推进社会主义现代化建设,"更进一步、更快一步",统筹推进富强浙江、法治浙江、文化浙江、平安浙江、美丽浙江、清廉浙江"六个浙江"建设,推动各项事业发展和党的建设再上新台阶,以"两个高水平"的优异成绩,谱写实现"两个一百年"奋斗目标在浙江的崭新篇章,这就明确了今后五年浙江发展的方向。"两个高水平"和"六个浙江"是"五位一体"总体布局和"四个全面"战略布局在浙江的具体体现,也是浙江按照社会主义现代化建设"三步走"战略部署确定的新的行动目标。高水平全面建成小康社会、高水平推进社会主义现代化建设,需要形成与此相应的精神文化条件。英格尔斯说,"一个国家,只有当它的人民是现代人,它的国民从心理和行为上都转变为现代的人格,它的现代政治、经济和文化管理机构中的工作人员都获得了某种与现代化发展相应的现代性,这样的国家才可以真正称之为现代化的国家。否则,高速稳定的经济发展和有效的管理,都不会得以实现。即使经济已经开始起飞,也不会持续长久"[1]。省第十四次党代会围绕"两个高水平"奋斗目标提出的"六个浙江"具体目标中的"文化浙江"这个目标,既体现了全省推动文化发展继往开来、再创辉煌的担当作为,也体现了全省强化实现"两个高水平"奋斗目标文化软实力支撑、精神动力的追求。正是在这一意义上,省第十四次党代会报告不仅强调要在提升文化软实力上更进一步、更快一步,努力建设文化浙江;而且强调要使"文化自信进一步坚定,中国梦和社会主义核心价值观深入人心,红船精神、浙江精神广泛弘扬,优秀传统文化得到有效保护和传承","公民文明素质和社会文明程度明显提高,文化创造力传播力影响力显著增强"。省第十四次党代会以来,省委率领全省干部群众始终把弘扬红船精神、浙江精神同培育和践行社会主义核心价值观紧密结合起来,体现到努力建设文化浙江的全过程和各个领域,体现到全省精神文化产品创作生产传播的各个方面,使之引

---

[1] [美]阿历克斯·英格尔斯:《人的现代化》,殷陆君编译,四川人民出版社1985年版,第4、8页。

领浙江文化改革发展，贯穿于全省社会生活的方方面面，贯穿于改革开放和现代化建设各个领域，使之像空气一样无所不在、无时不有，内化为人们的精神追求，外化为人们的自觉行动，成为人们日常工作生活的基本遵循。

## 第四节 培育和弘扬浙江精神的经验与启示

改革开放以来，历届省委和省政府高度重视文化的力量、精神的力量。实施"八八战略"以来，在新的历史起点上，省委省政府更加自觉地大力培育和弘扬浙江精神，进一步激发了浙江人民的无穷智慧和伟大创造，发挥了浙江精神对经济社会发展的支撑和引擎作用，增强了浙江发展的文化软实力。浙江培育和弘扬浙江精神的生动实践，为增强中国特色社会主义文化自信，为弘扬中国精神、为弘扬以爱国主义为核心的民族精神和以改革开放为核心的民族精神发挥了先行探索的作用，贡献了丰富的经验和启示。

### 一 实现中华民族伟大复兴必须高度重视精神力量

改革开放以来特别是实施"八八战略"以来，在全面建设小康社会、加快推进社会主义现代化建设的不懈追求中，在推动中国特色社会主义在浙江的生动实践中，历届省委省政府高度重视精神的力量，大力培育和弘扬民族精神和时代精神，把浙江精神作为文化建设的核心和灵魂，始终坚持"两手抓"，把弘扬浙江精神贯穿于城乡精神文明创建、公民思想道德建设等各项思想教育活动之中。在浙江精神的引领下，浙江人民率先进行市场取向改革，培育充满生机与活力的市场主体，抓住了改革机遇，赢得了发展先机，形成了以公有制为主体、多种所有制经济共同发展、相得益彰的格局，极大地解放和发展了生产力。在浙江精神的引领下，浙江坚持经济社会统筹协调发展，通过大力实施城市化战略，跳出"三农"抓"三农"，统筹城乡兴"三农"，逐步消除"二元"结构，城乡居民收入大幅度提高。在改革开放和现代化建设中，浙江精神极大地促进了经济快速发展，成为能动的经济创造力；极大地促进了社会全面进步，成为巨大的社会凝聚力；极大地促进了文化建设，成为核心的文化竞争力。

　　浙江培育和弘扬浙江精神的实践，对坚持中国道路、弘扬中国精神、凝聚中国力量具有重要的启示意义。党的十八大以来，习近平总书记不仅提出了实现中国梦的重要思想，而且从坚持中国道路、弘扬中国精神、凝聚中国力量这三个方面，阐述了实现中国梦的现实路径、价值支撑和动力源泉，强调中国梦意味着中国人民和中华民族的价值体现和价值追求。他把高度的文化自信、强大的精神力量作为中华民族伟大复兴的重要内容，再三强调，每个时代都有每个时代的精神，一个民族的复兴既需要强大的物质力量，也需要强大的精神力量。伟大的事业需要伟大的精神，伟大的精神托举伟大的梦想。当高楼大厦在我国大地上遍地林立时，中华民族精神的大厦也应该巍然耸立。没有人民精神世界的丰富，没有民族精神力量的不断增强，一个国家、一个民族不可能屹立于世界民族之林。这就更深入地阐发了精神力量、文化力量的重要性和作用。

　　推进共同事业、实现共同利益，离不开共同体力量的凝聚。任何一种共同体都需要赖以维系、凝聚的共同精神纽带，即作为共同体生命得以延续发展基础的精神血脉、文化凝聚力和向心力。共同体不仅是"个人必然从属于结构化的和有组织的团体或单位"，更是"可以在其中获得相对同质的价值体系"①，"共同体是由赞同建立的"②：一方面是共同体精神对个体的统摄、范导、吸引和关怀；另一方面是个体对共同体精神的自觉皈依、奉行和遵守。豪格和阿布拉姆斯指出，"一个对群体行为有着可靠影响的因素是群体凝聚力。通常来说，群体凝聚力会提升群体生产力和群体的表现，促进对群体规范的遵从，改善成员的精神状态和工作满意度，促进群内沟通，降低群内敌意，并引导敌意指向外群，提升安全感和自我价值感"③。丹尼尔·贝尔

---

　　① ［匈］阿格妮斯·赫勒：《日常生活》，衣俊卿译，重庆出版社1990年版，第38页。
　　② 参见［美］奥斯特罗姆等《制度分析与发展的反思——问题与抉择》，王诚等译，商务印书馆1992年版，第287—288页。
　　③ ［澳］迈克尔·A. 豪格、［英］多米尼克·阿布拉姆斯：《社会认同过程》，高明华译，中国人民大学出版社2011年版，第117—118页。

也认为,"每个社会都设法建立一个意义系统,人们通过它们来显示自己与世界的联系。这些意义规定了一套目的,它们或像神话和仪式那样,解释了共同经验的特点,或通过人的魔法和技术力量来改造自然。这些意义体现在宗教、文化和工作中。在这些领域里丧失意义就造成一种茫然困惑的局面。这种局面令人无法忍受,因而也就迫使人们尽快地去追求新的意义,以免剩下的一切都变成一种虚无主义或空虚感"①。在人类历史上,组成共同体的观念要比逃离共同体的观念强大得多,也持久得多。马克思深刻地指出,"只有在社会中,人的自然存在对他来说才是他的人的存在"②。"人即使不像亚里士多德所说的那样,天生是政治动物,无论如何也是社会动物。"③

实现中国梦,必须凝聚中国力量,这就需要强化中华民族共同体赖以凝聚、团结的精神纽带。第一,强化中华民族共同体赖以凝聚、团结的精神纽带,必须把中国梦作为时代主题、高昂旋律、精神引领。习近平强调,实现中华民族伟大复兴,就是中华民族近代以来最伟大的梦想。中国梦归根到底是人民的梦,它凝聚了几代中国人的夙愿,体现了中华民族和中国人民的整体利益,是每一个中华儿女的共同期盼,是全党全国各族人民的共同理想,是当代中国发展进步的鲜明主题。这就表明,"实现中国梦"这一"共享意义系统""共同愿景"本身就是凝聚、团结中国人民的共同精神纽带。

第二,强化中华民族共同体赖以凝聚、团结的精神纽带,必须弘扬以爱国主义为核心的民族精神、以改革开放为核心的时代精神为主要内容的中国精神。习近平指出,中国精神是凝心聚力的兴国之魂、强国之魂。"爱国主义始终是把中华民族坚强团结在一起的精神力量,改革创新始终是鞭策我们在改革开放中与时俱进的精神力量。全国各族人民一定要弘扬伟大的民族精神和时代精神,不断增强团结一心的精神纽带、自强不息的精神动力,永远朝气蓬勃迈向未来。"④ 这就

---

① [美]丹尼尔·贝尔:《资本主义文化矛盾》,严蓓雯译,生活·读书·新知三联书店1989年版,第197页。
② 《马克思恩格斯全集》第二十三卷,人民出版社1979年版,第122页。
③ 同上书,第363页。
④ 习近平:《在第十二届全国人民代表大会第一次会议上的讲话》,2013年3月17日。

表明，民族精神是民族共同体赖以发展的精神支撑，是凝聚和激励民族共同体历久弥坚的强大精神支柱；时代精神是一个社会在最新的创造性实践中激发出来的，反映社会进步的发展方向、引领时代进步潮流、为社会成员普遍认同和接受的思想观念、价值取向、道德规范和行为方式，是一个社会最新的精神气质、精神风貌和社会时尚的综合体现。大力弘扬以爱国主义为核心的民族精神、以改革创新为核心的时代精神为主要内容的中国精神，是实现中华民族伟大复兴的不竭动力和必由之路。

## 二 坚定文化自信是弘扬浙江精神和中国精神的重要前提

从弘扬"浙江精神"到弘扬"中国精神"，其间一以贯之的是习近平对深深熔铸在民族生命力、创造力和凝聚力之中的精神力量的高度重视，对中华文化的高度自信。在担任浙江省委书记期间，习近平指出，文化为群体生活提供规范、方式和环境，文化通过传承为社会进步发挥基础作用。"文化的力量最终可以转化为物质的力量，文化软实力最终可以转化为经济的硬实力。文化要素是综合竞争力的核心要素，文化资源是经济社会发展的重要资源，文化素质是领导者的首要素质。"[①] 他对作为中华文化重要组成部分的浙江区域文化、中华民族精神重要组成部分的浙江精神充满自信，强调浙江精神"是浙江人民在千百年来的奋斗发展中孕育出来的宝贵财富。浙江精神世代传衍，历久弥新，始终激励着浙江人民励精图治，开拓创新，显示出强大的生命力和创造力"。在漫长的历史过程中，从大禹因势利导、敬业治水，到勾践卧薪尝胆、励精图治；从钱氏保境安民、纳土归宋，到胡则为官一任、造福一方；从岳飞、于谦精忠报国、清白一生，到方孝孺、张苍水刚正不阿、以身殉国；从沈括博学多识、精研深究，到竺可桢科学救国、求是一生；无论是陈亮、叶适经世致用，还是黄宗羲工商皆本；无论是王充、王阳明批判、自觉，还是龚自珍、蔡元培开明、开放；无论是百年老店胡庆余堂戒欺、诚信，还是宁波、湖州商人勤勉、善举等等；都给浙江精神奠定了深厚的文化底蕴。浙江

---

① 习近平：《"浙江文化研究工程成果文库"总序》，2006年5月30日。

精神不仅与浙江人民的历史生命相伴,而且更与浙江人民的现实生活与未来创造相随。在新的历史起点上,大力培育和弘扬与时俱进的浙江精神,进一步激发浙江人民的无穷智慧和伟大创造,必将有力"推动浙江实现又快又好发展,开辟更加和谐美好的未来"①。

党的十八大以来,习近平更是从建设中国特色社会主义事业的高度,强调文化是国家和民族的精神支撑,中华民族有着强大的文化创造力,每到重大历史关头,文化都能感国运之变化、立时代之潮头、发时代之先声,为亿万人民、为伟大祖国鼓与呼;中华文化既坚守本根又不断与时俱进,使中华民族保持了坚定的民族自信和强大的修复能力,培育了共同的情感和价值、共同的理想和精神。习近平强调,必须积极深入中华民族历久弥新的精神世界,充分继承和弘扬长期以来我们民族形成的积极向上向善的思想文化;文化自信是更基本、更深沉、更持久的力量,只有坚守源于中华优秀传统文化、革命文化和社会主义先进文化的文化自信,不忘本来、吸收外来、面向未来,才能更加理性、更加自觉、更加从容和更加有定力地坚持道路自信、理论自信和制度自信,更好地构筑中国精神、中国价值、中国力量,为实现中华民族伟大复兴的中国梦提供强大的精神力量。

### 三 继承与创新是弘扬浙江精神和中国精神的重要原则

从弘扬"浙江精神"到弘扬"中国精神",其间一脉相承,体现了习近平坚持继承与创新相统一,坚持继承优秀传统文化又弘扬时代精神的马克思主义辩证法。他亲自部署的浙江文化研究工程把重点研究对象聚焦于"今、古、人、文",就体现了继承弘扬与创新发展的辩证法。在担任浙江省委书记期间,习近平一方面强调要传承源远流长的浙江精神、世代相传的文化基因,不断挖掘其历史积淀;另一方面又从浙江发展的新特点出发,强调必须进一步弘扬和发展浙江精神,不断丰富其现实内涵,实现浙江精神的与时俱进。实施"八八战略"以来,历任省委将弘扬当代浙江人的共同价值观、培育和践行社会主义核心价值观、弘扬红船精神与弘扬浙江精神有机地结合在一

---

① 习近平:《与时俱进的浙江精神》,《浙江日报》2006年2月5日。

起,坚持将继承与创新的原则一贯到底,不断地激发了浙江人民的无穷智慧和伟大创造。

浙江的实践表明,继承与创新是弘扬浙江精神和中国精神必须坚持的重要原则。浙江精神"不仅与浙江人民的历史生命相伴,而且更与浙江人民的现实生活与未来创造相随"①,是浙江区域世代相传的传统精神与当代精神的有机结合,而中国精神则是由民族精神和时代精神组成的。因此,浙江精神和中国精神本身就体现了继承和创新的统一,继承和与时俱进的创新是浙江精神和中国精神的内在要求。

党的十八大以来,习近平总书记从坚守文化自信、从坚持中国道路、弘扬中国精神、凝聚中国力量的高度,强调中华文明延续着国家和民族的精神血脉,既需要薪火相传、代代守护,也需要与时俱进、推陈出新,使中华民族最基本的文化基因与当代文化相适应、与现代社会相协调,使以爱国主义为核心的民族精神与改革开放为核心的时代精神相协调、与社会主义相统一,推动中华文明创造性转化、创新性发展,激活其生命力,让中华文明同各国人民创造的多彩文明一道,为人类提供正确的精神指引,为实现中国梦凝聚强大的精神力量。这就进一步明确了继承与创新是弘扬中国精神必须坚持的重要原则。

一方面,任何时代的创新都离不开继承,希尔斯说,"一些信仰和行为模式与过去的信仰和行为模式大相径庭,而另一些则与过去的模式较为相似,这两种信仰和行为模式同时并存。但是,这种并存不仅仅是互不相涉的同时并存;相互依存才是它们的典型特征。更进一步地说,新事物的形式与实质在很大程度上取决于一度存在的事物,并且以这些事物为出发点和方向"②。中华民族在长期的历史发展中逐渐形成的精神传统,已经牢固植根于民族的性格中、积淀于民族每一个成员的血脉里、体现于民族的文化样式中。因此,弘扬中国精神面临的一个无法回避的问题,就是如何传承民族精神传统。习近平说,"中国优秀传统文化的丰富哲学思想、人文精神、教化思想、道

---

① 习近平:《与时俱进的浙江精神》,《浙江日报》2006年2月5日。
② [美]希尔斯:《论传统》,傅铿、吕乐译,上海人民出版社1991年版,第46页。

德理念等，也蕴藏着解决当代人类面临的难题的重要启示，可以为人们认识和改造世界提供有益启迪，可以为治国理政提供有益启示，也可以为道德建设提供有益启发。对传统文化中适合于调理社会关系和鼓励人们向上向善的内容，我们要结合时代条件加以继承和发扬，赋予其新的涵义"①。这就表明，创新不是离开传统另搞一套，而是对原有事物合理部分的发扬光大。继承是创新的前提，创新是继承的目的。中华民族精神是中华文化的精髓，蕴含着丰富的思想道德资源。不忘本来才能开辟未来，善于继承才能更好创新。

另一方面，如希尔斯所说，传统是不可或缺的，但它们很少又是完美的。"传统的存在本身就决定了人们要改变它们。继承一项传统并依赖于它的人，同时也被迫去修正它，因为对他来说，传统还不够理想，即使他还从来没有实现传统使他得以完成的东西。我们可以说，由于对某些已接受了传统的人来说，传统并不是十全十美的，从而它们发生了变化。当一项传统处于一种新的境况时，人们便可以感受到原先隐藏着的新的可能性。"② 传统文化、传统精神在其形成和发展过程中，不可避免会受到当时人们的认识水平、时代条件、社会制度的局限性的制约和影响，因而也不可避免地会存在陈旧过时或已成为糟粕性的东西。"我们当然提倡民族音乐。作为中国人，不提倡中国民族音乐是不行的。但是军乐队总不能把那种胸前背后写着'勇'字的褂子穿起。民族化也不能那样化。"③ 这就意味着在弘扬中国精神的过程中，必须结合新的实践和时代要求，坚持有鉴别地对待、有扬弃地继承，而不能搞厚古薄今、以古非今，努力实现中华传统精神的创造性转化、创新性发展，使之与时代精神相融相通，共同服务于以文化化人的时代任务。

---

① 中共中央文献研究室编：《习近平关于社会主义文化建设论述摘编》，中央文献出版社 2017 年版，第 143 页。
② [美] 希尔斯：《论传统》，傅铿、吕乐译，上海人民出版社 1991 年版，第 285 页。
③ 《毛泽东文集》第七卷，人民出版社 1999 年版，第 77 页。

# 第三章  推动文化体制机制改革创新

　　计划经济体制下，文化发展模式的突出特征是：政府部门既"管文化"也"办文化"，文化产品和服务全部或几乎全部以政府大包大揽的"文化事业"方式提供，文化服务的职能主要由文化事业单位来实现，不区分公益性文化事业和经营性文化产业，文化领域基本上由各级政府财政支持。文化企事业单位的负责人由党政机关任命，工作人员由上级机关配派；文化企事业单位的出版、演出等计划，要向上级呈报、获得批准才可以实施；影片的放映发行以及节目公演都要经上级审查批准。改革开放以来，像全国其他地区一样，浙江经历了从计划经济体制向市场经济体制的转换。市场化取向的改革，必然对计划体制下文化产品和服务全部或几乎全部"以公共方式"提供的"大包大揽"模式产生冲击。加快建设文化大省、文化强省和文化浙江，顺理成章地要求推动文化体制改革，打破束缚文化发展活力的体制性障碍，释放文化发展活力。在20、21世纪之交，浙江省先于全国把"公益性文化事业"和"文化产业"从"大包大揽"的传统"文化事业"发展模式中剥离出来，实行分类发展、分类指导原则。实施"八八战略"以来，省委省政府自觉地肩负起了先行先试的责任，以推进文化体制改革综合试点工作为契机，在全省新闻出版、广播影视、文化演艺等领域，逐步扩大改革范围，增加改革试点，拓展改革内容，由点到面、分期分批推进文化体制改革创新，取得了显著的成效。浙江的文化体制改革贯穿于从加快建设文化大省、文化强省到努力建设文化浙江的全过程。浙江省改革实践的成功，不仅使文化体制机制不断优化、效率不断提升，成为推动浙江文化繁荣发展的重要保障和引擎,而且也为全国文化体制改革提供了可供借鉴和推广的经验。

## 第一节 文化体制改革从试点到全面铺开的历程

2003年,习近平把进一步发挥浙江人文优势,加快建设文化大省作为实施"八八战略"的重要内容,提出了加快建设文化大省的顶层设计。也是在这一年的6月,浙江和广东一起被中央确定为全国文化体制改革综合试点省。十多年来,省委省政府坚持把文化体制改革一张蓝图绘到底,文化体制改革经历了从试点到全面铺开的阶段,贯穿于从加快建设文化大省、文化强省到努力建设文化浙江的全过程。

### 一 市场经济先发省份文化发展模式的自发重构

2003年6月,中央将浙江省确定为全国文化体制改革综合试点省,具有内在的必然性。改革开放以来,像全国其他地区一样,浙江区域迈入了从计划到市场经济体制转换的新历史时期,并成为市场经济的先发省份。精神生产方式总是受物质生产方式所制约,马克思指出,"要研究精神生产和物质生产之间的关系,首先必须把这种物质生产本身不是当作一般范畴来考察,而是从一定历史形式来看考察。例如,与资本主义生产方式相适应的精神生产,就和中世纪生产方式相适应的精神生产不同。如果物质生产本身不从它的特殊的历史形式来看,那就不可能理解与它相适应精神生产特征以及这两种生产的相互作用"[①]。历史已经表明,文化体制并非是一种孤立的社会现象,而是与经济体制、政治体制等紧密联系在一起的。文化体制的变动会对经济体制、政治体制产生重要作用,经济体制、政治体制的变动也会对文化体制产生深刻影响。市场经济的先发优势、民营经济的快速发展、率先全国的政府职能转变、对改革开放以来文化体制改革的先行探索等,使浙江成为特别适合于文化体制

---

[①] 《马克思恩格斯全集》第二十六卷,人民出版社1972年版,第296页。

改革综合试点的省份。

(一) 重构文化发展模式的初期探索与实践

"文化事业单位"是中国"事业单位"的重要组成部分或一种重要类型。事业单位管理体制是在计划经济时期逐步建立并发展起来的,具有典型的计划经济体制特征:各类事业机构都为公立机构,资产都属国有;政府决定事业单位的设立、注销以及编制,对事业单位的各种活动进行直接组织和管理;各类事业单位的活动经费都来自政府拨款。1963年,国家第一次明确"事业单位"这一类社会组织的编制类型,这也可以看作由政府公共财政大包大揽的文化事业单位产生的标志。仅仅3年后,"文化大革命"开始,文化事业单位体制基本瘫痪,未能正常开展文化产品的生产和服务。直至1978年改革开放以来,文化事业单位体制才再次恢复运行。[1] 然而,随着改革开放以来经济体制从计划到市场的转变,包括"文化事业"在内的传统大包大揽"事业"体制的弊端逐渐暴露。受物品价格上涨、人员和设备更新等因素影响,原有政府大包大揽的财政支出模式,已经难以满足"文化事业"机构的正常运转。"文化事业"体系内部不区分公益性文化事业和经营性文化产业的"大包大揽"模式,不仅使那些本质上具有经营和产业属性的文化单位长期依赖政府,游离于市场经济之外,而且也分薄了本来就捉襟见肘的公共财政资源,加重了原本具有公益属性文化事业单位的经费不足。这些都表明,虽然几乎与改革开放相同步的中国文化事业体制再次恢复了运行,但随着从计划到市场的转变,宏观经济社会环境已经开始发生根本性的变化。在这一背景下,文化事业体制自然地受到了影响和冲击,从而必然要求其根据宏观经济社会环境的变化而做出相应的调整。

据陈涓在《县级图书馆开展"以文补文"活动反思》一文中的表述,20世纪80年代初是中国图书馆事业发展的黄金时期,经过"文化大革命"十年的文化禁锢,全民的学习兴趣和求知热情空前高涨。然而,"随着经济的发展,特别是1985年以后,图书馆事业由巅

---

[1] 参见张晓明、齐勇锋《中国文化事业单位改革研究》,章建刚、尹昌龙、张晓明主编《中国公共文化服务发展报告 (2007)》,社会科学文献出版社2007年版。

峰状态回落，而且一落再落，陷入了前所未有的困境之中，其地位降低、功能衰退、社会效益也严重下降。经费短缺造成图书馆书刊入藏量连年下降。数据显示，自1986年以来，全国公共图书馆系统年购新持总数比上一年平均逐年递减100万册，平均下降幅度为10%左右；社会导向对图书馆的影响更是不容忽视。社会的客观现状促使'读书无用论'再次抬头，造成了读者锐减，图书馆专业人才严重流失的现象。随着改革、开放、搞活政策的实施，商品经济的大潮席卷中国大地，图书馆要想置身于潮流之外已是不可能了。因此，图书馆界开展了一场'有偿服务'的大讨论，许多同志认为我国图书馆事业之所以陷入困境，其根本原因就在于图书馆的生存主要靠国家的财政拨款，自身缺乏'造血功能'，若实行有偿服务则可以以文补文，有利于扭转图书馆在经费问题上'一等、二靠、三伸手'的被动局面。还有些同志认为图书馆改革的突破应选择在与市场经济接轨这一关键点。于是，为了解决经费不足的困难，县以上公共图书馆利用人员、馆藏、设备等优势，在业务工作中展开了一些有偿服务，如信息提供与交流、人才培训、文献检索、文献复印、视听服务、参考咨询等服务性经营项目，这些作为本身业务延伸而开展的经营活动等统称之为'以文补文'创收。1987年，文化部、财政部、国家工商行政管理局联合颁发了《文化事业单位开展有偿服务和经营活动的暂行办法》，从政策上对图书馆开展经营活动，给予大力支持。于是，在我国许多经济发展较快的地区，图书馆的改革加快了步子，提出'以书为主，多业并举''一馆两业、多业助文'的口号。所谓'两业'是指图书馆既要抓好传统的事业，坚持其社会公益性，同时也要建立企业机构（指三产业创收），以便直接创造经济效益，弥补图书馆经费的不足，促进图书馆事业的发展。因此，图书馆的经济收入由原来业务延伸性质的'以文补文''以文养文'发展到多业并举的'以副养文'大开发，一场轰轰烈烈的创收活动在中国公共图书馆界拉开了序幕"①。上述文字虽然仅仅描述了市场经济大潮对县级图书馆的影响以及县级图书馆做出相应的调整、在市场化压力下被动开展"生产自

---

① 陈涓：《县级图书馆开展"以文补文"活动反思》，《图书馆》2008年第1期。

救"的状况，但可以从中"管中窥豹"，事实上其描述的也是当时几乎所有文化单位、整个传统文化事业体制所面临的问题和困境。

也正是在包括"文化事业"在内的传统大包大揽"事业"体制弊端逐渐暴露这一大背景下，国家开始改变公共财政"大包大揽"的做法，逐步允许文化事业单位从事经营活动，"双轨制"模式初露端倪。1978年，财政部批准《人民日报》等新闻单位实行"事业单位，企业化管理"，1979年4月，又发文重申并在全国新闻媒体系统推广"事业单位，企业化管理"。显然，这是一个具有重大意义的事件。在计划经济体制下，我国新闻媒体仅仅被赋予意识形态属性，纳入事业单位事业管理，所需经费完全由政府财政拨款，报纸基本上由国家提供经费，形成了"公款办报、公款订报"的模式，无须追求经济效益，广播电视则从诞生起就由国家财政支撑其生存。因此，财政部批准像《人民日报》这样具有鲜明意识形态属性的"事业单位"实行"企业化管理"，虽然在当时仍然属于在财政压力下被动的救济性政策，但已经意味着国家相关管理部门首次承认了即使像《人民日报》这样具有鲜明意识形态属性的"新闻媒体"或"党报"，也具有经济属性、产业属性，这就为突破政府大包大揽的"文化事业"财政支出模式打开了一个重要的缺口。

1979年，也就是党的十一届三中全会召开以后的第二年，是中国新闻媒体改革取得重大突破的一年。这一年的元旦，上海电视台播出了中国电视的第一条外国商业广告；1月4日，《天津日报》在全国报业中率先刊登商品广告，紧接着《工人日报》等也开始刊登整版商品广告；3月15日中央电视台播出了第一条外商广告；4月15日广东电视台设立了中国电视史上的第一个广告节目；4月17日《人民日报》开始刊登广告。在中国电视和报纸等媒体纷纷刊登广告的背景下，同年11月，中共中央宣传部颁布了《报刊、广播、电视刊登和播放中国广告的通知》，事实上以文化政策的形式承认、肯定了刊登广告的做法；12月，中央电视台开辟了"商品信息"栏目。1980年1月，中央人民广播电台播出了建台以来第一条商业广告；在北京市街头也出现了商业性的路牌广告。自此以后，全国各地的广告公司如雨后春笋般地出现，1981年年底，全国广告经营单位1160

户，营业额1180万元；到1990年，已分别达到11123户和250173万元，广告业成为中国发展最快的行业之一。

刊登广告似乎仅仅是新闻广播电视等大众传播领域发生的小小变化，但对突破计划经济体制下形成的大包大揽文化事业发展模式却具有革命性的功能。按照斯麦思的看法，在现代市场经济条件下，所谓大众媒介的构成过程，就是媒介公司生产受众，然后把他们卖给广告商的过程。媒介的节目编排用来吸引受众眼球或注意力，就如从前小酒店为了吸引顾客饮酒而提供"免费午餐"一样。这个过程形成了三位一体，从而把媒介、受众和广告商联结在一种有约束力的相互关系中。大众媒介的节目用来建构受众，广告商为取得受众而付钱给媒介公司，受众则被转卖给了广告商。[①] 用经济学的术语来说，受众商品是一种被用于广告商品销售的不耐用的生产原料。受众商品为购买他们的广告商所做的工作，就是学会购买商品，并相应地付出自己的收入。在中国特殊语境中，刊登广告这一做法，意味着新闻广播电视等大众传播媒介开始在公共财政拨款以外有了新的资金支撑和来源。这就改变了过去的这些"事业"机构对公共财政的单一依赖，从而为突破计划经济下形成的大包大揽文化事业发展模式打开了重要的缺口。1988年，新闻出版署、工商总局联合颁发《关于报社、期刊社、出版社开展有偿服务和经营活动的暂行办法》，允许报社、期刊社、出版社依法开展广告业务、有偿咨询服务等与本身业务有关的有偿服务和经营活动。有学者认为，这些事件都标志着，在中国文化事业单位的核心领域，新闻出版传媒机构正式开始从意识形态宣传型向宣传与经营并重、双轨制运行的方向发展。[②]

除了新闻出版传媒机构以外，原先由政府公共财政大包大揽的其他文化事业机构，也在市场取向改革的大背景下逐渐地开始发生变化。20世纪70年代后期，广东等省的一些沿海城市的群众文化事业单位开始以项目经营的方式承包乡镇的文化娱乐设施，从事群众

---

[①] 参见[加拿大]文森特·莫斯可《传播政治经济学》，胡正荣等译，华夏出版社2000年版，第144—145页。

[②] 参见张晓明、齐勇锋《中国文化事业单位改革研究》，章建刚、尹昌龙、张晓明主编《中国公共文化服务发展报告（2007）》，社会科学文献出版社2007年版。

文化的有偿服务活动。1983年，中共中央批转中宣部、文化部等的《关于加强城市、厂矿群文工作的几点意见的通知》，在群众文化事业系统内首次提出"以文补文"政策，允许群众文化活动可适当收费，以补助群众文化事业单位活动经费的不足。[①] 1984年，在《中共中央关于经济体制改革的决定》出台、城市经济体制改革正式启动的宏观背景下，国家进一步在文化事业单位的一些行业尤其是演艺业尝试改革，鼓励开展经营活动。1985年，中共中央办公厅批转文化部《关于艺术表演团体的改革意见》，要求改革全国专业艺术表演团体数量过多、布局不合理的状况，在大中城市，专业艺术表演团体要精简，重复设置的院团要合并或撤销，对市县专业文艺团体设置也提出了调整的要求；在文化单位实行以承包经营责任制为内容的改革，并实行以文补文、多业助文等改革措施，以解决文化单位出现的经济困境。1986年，人事部颁发《关于加强事业单位编制管理的几项规定》，明确指出，中央政府鼓励一些有条件的科研、设计、文艺新闻、出版等事业单位实行企业化管理，做到经济上完全自给。对已实行企业化管理、国家不再拨给各项经费的事业单位，其编制员额可适当放宽。1987年，文化部、财政部、国家工商总局联合颁布《文化事业单位开展有偿服务和经营活动的暂行办法》，允许文化事业单位向工商行政部门申请登记，获得营业执照，合法开展企业化经营活动，鼓励文化事业单位利用自己的知识、艺术、技术和设备等条件，开展有偿服务，取得劳动收入，用于补充事业经费的不足。这就将"以文补文"政策由群众文化事业单位拓展到了所有文化事业单位，也标志着"双轨制"的合法化。在1988年国务院批转文化部《关于加快和深化艺术表演团体体制改革的意见》以及1989年中共中央《关于进一步繁荣文艺的若干意见》中，都提出了实行"双轨制"的具体改革意见，即一轨为国家扶持的少数全民所有制院团，另一轨为多种所有制艺术团体。国家主办的全民所有

---

[①] 参见陈明、胡杏《我国文化事业管理制度改革30年回顾》，章建刚、尹昌龙、张晓明、陈新亮主编《中国公共文化服务发展报告（2009）》，社会科学文献出版社2009年版。

制艺术表演团体要少而精，这些院团应当是代表国家和民族艺术水平的，或带有实验性的，或具有特殊的历史保留价值的，或是少数民族地区的；大多数艺术表演团体实行多种所有制形式，由社会力量主办。显然，这些文件都使改革传统大包大揽文化事业发展模式的目标和措施更加具体化了。

另一方面，改革开放以来，政府公共财政大包大揽"文化事业"发展模式的逐渐突破，也是随着整体事业单位改革的渐进式推进而得以实现的。1978—1987年，全国各地开展了机关后勤社会化试点，恢复职称评审和推进专业技术职务聘任制，适当下放了事业单位组织人事管理权限。1987—1992年，国家进一步扩大了事业单位管理自主权，清理、整顿国家机关所属事业单位，对各类人员实行分类管理。1989年1月，财政部颁发了《关于事业单位财务管理的若干规定》，根据包括文化事业单位在内的事业单位是否有"稳定的经常性业务收入"，把国家预算内事业单位区分为"全额预算管理""差额预算管理"和"自收自支管理"三种类型，将改革开放以来逐步积累的事业单位改革成果从国家预算管理角度确定下来。其中，全额预算管理单位应建立事业发展基金、职工福利基金和职工奖励基金。而差额预算和自收自支管理单位还应建立收购基金，有条件的自收自支管理单位可设立后备基金。并要求各类文化事业单位将本单位的经营结余经费，用于建立相应的基金制度。该规定还指出，对有条件向企业管理过渡的自收自支管理单位，主管部门和财政部门应规定期限，促其实行企业管理；实行企业管理后，执行国家对企业的有关规定。这些做法，事实上意味着对市场经济条件下不同类型事业单位相应地具有公益性、准公益性等不同性质的承认，与过去不加区分地将所有"事业单位"纳入大包大揽公共财政模式的做法，形成了一种鲜明的对照。1992年以后，事业单位改革被列为行政管理体制改革和政府机构改革的重要组成部分，各方面的试点工作取得了一些突破性的进展。

作为一个市场经济的先发省份，浙江不仅先于全国多数省份遇到了在市场经济条件下文化发展方式的重构问题，而且也面临着不少先于全国其他多数省份打破传统大包大揽文化发展模式的特殊机遇。20世纪70年代末80年代初以来，随着市场化、工业化、城市化的迅猛进程以及现代大众传媒的迅速成长，区域先发优势的逐步形成，浙江文化领域开始显现出了其产业性质的一面，人们逐渐地认识到文化产品不仅具有精神的属性而且也具有商品的属性。在这一大背景下，浙江重构文化发展方式已经具备了一些得天独厚的条件。

20世纪80年代初以来，在市场化压力和文化领域"民间诱致"增量改革的触动下，发展文化"三产""以文补文""多业助文"，增强自身造血功能，逐渐成为全省各地"文化事业"单位的一种共识和较为普遍的行为。1996年全省文化系统的补文收入占当年总收入的47.56%。1999年全省广播电视经营收入20亿元，居全国第2位（第1位上海21亿元）；出版系统总资产26.8亿元，居全国第9位，净资产14.5亿元，居全国第6位，销售收入居全国第7位。

"以文补文"活动的广泛开展，在一定程度上增加了文化单位的经济收入和发展文化事业的财力，缓和了"文化事业"发展与国家财力供应不足的矛盾，虽然只有"补助"的性质，却是一个重要的标志，即在市场化大背景下全省各地文化事业单位已经开始突破"等、靠、要"观念的束缚，逐步改变单一依赖政府公共财政投入的传统格局。1988年7月，时任文化部副部长高占祥总结了"以文补文"的经济价值以及对于突破传统政府大包大揽文化发展模式的意义。他认为，以文补文活动取得的成果，主要表现于5个方面：（1）增加了文化事业单位的收入，改善了文化服务条件。据粗略统计，1987年全国文化事业单位开展有偿服务和经营活动的纯收入为1.4亿元，相当于国家拨给文化事业的经费的13.6%。这使文化经费紧张的局面稍有缓解。（2）扩大了文化服务的覆盖面，增强了文化事业自身的活力，促进了文化事业和人民群众生活要求更紧密的结合。（3）对文化服务提出了新的要求，促进了文化服务质量的提高。（4）增强了文化事业单位的经营观念，改善了经营管理。（5）开辟了一条内部人员更替的渠道，有利于文化管理体制的改革。"总之，以文补文活动使文化事业单位丰富了活动内容，增强了内部活动，是一件利国利民利文化事业发展的有益之事。""文化事业单位积极开展以文补文，增加自身的创收能力，缓解了国家对文化事业投资的困难。""它打破国包国办一切文化事业的格局，改善了文化事业经营管理的方式。"①

另一方面，随经济体制从计划到市场的转变，文化领域"民间诱致"增量改革的推进，"以文补文""多业助文"等活动的广泛开展，尤其是文化娱乐市场、书刊发行第二渠道和演员走穴等现象的出现，传统文化体制的弊端逐渐暴露出来，从而使改革大包大揽文化体制的紧迫性和必要性也更加凸显出来。这一点，可以从市场化取向改革背景下文艺团体面临的困境中管中窥豹。据20世纪90年代中期担任浙江省文化厅副厅长的连晓鸣说，"几十年来，我们的文艺团体一直只算政治账，不算经济账，剧团排戏很少有'投入产出'和'成本核算'的意识。国有事业体制使剧团养成干与不干一样。其结果，剧团成了躺在政府'怀抱里'永远长不大的'婴儿'。浙江是戏剧大省，剧种多，剧团多，国办剧团困难重重：一是面对全球化和市场经济的迅猛发展，国有剧团现有体制越来越感到无法适应；二是人才难留，好的人才留不住，待遇、住房均缺乏吸引力，不想要的人辞不掉；三是经费难保，五年前养一人一年有一万即可，现在要两三万元，过去排一出戏三五万元足矣，现在要三五十万元甚至要上百万元，而国家拨款难以跟上费用支出的需要；四是精品难出，缺乏活力，缺乏人才，缺乏经费，缺乏标准，要评国家级奖，要花很多精力、财力，而结果却难以在市场上收回最低'成本'"②。

根据结构与功能关系理论，一方面，结构决定功能，当结构处于协调状态时，功能协调也较容易实现，结构一旦发生变化，就要求有新的功能与之配合；另一方面，功能的变化又是结构变化的前提，社会总是因功能上的变化而引起结构调整或变化。以文补文、多业助文活动、文化娱乐市场、书刊发行第二渠道以及演员走穴等现象的出现，事实上已经意味着随改革开放以来整个经济社会体制和社会调控体制的变革，原有"文化事业"体制的"功能"已经开始发生重要的

---

① 高占祥：《开展以文补文活动促进文化事业发展——在全国文化事业单位以文补文经验交流会上的报告（要）》，《中国图书馆学报》1988年第3期（总第14卷第67期）。

② 连晓鸣：《企业化原则：剧团改革的方向》，载陈立旭、连晓鸣、姚休《解读文化和文化产业：浙江发展文化产业 建设文化大省研究》，浙江人民出版社2003年版，第209页。

变化，即从原先单一的意识形态功能（社会效益）开始向意识形态功能（社会效益）与经济功能（经济效益）双重功能转变。这种功能变化，必然要求对传统"文化事业"体制进行结构上的适应性调整或改革，既要求对宏观文化管理体制的结构进行适应性调整或改革，也要求对微观文化主体即"文化事业单位"的内部结构进行调整和改革。

正是在这一大背景下，从 20 世纪 80 年代初开始，全省各地较普遍地开展了以艺术表演团体改革为重点的文艺体制改革，调整艺术表演团体布局结构、改革用人制度、试图逐步形成更加有效的投资机制，解决统得过死和吃大锅饭等体制沉疴，探索突破大包大揽的"文化事业"体制堡垒的途径和方法。早在 1981 年，宁波市的一些艺术表演团体已经开始实行"经营承包责任"。1983 年，宁波市越剧团二团组成两个演出承包队，与团部签订了为期一年的承包合同。20 世纪 80 年代后期，宁波剧团的体制改革迈出了新的步伐，承包经营方式逐渐向艺术生产经营实体目标转变。1988 年，宁波奉化越剧团实行"团长经营承包负责制"，规定在剧团体制性质不变，补助经费定额不变，演出任务不变的前提下，给予承包人员招聘、工资奖金和节目选排上比较充分的自主权。[①] 1986 年，杭州市属六个艺术表演团体开始全面施行"承包责任制"，或与企事业挂钩，结成互利互惠的文化经济联合体，或自开"以副补文"渠道。杭州杂技团一队、二队、金鱼魔术团、青春宝飞车走壁队就与企业挂钩，建立了文化经济联合体；1987 年，杭州话剧团与省财政厅、省电视台联合拍摄了电视剧，杭州歌舞团与"国旅"浙江分社合作，在"杭州饭店"定点演出，杭州越剧团则与杭州电视台联合承办"越剧新姐妹"的评选活动等。1994 年，杭州市通过对市属文艺表演团体的改革，形成了"三三制"的总体格局，即"杭越""杭歌""杭杂"三个团作为杭州相对的重点团，是由地方财政给予经济扶持的地方办的艺术表演团体；"杭话""杭曲""杭滑"三团作为文化部门管理、社会办团的艺术表演团体，其中，"杭话"由全民事业差额补助单位转化为全民事业自收自支的艺术团体和经济实体。

---

① 本报记者：《我市剧团改革跨出新步伐》，《宁波日报》1988 年 9 月 12 日第 1 版。

在各地艺术表演团体改革实践的基础上，1988年12月，浙江省文化厅对全省全民所有制剧团进行定级考评，按照考评结果对全民所有制剧团实现分级管理，政府财政重点扶植一级剧团，放手二级剧团，解散三级集团。定级考评的目的是在文艺单位引入竞争机制，整合各种资源，优化投资项目，调整文化结构与布局，建立适应有计划商品经济的文化艺术发展模式。1994年，浙江京剧团和浙江昆剧团合并组建了浙江曲艺杂技总团，浙江越剧院和浙江越剧团、浙江省群众艺术馆与浙江省艺术研究所分别合署，浙江省电影制片厂并入省电影公司，省级剧团由9个压缩到6个，初步实现了优势互补，增强总体实力，促进艺术繁荣的目的。与此同时，全省各地文艺单位对内部的机构设置、定岗、定责、择优录用以及绩效挂钩等方面进行了一系列改革和试验，试行了在保证所有员工基本收入不减的情况下，按照"多劳多得、按劳计酬"的原则进行分配的制度，初步打破了原先"干好干坏一个样"的大锅饭经济分配制，从而在一定程度上调动了员工的积极性。同时，在人事制度上，也开始试行"德才兼备者上，德才平庸者下"的机制。

从20世纪80年代初开始的文艺体制改革，显著地提升了艺术表演团体的社会效益和经济效益。比如，1991年，有500人口的台州地区有8个国有剧团，另有88个民间剧团，国有剧团当年演出612场，平均每个剧团演出168场，观众741万人次。国办剧团的演出，全地区人民10个人一年看不到一场戏，民间剧团却使全地区人民每人每年看1.5场戏。1998年前后，"浙江省全省有300多个民间剧团，它们不要国家一分钱投资，完全靠演出生存，平均每个剧团年演出200场左右，观众总数约8000万人次，全省平均每年每人看戏近2场。同时像杭州市的黄龙越剧团、宋城艺术团等一批民间的艺术团体，他们已在业务建设、艺术档次、人才建设等方面，接近甚至超过了专业团体，成为一支十分重要的艺术力量"①。

---

① 连晓鸣：《企业化原则：剧团改革的方向》，陈立旭、连晓鸣、姚休《解读文化和文化产业：浙江发展文化产业　建设文化大省研究》，浙江人民出版社2003年版，第210页。

值得一提的是，作为一个市场经济先发的省份，浙江文艺院团突破大包大揽文化事业体制的许多改革措施都是领先于全国的。比如，杭州市在20世纪80年代中期文化与经济横向联系的改革尝试，就为20世纪80年代末中央提出在全国文艺团体中实行"双轨制"改革，提供了成功的经验。但也应看到，虽然这一轮改革在完善文艺院团的布局结构等方面是成功的，但体制性的弊端仍然未从根本上消除，国有文艺院团并没有取得真正独立的法人资格。其结果是，如20世纪90年代曾担任浙江省文化厅副厅长的连晓鸣所说，"在改革后没有多久又出现了某些回潮，如有的院团人员分流后经过几年，又重新膨胀，甚至超过改革前，致使财务支出矛盾加剧"。国有文艺院团分配上的"大锅饭"现象并未破除，内部有效的激励和约束机制也未形成，"20多年来，浙江绝大部分专业剧团一直属全民事业单位，演职员全是国家干部身份，干多干少，干好干坏一个样，全由国家养着"[①]。

　　除了文艺院团以外，其他一些文化部门也开始了突破传统大包大揽文化事业体制的进程。1992年以来，浙江省文化厅在深入调研的基础上，制定出台了厅（局）机关的改革方案，调整了厅局机关部分处室机构，强化了社会综合管理职能。同时，对下属文化企事业单位进行了结构和布局的调整，实行优化组合和优势互补。1993年组建了浙江印刷集团，初步形成了科工贸为一体，内外贸结合，跨地区、跨行业、多功能、多层次的印刷企业集团化经营机制。在"一业为主"的前提下，开展多种经营，提高企业自我发展的能力；强化经营意识，增强激励机制。在图书出版方面，1995年实行了以社会效益为主的"功效挂钩"与以调动出版社和从业人员的积极性，激励多出精品图书的重点图书补贴办法。与此同时，积极尝试发行改革。1992年以来，逐步进行了有组织、有计划的社店联合、店店联合，运用集团机制，推出了一系列符合浙江特点的发行改革新举措，取得了初步的成功。通过组建"联合体"，共同投资，分工合作，利益捆

---

[①] 连晓鸣：《文化产业发展与浙江文化体制改革研究》，陈立旭、连晓鸣、姚休《解读文化和文化产业：浙江发展文化产业　建设文化大省研究》，浙江人民出版社2003年版，第47页。

绑，风险共担，规模经营。1993年广播电影电视部出台《关于当前电影行业机制改革的若干意见》，确立了省（市）电影公司的发行放映经营自主权，明确了从原有"统购包销"经营机制向"自产自销"经营机制转变的改革目标，浙江省电影发行放映行业迅速做出了回应，提出了"团结联合、规模经营、平稳过渡、稳步发展"的改革思路。同时，进一步明确了浙江省发行的各类影片由省电影公司统一购买，统一租赁，统一发行，并通过市（地）、县（市）电影公司发行，各地不再增设发行机构；凡经省电影公司购买、发行、租赁的影片，省内任何单位均不得再通过其他渠道发行。调整理顺省市（地）县（市）电影公司的经济关系，从发行收入中按比例提取资金，专供购买各类拷贝。实施投入和产出挂钩，节目供应和结算挂钩，共同经营管理，风险承担，利益共享的电影发行放映运行机制。"1993年以来，浙江省基本上采取每两年作一轮较大幅度的调整，每年适时进行微调的改革措施，基本保证了改革不停步，以改革促发展，以发展求稳定。20多年来，浙江电影发行放映机制已初步跟上浙江的社会主义市场经济体制改革的步伐，如个体、联户、股份制电影放映单位的涌现，16毫米电影机制的改革，外商投资特种电影放映单位的出现，等等，给我省原先单一型的国有电影发行放映系统注入了活力，引进了竞争机制。"[1] 1994年，《浙江省省级文化系统事业单位全员聘用试行办法》制定出台。按照"自主经营，自负盈亏，自我约束，自我发展"的要求，对部分直属企业和企业化管理的事业单位进行经营承包责任制试点，探索发展文化实业的新路子。[2]

随着文化领域增量改革和存量改革的逐步拓展，浙江省对市场化背景下重构文化发展模式的必要性和规律的认识也逐步深入。1996年12月省委九届八次全会通过的《浙江省文化发展规划（1996—2010）》明确提出，要改革文化体制，积极探索文化事业发展的新路

---

[1] 连晓鸣：《关于浙江电影产业发展的若干思考》，陈立旭、连晓鸣、姚休《解读文化和文化产业：浙江发展文化产业　建设文化大省研究》，浙江人民出版社2003年版，第205—206页。

[2] "浙江社会发展现状与对策研究"课题组：《1992—1996浙江社会发展状况》，浙江人民出版社1997年版，第95—96页。

子。该《规划》的一个突出亮点是，首次较为系统地提出了关于重构文化发展模式的初步目标，即"逐步建立与社会主义市场经济相适应的、符合精神文明建设要求的、遵循文化自身发展规律的、充满生机活力的管理体制和运行机制。合理区分公益型、经营性、混合型等不同的文化类型，实行有区别的文化经济政策，既能充分发挥文化事业单位的积极性，又有利于各级党委、政府加强宏观管理"。该《规划》中虽然还未出现像"实现政府从'办文化'到'管文化'转变"这样规范的表述，但已经提出"各级文化艺术、新闻出版、广播电视、体育等部门要结合政府职能转变，改善管理体制、运行机制和领导方式，进一步加强宏观管理和行业管理，加强文化发展规划的实施，做好协调、指导、服务和监督工作"。显然，在这一段话中，已经显示出了后来关于文化体制改革中政府职能转变表述的雏形。尤其值得注意的是，该《规划》强调要"发挥市场机制的积极作用，合理配置各种文化资源，提高各项文化事业自我更新、自我完善、自我发展能力"。这充分地体现了作为市场经济的先发省份，浙江省已经意识到，在新的文化发展方式中市场机制将是一个不可忽视的重要因素。该《规划》虽然还未明确地以专门部分的形式，把"发展文化产业"作为文化建设"目标"和"基本任务"的重要组成部分，但事实上已经在"旅游文化产业"名下包含了"文化产业"的门类。该《规划》提出，"要与国内外大型经贸、技术、文化活动有机结合，形成一个比较发达的包括娱乐业、旅游餐饮业、商务业、会务展示业、旅游交通业、旅游商品业等方面的大旅游产业格局。使文化成为旅游经济高速增长的重要生长点"。其中，尤其值得注意的是"娱乐业"和"会务展示业"这两个门类。在 2000 年出台的《浙江省建设文化大省纲要（2001—2020 年）》中，"娱乐业"和"会务展示业"都明确地被归入浙江省要"大力培育和发展"的"重点文化产业门类"之中①。

---

① 在《浙江省建设文化大省纲要（2001—2020 年）》提出的六大重点文化产业门类中，"会务展示业"被表述为"会展业"；"娱乐业"则被归入"演艺业"，并提出要"根据我省娱乐市场发育较早，分布面广，主体多元化，消费群体庞大的特点，依托民间资金优势，开发新的娱乐项目，实现娱乐产业升级，促进我省娱乐朝着健康规范、规模化、综合性、高档次方向发展"。

显然，在 1999 年省委正式提出"发展文化产业，建设文化大省"战略之前，浙江文化产业实际上已经采取了一种"旧瓶装新酒"的发展方式。另外，虽然"旅游文化产业"这种提法还不够准确，但已经意味着省委省政府首次在正式文件中对文化经济属性的承认。

当然，该《规划》也反映了这一时期文化体制改革、重构文化发展模式实践的局部性的特点，比如，未明确地区分公益性文化事业和经营性文化产业；就微观改革而言，仅仅强调了"要积极稳妥地深化新闻出版改革""要加快图书发行体制改革""要积极推进以艺术表演团体改革为重点的文艺体制改革"，但未涉及广播电视、图书馆、博物馆等领域。

在《浙江省文化发展规划（1996—2010）》出台之后，全省 11 个地级市也纷纷出台了各自的文化发展"规划"或"纲要"，并都或多或少地出现了有关文化体制改革、文化发展模式重构的表述。比如，《杭州市文化发展战略和总体布局（1996—2010）》，在总结以往实践经验的基础上，首次自觉地对推进杭州文化体制改革、重构和创新文化发展模式的目标作出了定位，即"建立适应社会主义市场经济需要、符合社会主义精神文明建设要求、符合文艺发展规律的文化实体，逐步推进文化事业产业化，建立自主经营、自我发展、自我管理、自我约束的运行机制；形成多层次、多种类，满足市民文化需求的文化网络"。杭州市的这个政策文件还提出，要在 2010 年"建成以国家办为主导、以社会办为基础"的文化体系。需要指出的是，虽然这个文件还保留了诸如"以国家办为主导""文化事业产业化"等带有旧体制痕迹的表述，也夹杂着诸如"逐步把文化艺术团体推向市场，让其按照市场经济的运行机制，自我生存、自我发展、自我约束"等未区分公益文化事业和经营性文化产业界限的笼统提法，但关于文化体制改革的许多提法，都率先全国其他一些城市。其中，特别突出的是，这个文件提出了"文化主管部门要结合政府职能转变，由微观管理转向宏观管理，由直接管理转向间接管理、行业管理，实施规划、协调、指导、服务和监督的职能"；要"实行全员合同聘任制和双向选择，逐步形成能调动文艺人才积极性、使文艺人才合理流动的机制"；要"鼓励多渠道、多形式社会筹资办文化，进一步调动社会各界支持和赞助文化事业的积极性"。这些提法都在不同程度上体现了杭州作为全国市场经济的先发城市，对文化体制改革和文化发展新模式探索"先行一步"的自觉。

改革开放以来，浙江省文化发展模式的重构，随着经济体制的转换而展开，它首先表现为一种自发调整，即自发地将一些市场化做法引入原先由政府大包大揽的"文化事业"发展领域，具有一种鲜明的"尝试性""探索性"特征。这些做法虽然减轻了政府财政负担，也为那些具有经营性质的国有文化机构面向市场、发展文化产业提供了机遇，但也带来了一些问题。尤其是，由于不加区分地鼓励实行有偿服务，使大部分公益性文化事业单位虽然体制上仍然按公共服务机构管理，但所提供的产品已经在很大程度上脱离了公共性质。这就表明，在这一阶段的实践中，市场机制在促进文化市场繁荣和文化产业上的"优势"开始显示，而与此相伴，其在配置公共文化资源上的"失灵"也开始得以暴露。浙江省委省政府以及全省各地党委和政府对市场机制在配置文化资源方面优势和不足的认识，乃是随着市场经济的发展而逐渐深化的。

（二）重构文化发展模式初期实践中出现的问题

显然，自改革开放初期到20世纪90年代中后期，文化领域民间诱致的增量改革以及"经济承包责任制""以文养文""多业助文"等大量改革措施，既体现了在市场经济对原有政府"大包大揽"文化事业模式产生冲击的背景下，文化领域摆脱困境的一种自发选择，也体现了市场化取向改革初期发展文化产业、重构公共文化发展模式的初步尝试。这种重构显然随着经济体制的转换而展开，它首先表现为一种自发调整，即自发地将一些市场化做法引入原先由政府大包大揽的"文化事业"发展领域。

以今天的眼光重新审视文化领域"经济承包责任制""以文养文""多业助文"等做法，可以发现：这一阶段重构市场经济条件下公共文化发展模式，具有一种鲜明的"尝试性"特征。这些做法虽然减轻了政府财政负担，也为那些具有经营性质的国有文化机构面向市场、发展文化产业提供了机遇，但也带来了一些问题，尤其是影响到了具有公共性质的国有文化机构为广大公众提供公益性服务职责的正常履行。正如张晓明、齐勇锋所说，从所提供的产品和服务看，由于不加区分地鼓励实行有偿服务，使大部分文化事业单位虽然在体制上仍然按公共服务机构管理，所提供的产品已经在很大程度上脱离了公共性质：或者由于投入不足而萎缩（如公共图书馆等），或者由于扩大收费而蜕变（如工人俱乐部、青少年宫等），或者由于完全转向商业轨道而变质（如广播电视机构，依靠广告生存）。从微观组织层面看，为了适应开展有偿服务的需要，大批有经营管理能力的事业单位（主要是在新闻出版、广播电影电视领域）获得了双重身份：既是事业法人，也有企业法人执照，长期实行事业和产业双轨制的混合经营（即所谓"事业单位企业化管理"）。在这种制度的安排下，在同一个单位内，公共与非公共性质的产品和服务混淆，经营性活动与公益性活动交叉，多重发展目标相互冲突，内部机制利益混乱。①

有一点可以肯定，即使在市场经济条件下，如果非营利组织、社会公益性部门过于注重自身利益，那么就会偏离社会的目标，甚至改变自身的性质。赫兹林杰曾说过，如果一个博物馆的商品销售收入比门票收入高出许多倍，这种不平衡就会"促使博物馆将注意力更多地集中于商品销售而不是艺术"。所以，"既然非营利组织有既定的目标，就不适宜从事与此无关的筹集资金的活动。非营利组织的驱动力应当来源于服务公众的愿望，而不是追求商业利益"②。有学者在比较县级馆开展以文补文前后的发展现状后也得出了相同的结论，"图书馆创收是在市场经济冲击下为了求生存迫不得已的权宜之计。'以文补文'，其目的是为了以产业促事业，而实际上造成副业冲击主业，挤占、蚕食读者活动空间和损害读者权益的现象不断发生。久而久之，许多县级馆产生了只重经济效益而忽视读者权利的思想，把为社会公众服务的基本职能置之度外，严重损害了公共图书馆在社会公众中的形象，影响了县级馆事业的健康发展"。"图书馆开展有偿服务虽然不到20年的时间，也并未使图书馆的日子好过多少，却使图书

---

① 张晓明、齐勇锋：《中国文化事业单位改革研究》，章建刚、尹昌龙、张晓明主编《中国公共文化服务发展报告（2007）》，社会科学文献出版社2007年版。

② ［美］里贾纳·E. 赫兹林杰等：《非营利组织管理》，中国人民大学出版社2000年版，第37页。

馆的公益形象大打折扣。"①

在这一阶段的实践中,市场机制在促进文化市场繁荣和文化产业上的"优势"开始显示,而与此相伴,其在配置公共文化资源上的"失灵"也开始得以暴露。从20世纪80年代末到90年代中期,在市场经济的冲击下,包括中国公共文化事业领域在内的中国公共事业领域普遍面临生存困境,以文补文、多业助文等做法不仅无助于摆脱困境,而且也导致了新的混乱。正如陈涓在《县级图书馆开展"以文补文"活动反思》一文中所述,"县级馆的所谓'以文补文'创收活动,实际上主要是局限于拍卖、出租馆舍和向读者收取一定费用的创收活动。从当时来看,对个别馆的缓解经费紧张是起到了一定的作用,一些同志在尝到了经济效益的甜头后,津津乐道于第三产业的开发,认为公共图书馆没有活力、发展缓慢的根本原因在于其具有的公益事业性质,在于公共图书馆的无偿服务,进而得出了'图书馆应企业化''变图书馆为租书馆''实行全面有偿服务'的结论。一句话,要把公共图书馆推下'海'去"。"随着创收活动在图书馆界成为热门话题,不少治馆有方的'经济能人'型馆长浮出水面,他们利用增加有偿服务项目、出租馆舍等方式开拓创收门路,把工作的着眼点仅仅放在赚钱上,不惜牺牲读者利益,不断放弃为读者服务的基本方针,致使县级馆在背离公益性原则的道路上愈走愈远,在社会公众心目中的影响力越来越小,逐渐濒临社会文化生活的边缘。"② 吴元樑也描述了"文化事业"面临的相类似状况:在20世纪90年代中期,中国"基础科学研究普遍面临资金短缺、人才流失、研究课题缩小的局面。中国科学院所属的123个从事基础研究的研究所都在考虑经费从哪里来的问题;国家地震局面临的一本难念的经是设备老化、基础研究经费'干不成大事';地勘队伍由于财政'断奶''资金紧缺'的困难导致了人才外流,无法进一步从事地勘工作"。教育事业的困难也是人们经常感受到的。"图书馆、文化馆、博物馆、天文馆、科技馆、书店这些文化事业单位普遍陷入困境。规模在全国第三位的南

---

① 陈涓:《县级图书馆开展"以文补文"活动反思》,《图书馆》2008年第1期。
② 同上。

京图书馆由于经费困难购书量不断减少,甚至一度发不出工资"。"据上海市1994年9月对市总工会所属24家文化宫、俱乐部、体育场调查,非文化性经营收入已占盈利额的30%左右,即使如此'苦心经营',一些文化宫、俱乐部的日子依旧不好过。据对湖南省72个文化宫、俱乐部的调查,走下坡路、面临生存危机的文化宫、俱乐部已占三分之二的比例。据报道,北京天文馆正随时受到瘫痪关张的威胁;被列为国家第一批重点文物保护单位的周口店中国猿人遗址经费匮乏,困难重重;湖北宜昌市的一个科技馆自被'断奶'以来,经济陷入困境,1300平方米的大展厅改为写字楼后出租,教科仪器和设备改作它用,科技馆名存实亡;海南科学馆也由于长期缺乏经费投入不得不改成了电影院,科学馆已有名无实。"[1] 这些现象,当然也见之于当时的浙江省。

诚然,应当说,在这一阶段,浙江省对市场经济条件下创新文化发展模式的"尝试性"探索和实践,取得了相当大的成绩,尤其是将一些市场机制引入文化发展领域的做法,为文化体制改革、重构文化发展新模式积累了经验。然而,在经济压力下,不加区分地把所有文化单位推向市场的做法,也导致了浙江文化部门的混乱现象。比如,20世纪80年代中后期以来尤其是90年代初以来,全省各地图书馆、文化馆、博物馆等提供公益性文化服务的事业单位,靠破墙开店、出租房屋和场地举办各种商业性展览等筹措增加文化事业发展经费、增加收入,将有限的图书馆场地分隔成一间间小商铺搞经营,自身的办公和业务用房不断压缩,职工工作环境也有所恶化。甚至有图书馆开舞厅,在经营场所噪声的干扰下,许多读者纷纷要求归还图书馆场地。为了创收,不少馆长不得不一心两用,把主要精力放在增收上,导致既搞不好经营,又影响了图书馆、文化馆、博物馆等正常的业务工作。在省级演出团体中,20世纪90年代绝大部分排练场曾被挪作他用。在20世纪80年代末90年代初,像全国其他地区一样,浙江的纯文学刊物普遍存在着发行量下降、经营困难的问题,或无力维系而关门歇业,或被迫改变宗旨以从市

---

[1] 参见吴元梁《论文化发展观和文化建设》,《中国社会科学》1996年第5期。

场中"觅食"。宁波纯文学刊物《文学港》在当时的遭遇，就具有相当的典型性。1993年，经上级主管部门批准，《文学港》由宁波市文联和中国华诚集团联合主办，并由双月刊改为月刊，由纯文学刊物改为通俗刊物，在北京、上海、深圳、杭州四地设立编辑办事机构，并希望在日本、香港等国家和地区设置驻外机构。① 改刊后《文学港》的封面设计、内文排版接近港台风格，一改十几年文学"正版"的老面孔，从冷漠乏味的几何插图到生动活泼的精美图片，从洋洋万言的中长篇小说到紧贴社会的特写、透视等通俗文章，新潮风采、时代气息。栏目有"新潮一族""青春热浪""三T沙龙""是否之地"等，新颖别致，风格全新。《文学港》试图"将面向青年、追踪社会热点、贴近现实生活，适应当代读者，特别是青年读者的生活节奏与情感需求"②。

不仅如此，在传统文化体制未从根本上受到触动，尤其是国有文化单位产权还未明晰的背景下，"以文补文"的做法，也在一定程度上导致了国有资产的流失。正如20世纪90年代曾任浙江省文化厅副厅长的连晓鸣所说，"一些以文补文单位打国营牌子，占用国家房子和资金，在不付房租和利息的情况下，由于经营人才缺乏等原因，经济效益不明显，致使国有资产得不到保值增值。就省级文化系统而言，1996年，近百家多种经营单位场地2123平方米，资金740万元（大部分为注册资本），从业人员277名，其中主办单位人员117人，占总数的42%，但所创造的利润，盈亏相抵后亏损44万元，而部分亏损企业承包人却'手拿大哥大，脚踩桑塔纳'，显得非常阔气，这种情况是侵占国有资产的典型"③。浙江省社会科学院《1998—1999经济社会发展蓝皮书》也指出，20世纪90年代"以文助文"等在市场化压力下开展"生产自救"做法，所导致的结果是："一方面是公益性文化事业严重不足，另一方面，又有大量设施管理不当，许多文

---

① 参见《〈文学港〉杂志由宁波市文联与中国华诚集团联合主办》，《宁波日报》1993年3月2日第4版。
② 国安：《〈文学港〉脱胎换骨》，《宁波日报》1993年7月3日第8版。
③ 连晓鸣：《从以文补文到文化产业回顾和反思》，陈立旭、连晓鸣、姚休《解读文化和文化产业》，浙江人民出版社2003年版。

化设施闲置浪费、移作他用，还有的被出租，成为少数单位和个人的生财之道。从一些地方的情况来看，有的文化单位丢掉自身的任务、特点，一门心思搞创收。影剧院、新华书店、图书馆、群艺馆等文化场所被改为其他经营场所的绝不是少数。一些庄重典雅的文化场所被用来搞展销、开餐馆，搞得不伦不类。这不仅是市场经济的误区，也是文化建设的误区，是文化资源的严重浪费。一方面是各级党委政府特别是财政，千方百计筹钱，增加文化投入，但兴建的文化场所，并没有真正发挥作用。"①

  这一时期的实践表明，人们对文化产品和服务的公共提供与市场提供的边界、公益性文化事业职能等的认识仍然相当模糊，市场经济条件下文化发展模式的重构、文化发展体制机制的改革创新，仍然处于一种自发的状态。这些尝试性实践，更多地属于面对市场经济发展对文化领域造成的冲击的一种被迫应对，在市场化压力下被动地开展"生产自救"。至于市场可以解决什么，不能解决什么；政府在文化发展中应当承担什么责任，在哪些方面应当"退位"、在哪些方面应当"补位"，并无清晰的界定。其结果是导致了20世纪90年代全省经营性、娱乐性文化与公益性、严肃性文化的不平衡发展，正如出版于1998年的《浙江社会发展问题与思考》所述，"有些社会事业，社会效益十分好，但其经济效益却很难显示，因而发展艰难。如高雅文化艺术发展与日趋红火的通俗文化相比显得不那么景气；在公益性社会事业与商业性社会事业发展方面，前者发展则相对薄弱；在社会事业发展的导向上，这几年较多地发展了社会事业内部那些具有娱乐功能的领域，而具有教育功能的社会事业领域则发展不够。在社会事业设施建设方面，发展不平衡。近年以来在大中城市，甚至小城镇等人口密集地区，舞厅、卡拉OK厅、夜总会到处都是，发展非常之快，但那些智力型、发展型的社会设施如公共图书馆、博物馆、科技馆、体育场馆等的发展却较慢"②。

---

  ① 杨建华、葛立成主编：《1998—1999浙江经济社会发展蓝皮书》，中国国际广播出版社1999年版，第221页。
  ② 谷迎春、杨建华主编：《浙江社会发展问题与思考》，杭州大学出版社1998年版，第8页。

(三) 文化领域事业和产业分类发展模式的探索

当然，辩证地看，20世纪80年代以来文化部门的"生产自救"实践，也显示出了其难以低估的积极意义。正是通过这些实践，市场机制的"优势"和"缺陷"、政府的"优势"和"局限"，才逐渐地得以显示和暴露，浙江省委省政府以及一些市场经济走在前列的市地党委和政府，也才开始逐渐地意识到：不加区分地把所有文化领域都推向市场，乃是成问题的。

事实上，早在1992年中共十四大确立了建立社会主义市场经济体制的改革目标以来，我国已经开始摸索在体制上将事业和产业分离运作的模式。1996年，中共中央办公厅、国务院联合颁发《中央机构编制委员会关于事业单位改革若干问题的意见》，提出把"政事分开"放在首位，推动各类事业单位在市场经济体制下逐步转变为独立法人参与市场运行。在这一大背景下，从20世纪90年代中后期开始，浙江省委省政府和一些地方党委政府开始初步地认识到对文化领域采取分类发展、分类指导原则的必要性。在《浙江省文化发展规划 (1996—2010年)》中，虽然还未出现类似于像"发展公益性文化事业和经营性文化产业"这样明确的表述，但已经提出，要"合理区分公益型、经营型、混合型等不同的文化类型，实行有区别的文化经济政策，既能充分发挥文化事业单位的积极性，又有利于各级党委、政府加强宏观管理"。该《规划》还要求"各地要积极支持图书馆、博物馆、科技馆、文化馆、美术馆、新华书店、影剧院等公益性文化设施建设，建设用地可按国家土地政策，给予优惠，并适当减免城市建设配套设施费"[①]。

上述认识，也体现于这一阶段浙江省一些市地制定的文化发展规划或纲要之中。比如，在《宁波市文化发展纲要 (1996—2010)》中，虽然未在明确地将公益性文化事业和文化产业从传统"文化事业"中剥离开来的前提下笼统地提出，"要切实改变目前文化事业投入总量偏少，比例偏低的状况""全市文化事业的投入要随着经济的

---

① 中共浙江省委、浙江省人民政府：《浙江省文化发展规划 (1996—2010年)》，沈晖主编《再创辉煌——浙江文化发展文集》，浙江人民出版社1997年版，第20页。

发展逐年增加，增加幅度不低于财政收入的增长幅度"，但已经强调，"要对图书馆、博物馆、文化馆、革命纪念馆和社科研究、文物维修、文艺创作等非营利性文化公益事业在政策和财力上给予重点倾斜"[①]。在《杭州文化发展战略和总体布局（1996—2010）》中，不仅提出要"发展现代文化产业，建立繁荣、健康的文化市场"，而且也提出要"繁荣群众文化""大力发展社区文化"，尤其是提出要"逐步完善公共文化设施布局"。在1998年的《杭州文化艺术跨世纪发展的思考和建议》中，杭州市文化局进一步提出，应把公共图书馆、博物馆、纪念馆、群众文化馆站、文物保护考古馆等确定为公益性文化单位，以社会效益第一，服务于公共文化事业，服务于人民群众。相应在公共财政投入上确保其人员工资和福利待遇，确保其公益性的文化事业经费。这种理念显然是相当超前的，它预示着不久以后浙江省文化建设的方向。

浙江省委省政府以及市地党委和政府对市场机制在配置文化资源方面优势和不足的认识，乃是随着市场经济的发展而逐渐深化的。1999年12月，省委根据经济社会发展的新特点，在十届三次会议上，提出了"发展文化产业，建设文化大省"的战略目标。这是浙江文化建设的一个标志性事件。虽然在建设文化大省战略目标中似乎仅仅突出地强调了"发展文化产业"而未突出地强调"发展公益性文化事业"。但是，将"发展文化产业"提升到前所未有的地位的这种做法本身，已经意味着浙江省开始明确地在理论和实践上将文化产业发展从传统的"文化事业"发展格局中剥离出来。它不仅对文化产业、文化市场的发展本身具有深远的意义，而且对自觉地构建相对于文化市场、文化产业的公益性文化事业、公共文化服务体系也具有重要的意义。把文化产业从传统"文化事业"中剥离出来的一个必然结果，就是自觉地重新定位不能被产业化的公益性文化领域的功能、发展途径。

这种新思路在2000年12月省委常委会通过的《浙江省建设文化

---

① 中共宁波市委、宁波市人民政府：《宁波市文化发展纲要（1996—2010）》，沈晖主编《再创辉煌——浙江文化发展文集》，浙江人民出版社1997年版，第63—64页。

大省纲要（2001—2020年）》中得到了明确的表述。该《纲要》明确地提出，要"正确处理文化事业和文化产业的关系，对不同的文化类型，采取不同的政策和管理方法"。该《纲要》提出的对不同文化类型，采取不同政策和管理方法的原则，在2001年5月出台的配套文件《关于建设文化大省若干文化政策的意见》中被进一步具体化。此后，按照《浙江省建设文化大省纲要（2001—2020年）》确立的对不同文化类型采取不同政策和管理方法的指导思想，浙江省开始将原有的文化事业单位分成三种类型，并按照政事分开、政企分开、企事分开的原则，区别情况，实行分类改革。不具有面向市场能力的公益性文化单位属事业性质，按非营利性机构管理，财政给予必要的经费保障，同时深化内部管理制度改革，实行全员聘用制和岗位工资制。具有一定面向市场能力的公益性文化单位，保留事业单位性质，实行企业化管理，推行全员聘用制、合同制和岗位工资与效益工资相结合的结构工资制等适合本单位特点的人事、分配制度，给予财政专项或定额补助；根据发展需要，把有条件的也改制为企业。把经营性文化单位全部改制为企业，并着手建立现代企业制度。这些做法与后来的文化体制改革试点中的做法基本一致。

## 二 文化体制改革从综合试点到全面铺开

上述表明，作为一个市场经济的先发省份，改革开放以来，浙江省在文化体制改革方面进行了积极尝试并取得了明显成效，积累了经验。然而，长期以来形成的旧体制弊端并不是短期就能消除的。相对于改革开放的总体进程，这一阶段的文化体制改革只是局部的，相对于经济体制等其他领域的改革，文化体制改革仍然严重滞后。尽管经历了多年的"调整"和"改革"，但在20、21世纪之交，文化体制仍然存在着许多突出的问题：文化宏观管理体制不健全，政府"越位""缺位"、管办不分、政企不分、事企不分、文化企业缺乏人事与分配自主权、多级多头管理、政出多门、标准不一等现象仍然存在，文化产品和服务供给渠道单一、保障水平不高、享有对象规模有限、资金缺口大且效率低、刚性隐性的福利化、供给效率低等。因此，迫切需要通过一场更加全面、深刻的文化体制改革，来完成新型文化发展体制的构建。

2003年6月，浙江被确定为全国文化体制改革综合试点省。省委书记习近平从浙江实践出发，以文化体制改革综合试点工作为契机，站在党和国家全局的高度上，对文化体制改革进行了深入的探索和思考。2003年7月，在文化体制改革和文化大省建设座谈会上，习近平明确指出，文化具有鲜明的意识形态属性。因此，"文化体制改革，必须充分考虑我国国情，着眼于管住方向，管活机制，管出效益，管好质量"。他强调，要把管理重心放在社会管理和市场监管上，管导向、管原则、管规划、管布局、管市场、管秩序，重点做好规划、协调、服务、监督和优化发展环境等方面的工作。他要求文化主管部门要切实转变职能，正确处理"有为"和"无为"的关系，不断改进、完善领导方法和管理方式，把更多的精力放到调动积极因素、调节利益关系、调整行为规范上来，"逐步实现由办文化向管文化转变，由管微观向管宏观转变，由主要面向直属单位转为面向全社会，实行政企分开、政事分开。要综合运用法律、经济和行政手段，发挥经济政策杠杆作用，改善宏观调控体系，加快建立党委领导、调控适度、运行有序、促进发展的宏观管理体制"[①]。这就不仅明确了宏观文化管理体制改革的根本方向、基本思路和目标，即构建"党委领导、政府管理、行业自律、企事业单位依法运行"的新模式，而且也明确了市场经济大背景下文化管理体制改革的基本原则，即市场能做的，让市场发挥资源配置的基础性作用；市场失灵的领域，在党的领导下充分发挥政府的"优势"，让政府发挥应有的作用。

自被中央确立为文化体制改革综合试点省以来，浙江省开展了思想解放大讨论，各级领导深入调查研究，并建立了省文化体制改革综合试点工作领导小组，从思想、组织等方面予以保证。2003年7月，浙江省初步拟定了全省文化体制改革综合试点总体方案和试点部门、试点城市的改革方案。同年8月，《浙江省文化体制改革综合试点总体方案》上报中央审批，得到中央批复同意后，浙江省文化体制改革领导小组迅速批复了省文化厅、省新闻出版局、省广播电视局、浙江

---

① 习近平：《干在实处　走在前列》，中共中央党校出版社2006年版，第328页。

日报报业集团、浙江出版联合集团、浙江广播电视集团6个省级试点部门和杭州、宁波两市的试点方案，浙江省的改革综合试点工作从宏观和微观两个层面上全面开始启动。作为"走在前列"的省份，浙江文化体制改革综合试点工作的一项重要任务，就是要率先在全国更彻底地打破大包大揽的"文化事业"发展模式，围绕政府与市场各自的"优势"和"缺陷"重构文化发展体系。

经中央批复同意的《浙江省文化体制改革综合试点总体方案》全方位、多层次地阐述了文化体制改革的总体目标。宏观文化体制改革的目标，是"积极探索形成新形势下保证党委领导、政府管理、行业自律、企事业单位依法运营的格局，初步建立调控适度、运行有序、促进发展的宏观管理体制"。微观文化体制改革的目标，则是"培育一批适应经济社会发展和群众文化需求、具有较强实力、活力和竞争力的文化事业和文化产业主体，初步建立保证正确导向、富有经营活力的微观运行机制"。文化体制改革目标还包括"制定和完善促进文化事业、文化产业发展的相关政策以及地方性文化法规，初步建立体现宣传文化特点，适应法制建设总体要求的政策法规体系"；"形成适应文化市场需求的现代流通组织和营销体系，初步建立传播健康精神文化产品，促进资源优化配置，竞争有序的市场环境"；"形成以若干大型文化集团为龙头、中小型文化企业为主体、文化市场为纽带的文化产业组织体系，初步建立国有文化企业为主导、多种所有制文化企业共同发展的开放格局"。《浙江省文化体制改革综合试点总体方案》把富有"较强实力""活力"和"竞争力"等修饰词，不仅加于经营性的文化产业主体，而且也加于公益性的文化事业主体，强调"要以改革的思路，加大政府投入，吸纳社会资金，加快建设西湖文化广场、浙江美术馆、浙江美术馆、浙江科技馆、浙江自然博物馆、杭州大剧院、宁波大剧院等一批投资规模较大、技术先进、功能完备的重点文化设施。创新文化设施经营模式，通过市场机制运作，使之成为具有面向市场自我发展能力的经营主体"。这些都充分地表明，提高文化发展效率问题，已经在文化体制改革综合试点工作中被异乎寻常地突显了出来。另一方面，文化体制改革综合试点工作的稳步推进，也为创新文化发展体制机制，提高文化发展效率，提供了难得的机遇。该《方案》的出台，意味着浙江省对文化体制改革的一次更完整的定位。

事实上，改革开放以来尤其是自从实施建设文化大省战略以来，适应于市场经济发展的要求，浙江省一直在摸索文化体制改革的道路上前行。现在，浙江省委省政府对文化体制改革的经验更丰富了、思路更加清晰了、认识也更全面和辩证了。浙江省委提出的在推进文化体制改革综合试点工作过程中必须重点把握好6个方面的问题，就鲜明地体现了这一点：

第一，注重两种属性，即文化的意识形态属性与产业属性。既要防止过分强调文化的意识形态属性而完全排斥文化产业属性的倾向，又要防止无视文化产品的意识形态属性，主张完全市场化的倾向。要树立面向市场的理念，强化资源意识、商品意识、市场意识和效益意识，努力实现面向市场与面向群众的统一。要通过体制和机制的创新，改进文化产品的组织结构和生产方式，努力打造经得起时间和市场检验，思想性、艺术性、观赏性俱佳，社会效益和经济效益并重的精品力作，努力实现占领市场与占领阵地的一致性。

第二，实现两个目的，即增强控制力与提高竞争力。文化体制改革既要从增强文化企事业单位的活力和竞争力、壮大宣传文化事业实力出发，面向市场创新体制机制，又要从增强党对文化领域的控制力出发，通过改革提高党对宣传文化工作的领导水平，牢固确立马克思主义在意识形态领域的指导地位，确保"四权""四不变"，把增强控制力与提高竞争力有机统一起来。

第三，区分两种类型，即公益性文化事业和经营性文化产业。坚持一手抓公益性文化事业，一手抓经营性文化产业，做到"两手抓、两加强"。公益性文化事业的改革，重点是增加投入、转换机制、增强活力、改善服务，培育形成一批文化事业主体。经营性文化产业的改革，重点是遵循市场运行规律，通过公司制、股份制改造，加快形成一批真正意义上的文化企业，塑造一批文化产业主体。

第四，抓好两个层面，即宏观管理体制改革和微观运行机制改革。在宏观层面上，要探索建立新形势下党委领导有力、政府管理有效，调控适度、运行有序，管人、管事、管资产相结合的宏观管理体制。要转变政府职能，把管理重心放在社会管理和市场监管上，管导向、管原则，管规划、管布局、管市场、管秩序，管住方向，管活机制，管好质量，管出效益。在微观层面上，要着力于搞活内部机制，深化干部、人事、劳动、分配等内部制度的改革，建立舆论导向正确、经营活力充沛、竞争优势明显的微观运行机制。

第五，运用两股力量，即国办文化和民办文化。深化国有文化单位改革，稳步推进集团化建设，形成一批有社会影响力和经济竞争力的文化企事业单位，充分发挥国办文化在文化市场中的主导作用。同时，要充分发挥浙江民营经济发达的优势，加强国有文化企业与民营企业的合作，在国家政策允许的范围内，进一步放开准入领域，制定扶持政策，大力发展民营文化企业，促进民营文化企业成为浙江文化产业发展的一个亮点。

第六，健全两个体系，即政策法规体系和文化市场体系。完善改革的配套政策和文化事业、文化产业发展的经济政策，保障改革的顺利进行。加快文化法规建设，为文化发展提供必要的法律保障。同时，要健全文化市场体系，推进文化市场综合执法，改革文化市场监管的手段和方式，大力培育文化商品专业市场和文化产业要素市场，大力培育市场主体，发展中介组织，推动文化市场的繁荣。

2005年7月底，中共浙江省委第十一届八次全会通过《关于加快建设文化大省的决定》。由于以多年的文化体制改革实践经验尤其是近两年以来文化体制改革综合试点工作经验为基础，因此，与五年前发布的《浙江省建设文化大省纲要（2001—2020年）》相比，该《决定》在关于文化体制改革思路的叙述上，也就显得更加严密、深刻和全面。该《决定》将文化体制改革作为"解放和发展文化生产力"这一建设目标的主要内容，提出要"进一步深化文化体制改革，积极推进文化理念创新、内容创新、制度创新、科技创新，坚决冲破妨碍发展的思想观念，坚决改变束缚发展的做法和规定，坚决革除影响发展的体制弊端，尊重群众的首创精神，充分调动文化工作者积极性，营造文化发展的良好环境"。该《决定》提出，要通过文化体制改革，"加快文化事业发展，多出精品，多出人才，多出效益，满足人民群众日益增长的精神文化需求。加快文化产业发展，增强文化产业的整体实力和竞争力,促进文化产业成为新的经济增长点和支柱产业"。该《决定》将深化文化体制改革作为解放和发展文化生产力以及加快建设文化大省的重要保障措施,强调,要"坚持改革的正确方向,积极发挥传统文化、民族文化、革命文化、区域文化的优势,为增强中华文化的竞争力和影响力作贡献。以推进文化体制改革综合试点为契机,在全省新闻出版、广播影视、文化演艺领域,扩大改革范围,增加改革试点,拓展改革内容,由点到面、分期分批全面推进文化体制改革。深化宏观管理体制改革,探索建立调控适度、运行有序、促进发展的文化宏观管理体制,初步形成党委领导、政府管理、行业自律、企事业单位依法运营的格局。进一步推进政府职能转变,逐步实现政企、政事分开,管办分离。深化文化市场综合执法改革,进一步理顺管理体制,健全法规体系,依法加强文化市场的建设和管理。坚持权利、义务和责任相统一,管人、管事和管资产相结合,建立国有文化资产管理新制度。积极发展文化行业组织。深化微观运行机制改革,加快培育市场主体,建立保证正确导向、适应市场经济、富有活力的微观运行机制。改革和创新公益性文化事业单位管理和运行机制,不断提高公共服务能力和水平。积极推进经营性国有文化单位转企改制,建立和完善现代企业制度。进一步深化新闻出版广播影视集团化建设。规范市场准入,完善扶持政策,优化发展环境,充分调动多种所有制投资创业的积极性,大力发展民营文化企业"。可以说,该《决定》关于文化体制改革的表述,既是对过去经验尤其是综合试点工作经验的全面总结和提炼,同时也是浙江文化体制改革的顶层设计,为未来浙江文化体制改革描绘了蓝图、指明了方向。

2005年12月,《中共中央、国务院关于深化文化体制改革的若干意见》正式颁布。该《意见》不仅全面地阐述了文化体制改革的指导思想、原则要求和目标任务,而且也对全国文化体制改革做了全面的布局和部署。2006年3月,全国文化体制改革工作会议召开,会议强调,要坚持解放思想,转变观念,遵循社会主义精神文明建设的特点和规律,适应社会主义市场经济发展的要求,树立新的文化发展观。要不断深化对文化地位和作用、文化发展方向、文化发展动力、文化发展思路、文化发展格局、文化发展目的的认识,坚决冲破一切妨碍发展的思想观念，坚决改变一切束缚发展的做法和规定，坚决革除一切影响发展的体制弊端，做到思想上不断有新解放，理论上不断有新发展，实践上不断有新创造。这标志着中国文化体制改革从"目标和道路的探索阶段"进入到了"深化和拓展的阶段"，从"试点阶段"进入到了"全面'攻坚战'阶段"。正是在这个背景下，文化体制改革工作在浙江全省全面铺开，由省本级和杭州、宁波两市扩大到全省11个市，省级试点从30个单位扩大到80—100个重点单位。与此同时，浙江省两个试点城市杭州和宁波的文化体制改革，也进一步向深度和广度拓展。

2006年7月，杭州市召开了全面推进文化体制改革工作会议。这次会议标志着杭州市文化体制改革进入了向全面纵深发展的阶段：在改革内涵上，从以体制机制创新为重点拓展到全面推进观念、体制、机制、内容、技术和服务的创新；在改革范围上，从试点单位延伸到全市宣传文化系统各单位，从市本级延伸到区、县（市）联动；在改革重心上，从重国有文化单位存量改革调整为重国有和民营文化的增量发展。会议进一步明确了经营性文化事业单位转企改制的五种类型：转制为企业的文化事业单位可分为除国家重点扶持以外的一般艺术表演团队；除少数承担政治性、公益性出版任务以外的出版单位；文化、艺术、生活、科普类等报刊社；新华书店、电影制片厂、影剧院、电视剧制作单位和文化经营中介机构；党政部门、人民团体、行业组织所属事业编制的影视制作和销售单位。凡按规定需要转企的，均要按照成熟一个推进一个的原则，逐步转制为企业。这次会议还提出了深化公益性文化事业单位内部改革的举措，包括全面推行聘用制度，探索实行人事代理制、签约制、劳动合同制等多种用人方式；推行评聘分开，建立以岗位管理为主职称聘任为辅的管理模式，完善单位内部考核体系。

同时，宁波市也召开了文化体制改革工作会议，研究部署全面推进文化体制改革工作。此后，宁波市把改革从原先的10家试点单位扩大到了全市所有宣传文化单位，从市本级扩大到了11个县（市）区，从新闻出版、广播影视、文化演艺扩大到了整个宣传文化领域，从存量改革扩大到了用新的体制机制发展增量。同时，宁波市着力于深化宏观管理体制改革，进一步增强文化发展调控能力；创新公益文化事业运行机制，进一步增强公共文化服务能力；发展壮大文化产业，进一步增强文化产业竞争实力；健全领导体制和工作机制，进一步增强文化体制改革整体合力。宁波市希望通过文化体制改革的深化和拓展，完善党委领导、政府管理、行业自律、企事业单位依法运行的宏观管理体制，形成保证正确方向、富有活力和效率的微观运行机制，形成覆盖全社会的比较完备的公共文化服务体系，形成以公有制为主体、多种所有制共同发展的文化产业格局，形成统一、开放、竞争、有序的文化市场体系，形成以科技创新为手段，内容创新为重点的文化创新体系。①

### 三 文化体制改革：一张蓝图绘到底

改革开放以来的实践表明，一个从传统大包大揽"文化事业"发展模式中脱胎而出的新文化发展体制的成长过程，总是与市场经济的发展，改革开放总体进程的深化以及政府和市场各自"优势"和"缺陷"的逐渐显现等因素相伴随的。《中共中央关于全面深化改革若干重大问题的决定》指出，"全面深化改革的总目标是完善和发展中国特色社会主义制度，推进国家治理体系和治理能力现代化"。"实践发展永无止境，解放思想永无止境，改革开放永无止境"。文化体制改革是社会总体改革的组成部分，如果改革开放永无止境，文化体制改革也必须随社会总体改革的不断深化而深化。

开展文化体制改革综合试点工作以来，虽然全省各级政府相关部门已经逐渐从过去"大包大揽"办文化事业的模式中摆脱出来，但管理文化事业职能尚未得到充分完善。一些公共文化部门经过引入市场机制改革，服务效率、服务态度和水平都有了显著的提高，但手续烦琐、收费贵等现象仍然存在；一些公共文化场所拥挤，服务质量难以保障，甚至连维持自身运营都存在困难，从而影响了公共文化产品和服务的供给效率。这些现象表明，政府管理部门的监督、管理、协

---

① 参见《宁波市全面推进文化体制改革实施方案》，《宁波文化年鉴》（2007年），第360页。

调职能尚需进一步强化。虽然从总体上说，引入市场机制不仅没有削弱而是强化了公益性文化事业的功能，并使政府有可能更好地承担改善文化民生的责任，但也有一些政府部门在改革过程中，直接更多考虑的是解决财政与投资问题以及减少政府管理职能，减少人员编制等，而对市场机制后可能存在的公共责任空白却估计不足。经过多年的改革，浙江省已经逐步突破民营经济进入公益文化事业的壁垒，但民营经济进入门槛过高的问题仍然存在。在一些地区，政府依然垄断着公共文化的投资，民间投资者的项目选择受到很大的限制，一些文化行业难以进入。虽然国家没有明文规定不准民间资本进入一些公益性文化行业，但行业主管部门往往出于自身利益等考虑不愿意让其进入，民间资本进入壁垒同样很高。即使是国家明文规定民间资本可以进入的行业，进入程序也往往过于复杂，通常要经过多道行政审批程序，涉及多个部门，这就增加了进入的成本，降低了进入的可能性。民间非营利性文化机构的兴办需要文化主管部门和民政部门双重审批、批准后，只能以"民办非企业机构"的名称登记。这个名称只说明了该机构不是什么性质，而没有对其性质进行正面界定。此外，民营经济进入的标准还欠公开，在一些行业，政府具体允许民间资本和社会力量可以进入哪些具体的领域、具备什么条件才能进入等准入信息相对封闭，这些也都降低了民营经济进入文化服务领域的可能性。发展文化产业需要充分发挥党委政府引导力、企业主体力和市场配置力的"三力合一"作用。但不少地方这种"三力合一"机制尚未形成，对如何发挥政府在发展文化产业中引导力作用的具体路径认识还不清晰，政府在发展文化产业中的规划引导、搭建平台、资金扶持作用还比较薄弱。这些问题，只有将文化体制改革进一步引向纵深才能解决。

  实施"八八战略"和被中央确定为文化体制改革综合试点省以来，历届省委一张蓝图绘到底，坚持文化体制改革不动摇、不停步，将之贯穿于加快建设文化大省、文化强省和努力建设文化浙江的全过程，不断在诸多重点领域和关键环节取得新突破，不断将文化体制改革向纵深引入，为推动文化繁荣发展提供了制度保障。

  2007年10月，党的十七大报告对文化体制改革提出了更高的要求,强调"在时代的高起点上推动文化内容形式、体制机制、传播手段创新,解放和发展文化生产力,是繁荣文化的必由之路"。"深化文化体制改革,完善扶持公益性文化事业、发展文化产业、鼓励文化创新的政策,营造有利于出精品、出人才、出效益的环境。"[1]

正是在这一背景下,2008年6月浙江省委工作会议上出台的《浙江省推动文化大发展大繁荣纲要(2008—2012)》,在发展的新时代高起点上,从三个方面对进一步推动浙江文化体制机制创新进行了阐发:其一,是推进公益性和经营性文化单位改革,包括"深化文化事业单位内部改革,推进人事、收入分配和社会保障制度改革,改进服务方式,提高服务水平";"推动已转制文化企业继续深化改革,完善法人治理结构,建立现代企业制度。推动有条件的转制企业加快产权制度改革,实行投资主体多元化,打造和引进文化领域的战略投资者,扶持若干主业突出、核心竞争力强的文化公司上市"。其二,是深化国有文化集团改革,包括"改革领导体制,理顺内部关系,建立完善党委领导与法人治理相结合的组织结构";"进一步深化集团运行机制改革,全面推行聘用制度和岗位管理制度,充分调动从业人员的积极性";"在做大做强主业的基础上,充分发挥特色优势,努力在跨地区覆盖、多媒体兼营、跨行业拓展上取得新的突破,促进国有文化集团跨越式发展"。其三,是完善文化管理体制,包括"适应文化发展形势要求,逐步建立党委领导、政府管理、行业自律、企事业单位依法运营的文化管理体制";"进一步完善文化市场综合执法改革,深化市、县文化广电新闻出版行政管理部门机构改革,推进政企分开、政资分开、政事分开、政府与市场中介组织分开,强化政策调节、市场监管、社会管理和公共服务职能"。这就进一步明确了浙江文化体制改革的具体方向和要求。《浙江省推动文化大发展大繁荣纲要(2008—2012)》出台以来,浙江文化体制改革无论在宏观层面还是在微观层面,都呈现出了在全面铺开基础上进一步向纵深推进的态势。

---

[1] 胡锦涛:《高举中国特色社会主义伟大旗帜 为夺取全面建设小康社会新胜利而奋斗——在中国共产党第十七次全国代表大会上的报告》,《人民日报》2007年10月25日。

2009年5月,中共浙江省委十二届五次全会召开,会议对继续解放思想,深化改革开放,再创体制机制优势进行了新的布局和部署,深化文化体制改革被列入继续深化改革的六个重点之一。同月,全省文化体制改革工作会议召开,会议全面回顾了全省开展文化体制改革综合试点以来取得的显著成效,对深化文化体制改革进行了深入的思想动员,具体部署了下一阶段文化体制改革的重点工作,强调要进一步完善领导体制和工作机制,继续完善政策法规支持体系,建立健全财政保障机制和人才保障体系,采取扎实有效措施,推进文化体制改革取得新的突破性进展。

2011年1月,省政府印发《浙江省文化产业发展规划(2010—2015)》,从"创新文化发展体制机制""促进文化企业加快发展"两方面阐述了"深化文化体制改革"的新举措,提出要"推动文化体制改革的进一步深化,解放和发展文化生产力,激发全社会的文化创造活力,形成新的文化发展体制机制。深化国有文化单位改革,推动建立健全现代企业制度,完善法人治理结构。进一步推动政府职能转变,实现政企分开、政事分开、管办分离,不断优化文化发展环境。深化文化事业单位的内部机制改革,继续大力推进劳动人事、收入分配和社会保障制度改革,引入竞争激励机制,制定完善工作评价机制和绩效考评办法,形成政府、社会、公众代表相结合的监督管理和考核评价体系"。"坚持把文化事业单位转企改制与跨区域、跨行业整合紧密结合起来,支持国有文化集团跨地区覆盖、多媒体经营、跨行业拓展,打造文化领域的战略投资者"。这就再一次对宏观文化管理体制、公益性文化事业单位、经营性国有文化单位等的改革进行了新的布局和部署。

2011年10月,党的十七届六中全会通过《中共中央关于深化文化体制改革推动社会主义文化大发展大繁荣若干重大问题的决定》,对文化体制改革提出了更高的要求。同年11月省委十二届十次全会通过《认真贯彻党的十七届六中全会精神浙江省委关于大力推进文化强省建设的决定》,从"推进文化管理体制改革""深化国有文化单位改革"两方面,全面系统地提出了从文化大省迈向文化强省新目标下的文化体制改革任务。关于宏观文化管理体制改革,指出,要"加快推进政府职能转变，理顺政府与文化企事业单位关系，实现政企分开、政事分开、管办分离，履行好政策调节、市场监管、社会管理、公共服务职能。扩大文化市场综合执法改革成果，继续深化市、县文广新局运行机制改革，创新文化市场综合执法方式和监管模式。按照管人、管事、管资产、管导向相结合的要求，完善国有文化集团绩效考核等管理制度，切实加强国有文化资产管理。制定公共文化服务保障、文化产业振兴、文化市场管理等方面的政策措施，综合运用法律、行政、经济、科技等手段，提高文化建设科学化、法制化水平"。关于微观文化主体改革，指出，要"加快推进全省经营性文化单位改革，着力建立现代企业制度，培育合格文化市场主体，打造一批有实力和竞争力的国有文化企业。组建电影、演艺等大型国有文化集团。拓展出版、发行、影视企业改革成果，加快公司制股份制改造，完善法人治理结构，形成符合现代企业制度要求的文化企业经营管理模式。按照区别对待、分类指导、循序渐进、逐步推开的要求，推进一般国有文艺院团、非时政类报刊社、新闻网站转企改制，推进党报发行体制和影视剧制播分离改革，深化广电有线网络'一省一网'整合发展。着眼于突出公益属性、强化服务功能、增强发展活力，全面推进文化事业单位劳动人事、收入分配和社会保障制度改革，明确服务规范，加强绩效评估考核，探索建立事业单位法人治理结构。进一步完善党报党刊、电台电视台管理和运行机制。推动一般时政类报刊社、保留事业体制的文艺院团实行企业化管理"。

党的十八大以来，我国文化发展进入了新阶段，文化体制改革也步入了攻坚期和深水区。2013年8月19日，习近平在全国宣传思想工作会议的讲话中指出，"关于文化体制改革，我只强调一点，就是要在继续大胆推进改革、推动文化事业全面繁荣和文化产业快速发展、建设社会主义文化强国的同时，把握好意识形态属性和产业属性、社会效益和经济效益的关系，始终坚持社会主义先进文化前进方向，始终把社会效益放在首位。无论改什么、怎么改，导向不能改，阵地不能丢"。2013年11月，党的十八届三中全会通过《中共中央关于全面深化改革若干重大问题的决定》，对全面深化改革做了全方位的布局和部署，明确了以激发全民族文化创造活力为中心环节，进一步深化文化体制改革的新任务。十八届三中全会以来，中央从"五位一体"总体布局的战略高度，对全面深化文化体制改革做出了一系列重大部署。文化体制改革与经济、政治、社会、生态文明和党建等方面改革协调配套，成为全面深化改革全局的一个重要组成部分，力度之大，范围之广，前所未有。这就需要统筹谋划文化体制改革的各个方面、各个层次、各个要素，确保改革的系统性、整体性、协同性。为此，中央成立了高规格的文化体制改革专项小组，召开了全国文化体制改革工作会议，中办、国办印发了《深化文化体制改革实施方案》，这些都标志着新一轮文化体制改革开始进入全面实施阶段。

党的十八大以来，浙江省文化体制改革全面发力、多点突破、纵深推进，进入涉深水、闯险滩、啃硬骨头阶段。2012年12月，紧随党的十八大闭幕而召开的省委十三届二次全体（扩大）会议强调，要深化文化体制改革，加快推进浙江从文化大省向文化强省迈进。2013年1月18日，在全省宣传思想工作视频会议上，省委强调，要以更大的勇气和智慧，继续深化文化体制改革，激发文化创造活力，推动文化产业有质量、有效益地发展，扎实推进文化强省建设，不断满足人民群众对丰富精神文化生活的向往。2013年11月29日，省委十三届四次全会通过《关于认真学习贯彻党的十八届三中全会精神 全面深化改革再创体制机制新优势的决定》，强调要"着眼于开拓文化发展新境界，倡导和培育社会主义核心价值观，加强和改进文化管理，完善文化事业和文化产业发展机制，牢牢把握舆论特别是网络舆论主动权，不断增强文化软实力，加快建设文化强省"。这个《决定》从深化社会主义核心价值体系建设、加强和改进文化管理、完善文化产业发展机制、加强公共文化服务体系建设四个方面，阐述了在全面深化改革再创体制机制新优势的大背景下浙江省文化体制改革的新任务。

2014年年初，作为落实省委十三届四次全会提出的全面深化改革再创体制机制新优势战略的重要举措，省委全面深化改革领导小组成立，下设文化改革专项小组。同年5月27日，全省文化体制改革工作会议召开，会议客观分析了文化体制改革的成就和存在的问题，指出浙江省是上一轮文化体制改革综合试点省，经过十余年的持续探索和实践，文化改革发展取得显著成效，文化体制机制创新实现突破，文化事业文化产业跨越式发展，文化产品的数量质量大幅提升，文化走出去得到较大拓展。但是也应看到，文化领域的改革已经进入攻坚期和关键期，新问题和老问题相互叠加，有待完成的和新提出的任务相互交织，各领域改革的共性要求和文化体制改革的特殊性相互作用，工作难度显著加大。特别是公共文化服务标准化均等化的指标体系有待制定，文化产业发展的总体水平不高，"低小散"情况没有得到根本改变，文化产业发展质量效益有待进一步提升等。总之，改革只有进行时，没有完成时，仍然在路上，任重而道远。必须牢固树立机遇意识、问题意识、担当意识，解放思想、求真务实，推动文化体制改革的进一步深化，促进文化生产力的进一步解放。

2014年7月18日，省委全面深化改革领导小组召开第三次会议，强调要全面推进文化体制改革，促进文化事业全面繁荣、文化产业快速发展、优秀传统文化传承弘扬，为深入实施"八八战略"、推进"两美"建设和建设"两富"现代化浙江提供强有力的思想保证、舆论支持、精神动力和文化支撑。这次会议审议通过了《浙江省深化文化体制改革实施方案》和《浙江省深化文化体制改革重点举措及工作项目》，确定了培育社会主义核心价值体系、理顺文化宏观管理体系、优化文化微观运营体系、完善现代文化市场体系、构建现代公共文化服务体系、拓展传统文化传承和对外传播体系六大方面改革任务和30个重点改革项目，对全省深化文化体制改革进行了新的布局和部署。《浙江省深化文化体制改革实施方案》明确提出，要加强社会主义核心价值体系建设，深入开展中国特色社会主义和中国梦研究宣传教育，培育和践行社会主义核心价值观，加强和改进高校思想政治教育，组织开展"中国梦想·美丽浙江"主题宣传教育活动；健全文化宏观管理体系，完善文化管理体制，健全坚持正确舆论导向的体制机制，加强国有文化资产管理，探索实行特殊管理股制度，完善互联网管理体制机制，改革文化产品评价体系和激励机制；优化文化微观运营体系，深化"事改企"，推进"企改股"，鼓励"股上市"，探索"事建理"；完善现代文化市场体系，构建多层次文化产品和要素市场，鼓励民营资本发展文化产业，推动文化产业融合发展，培育文化产业重点园区，加强文化市场监管；构建现代公共文化服务体系，推动基本公共文化服务标准化均等化，大力推进农村文化礼堂建设，创新社会力量办文化机制，深化农村电影发行放映体制改革；拓宽传统文化传承和对外文化传播体系，传承弘扬优秀传统文化，开拓文化传播和交流新渠道，加快发展对外文化贸易；加强对文化体制改革工作的组织领导。作为《浙江省深化文化体制改革实施方案》的配套文件，《浙江省深化文化体制改革重点举措及工作项目》对全面深化改革的总方案进行了细化，落实到部门，明确了时间表、路线图，为全省深化文化体制改革奠定了坚实的基础。

在这个文化体制改革向纵深推进的新阶段，浙江省特别重视统筹好社会效益与经济效益、导向要求与利润指标的关系，着力于健全文化产品评价体系，改革评奖制度，建立有利于出精品、出人才、出效益的文化发展体制机制。2016年，"双效统一"被列入省委全面深化改革的重点突破项目，制定了《省属国有文化集团绩效考核暂行办法》，明确社会效益指标占60%，经济效益指标占40%，社会效益部分纳入党委意识形态工作责任制考核范围，"指挥棒"的引导作用得到较好发挥。

党的十八大以来，浙江省积极贯彻落实中央改革部署，创新体制机制，文化体制改革取得了新的进展和突破：一是加强文化体制改革的顶层设计，全面部署文化体制改革任务。省委省政府督促指导11个市和省文化厅、省新广局、浙报集团、浙江广电集团等制定了改革实施方案和项目表，共安排2014—2017年改革项目326个，其中，2014年实施的项目就达245个。每年制定年度文化体制改革任务分解方案，明确任务目标和责任。二是转变政府职能，推进文化管理体制改革。推进文化领域有关部门职能归并、机构整合，积极开展简政放权，进一步规范文化行政审批事项。省文化厅将原有129项审批项目减少至25项，精简比例达77%，省新闻出版广电局减少行政审批事项60%以上。省文化厅11项行政审批事项中8项已全部或部分委托下放，全省文化系统34项办事事项已于2017年11月底全部实现"最多跑一次"。三是完善公共文化服务体制机制。建立和健全公共文化服务体系建设协调机制，鼓励社会力量、社会资本参与公共文化服务体系建设，积极培育文化非营利组织，推动公共文化服务社会化发展；完善文化设施网络建管用机制，分类分层推进覆盖城乡的文化设施网络建设；创新公共文化服务机制，积极探索公共文化设施共建共享模式，推动数字文化服务网络建设，大力发展覆盖全省的数字图书馆、数字博物馆、数字档案馆（室）、网络剧场等新兴文化服务平台；完成了公共文化服务标准化、基层综合性文化服务中心建设和公共文化机构法人治理结构三项文化部全国公共文化服务改革试点工作，在全省全面总结推广；出台了向社会力量购买公共文体服务的实施意见，并拓宽社会力量"办文化"路径，浙江小百花越剧团与民营资本合作注册成立了"浙江百越文化创意有限公司"。四是完善文化产业发展体制。继续着力于推进国有经营性文化单位转企改制，加快推进公司制、股份制改造，对按规定转制的重要国有传媒企业探索实行特殊管理股制度；加快推进文化产业投融资服务体系建设，积极鼓励非公有制文化企业发展，积极培养骨干文化企业，推动文化企业兼并重组；着力于完善文化经济政策，扩大政府文化资助和文化采购；深入实施文化产业发展"122"工程和文化产业倍增计划，加快推动文化产业与其他产业融合发展，积极鼓励文化创意产业发展；积极培育文化出口重点企业、重点项目和出口基地，提高文化走出去水平。五是深化综合执法。省委省政府出台了深化文化市场综合执法改革实施意见，健全了综合执法运行机制，大力加强执法队伍建设，建立黑名单管理制度。

浙江省文化体制改革的显著成效，得到了中央的高度肯定。2017年年底，中央文改办对各省（区、市）推进文化体制改革和发展工作的有关情况进行了督察，将各地组织机构建立、改革任务落实、考核评价运用等情况作为考核指标，予以综合排序，下发了《关于对十八大以来各省区市文化体制改革工作有关情况进行通报的通知》，浙江省在中央文改办组织的督察考核中，综合得分名列全国第一。

## 第二节　积极稳妥推进宏观文化管理体制改革

自实施建设文化大省战略特别是被确立为文化体制改革综合试点省以来，浙江省制定出台了一系列文化体制改革的相关配套政策，紧紧围绕以改革促发展这一主题，积极稳妥、扎实有序地推进改革，创新文化发展体制机制，取得了显著的成效。归纳而言，浙江省文化体制改革主要在宏观和微观两个层面上进行。这里，先从宏观文化管理体制改革开始分析。

在文化体制改革实践中，我国提出了"党委领导、政府管理、行业自律、企事业单位依法运营"的宏观管理体制目标。2005年12月颁布的《中共中央、国务院关于深化文化体制改革的若干意见》提出，"形成科学有效的宏观文化管理体制、富有效率的文化生产和服务的微观运行机制、以公有制为主体、多种所有制共同发展的文化产业格局和统一、开放、竞争、有序的现代文化市场体系"，"形成完善的文化创新体系，形成以民族文化为主体、吸收外来有益文化，推动中华文化走向世界的文化开放格局"的文化体制改革目标任务。在2006年4月的《浙江文化体制改革综合试点工作情况汇报》中，与新颁布的《中共中央、国务院关于深化文化体制改革的若干意见》相衔接，浙江省统一的宏观管理体制改革目标（即"党委领导、政府管理、行业自律、企事业单位依法运营"）被具体化为以下三个方面："推进文化领域宏观管理改革"；"推进政事分开、管办分离"；以及"加快转变政府职能"，重点是以文化市场综合执法为契机，实现"建、并、分"。自从被确立为文化体制改革综合试点省以来，浙江省围绕上述三个方面稳步推进宏观管理体制改革，历届省委坚持一张蓝图绘到底，一任接着一任干，文化宏观管理体制不断趋向完善。

## 一　建立新型的文化宏观管理体制

一个社会的文化宏观管理体系并非是与经济体制无关的自足体系。在计划经济时期，国家包办包揽文化事业，通过行政化手段配置文化资源，从而导致了文化生产的低效率以及文化产品和服务供给的普遍短缺。政府将文化事业产品和服务的所有者、经营者、管理者和供给者集于一身，往往带来角色混同与角色冲突。市场化取向的改革，有其内在发展逻辑和客观必然性。从计划到市场的经济体制转换，必然要求突破大包大揽的传统文化宏观管理体制。从"全能政府"向"有限政府"的转变,也要求政府转变文化管理职能,既必须从"越位"的地方"退位",也必须在"缺位"的地方"补位"。在推进文化体制改革试点工作中,浙江省提出在"文化领域宏观管理改革"方面的重点,就是"加强规划引导、政策保障、资产管理"。这体现了浙江省对市场经济条件下政府文化宏观管理体制的一种新定位:政府从"越位"的地方"退位",在"缺位"的地方"补位";市场能做的让市场发挥资源配置的基础性作用,市场失灵的领域在党的领导下政府发挥应有的作用。文化宏观管理体制改革的这一目标定位,贯穿于浙江从加快建设文化大省、文化强省到努力建设文化浙江的全过程。

(一) 规划引导

文化发展规划是引导区域文化未来发展、优化文化发展空间布局、统筹安排文化发展主要任务、协调文化各方面发展的谋划和部署,是一定时期内区域文化发展的蓝图,是政府文化宏观管理的重要组成部分,既是宏观文化管理的前期工作,又是文化建设和管理的依据,具有指导和规范文化建设的重要作用。实施建设文化大省战略以来,浙江省高度重视发挥"规划引导"作用,逐步强化规划在政府文化宏观管理中的地位和功能。2000 年省委出台了《浙江省建设文化大省纲要(2001—2020 年)》。2005 年省委出台了《中共浙江省委关于加快建设文化大省的决定》,并制定了文化建设的"八项工程"规划。2006 年发布了以文化产业发展为主的《浙江省文化建设"四个一批"规划(2005—2010)》,以规划的形式为建设一批重点文化设施、发展一批重点文化产业、培育一批重点产业区块、壮大一批重点文化企业这"四个一批"提出发展思路,做出布局规划。2008 年省委出台了《浙江省推动文化大发展大繁荣纲要(2008—2012)》。2011 年 1 月省政府公布《浙江省文化产业发展规划(2010—2015)》,这是全国第一个省级文化产业专项规划,也是浙江省首个由省政府颁布实施的文化产业规划。2016 年 11 月省委出台《关于贯彻十七届六中全会精神大力推进文化强省建设的决定》,对从文化大省迈向文化强省进行了布局和部署。2016 年 8 月省政府公布《浙江省文化发展"十三五"规划》,2016 年 10 月省政府办公厅发布《浙江省文化产业发展"十三五"规划》。2017年11月省委省政府发布《关于推进文化浙江建设的意见》。这些不同阶段出台的党委和政府文件，对加快建设文化大省、文化强省和文化浙江发挥了重要的指导和规范作用。

根据中央和省委精神、省有关部门的统一部署，实施加快建设文化大省战略以来，全省各地也分别结合自身的特点制定了一系列文化建设的规划。比如，2005年杭州市委市政府提出实施现代制造业和现代服务业"两轮驱动"战略，将大文化产业列入现代服务业八大重点行业之一，出台了《关于进一步推进杭州大文化产业发展规划（2005—2010年）》，市本级设立了专项资金，制定了《杭州市大文化产业投资指南》。2006年9月杭州市委市政府出台了《关于加快"一名城、四强市"建设的若干意见》以及教科卫体四个强市建设的规划纲要。按照加快建设"一名城、四强市"和"生活品质之城"的总体要求，2007年11月杭州市委办公厅、市府办公厅发布《杭州市公共文化服务体系建设规划（2008—2010年）》，这是杭州市关于公共文化服务体系建设的第一个规划。2008年年初，杭州市委市政府出台了《关于打造全国文化创意产业中心的若干意见》，对发展杭州文化创意产业进行了全面的规划和布局。2009年、2011年市委办公厅、市政府办公厅先后发布《杭州市文化创意产业发展规划（2009—2015年）》《杭州市"十二五"文化创意产业发展规划》《杭州市"十二五"公共文化服务体系建设规划》。2012年杭州市委出台《关于认真贯彻党的十七届六中全会精神，深入推进文化名城文化强市建设的若干意见》，杭州市委市政府出台《关于实施创新强市战略完善区域创新体系发展创新型经济的若干意见》。2017年6月杭州市政府办公厅印发《杭州市文化创意产业发展"十三五"规划》。

（二）政策保障

按照"政策保障"思路，浙江省着力于贯彻和落实中央有关文化体制改革政策，发布了一系列支持文化体制改革和文化发展的政策，为体制改革、公益性文化事业和文化产业的发展提供了政策保障。

早在2001年5月浙江省就出台了《关于建设文化大省若干文化政策的意见》，要求各级财政都要加大经常性投入，每年增长幅度不低于经常性财政支出的增长幅度，并明确省财政继续按省级宣传文化企事业单位上年上缴所得税的实际入库数列当年支出预算，纳入宣传文化发展专项资金，用于省级宣传文化单位技术改造、重点文化设施建设、精品创作、理论研究、人才培养、广播电视信号覆盖、图书发行网点建设、文物保护、新闻信息化工程等项目的补助和奖励。2001年，浙江省还发布了《关于深化事业单位改革的意见》等政策文件。2002年，浙江省进一步出台了《关于深化文化体制改革，加快文化产业发展的若干意见》《关于加强基层文化建设的意见》《关于推进省属事业单位改革的意见》等。事实上，这些政策性文件都是落实《浙江省建设文化大省纲要（2001—2020年）》这个纲领性文件的具体配套政策措施。2003年6月，在被中央确定为文化体制改革综合试点省后，浙江省对试点方案涉及的相关配套政策、行业政策进行了认真梳理，在此基础上，积极借鉴和吸收经济体制改革尤其是科研院所和高等院校体制改革政策，于2004年出台了《关于支持省级国有文化单位改革试点和文化产业发展的若干政策意见》。其中包括：文化单位职工依法转换劳动关系后按规定参加企业养老、医疗、失业等各项社会保险的实施办法；文化企事业单位特别是艺术院团转企改制中有关职工离退休的管理办法；国有文化企事业单位转企改制的资产处置政策，包括土地资产处置办法、提留一部分净资产用以支付改革成本的实施细则等；允许艺术等多种要素参与分配的实施办法；转制后的文化企业继续享受转制前原有优惠政策的具体规定；对部分效益差、负担重的文化单位转企改制中所需的职工安置等费用给予财政补助等等。这些政策措施，显然顺应了文化体制改革的内在逻辑和要求。像其他领域的改革一样，文化领域的改革必然涉及利益格局的调整。政府文化管理职能的转换，势必精简机构、人员，削弱一些部门的权力和利益，国有文化单位的改革，也必然打破文化行业和主管部门的垄断地位。同时，市场取向的改革和文化经济结构调整不可避免地导致失业增加，并引起国有文化企业职工的身份变化。这些因素都会使深化文化体制改革面临的难度和阻力加大。因此，《关于支持省级国有文化单位改革试点和文化产业发展的若干政策意见》等的出台，表明浙江省已经意识到了文化体制改革可能遇到的障碍，从而"未雨绸缪"式地在更加大刀阔斧地推进改革前夕，通过制定和实施相关配套政策，理顺利益关系，保障利益受损阶层的权益，最大限度地减少改革的摩擦力和阻力。

此后，随着文化体制改革的逐步深化，建设文化大省、文化强省和文化浙江工作的推进，浙江省陆续出台了一系列支持文化改革发展的政策文件。比如，2004年省委办公厅、省政府办公厅发布《关于建立文化市场综合执法机构的实施意见》，从2005年省委通过《关于加快建设文化大省的决定》至2010年即"十一五"期末，浙江省出台了《浙江省文化产业项目投资指南（2006）》《关于支持文化体制改革和文化企业发展的意见》《浙江省文化产业项目投资指南（2009）》《关于促进电影产业繁荣发展的实施意见》《关于加快广播电视有线网络数字化发展的意见》《浙江省关于金融支持文化产业发展的若干意见》《浙江省经营性文化单位转企改制任务分解表》等政策文件，在财政、税收、劳动保障、企业用地、投融资等方面制定了新的扶持配套政策。

进入"十二五"和"十三五"时期以来，浙江省又根据文化改革和发展的形势和要求，出台了一系列新的政策文件。比如，2011年出台了《关于加快广播电视有线网络"一省一网"整合发展的通知》《关于加强IPTV和有线宽带接入服务管理的通知》等政策文件，出台了《三大省级文化经营管理人员业绩考核暂行办法》《浙江省省属文化集团国有资产管理暂行办法》等；2013年省委省政府发布《关于进一步加快文化产业发展的若干意见》；2014年省委全面深化改革领导小组第三次会议通过了《浙江省深化文化体制改革实施方案》和《浙江省深化文化体制改革重点举措及工作项目》；2016年"双效统一"被列入省委全面深化改革的重点突破项目，制定出台了《省属国有文化集团绩效考核暂行办法》，明确社会效益指标占60%，经济效益指标占40%，社会效益部分纳入党委意识形态工作责任制的考核范围，指挥棒作用得到较好发挥；2016年省文化厅发布《关于加快推进特色小镇文化建设的若干意见》；2017年省政府办公厅发布《关于加快促进影视产业繁荣发展的若干意见》，省委省政府发布《关于加快把文化产业打造成为万亿级产业的意见》，省委宣传部、省委人才工作领导小组办公室发布《浙江省文化产业人才发展规划

（2017—2022年）》，省委办公厅、省政府办公厅发布《关于进一步深化文化市场综合执法改革的实施意见》等一系列政策文件。

这些政策性文件对浙江文化体制改革、公益性文化事业和经营性文化产业的发展，都产生了重要的引导与推动作用。首先，这些文件明确了文化体制改革的思路、方案和举措。其次，这些文件明确了政府扶持公益性文化事业的重点、扶持的全新理念和全新方式：重点扶持图书馆、博物馆、文化馆等重要文化设施，党报、党刊、电台、电视台、新闻网站等重要新闻媒体，体现民族特色和国家水准的重大文化项目和艺术院团，重要文化遗产和优秀民间艺术保护，农村、社区及欠发达地区文化建设；改革政府传统的"大包大揽"文化投入方式，规范非营利性文化事业机构的管理，探索建立新型公共财政支持模式；充分调动社会各方面积极性，采取多种途径和办法，引导社会资金投入公益性文化事业。最后，这些文件也明确了支持文化产业发展的财政、税收、物价、土地、投融资、编制、人才等方面的政策。

与此同时，浙江省各地也相继发布了一系列支持文化改革与发展的政策，为推动公益性文化事业和文化产业的发展提供了政策保障。在这一方面，省会城市杭州市特别具有典型性。

早在2001年杭州市政府已经出台《关于加快文化产业发展若干经济政策的意见》。自从被确定为试点城市以来，杭州市相继出台了多个政策文件，以保障文化的改革与发展。比如，2003年10月，《杭州市文化体制改革试点工作方案》出台，首次明确了改革试点工作的总体目标。同年，杭州市文化系统也出台了《杭州市文化局局属文化事业单位内部分配制度改革指导意见》《关于2003年度市属院团演出收入和主要演员收入两个"翻番"的实施细则》《杭州市市属艺术表演团体改革总体方案》《杭州杂技总团体制改革方案》等文化体制改革方案。2004年5月，杭州市委市政府颁发《关于深化文化体制改革促进文化产业发展的若干政策意见》，进一步明确了杭州市文化体制改革的主要任务。2005年，市委市政府出台了《关于进一步推进杭州大文化产业发展的若干意见》《杭州市政府采购公益性文化产品和服务试行办法》等政策意见。2008年，杭州市委市政府先后制定《关于统筹财政税收政策扶持文化创意产业发展的意见》，市文化创意产业指导委员会印发《关于鼓励为文化创意企业提供融资服务的若干意见（试行）》。2010年，市文创办印发《关于加强杭州市重点文化创意企业（集团）培育工作的实施意见》，市政府办公厅发布《关于鼓励为文化创意企业提供融资服务的实施意见》，市委办公厅、市政府办公厅发布《关于推进电影院线建设加快电影产业发展的实施意见》《关于进一步鼓励和扶持动漫游戏产业发展的补充意见》。2011年，市委办公厅、市政府办公厅发布《关于加快文化创意产业人才队伍建设的实施意见》《关于鼓励和扶持文化类民办非企业单位繁荣发展的若干政策意见（试行）》，市委宣传部发布《关于扶持民营书店健康发展的暂行办法》《杭州市文化事业发展专项资金管理办法（试行）》《杭州市文化类民办非企业单位扶持专项资金管理办法（试行）》。2012年，市委发布《关于支持浙商创业创新促进杭州发展的实施意见》，支持浙商发展文化创意、旅游休闲、金融服务、电子商务、信息软件、先进装备制造、物联网、生物医药、节能环保、新能源、涉海产业等重点产业；市委办公厅、市政府办公厅发布《关于加快推动文化创意产业西进的实施意见》。2014年，市委、市政府办公厅发布《关于促进文化和科技融合的若干政策意见》。2015年，杭州市政府办公厅发布《关于深入推进文化创意产业与相关产业融合发展的实施意见》，市文创办相继发布《杭州市初创型文化创意企业孵化工程（展翅计划）实施意见》和《杭州市成长型文化创意企业培育工程（登高计划）实施意见》。这些政策性文件有力地推动了杭州市文化的改革和发展。

（三）资产管理

按照"资产管理"的思路，浙江省着力于"建立国有文化资产管理协调机制"。与一般国有资产管理不同，国有文化资产管理具有自身的特殊性。按照2003年3月召开的全国人民代表大会第一次会议批准的国务院机构改革方案，我国成立了国有资产监督管理委员会（国资委），这标志着"国家所有、分级行使产权"的新体制，将取代已实行50多年的国有资产"国家统一所有、地方分级管理"的旧体制，它强化了国有资产委托代理关系链条中第二层委托代理关系，适应了市场经济发展的内在要求。依据委托代理关系，可以将整个国有资产委托代理链条大致划分为三个层次。第一个层次就是全国人民作为委托人将全民所有资产委托给国家代理。但是，国家是一个抽象、综合的范畴，其具体运行过程主要由政府来承担。因此，政府代理全民资产便成为国家所有制的逻辑选择。在这种情况下，政府作为全民资产的代表，会面临两种选择：一是将所有权和经营权集于一身；二是只控制所有权，把经营权归于国有企业。新中国成立以来特别是改革开放以来的实践表明：将所有权和经营权集于一身的做法不利于国有企业优势的充分发挥。所以，政府只控制所有权而将经营权交给企业，是市场经济发展的必然要求，由此产生了第二层次的委托代理关系，即：政府将国有资产委托给国资委代理。第三个层次就是政府通过国资委以委托人身份把国有资产委托给企业代理经营，实现国有资产的保值增值。

与一般国有资产一样，长期以来国有文化资产所有人和出资人的权益被虚置，国有文化单位一直存在着产权主体在现实中"缺位"的问题，导致经营不善，国有资产流失严重。像一般国有资产管理一样，国有文化资产也存在着如何进行有效监管、运营和实现保值增值的问题。

一方面，在与意识形态关系较弱的文化领域，国家早就已经允许非公有资本、外资进入，也允许它们在一定条件下参与国有文化企业的重组与改造。比如，2005年4月，国务院发布《关于非公有资本进入文化产业的若干决定》，明确提出鼓励和支持非公有资本进入"文艺表演团体、演出场所、博物馆和展览馆、互联网上网服务营业场所、艺术教育与培训、文化艺术中介、旅游文化服务、文化娱乐、艺术品经营、动漫和网络游戏、广告、电影电视剧制作发行、广播影视技术开发运用、电影院和电影院线、农村电影放映、书报刊分销、音像制品分销、包装装潢印刷品印刷"等领域，"从事文化产品和文化服务出口业务"，"参与文艺表演团体、演出场所等国有文化单位的公司制改建，非公有资本可以控股"，"进入出版物印刷、可录类光盘生产、只读类光盘复制等文化行业和领域"，在国有资本必须控股51%以上的前提下"可以投资参股出版物印刷、发行，新闻出版单位的广告、发行，广播电台和电视台的音乐、科技、体育、娱乐方面的节目制作，电影制作发行放映等领域国有文化企业"，"可以建设和经营有线电视接入网，参与有线电视接收端数字化改造"，"可以控股从事有线电视接入网社区部分业务的企业"，"可以开办户外、楼宇内、交通工具内、店堂等显示屏广告业务，可以在符合条件的宾馆饭店内提供广播电视视频节目点播服务"。2005年7月，文化部、国家广播电影电视总局、新闻出版总署、国家发展和改革委员会、商务部联合发布《关于文化领域引进外资的若干意见》，"允许外商以独资或合资、合作的方式设立包装装潢印刷、书报刊分销、可录类光盘生产、艺术品经营等企业"，"在中方控股51%以上或中方占有主导地位的条件下，允许外商以合资、合作的方式设立出版物印刷和只读类光盘复制等企业"，"在不损害我国审查音像制品内容的权利的情况下，允许外商以合作且中方占有主导地位的方式设立除电影之外的音像制品分销企业"，"在中方控股51%以上或中方占有主导地位的条件下，允许外商以合资、合作的方式设立和经营演出场所、电影院、演出经纪机构、电影技术等企业，参与国有书报刊音像制品发行企业股份制改造"，"允许香港和澳门的服务提供者在内地设立合资、合作、独资经营的演出场所，设立演艺经纪公司分支机构，设立合资、合作经营的演出经纪机构，设立由内地控股的互联网文化经营机构和互联网上网服务营业场所，设立不超过70%股权的音像制品分销合资企业和不超过70%权益的音像制品分销合作企业，以独资形式新建、改建电影院，在内地试点设立发行国产影片的独资公司"。

另一方面，在党报、党刊、电台、电视台等文化领域，由于与意识形态关系较强，国家不允许非公有资本、外资投资设立和经营。比如，2005年4月，国务院发布的《关于非公有资本进入文化产业的若干决定》明确规定，"非公有资本不得投资设立和经营通讯社、报刊社、出版社、广播电台（站）、电视台（站）、广播电视发射台（站）、转播台（站）、广播电视卫星、卫星上行站和收转站、微波站、监测台（站）、有线电视传输骨干网等，不得利用信息网络开展视听节目服务以及新闻网站等业务；不得经营报刊版面、广播电视频率频道和时段栏目；不得从事书报刊、影视片、音像制品成品等文化产品进口业务；不得进入国有文物博物馆"。2005年7月，文化部、国家广播电影电视总局、新闻出版总署、国家发展和改革委员会、商务部联合发布的《关于文化领域引进外资的若干意见》也明确规定，"禁止外商投资设立和经营新闻机构、广播电台（站）、电视台（站）、广播电视传输覆盖网、广播电视节目制作及播放公司、电影制作公司、互联网文化经营机构和互联网上网服务营业场所（港澳除外）、文艺表演团体、电影进口和发行及录像放映公司"。

因此，党报、党刊、电台、电视台等具有较强意识形态属性的国有资产领域，除了存在一般国有文化资产意义上的文化资产管理、保值增值等问题外，还存在国有文化资产管理的核心问题，即特殊的意识形态宣传机构的国有文化资产管理、保值增值等问题。在改革过程中，如何在具有较强意识形态属性的国有文化单位中保证党的领导、牢牢掌握意识形态工作的领导权，将"管资产和管人、管事"三者有机地统一起来，形成有效运营、监管机制并实现国有资产的保值增值，这是中国文化体制改革遇到的一大难点。

在文化体制改革试点工作中，浙江省把破解上述文化体制难点的方向确定为"要探索建立新形势下党委领导有力、政府管理有效，调控适度、运行有序，管人、管事、管资产相结合的宏观管理体制"。浙江的实践表明，在一般的国有文化资产管理方面体现"党政分开""政企分开"的原则，已经没有太多的问题，难度较高的是既具有较强的产业性质，又具有较强意识形态属性的新闻出版媒体等国有文化资产管理体制的创新问题。正是在这一方面，浙江省进行了积极的尝试。

在试点过程中，省委要求各级党委高度重视对宣传文化工作的领导，坚持管导向、管原则，管体制、管政策、管班子、管队伍，始终掌握对宣传文化工作方针政策和重大问题的决策权，对宣传业务的终审权，对宣传文化系统主要领导干部的任免权，对新闻媒体等国有文化资产配置的控制权。党委宣传部门作为党委主管意识形态的职能部门，要在日常工作中努力体现党对宣传文化工作的领导核心作用。与此同时，为了确保党对国有文化资产的配置权，浙江省积极探索"管人、管事、管资产"三统一的"国有文化资产管理新途径"。在这一方面，文化体制改革试点城市杭州和宁波的实践尤其具有典型性。

按照"管人、管事、管资产"三统一的原则,杭州市组建成立了市文化国有资产管理领导小组,与市文化体制改革领导小组合署办公,办公室设在市委宣传部,统一管理配置意识形态领域市属国有文化资产。[①]按照新闻媒体经营业务与宣传业务"两分开"的原则,2005年年底注册成立了国有独资的杭报集团有限公司、杭州文广集团有限公司,市政府明确对两大公司文化国有资产实行授权经营,并授权两大集团代表市政府行使部分出资人权利。同时,对集团管理权限进行了界定,两家集团涉及3000万元以上的重大资产转让、抵押、借贷及对外投资等,需经市文化国有资产管理领导小组研究后,按程序报市政府审批。同时,对两大集团制定了经营者年薪考核办法。针对国有文化资产经营的特殊性,考核办法中除了经营效益指标外,同时还增加了宣传工作职能考核、市委市政府交办的其他重点工作考核。

在探索"国有文化资产管理新途径"中,宁波市则创造了以"联合监管"和"精准考核"为鲜明特色的"宁报模式":在出资人职责上,与宁波市其他被授权企业一样,宁波日报由国资委来授权,从而明确了国资部门作为"委托者"和"出资人"的地位;在运营主体上,国资委直接授权给实体营运机构宁波日报报业集团,由后者担当受托人,在经营监管层面上,建立了由市国资委、市委宣传部、市委组织部和市文化广电新闻出版局"四位一体"的联合监管和考核主体,负责对宁波报业集团及集团领导的监管和考核,涉及新闻宣传工作的定性考核以市委宣传部为主实施,以经营业绩为主的考核以市国资委为主实施。与其他方式相比较,这种以"联合监管"和"精准考核"为特色的"国有文化资产管理新途径",显然具有明显的优势。正如有学者所说,第一,由国有资产出资人(国资委)代表和重大利益相关者(宣传部、组织部和行政管理部门)代表共同组成的考核小组有明确的分工;由国资委来进行授权经营和资产管理;由宣传部负责宣传任务和舆论导向方面的监管;由组织部来进行

---

[①] 杭州市文化体制改革工作领导小组办公室编:《杭州市文化体制改革回眸》,杭州出版社2007年版,第4页。

干部管理；由新闻出版部门负责行政管理。这样也就实现了"管人、管事、管资产"和"党管干部不变、正确的舆论导向不变、党和人民喉舌的性质不变"的统一。第二，"宁报模式"的监管层更扎实，这个小组创立了一套对授权单位的管理制度和考核标准，保证了工作的进行和有关政策及考核标准的推进有统一的出口，而不是政出多门，防止了"九龙治水"的弊端。[①]

浙江探索"国有文化资产管理新途径"的实践，无疑加强了国有资产管理工作的组织保障和统一领导，为国有文化资产管理工作奠定了组织基础。同时，这一尝试性的探索，也提出了文化体制改革面临的一个需要进一步解决的新问题。比如，张晓明认为，"为了'确保党对国有文化资产的配置权'，将政府的国有资产部门和宣传部门'合署办公'，具体实现'管人、管事、管资产'的三统一，体现了强化直接主办的倾向"[②]。而"直接主办"，显然又与"政企分开""政事分开"等原则存在冲突。因此，推进文化体制改革，需要进一步矫正在探索"国有资产管理的新途径"实践中仍然残留的"直接主办的倾向"。有学者已经指出："由党委直接管理国有文化资产和企业的微观运营似为不妥，不利于党委宣传部门管方针、抓大事。"[③]此外，多个部门被纳入监管体系中，也提出了如何协调这几个部门的关系、以什么样的方式把它们联系在一起、在监管体系中谁为主谁为辅、各部门之间又如何协调和分工等问题。当然，这些都是"改革和发展中"暴露的问题。而问题的暴露，既是解决问题的关键，也是浙江文化体制改革试点工作的重要意义之所在。它表明，"构建新型的国有文化资产管理与运营体制既是国有资产管理体制改革的重要内容，也是文化体制改革的有机组成部分，涉及党政关系、政企关系、政事关系、中央和地方政府的关系等诸多方面，应当统筹规划，科学

---

[①] 齐勇锋：《文化体制改革难点探析》，张晓明、胡惠林、章建刚主编《2008年：中国文化产业发展报告》，社会科学文献出版社2008年版，第96—99页。

[②] 张晓明：《文化体制改革：解放和发展文化生产力的关键》，李景源、张晓明主编《浙江经验与中国发展（文化卷）》，社会科学文献出版社2007年版，第125页。

[③] 齐勇锋：《文化体制改革难点探析》，张晓明、胡惠林、章建刚主编《2007年：中国文化产业发展报告》，社会科学文献出版社2007年版，第52页。

论证，稳步推进"①。

从加快建设文化大省、文化强省到努力建设文化浙江，浙江省持之不懈地对国有文化资产管理体制的改革、创新和完善进行积极的探索和尝试。2012年，浙江省设立了省级文化企业国有资产监督管理办公室（以下简称"省文资办"）。省文资办是省财政厅的内设机构，承担由省财政厅履行出资人职责的省级文化企业相关管理工作，主要职责包括全省国有文化资产的财政监督管理，省级文化企业国有资产监督管理工作等。

2013年11月，党的十八届三中全会提出"建立党委和政府监管国有文化资产的管理机构，实行管人管事管资产管导向相统一"。2014年3月，中共中央办公厅发布《深化文化体制改革施方案》，明确提出要"建立健全新型国有文化资产管理体制，建立党委和政府监管国有文化资产的管理机构"。按照中央统一部署，2014年5月，省委宣传部制定《关于建立完善省国有文化资产监管机构及运行机制的建议方案》，对建立"浙江省国有文化资产管理委员会"（以下简称"省文资委"）的必要性、主要职能、组成人员及议事规则等提出了具体建议。同年，这项工作成为《浙江省深化文化体制改革实施方案》中的重点改革举措、省委全面深化改革领导小组2015年30项重点突破改革项目之一。此后，浙江省按照中央"确保对重大事项的决策权、资产配置的控制权、宣传文化内容的终审权、主要领导干部的任免权"的要求，省委宣传部和省财政厅经过多次协商，并报经省委省政府主要领导同意，明确拟设立的省文资委为省委省政府监管国有文化资产的非常设议事决策机构。

2015年3月，省委办公厅、省政府办公厅印发《关于设立浙江省国有文化资产管理委员会的通知》。新设立的省文资委，由省委常委、宣传部部长任主任，分管副省长任副主任，成员由省委宣传部常务副部长、分管副部长和省财政厅厅长、分管副厅长组成。按照依法规范的要求，着眼于建立党委政府有机结合、宣传部门有效主导的管

---

① 齐勇锋：《文化体制改革难点探析》，张晓明、胡惠林、章建刚主编《2007年：中国文化产业发展报告》，社会科学文献出版社2007年版，第53页。

理模式，参照《浙江省企业国有资产监督管理办法》和《浙江省省级事业单位出资企业国有资产管理暂行办法》，浙江省从七个方面确定了省文资委的主要职能：（1）审议省属国有文化企业（含企业化管理事业单位，下同）发展方向、战略布局与总体规划；（2）推进全省国有文化资产管理改革，加强国有文化资产管理；（3）提出全省国有文化资产管理重大政策建议；（4）组织实施省属国有文化企业绩效考核及负责人薪酬管理；（5）推动省属国有文化企业建立现代企业制度，完善法人治理结构；（6）审议省属国有文化企业和其他省级文化单位设立、变更、撤销（注销）及生产经营活动中涉及国有文化资产管理的重大事项；（7）承办省委省政府交办的其他事项。

建立省文资委是浙江省贯彻落实党的十八届三中全会精神和中央《深化文化体制实施方案》要求，适应省情、探索具有浙江特色的"管人管事管资产管导向相统一"的国有文化资产管理体制和运行机制的重大创新举措。

### 二　转变政府职能：创新文化行政管理体制

政事不分、管办不分，是计划经济体制下形成的宏观文化管理体制的一个突出特征。改革开放以来，这种集政、事、企为一体的"三合一"体制逐步发生了深刻的变化，但在2003年被中央确立为文化体制改革试点省之时，像全国各地一样，浙江省政事不分、管办不分现象并未从根本上消除，政府仍然管得太多、太死。文化发展活力不够，市场配置资源的基础性作用未充分发挥出来。直接从事文化生产和经营的国有文化单位缺少自主权，难以成为参与文化市场竞争的主体，也使一些文化主管部门成为旧体制的既得利益者。这些单位的领导者既享受着事业单位的一套优惠政策；同时又是企业的主管，享受着企业的工资、奖金、福利，这些既得利益往往使得他们缺乏改革的内在动力。因此，中央明确文化体制改革综合试点工作的首要任务是转变政府职能，目的是将直接生产和提供文化产品和服务的政府，转变为管理文化产品和服务生产与提供的政府（从"办文化"到"管文化"的转变）。具体做法是，将不同的文化事业单位与政府分离

（使事业单位不再是政府的附属机构，所谓"政企分离""政事分离"），重建政府和文化事业的关系。

改革开放以来特别是开展文化体制改革综合试点工作以来，伴随着市场经济的孕育和发展、政府职能的转变，浙江省的政府文化管理方式也进入了"四个过渡"：一是指令性管理向指令性、指导性管理并存过渡，逐步改变以往政府文化管理部门对文化单位的指令性控制，政府文化管理部门与下属、基层文化单位进行行政指令脱钩，由纯粹的上下级隶属关系转变为同时具有指导与被指导的关系；二是从全面管理向重点管理过渡，改变各种文化艺术活动都由政府一手操办的情况，政府转而集中精力考虑文化发展的大政方针、目标方向，指导、监督文化发展计划的落实，培育文化中介组织和成熟有序的文化市场；三是从统一管理向分类管理过渡，根据不同类型文化单位的性质和特点，制定不同的管理措施，使管理细化、具体化；四是从单一管理向多样管理过渡，改变计划体制时代以行政手段为主的管理方式，综合运用经济、政策、法律、行政等手段进行管理调控。[1]

与上述"四个过渡"的趋势相适应，在综合试点过程中，浙江省把进一步解决政企不分、政事不分、事企不分等问题，作为一项十分重要的改革任务，力求探索出适应发展需要的新管理体制和运行机制。在省本级新闻出版广播影视系统实行政事分开、管办分离的基础上，浙江省进一步理顺了党委部门、政府部门、行业组织和文化企事业单位的关系，规范了各自职能，完善了管理体制机制。如省广电局是在全国广电系统上未管办分开、下（市、县）未管办分开、绝大多数省市也未管办分开的格局下，实行管办分开、机构分设的。新形势、新体制对省广电局的工作方式、工作手段、工作目标和运行机制等方面都提出了新的要求。局党组提出了行政管理"进足退够"的指导思想和"抓管理，促发展"的工作方针，该管的坚决管起来、管到位，不断探索新的管理方式，不该管的坚决退出退到底，努力做到不错位、不越位、不缺位，着眼于加快全省广播影视业的协调、可

---

[1] 参见骆威《对构建公共文化服务体系的思考》，《今日浙江》2005年第16期，第38—39页。

持续发展，全面、公正地履行广播影视行政管理工作。在处理局与集团关系上，省广电局重新确定了10类30项职能，尤其是强化了舆论监管、政策调节、规划引导、市场管理四项职能后，工作量大面广，管理也更科学规范。新闻出版管办分开后，省新闻出版局正确处理好"裁判员"和"运动员"、管理与服务的关系，突出抓导向、抓规划、抓制度、抓市场、抓队伍等管理重点，做到不越位、不错位、不缺位。

在构建政事、政企新关系的同时，浙江省也积极探索"党委领导、政府管理、行业自律、企事业单位依法运行"宏观管理环境下党政关系的新模式。省委宣传部与省广电局、省新闻出版局也探索了一些新机制和新做法，做到职能各有侧重和分工。如舆论监管方面，宣传部重点抓新闻舆论导向，广电局、新闻出版局重点抓影视剧目和出版物导向；宣传部重点抓事前调控，广电局、新闻出版局重点抓事后监管；宣传部重点抓省级媒体，广电局、新闻出版局重点抓市县媒体。通过几年的探索，基本形成和理顺了"党委领导、政府管理、集团运作"的新体制。

"党委领导、政府管理、行业自律、企事业单位依法运行"宏观管理模式的重要方面，就是"行业自律"。就一般意义而言，行业自律包括两个方面，一方面是行业内对国家法律、法规政策的遵守和贯彻；另一方面是行业内的行规行约对自身行为的制约；每一方面都包含对行业内成员的监督和保护的功能。行业自律是建立在行业协会的基础之上的，如果一个行业没有一个行之有效的行业协会，行业自律也就无从谈起。在文化体制改革工作中，浙江省把促进"行业自律"作为政府文化管理职能转变的一项重要任务，大力加强文化行业组织建设，充分发挥文联、社联等群众团体，记协、作协、报协、广电、演艺、印刷等行业协会在加强行业自律、完善中介服务等方面的积极作用。

长期以来，我国也形成了中央政府按照各部门系统分头管理、地方政府按照行政区域分级管理即"条条、块块"的文化行政管理体制，造成了职能交叉、政出多门以及"越位"（主要表现为政府对产业属性较强的机构干预过多）、"缺位"（主要表现为政府对公共服务性质较强的机构支持不足)、"错位"(主要表现为不同政府机构之间管理权限不清、重叠错位)等现象,导致机构重叠、效能低下,对公益性文化事业和文化产业形成了严重的障碍。

  2004年9月,中央宣传文化部门对文化体制改革综合试点地区建立文化市场综合执法机构提出了具体意见,明确在文化体制改革综合试点地区,以属地管理对文化市场实施统一综合执法,在地级市、县级市和县域内,对现有的文化局、广电局、新闻出版局实行合并,设立文化广电新闻出版局,同时履行原三个部门的职能。浙江省在2004年10月就制定出台了《关于建立文化市场综合执法机构的实施意见》,提出了"建、并、分"三方面工作,要求全省所有市县,包括中央未作要求的杭州和宁波两个副省级城市,都调整归并为"文化、广电、新闻出版等新政管理机构";要求全省所有县市都建立起集中统一的文化市场综合执法机构;并要求全省所有市县广播电台、电视台,都要按照政事分开、管办分离的原则,从广电局等行政机构中分离出来。事实上,建立文化市场综合执法机构,不仅仅意味着一场政府机构的改革,而且更意味着一场政府职能的改革。以文化市场综合执法机构改革为契机,通过归并省级以下的文化管理部门,一直以来难以有效推进的"政事分开、管办分开"得以迅速实现,政府职能的转变得以实现。至2010年浙江省基本完成文化市场综合执法改革,省市县都建立了文化市场管理领导小组及其办公室,建立了集中统一的文化市场综合执法机构。包括杭州、宁波两个副省级城市在内的各市、县都合并了文化、广电、新闻出版行政管理机构,进一步理顺了文化市场综合执法体制,形成了文化市场管理工作合力,促进了文化市场健康发展。2013年12月,浙江省新闻出版广电局组建成立,原省新闻出版局、省广播电影电视局不再保留。这次机构改革和职能转变,推动了浙江省新闻出版和广播影视的融合发展。2016年12月,浙江首次提出实施"最多跑一次"改革:群众和企业到政府有关部门办理一件事情,在申请材料齐全、符合法定受理条件时,从受理申请到形成办理结果全过程只需一次上门或零上门。浙江"最多跑一次"改革坚持换位思考,从群众视角思考政府改革,用群众语言设定改革目标,以群众感受确立改革标准,努力打造"审批事项最少、办事效率最高、政务环境最优、群众和企业获得感最强"的省份。全省文广新系统围绕省委省政府的顶层设计，拓宽服务方式，创新审批举措，大力推行"一窗受理、集成服务"的"最多跑一次"改革，取得了重要的进展。比如，截至2017年年底，新闻出版广电系统省级办事事项"最多跑一次"实现覆盖率达90.38%，市县级新广事项全部实现"最多跑一次"。

改革和完善宏观文化管理体制，是贯穿于浙江省从加快建设文化大省、文化强省到努力建设文化浙江全过程的重大主题。浙江省一直致力于探索建立保证党委领导、强化政府管理，调控适度、运行有序，管人管事管资产相统一的文化领导体制和协调、决策机制，努力打造推动浙江文化繁荣发展的宏观管理体制机制新优势；一直致力于加快推进政府职能转变，理顺政府与文化企事业单位关系，实现政企分开、政事分开、管办分离，履行好政策调节、市场监管、社会管理、公共服务职能；一直致力于扩大文化市场综合执法改革成果，不断深化市、县文广新局运行机制改革，创新文化市场综合执法方式和监管模式。在这个过程中，浙江省的宏观文化管理体制不断优化，科学化、法制化水平不断提升，从而更好地适应了浙江文化发展的趋势和要求。

## 第三节　微观层面改革：培育和打造新型文化主体

浙江微观层面的文化体制改革综合试点工作可以被归纳为"四个一批"：着力于转出一批主体，国有文化事业单位通过深化内部干部、人事和分配制度改革，转换机制，增强活力，形成适应发展要求的企业化管理模式；着力于改出一批主体，通过明晰产权，改制改造，对一部分国有文化单位实行"事改企"，有条件地改制为规范的现代企业；着力于放出一批主体，在政策允许的范围内，通过完善产业政策，优化服务环境，让民间资本进入文化领域，形成一批民营文化企业；着力于扶持一批主体，扶持龙头文化产业集团和重点文化公益单位。在上述"四个一批"主体中，既有公益性文化事业单位，也有营利性文化产业机构。在浙江省文化体制改革实践中,"四个一批"改革措施更为具体,"产业"和"事业"两分法已经表现为多种具体化的形式。针对不同类型主体,浙江省分别实施"转企改制""新闻媒体宣传业务和经营业务两分开两加强""深化文艺院团改革""打造国有文化集团",以及"引导民营文化产业发展"等内容和方式。自被确定为文化体制改革试点省以来,浙江省按照"转出一批主体""改出一批主体""放出一批主体""扶持一批主体"的总体思路,积极推进微观层面文化体制改革,探索政府和市场结合、文化产品生产和提供的多种方式,培育和打造新型文化主体。随着文化体制改革的逐步推进,大量已经在市场中成长起来的国有和民营文化主体之间,正在形成日益多样的合作方式。

## 一 改革和完善公益性文化单位体制机制

从20世纪50年代开始,中国逐步建立了与计划经济体制相适应的文化事业单位模式,即所有文化艺术机构都是公有的,分别拥有"全民"或"集体"的公有制性质,产权形态高度单一。有必要指出,经过社会主义改造以后形成的集中统一管理的计划经济体制,对于集中人力和财力办大事,从而迅速改变包括文化领域在内的中国社会领域的落后面貌具有重要的作用。正如有学者所说,"中国革命后社会的整合是在特定的条件下,成为国家或政府推动现代化模式的组成部分,这是由中国社会资源总量的贫弱所决定的,也是与中国革命后社会的现代化程度不高相适应的"[①]。无可否认,国家权威支配下的计划经济体制,也曾经在中国文化领域爆发出了难以低估的能量。1949年,全国仅有公共图书馆55个,文化馆896个,乡镇文化站建设基本上属于空白。到1952年,在短短的三年时间中,新中国已经初步建立了一个由图书馆、俱乐部、文化馆(站)、电影放映队、文工队(团)等组成的全国文化网络。全国共有省市以上图书馆59所(学校图书馆及其他机关图书馆未计算在内),博物馆40所(其中14

---

[①] 刘建军:《单位中国——社会调控体系重建中的个人、组织与国家》,天津人民出版社2000年版,第55页。

所为新建),文化馆2436个(几乎每个县都有一个),文化站(县以下的区设文化站)6000多个,工厂、农村俱乐部与图书馆约2万个,全国戏曲社团约2000个,戏曲艺人约20万人,全国每日观众近100万人次。① 全国有电影院757所,放映队1800个。电影观众从1950年的1.5亿人次增加到6亿多人次,此外,新建立电影放映队2439个、文化站4122个。② 1949—1952年,全国共拍摄故事片86部,在"一五计划"(1953—1957年)期间,共摄制故事片126部。③ 全国电影观众从1949年的0.5亿人次增加到1952年的5.6亿人次,其中城市观众从0.5亿人次增加到3.8亿人次,增加6倍多,农村观众从无到有,1952年达到1.8亿人次。全国电影发行收入从1949年的205.8万元增加到1952年的1621.1万元,增加了6.9倍。其中影片的发行收入从27.5万元增加到586.5万元,由于国营电影制片厂几乎从无到有地发展生产,其影片发行收入增加了20多倍。④ 同时,在一些城市中还建立了话剧团、歌剧团、歌舞团、舞蹈团、音乐工作团等,在文工团和文艺工作者的帮助下,群众业余文化活动有了极大的发展。各个城市的工厂几乎都建立了自己的业余艺术组织,展开了戏剧、音乐、绘画以及其他文艺活动,在农村,业余艺术组织数量尤其是剧团数量大增,发展相当迅速。⑤ 至1958年年底,全国各种专业的艺术表演团体达到3100多个,剧场2600多个,电影放映单位12000多个,其中电影院1300多个,流动放映队8300多个,县以上的公共图书馆922个,县以上博物馆达到了360个。⑥ 此外,建国初期,绘画、音乐创作、诗歌、小说、舞蹈等也呈现出了一定程度的繁荣局面。

与此同时,国家权威支配下的严密畅达的组织动员体系推动的各

---

① 沈雁冰:《三年来的文化艺术工作》,《人民日报》1952年9月27日。
② 《建国以来重要文献选编》第五册,中央文献出版社1993年版,第23页。
③ 蒯大申、饶先来:《新中国文化管理体制研究》,上海人民出版社2010年版,第156页。
④ 季洪:《新中国电影事业建设四十年(1949—1989)》,第35—36页。
⑤ 《周扬文集》第二卷,人民文学出版社1985年版,第41—42页。
⑥ 蒯大申、饶先来:《新中国文化管理体制研究》,上海人民出版社2010年版,第163页。

项文化实践所产生的巨大社会影响,也从思想、理论和精神上逐渐地改造了民众的世界观、价值观和人生观,从而有力地促进了各项政治、经济和社会实践。新中国扫盲运动取得的重大成就,尤其集中地体现了这种体系所释放出来的巨大能量。1949年全国文盲占总人口的80%,农村文盲率更是高达95%,学龄儿童入学率仅20%。从1949—1966年,新中国建立了一套行之有效的扫盲工作领导体制,1952年11月,中央政府决定成立以楚图南为主任的中央扫除文盲工作委员会,为部级建制,扫盲工作委员会下设办公室、城市扫盲工作司、编审司,并要求各省、地、县建立相应的扫盲机构。1956年3月15日,撤销中央扫除文盲工作委员会,成立全国扫除文盲协会,副总理陈毅担任会长。一场"政府领导、依靠群众组织"的识字扫盲运动,从政府机关开始,然后在全国范围内轰轰烈烈地展开,扫盲班遍布工厂、农村、部队和街道,人们以前所未有的热情投入学习文化的热潮中。1964年,我国第二次人口普查结果显示,15岁以下的文盲率,已经由中华人民共和国成立初期的80%下降到了52.45%,期间全国有一亿多人摘掉了文盲的帽子,创造了人类历史上的奇迹。如果没有计划经济体制这种中国超大社会整合的路径和逻辑所发挥的"集中力量办大事"的优势,上述成就几乎是难以想象的。

经过全面"改造"以后,几乎所有文化机构都成为国家的文化事业机构(文化事业单位)。诚然,"只有当千千万万的单位服从国家统一的指令性安排之时,才能保证达到在短时期内实现扩充社会资源总量的目的,为中国现代化向纵深方向发展提供保障"[①]。高度组织化的文化事业单位体制,既保证了任何文化方针政策都能得到高效的推广和实施,也为文化艺术人员提供了终身保障,使他们摆脱了生活的动荡和压力,规避了文化艺术创作与演出中的经济风险。更重要的是,在全面"改造"过程中,普通文化艺术人员的人格、地位和劳动也开始得到了前所未有的尊重。比如,在"改戏、改人、改制"的"三改"过程中,旧社会将艺人视为"戏子"的做法,得到了根

---

[①] 刘建军:《单位中国——社会调控体系重建中的个人、组织与国家》,天津人民出版社2000年版,第147页。

本性的改变。如彭真所强调,中国共产党坚决反对"玩戏子"的思想,"旧剧演员也是艺术工作者,是劳动人民的一部分。在旧社会他们受压迫、受剥削、受侮辱,他们中间有不少人有很高的艺术成就",因此,"应该尊重他们的人格、地位和劳动,尊重他们的艺术成就,关心他们的生活"①。

但是,另一方面也应看到,文化事业单位体制的弊端也是显而易见的。文化艺术群体、知识分子群体统统由国家"包下来",并迅速地单位化,成为各类文化机构和团体中拥有固定岗位并拿着国家工资的"单位人""国家干部"。这些"单位人""国家干部"依靠政府补贴从事文化艺术生产,通过政府"大包大揽"的保护来规避市场风险,无论"单位"效率高低、盈亏与否,都可以捧"铁饭碗"、吃"大锅饭"。这就导致了文化艺术工作者对"文化事业单位"的依赖。在计划经济时期,除全民和集体财产之外,对于个人来说,基本上不存在获得独立性的其他替代性资源的可能性。这种"文化事业"体制虽然也发挥了重要的历史功能,但从产生开始就暴露出了种种弊端。政府大包大揽、政事政企不分的管理体制,混淆了政府的职能界限,加重了公共财政的负担,导致了政府运行效率的低下;缺乏自主创新的激励机制的"大锅饭"体制,导致了文化事业单位机构臃肿、人浮于事以及文化艺术工作者创造力萎缩等现象。在计划经济体制下,国有文化单位是事业单位,不是企业,因此不可能真正进入市场参与竞争。

改革开放以来,随着经济体制从计划到市场的转变,中国文化事业单位体制经过了多年的"调整"和"改革",但在21世纪前后文化事业单位依然存在着许多突出的问题。对此,张晓明、齐勇锋等曾从多个层面进行了揭示②:一是从所提供的产品和服务来看,由于不加区分地鼓励实行有偿服务,虽然对大部分文化事业单位在体制上仍然按照公共服务机构管理,但所提供的产品和服务已经在很大程度上

---

① 《彭真文选》,人民出版社1991年版,第188页。
② 张晓明、齐勇锋等:《中国文化事业单位改革研究》,《中国公共文化发展服务报告(2007)》,社会科学文献出版社2007年版。

脱离了公共性质：如公共图书馆等由于投入不足而萎缩，如工人俱乐部、青少年宫等由于扩大收费而蜕变，如广播电视机构等由于依靠广告等生存而完全转向商业轨道从而发生变质。二是从微观组织层面来看，在开展有偿服务过程中，新闻出版、广播电影电视领域等一大批有经营潜力和能力的事业单位获得了双重身份：既是事业法人，也有企业法人执照，长期实行所谓"事业单位企业化管理"的事业和产业双轨制混合经营。在这种体制之下，同一个单位内部，公共文化与非公共文化性质的产品和服务混淆，经营性文化产业与公益性文化事业相互重叠，多重功能相互交叉，多种发展目标相互矛盾和冲突，内部管理机制不顺甚至混乱。三是从政府监管层面来看，由于大部分原有文化事业单位已经开始步入了市场化、产业化轨道，成为事实上的营利性机构，传统行政管理手段在很大程度上已经不适应现实的变化趋势了。这就导致了政府"越位""缺位"和"错位"等现象的产生。四是从结构布局层面来看，改革开放以来，我国文化事业单位的发展过于依赖地方财政，同时又允许事业单位自身开展创收活动，这些做法导致了地区和城乡间文化发展的严重不平衡现象。经济发达地区和城市往往财政支持力度大、货币支付能力强、消费水平高、文化需求相对旺盛、各类文化机构的发展相对较好。而经济欠发达地区和农村往往财政支持力度小、货币支付能力弱、消费水平低、有效文化需求相对不足、各类文化机构的发展相对差。

这就表明，在改革开放以来的相当一段时期内，新型文化发展微观主体的孕育和发展，采取了以旧瓶装新酒的模式，即以传统的供应方式服务于新的目的，完成新的任务。虽然在这种模式中也产生了一些新的特质和新的要素，但也特别容易形成路径依赖，从而会将旧体制中的一些弊病继承下来。因此，在市场经济大背景下，迫切需要按照公益性、经营性等性质以及市场经济规律，对传统文化事业单位进行一场更深刻、更全面、更彻底的改革。被中央确立为文化体制改革综合试点省，为浙江省领先于全国进行这场改革，培育和重塑市场经济条件下的新型文化发展微观主体，提供了重要的契机。

文化体制改革综合试点工作开展以来，浙江省按照中央宣传文化部门对试点地区微观层面文化体制改革提出的具体要求，明确了改革的中心环节是改造作为微观主体的文化事业单位，把原来单一的文化事业单位分为"公益性文化事业单位""实行事业体制企业化运行单位"以及"确定为企业的单位"三种类型。在此基础上，浙江省还进一步明确了这三种不同类型的改革要求：第一类要加大投入，调整资源配置，逐步建设成公共文化服务机构；第二类要由政府重点扶持，但是着力于改进和完善扶持的方式，其中的新闻媒体要优化组织结构，整合内部资源，转变经营方式，将经营性环节从事业体制中剥离出来，转制为企业，进行市场运作，为主业服务；第三类要整体实现转制为企业，重塑为文化市场主体。

公益性文化事业单位改革的一个难点，就是往往缺乏改革的内生动力，改革的推动力一般来自公益性文化事业单位之外，既需要"自上而下"的党委和政府推动，也需要"自外而内"的市场推动。中央宣传文化部门对试点地区微观层面文化体制改革提出了具体的要求，这就为浙江文化事业单位改革提供了"自上而下"的动力；市场经济先于全国的孕育和发展创造了一个良好的外部环境，从而对浙江文化事业单位改革形成了"自外而内"的市场推动。此外，改革开放以来，浙江省在推动事业单位和国有企业改革中已经积累了丰富的经验，并已开始尝试将这些做法和经验引入公益性文化事业单位的改革实践中。早在世纪之交，浙江省已经着手在公益性文化事业机构中进行"劳动、人事、分配三项制度改革"，尝试破除制约公益性文化事业发展的体制机制障碍，解决公益性文化事业单位在管理体制、机构编制、财政投入、人事制度、收入分配、养老保险等方面的问题。1999年11月，杭州市召开了全市文化工作会议，会上已经突出地强调，"公益性文化事业单位如博物馆、图书馆、群众文化馆站、文物考古馆所等，一方面要向社会开放，另一方面又是公益性的，由于不可能直接进入市场，经济效益低，对这一类文化事业单位，政府虽然需要予以财政支持，但必须改变以往按照事业单位编制拨人头费的办法，要根据其为社会提供多少文化产品和服务来核定财政拨款的数额，签订为市民服务的质量合同，并授予经营自主权，引入竞争机制，把单位的用人制度搞活，使人能进能出，工资能高能低，干部能上能下，打破平均主义的大锅饭，调动干部职工的积极性"[①]。2000年12月省委常委会通过的《浙江省建设文化大省纲要（2001—2020年）》明确地提出要"正确处理文化事业和文化产业的关系，对不同的文化类型，采取不同的政策和管理方法"。对于经营性文化事业单位，采取租赁制、承包制、股份制和拍卖出售等方式，实行"企业化"改造；后者"作为非营利机构"，财政予以重点支持，并鼓励社会捐赠、扶持等，也与后来试点方案中"分类改革"的思路和做法基本一致。在这个背景下，以文化体制改革综合试点工作为契机，全面推进公益性文化事业单位改革，已经成为水到渠成、瓜熟蒂落的事情。

《浙江省文化体制改革综合试点总体方案》把富有"较强实力""活力"和"竞争力"等修饰词，不仅加之于经营性文化产业发展微观主体，而且也加之于公益性文化事业发展微观主体，强调"要以改革的思路，加大政府投入，吸纳社会资金，加快建设西湖文化广场、浙江美术馆、浙江科技馆、浙江自然博物馆、杭州大剧院、宁波大剧院等一批投资规模较大、技术先进、功能完备的重点文化设施。创新文化设施经营模式，通过市场机制运作，使之成为具有面向市场自我发展能力的经营主体"。这就不仅明确了公益性文化事业单位，不能像经营性文化单位一样直接进入市场，必须"加大政府投入，吸纳社会资金"；更重要的是，提出了改变财政投入方式，将市场机制引入公益性文化单位等新的"改革的思路"。

开展文化体制改革综合试点工作以来，浙江省以"增加投入、转换机制、增强活力、改善服务"为目标，在世纪之交已经开始的"劳动、人事、分配三项制度改革"基础上，按照中央关于深化干部人事制度改革和分类推进事业单位改革的总体要求，以转换用人机制和搞活用人制度为核心，以健全聘用制度和岗位管理制度为重点，继续深化公益性文化单位的用人、分配、激励等内部管理体制和运行机制改革，形成权责清晰、分类科学、机制灵活、监管有力，符合公益性文化事业单位特点和人才成长规律的人事管理制度。全面实行全员

---

① 仇保兴：《在全市文化工作会议上的讲话》，杭州市文化局编《杭州先进文化研究文集》（未刊稿），第186页。

聘任制、干部聘任制，探索实行人事代理制、签约制、劳动合同制等多种用人方式，积极探索完善不同类型公益性文化事业单位在聘用合同、岗位设置、公开招聘、竞聘上岗等方面的不同管理办法，建立健全以聘用合同和岗位职责为依据、以工作绩效为重点内容、以服务对象满意度为基础的考核办法，建立符合公益性文化事业单位特点的奖惩制度，实现由固定用人向合同用人转变，由身份管理向岗位管理转变；根据分类推进公益性文化事业单位改革的总体要求，健全符合公益性文化事业单位特点、体现岗位绩效和分级分类管理的工作人员收入分配制度，逐步建立起机制健全、关系合理、调控有力、秩序规范的管理运行体系，促进公益性文化事业单位发展和体制机制创新，逐步实现公益性文化事业单位工作人员收入分配的科学化和规范化；拓宽发展渠道，提高服务水平，更广泛有效地为公众服务。

除了完善公益性文化单位内部管理机制和运行机制外，通过建立政府、市场和社会力量之间的伙伴关系，实现市场经济大背景下公益性文化单位的转型，也是浙江开展文化体制改革综合试点工作以来始终尝试和探索的一个重点和突出亮点。浙江的具体做法是：其一，改革和创新对公益性文化单位的投入方式。在保障正常运转所需人员和经费的基础上，逐步改变过去政府直接操作或给编制、给经费、给人员等行政化做法，通过购买服务、以奖代拨、拨款跟活动项目走等方式，逐步实现从以钱"养人""养机构"向以钱"养事""养项目"转变，以项目投入为手段，以激发活力为目标，加强审计和监督，提高公共资金使用效益，提高公共文化服务的效率。其二，引导社会力量捐助和兴办公益性文化事业。逐步加大吸引社会资金参与文化发展项目的力度，能够由社会投资建设的文化项目尽可能利用社会资金建设，政府创造条件，利用特许经营、投资补助等方式，吸引社会资金参与有合理回报和一定投资收益的文化基础设施和公共文化事业建设；逐步完善鼓励、捐赠和赞助等政策，拓宽筹资渠道，引导社会资金以多种方式投入公共文化事业。浙江省的改革实践表明，在计划经济体制下，直接提供文化产品和服务的文化事业单位往往缺乏提高效率和生产率的激励机制，实际上不面临任何竞争，处于一种垄断的地位。打破垄断地位的有效途径和方法，则是创建或模拟市场竞争，通过引入更多提供者（采取说服、宣传、政策优惠等手段鼓励社会资本投入公共文化领域）等市场化手段的不同选择，可以在公共文化服务领域形成行之有效的激励和约束机制，创新公共文化发展模式，从而有效地刺激政府及公益性文化单位改善公共文化产品和服务的质量并提高效率，通过回应和满足社会与公众需求证明公共文化部门相对于社会的合法性和合理性。其三，建立公共文化机构评估体系和绩效考评机制，制定博物馆、图书馆、文化馆、文化站、文化活动室等设施建设的标准和评价体系，并与政府财政拨款和奖励紧密结合，使公益性文化单位更好地为满足城乡人民精神文化需要服务。

浙江省的这些做法都突出地表明，在今天，即使是公益性文化单位也不能完全脱离市场经济大背景，虽然不能直接将之推向市场，但也必须引入市场机制、社会力量，尽量借助一些被实践证明是灵验的市场手段，提高运作效率，从而更好地发挥满足人民群众精神文化需求的功能。

随着市场化取向改革的不断深化以及从建设文化大省、文化强省到文化浙江的加快推进，浙江省公益性文化事业单位改革也不断向纵深推进。2017 年，中宣部、文化部等 7 部门联合印发《关于深入推进公共文化机构法人治理结构改革的实施方案》，提出到 2020 年年底，全国市（地）级以上规模较大、面向社会提供公益服务的公共图书馆、博物馆、文化馆、科技馆、美术馆等公共文化机构，基本建立以理事会为主要形式的法人治理结构，决策、执行和监督机制进一步健全，相关方权责更加明晰，运转更加顺畅，活力不断增强，人民群众对公共文化的获得感明显提升。建立完善文化事业单位法人治理结构，是党的十八届三中全会提出深化文化体制改革的一项重要举措。为扎实推进这项工作，2014 年省文化厅确定了浙江图书馆、温州市图书馆、湖州市图书馆、嘉兴市文化馆、嘉兴市博物馆和苍南县文化馆六家单位作为"文化事业单位法人治理结构改革"的试点单位。在试点取得经验的基础上，按照政事分开、管办分离要求，以公共图书馆、博物馆、文化馆、科技馆、美术馆为重点领域，推动全省公共文化机构建立以理事会为主要形式的法人治理结构，吸纳有关方面代表、专业人士、各界群众参与管理，落实法人自主权，进一步提升管理水平和服务效能。至2016年，全省已经有各种形态的57家单位启动文化事业单位法人治理结构改革。经过三年的探索与实践，这项改革已经取得了一定成效。2017年，以"理事组成社会化、运行管理开放化、管理约束制度化、理事活动常规化、文化服务多元化"为创新特色的温州市图书馆理事会，入选文化部10家"全国公共文化机构法人治理试点单位"。

2018年年初，浙江省财政厅与浙江省机构编制委员会办公室联合印发《浙江省事业单位政府购买服务改革工作实施方案》，要求分类推进全省事业单位政府购买服务改革。其中规定，完全或主要承担行政职能的事业单位可以比照政府行政部门，作为政府购买服务的购买主体。不承担行政职能的事业单位不属于政府购买服务的购买主体，因履职需要购买辅助性服务的，应当按照政府采购法律制度有关规定执行。不能或不宜由市场配置资源的公益一类的事业单位，既不属于政府购买服务的购买主体，也不属于承接主体，不得购买或承接政府购买服务。对部分职能复合的公益一类事业单位，应当加快厘清职能。可部分由市场配置资源的公益二类事业单位，可以作为政府购买服务的承接主体。生产经营类的事业单位，可以作为政府购买服务的承接主体，与具备条件的社会力量公开、平等参与政府购买服务竞争。尚未完成分类的事业单位，要在厘清职能的基础上划分类别进行改革。这次改革的总目标是全面梳理包括公益性文化事业单位在内的事业单位职能，进一步深化简政放权，推进"最多跑一次"改革，实现政事分开，深化事业单位政府购买服务预算制度改革，全面实施绩效管理；支持事业单位分类改革，强化公益属性，加快实现事业单位由"养人"向"办事"转变，显著提升事业单位提供包括公共文化服务在内的公共服务的能力、水平和效益。

## 二 培育和打造新型经营性国有文化主体

开展文化体制改革综合试点工作以来，与公益性文化单位的改革有所区别，浙江省以"创新体制、转换机制、面向市场、增强活力"十六字规定了经营性国有文化单位的改革方向，并要求按照分类分步和"单位性质要转变、劳动关系要转换、产权结构要转型"的原则，实现经营性国有文化试点单位的转企改制。

在传统文化管理体制下，由于国有文化单位所有者和出资人的权益长期被虚置以及激励机制和约束机制的不合理、不规范、不充分，不仅难以使经营管理者有效地承担国有资产保值增值的责任，而且也为经营管理者转移资产、侵占利润、短期行为、在职消费等"内部人控制"现象的产生提供了土壤。因此，转企改制的目的，就是要实现国有经营性文化单位的机制创新，搞活微观主体，使微观主体拥有明确和独立的产权并受到法律的有效保护，有充分的决策权，能够根据市场信息的变化自主决策，同时对自己的决策和行为负民事责任。适应市场经济要求的文化微观主体的形成，必须以建立现代企业制度和现代产权制度为前提条件。正是在这一点上，浙江省取得了卓有成效的突破。

从全国范围看，经营性国有文化单位的"转企改制"工作可以分为三种类型：剥离转制、整体转制、股份化改革。浙江省在这三个方面都有所探索，具体做法是：

其一，推进资源整合与结构调整。从发达国家文化产业现状来看，一个国家文化竞争力主要表现为若干家文化企业集团以雄厚的资本、技术和人才实力参与国际和国内市场竞争的能力。反观中国，虽然文化企业数量众多，但组织结构不合理，大企业、大集团比较少，文化企业集团也缺乏竞争力。因此，按照中央要求和本省实际，浙江省在组建国有文化集团时就以"转企改制"为目标，强调不搞"翻牌"，力求"化学反应"，推进资源整合与结构调整。实施建设文化大省战略以来，浙江广电集团对所属 20 多家单位进行"同类项合并"。浙江出版联合集团兼并省内 2 报 4 刊，并利用刊号资源调整报刊结构，培育新的增长点。对经营性企业加大资产重组力度，先后完成所属浙江印刷集团、浙江出版印刷物资总公司等 20 多家企业的改制任务。同时，积极鼓励和扶持集团间的相互合作，在更高层次上进行资源优化配置。对省委外宣办、浙江日报报业集团和浙江广电集团各自所属的三家网站实行"三网合一"，整合重组新的浙江在线新闻网站。整合后的浙江在线树立起了重要主流媒体形象，经营业务收入也大幅增长。《浙商》杂志也是由浙江日报报业集团、浙江广电集团、浙江省私营企业协会等几家联合创办。杭州市也整合了有线广播电视传输网络，2005年已经实现全市有线广播电视传输网络统一规划、统一业务、统一标准、统一经营、统一管理。2007年5月，由浙江省人民政府批准并出资，委托省文化厅管理的浙江省首家国有独资大型文化产业集团——浙江新远文化产业集团正式挂牌成立。这个集团由省文化厅直属的浙江省电影有限公司、浙江文化大厦有限公司、浙江舞台设计研究院有限公司、浙江文艺音像出版社（浙江天创光电有限公司）、杭州剧院、浙江胜利剧院、浙江省文化实业发展中心、杭州电影拍摄基地、浙江舞美演艺有限公司、浙江省对外文化交流公司、浙江省广告展览公司、浙江省演出公司、浙江省文化厅招待所13家企事业单位和西湖文化广场中省文化厅管理的三万平方米经营性国有资产划转组建。

其二，在党报、党刊、电台、电视台、通讯社、重点新闻社和时政类报刊，少数承担政治性、公益性出版任务的出版单位等新闻媒体的改革方面，浙江省的探索主要集中在浙报、广电、出版等集团，在这些集团内实行"两分开、两加强"，建立一种新型的公司化体制。

一是按企业法人治理结构重新构建与下属经营单位的组织框架。比如，浙江广电集团根据"统筹规划、独立编排、各具特色、资源共享"的原则，对集团所属频道资源实行全面重组，形成了以浙江卫视和广播新闻综合两个主频道为龙头、广电13个专业频道为两翼，既有整体统一形象，又具合理分工的多功能、立体型、系列化的新型广电频道体系。构建"两级管理、分频道经营"的运营体系，将宏观管理功能集中到集团层面，对所有频道实行总监负责制。在宣传上，频道拥有节目选题权、节目微调权、节目购置权、节目评估权、大型活动组织权等；在经营上，拥有广告（活动）价格制定权、广告播出安排权等；在人事上，拥有聘用人员选择权、临时用工决定权、人员内部调配权等；在分配上，拥有奖金二次分配权、创优嘉奖权等。集团根据频道常态的运营状况和要求增长的幅度，对频道实行"核定收支、超支不补、节余留用"的经济目标管理，对频道实行全成本核算。集团每年对频道下达宣传创优和经济创收两项指标，按月统计，年度考核。年度以宣传创优、经济创收、队伍建设三项进行综合考核。2010年1月，钱江报系在浙报集团率先启动人力资源管理体系改革，尝试打破严重制约员工发展的身份界限，实行同工同酬，体现岗位价值和贡献，通过体制机制创新，建立起既符合现代传媒发展诉求，又符合精神产品特点的人力资源管理体系。报系所有员工原属事业单位的行政级别、专业职务以及与之相关的薪酬福利标准全部取消，只作为档案留存。所有员工依据管理、专业技术、辅助三大岗位序列，以及各序列的不同等级和档级，通过竞争上岗和双向选择确定岗位和薪酬。改革试行两年后，在钱江报系建立起了以岗位设置管理为基础，以绩效考核为导向，以薪酬管理为激励的人力资源管理体系框架。通过改革，创建了职工岗位价值评价体系，实现了同工同酬；完善了职工绩效考核量化机制，强化了职工薪酬管理激励权重，体现岗位价值。这些做法都表明，浙江省积极尝试在国有文化集团中注入活力机制，实现原有"事业集团"的脱胎换骨，把它们打造成具有内在发展动力的新型市场主体。

二是积极探索新闻宣传业务和经营业务"两分开"，建立宣传业务与经营业务相对独立、党委领导与法人治理结构相结合的领导体制和组织结构。具体做法是：将经营业务剥离出来组建相对独立的经营公司，在集团本级以下将宣传业务以事业法人形式，经营业务以企业法人业务形式形成独立分支，形成与集团的资产关系，同时吸收社会资本进入公司。实行党委领导下的总编负责宣传业务、总经理负责经营业务的领导体制。为加强领导和协调，一般集团党委书记兼任集团经营公司董事长。比如，浙江报业集团将属于产业经营的发行、广告、印刷、技术服务、投资、物业等经营实体和经营业务分离出来，按照现代企业制度组建对国有资产负责、国有独资的浙江日报报业集团有限公司，主要负责报业集团的资产管理、产业经营、资本运作，主要经营报刊出版发行、广告经营、印刷加工、物业管理、会展咨询、投资等业务，确保集团资产保值增值，促进集团产业做大做强。按照现代企业制度要求，真正面向市场，实行企业化运作。集团公司组建后，实行"大集团、小核算"，着力塑造面向市场的微观主体，激发微观动力和活力，优化配置内部资源。各经营实体积极进行企业化改造和劳动用工制度改革。《钱江晚报》和《今日早报》经营业务与宣传业务相对独立，分别组建了钱江晚报有限公司和今日早报有限公司。各报刊实行企业财务一本账，逐步由过去的"编报纸"向"经营报纸"转变。浙江广电集团、浙江出版联合集团等也都在这方面进行了改革。

试点城市杭州和宁波也实施了"两分开"改革。杭州市在进一步规范市属媒体集团与集团有限公司关系的基础上，健全党委领导和法人治理结构相结合的管理体制，推进公司按照现代企业制度运营。把新闻媒体中的广告、印刷、发行、传输网络部分，以及影视剧等节目制作与销售部门，从事业体制中剥离出来，转制为企业。宁波市则根据中央关于加快文化体制改革试点工作的要求，确定《东南商报》为改革试点单位。2004年年初《东南商报》在"坚持党管媒体不变、党管干部不变、党和人民的'喉舌'性质不变、正确的舆论导向不变""四个不变"前提下，将报纸的经营部分和采编部分相分离，经营部分引入社会资金，组建规范化的股份制企业。2004年5月成立的宁波东南商报经营有限公司实行董事会领导下的总经理负责制，全权负责《东南商报》的广告、发行等相关经营业务。与此同时，《东南商报》仍保留原来的编辑部和编委会，在宁波日报集团党委和编委会领导下，负责采编任务及对新闻舆论导向的把关。

浙江的实践表明，在新的体制下不仅"事业"和"企业"可以分开并在公司化的治理结构中实现新的结合，而且也可以对宣传业务和经营业务实行统一领导，做到"两加强"，以宣传业务统领经营业务，以经营业务支持宣传业务。比如，浙江报业集团已经建立起了三个层面的集团化管理格局：集团党委和集团公司董事会一体化，对重大事项进行决策和实行统一领导；集团总编辑和集团总经理分别对宣传业务和经营业务实施管理和指挥；各媒体和公司负责本单位日常运营的决策和管理。显然，这种新的集团化管理格局，使浙报集团的宣传业务和经营业务都得到了加强。

需要进一步说明的是，浙江的成功实践，并不意味着改革的终结。像全国其他一些省市一样，在浙江"两分开、两加强"改革过程中，也暴露出了一些需要进一步破解的问题。如有学者所说，传媒的编播业务和经营创收是皮和毛、体和用的关系，事实上无法完全剥开。在一个媒体内部把两者剥离，只是一种业务上的分工，没有实际意义；如果将一个媒体分成事业和企业两个不同性质的主体，一个负责编播业务，一个负责经营创收，其结果将导致价值运行链的断裂。最好的办法是根据媒体所承担的公共服务和商业运营的不同性质，对现有媒体实行分类管理、分类运营、分类发展、分类规制，最终形成公共文化服务和商业运营的二元格局和双轨制。[①]

2016年，浙江省委办公厅、省政府办公厅印发《关于坚持先进文化前进方向推动国有文化企业做强做优做大的意见》，上述问题终于有了最终的答案和定论。这个《意见》提出，党报党刊、电台电视台、时政类报刊等新闻单位，可以依法依规开展有关经营活动，但必须做到采编与经营分开，禁止采编人员与经营人员混岗。要推动党政部门逐步与所主管主办的非时政类报刊社等企业脱钩，可以整合资源组建出版传媒集团，由集团履行相应主管主办职责，也可以划转给党报党刊所属的非时政类报刊和其他国有文化企业来主管主办，推动政企分开。已经转企的出版社、非时政类报刊出版单位、新闻网站等，实行国有独资或国有文化企业控股下的国有多元。新闻媒体中的广告、印刷、发行、传输网络部分等剥离进行转企改制时，必须由国有资本绝对控股。在坚持出版权、播出权特许经营前提下，探索制作和出版、制作和播出分开。

其三，对于一般性的经营性文化单位，如艺术表演团体、与意识形态关系不是太密切的出版单位、影视制作销售单位以及文化经营中介机构等单位，"直接"或"间接"实现转企改制。"直接"实现转企改制的做法是：单位性质变，即注销原事业单位；劳动关系变，即实现人员安置分流和身份转换；产权结构转型，即实行资产评估、授权经营与工商注册，一步到位成为完全的市场主体。[②] 当然，在浙江，除了"直接"实现转企改制这种方式外，也有其他一些更"间接"的转企改制做法。杭州市对部分市属国有院团实行"事生企"的转

---

[①] 庞井君：《构建新型文化体制框架的理论思考》，张晓明、胡惠林、章建刚主编《2008年中国文化产业发展报告（2008）》，社会科学文献出版社2008年版，第71页。
[②] 张晓明：《文化体制改革：解放和发展文化生产力的关键》，李景源、张晓明主编《浙江经验与中国发展（文化卷）》，社会科学文献出版社2007年版，第125页。

企改制方式,就属于后一种做法。按照杭州市文化体制改革工作领导小组办公室的总结,杭州市"事生企"主要采取了两种形式:第一种形式是目前暂时保留院团独立建制、法人地位、人员身份性质不变,在每个院团原有事业体制外另组建股份制演艺公司,将院团委托给企业经营。政府继续保持并增加投入,但投入方式由"养人"向"养事"转变。待条件成熟后再注销现院团事业单位"壳子",最终完成转企改制。第二种形式是院团新组建演艺公司,采取项目制方式对院团生产的优秀剧目进行营销运作,逐步推进院团市场化改革。[①]

浙江省培育和打造新型经营性国有文化主体贯穿于从建设文化大省、文化强省到建设文化浙江的全过程。2011年以来,根据省委《关于认真学习贯彻党的十七届六中全会精神大力推进文化强省建设的决定》提出的"推进文化体制机制改革创新"的新任务,浙江省重点推进深化国有文化单位改革、推进文化管理体制改革和创新文化"走出去"模式三个方面的工作。在深化国有文化单位改革方面,主要是推进全省经营性国有文化单位改革,着力于形成现代企业制度,培育合格文化市场主体,打造一批有实力和竞争力的国有文化企业。拓展出版、发行、影视企业改革成果,加快公司制股份制改造,完善法人治理结构,形成符合现代企业制度要求的文化企业经营管理模式。按照区别对待、分类指导、循序渐进、逐步推开的要求,继续推进一般国有文艺院团、非时政类报刊社、新闻网站转企改制,推进党报发行体制和影视剧制播分离改革,深化广电有线网络"一省一网"整合发展。进一步完善党报党刊、电台电视台管理和运行机制。继续推动一般时政类报刊社、保留事业体制的文艺院团实行企业化管理。

开展文化体制改革试点工作以来,全省经营性文化单位改革取得了显著的成效。比如,早在2001年,浙报集团就提出了"传媒控制资本,资本壮大传媒"的发展理念,着手内部改革和资本运作,在体制机制上率先实现了公司化运营。2010年,浙报在全国十多家提出上市的报业集团中脱颖而出,被中宣部确定为上市发展的先行试点单

---

① 杭州市文化体制改革工作领导小组办公室编:《杭州市文化体制改革回眸》,杭州出版社2007年版,第6页。

位。2011年9月，浙报传媒集团股份有限公司（浙报传媒）在上海证券交易所成功上市，成为浙江省第一家国有文化类上市公司，也是全国首家媒体经营性资产整体上市的报业集团，创造了中国资本市场的"浙报速度"。浙报传媒的成功上市，对浙报集团实现体制机制、发展方式的战略转型，全面提升党报舆论引导力和科学发展能力，都具有重要意义。2011年浙江新远文化产业集团公司下属浙江对外文化交流公司、浙江省文化事业发展中心、浙江文艺影像出版社等10家单位完成了转企改制任务，新远文化产业集团公司主营业务不断发展壮大，进入良性发展阶段。至2012年，浙江歌舞剧院、浙江曲艺杂技总团、浙江话剧团全面完成转企改制工作，浙江越剧团、浙江京剧团分别与浙江小百花越剧团、浙江昆剧团合并成立了浙江小百花越剧院、浙江京昆艺术中心。同时，根据"转制一批、整合一批、撤销一批、划转一批、保留一批"的基本思路，加大督查与指导力度，推动全省市县国有文艺院团全部完成既定改革任务。全省64家承担改革任务的文艺院团（不含4家保留院团）中，转制21家，划转14家，撤销29家。浙江省的国有文艺院团改革工作得到了文化部复查验收工作组的充分肯定。浙江省文化厅文改办和浙江歌舞剧院有限公司、浙江曲艺杂技总团有限公司被文化部评为全国国有文艺院团体制改革工作作出突出贡献的先进单位。各地广电有线网络公司化和资本联合加快推进，全省广电有线网络完成资本联合和一体化运营。非时政类报刊单位改革顺利，建立了非时政类报刊出版单位体制改革联席会议制度，制定了非时政类报刊出版单位改革总体方案，并确定了第一批和第二批转制改革名单。

2013年11月，党的十八届三中全会提出，要"继续推进国有经营性文化单位转企改制，加快公司制、股份制改造。对按规定转制的重要国有传媒企业探索实行特殊管理股制度。推动文化企业跨地区、跨行业、跨所有制兼并重组，提高文化产业规模化、集约化、专业化水平"。按照中央统一部署，2014年7月省委全面深化改革领导小组第三次会议审议通过的《浙江省深化文化体制改革实施方案》提出了"深化'事改企'，推进'企改股'，鼓励'股上市'，探索'事建理'"的"优化文化微观运营体系"方案。其中，"深化'事改企'","推进'企改股'","鼓励'股上市'"这三条进一步明确了浙江省经营性国有文化单位改革的方向。2016年,省委办公厅、省政府办公厅印发的《关于坚持先进文化前进方向推动国有文化企业做强做优做大的意见》进一步强调,支持符合条件的国有文化企业上市融资,推动发行、影视、演艺集团交叉持股或进行跨地区跨行业跨所有制并购重组,利用市场资源和社会力量做强做优做大核心主业,用优秀文化产品提高市场占有率,培育同行业中的领军企业。国有文化企业要为全社会提供更多思想性、艺术性、观赏性俱佳的文化产品,为经济转型升级提供有意义、有品位、有市场的文化服务。

### 三 积极引导民营文化企业主体的培育和发展

王梦奎认为,我国文化体制改革要解决两个根本性的问题,一是扩大市场机制的作用,二是发展多种所有制文化主体。在过去的计划经济体制下,文化事业领域也实行单一的公有制。与社会主义市场经济体制下经济上的多种所有制共同发展相适应,文化事业领域也将呈现出多种所有制共同发展的趋势。基于中国的国家性质和文化的特殊社会功能,国有文化单位应该起主导作用,但公有制的实现形式也需要积极探索,可以采取股份制等现代企业办法。对非公有制要扩大市场准入范围。公有制和非公有制对文化的投入,都是投资行为。[①]

改革开放以来,随市场经济孕育和发展而来的民营经济的迅速发展,为把市场化运作机制和手段引入文化发展领域创造了重要条件。经过改革开放以来的发展,民营企业在竞争性市场中的利益已经或即将达到饱和点,同时也有推动经济结构转型升级、寻求新经济增长点的内在驱动力;民营企业进入文化发展领域是树立自身良好社会形象、积聚自身无形资产的重要新途径。正因如此,民营企业参与文化建设具有不可低估的潜力。更重要的是,把民营企业引入文化发展领域,不仅能够有效推动经营性文化产业发展,而且能够有效打破传统体制下政府大包大揽"文化事业"的垄断格局,借用民营经济市场

---

[①] 张晓明、胡惠林、章建刚主编:《中国文化产业发展报告(2005年)》,社会科学文献出版社2005年版,第53页。

化的管理方法和技巧，提高公共文化服务的发展效率。与公共部门相比，民营企业具有与公共部门不同的激励机制，其效率往往要优于公共部门。此外，众多民营企业持续不断的管理、技术与方法创新，为赢得顾客而进行的价格与服务质量竞争，也会对公共文化部门产生重要影响：一是会直接提高公众对高水准服务的认知和期待；二是向公众展示了提升公共文化产品和服务质量的多种多样方法。

浙江省具有发展多种所有制文化主体、培育民营文化企业主体的充分土壤和条件。经过改革开放以来的发展，浙江积聚了雄厚的民间资本。在被中央确立为文化体制改革综合试点省前后，浙江全省70%以上的生产总值、60%左右的财政收入和80%以上的就业岗位已经由民营经济创造和提供。以民营企业为经济活动的主体，是浙江发展取得显著成效的关键。党的十一届三中全会以来，浙江全省各地专业市场的兴起，个体私营经济、股份合作经济的迅猛发展，一乡一品、一村一品特色经济的崛起，遍布全国各地"浙江村""浙江街""温州村"的形成等，都充分地显示了这一点。也就是说，在改革开放以来的浙江经济发展过程中，民间的力量、市场的力量起着自组织的作用，政府则起着促进性和辅助性的作用。这是一个自下而上和自上而下相结合的过程，它既是政府在政策上给予松动（取消限制性政策）的结果，也是民众积极主动作为所使然。在世纪之交，浙江民营经济呈现出了新的发展特征和趋势，在个体民营经济快速发展的同时，各种所有制不断融合，混合所有制经济加快发展，民营经济发展水平显著提高："科技进步与创新步伐明显加快，科技化发展趋势不断加强；积极'引进来''走出去'，国际化发展趋势不断加强；与其他所有制经济相互渗透、互相融合，股份化发展趋势不断加强；块状经济的规模效益、集群优势进一步显现，集聚化发展趋势不断加强。"[①]

紧紧依靠民间力量是浙江经济腾飞的法宝，也是浙江文化建设的必由之路。早在《浙江省文化发展规划（1996—2010年）》中，浙江省已经提出要"发挥市场机制的积极作用，合理配置各种文化资源，

---

① 习近平：《干在实处　走在前列》，中共中央党校出版社2006年版，第91页。

提高各项文化事业自我更新、自我完善、自我发展能力","要加快图书发行体制改革,逐步形成一个以国有新华书店为主体、多种经济成分、多条流通渠道、多种购销形式的图书流通体系"。《浙江省建设文化大省纲要(2001—2020年)》则进一步把社会力量办文化纳入文化发展的总体规划之中,提出要"努力形成政府投入与社会投入相结合的多渠道、多元化的文化投入机制。积极探索以市场化运作方式发展文化的新途径,坚持'谁投入,谁收益'的原则,建立新的分配激励机制、市场营销机制、风险共担机制"。这些都体现了作为一个全国民营经济大省,浙江省已经"先人一步"地意识到了将多种所有制形式引入文化发展领域以锻造国有和非国有文化企业主体的必要性。

正是由于有了这种"先人一步"的自觉,自实施建设文化大省战略以来,浙江省在国家政策允许范围内,积极鼓励民营企业逐步扩大文化投资领域,提出,除重要新闻媒体业以外,其余文化产业如演艺业、娱乐业、发行业、印刷业、会展业、文化培训业、文化咨询业、影视制作业等,都可以按照国家规定,鼓励民营资本以股份制、合伙制、个体私营的多种形式参与兴办;凡我国加入世界贸易组织承诺允许外资进入的文化领域,都可对民间资本开放。鼓励社会力量投资文化设施建设和经营,参与文化产业园区和特色街区开发建设,参与影视剧的生产和交易、出版物的印刷和发行、文艺院团的演出和中介;鼓励民营资本参与公益性文化事业建设,其投资、捐赠,可按国家有关规定给予优惠政策等。在这些政策的鼓励、规范、引导下,浙江的民办文化尤其是民营文化产业发展相当迅速。浙江广厦文化传媒集团、横店集团、宋城集团等一批龙头民营文化企业在影视、印刷、演艺、旅游、休闲、文化传播、教育等不同领域作出了各自的成绩,形成了不同的特色。

由于有了培育和发展民营文化企业主体的经验并且已经制定了有利于民营文化发展的一系列政策,因此,自确立为全国文化体制改革试点省以来,浙江省始终注重利用民营资本这个现实优势。在2003年7月18日召开的文化体制改革和文化大省建设座谈会上,习近平强调,"发展民营文化企业,是浙江文化产业发展的必由之路,也是浙江文化改革与发展的特色与优势所在，有利于形成与我省多种所有制经济发展格局相适应的文化发展格局。我们必须像支持发展民营经济那样，进一步放开搞活，突破文化产业发展的体制瓶颈，打开文化产业发展的闸门，抢占文化产业发展的先机，大力发展民营文化企业"[1]。根据这一理念，浙江省提出了"一个亮点、两个坚持、三项任务"的工作思路，即把发展民营文化产业作为浙江文化体制改革试点工作的亮点，把坚持正确的政治方向、坚持积极的改革取向作为重要指导思想，把培育一批重点民营文化企业、鼓励参与国有文化单位改革、优化民营文化产业发展环境作为三项主要任务。

把发展民营文化产业作为浙江文化体制改革的亮点，就是根据浙江省民营经济发展较快、民间资本较为充裕、民间兴办文化产业和参与公共文化服务体系建设热情较高的优势，采取"积极引导，非禁即入"的原则，让个体民营经济进入经营性文化产业和公益性文化事业领域，使浙江经济体制改革的成就向文化生产领域延伸，以参股等形式加入到国有文化企业股份制改造中，并通过"放出一批主体，扶出一批主体"，重点培育一批"专精特新"的龙头民营文化企业。比如，2006年，浙江省有关部门专门编制了《浙江省文化产业投资指南（2006）》，推出了文化产业"项目库"，吸引一大批个体民营企业进入印刷业、博物馆业、文化旅游业，甚至进入创意和技术含量很高的影视制作、动漫游戏等领域。2009浙江省出台了《浙江省文化创意产业发展规划》并再次制定了《浙江省文化产业项目投资指南（2009）》，引导包括民营文化企业在内的多元文化主体进入文化产业优先发展的32个门类138项重点领域。大力培育和发展民营文化产业，既是浙江文化体制改革的一大亮点，也是浙江文化体制改革的重要目标，更是衡量浙江文化体制改革成效的重要尺度。

优化民营文化产业发展环境，就是加强民营企业的政策保障。在2003年7月18日召开的文化体制改革和文化大省建设座谈会上，习近平强调，要落实和完善政策，"把已经制定的文化经济政策落到实处，并研究制定扶持民营文化企业发展的政策措施"；要优化服务环

---

[1] 习近平：《干在实处 走在前列》，中共中央党校出版社2006年版，第327页。

境,"继续改革审批制度,减少环节,简化手续,提高效率";"切实帮助民营文化企业解决实际问题";"同时加大宣传力度,在全社会营造大力发展民营文化企业的良好氛围"[①]。根据这一理念,开展文化体制改革综合试点工作以来,浙江省着力于清理阻碍民营文化产业发展的各种体制机制和做法,做到国有文化企业、民营文化企业政策一视同仁,落实政策保障,支持民营文化企业发展;着力于进一步简政放权、提高政府服务民营文化企业水平与效率;着力于改善民营文化企业发展环境,全方位优化项目投资环境、市场准入环境和人才引进环境等,积极反映并帮助解决民营文化企业遇到的困难,促进民营经济持续健康发展;着力于加强金融支持力度,要拓宽民营文化企业直接融资渠道,着力解决民营文化企业面临的最普遍、最突出的融资难、融资贵、成本高的问题,落实减税降费政策,降低民营文化企业的成本和负担。

  比如,浙江省民营影视产业就是随着发展环境不断优化、文化体制改革的不断推进而发展壮大的。民间资本充裕、对市场敏感度高,是浙江影视产业发展的催化剂,而政策支持和引导在浙江影视业的发展中产生了重要的作用。自2002年浙江省广电局提出"降低门槛、放宽搞活、大力发展影视制作业"的工作思路以来,浙江省积极深化影视体制改革,培育多元化影视产业主体,对当时浙江民营资本进入影视产业产生了重要的孵化和推动作用。这一年,我国颁布了有关鼓励民间资本进入电影业的规定。同年10月,浙江省广播电视局发布《关于加快浙江影视产业发展若干意见的公告》,其中率先全国特别放宽了民间资本进入电影业的规定。比如,针对"注册资本300万元"这一条,允许在3年内实现;针对"挂靠文化行政管理部门"这一条,允许一时找不到上级业务主管部门挂靠的企业直接挂靠浙江省广播电视局。此后,特别是开展文化体制改革综合试点工作以来,在政策的提倡和扶持下,大量民营资本开始注入影视业,浙江民营影视产业规模迅速扩大。2003年,浙江的影视注册主体已经从39家激

---

[①] 习近平:《干在实处 走在前列》,中共中央党校出版社2006年版,第327—328页。

增到 100 多家，此后逐年递增。"浙产剧"产量也大幅提升，从 2002 年的 200 多集上升到了 2008 年的 1400 多集。2008 年，全省影视产业资产规模达到 100 亿元，全省有影视制作机构 460 家，总量仅次于广东，居全国第二；电视剧产量占全国 10% 以上；动画产量占全国 15% 以上；同时，全省有影视拍摄基地 20 余个，横店影视积聚了全国 239 家影视制作企业，杭州国家动画制作基地集聚了全国 50 多家动漫制作企业。自 2009 年以来，浙江省以及杭州、宁波、温州、东阳等相继制定了影视产业、动漫产业发展扶持奖励办法，全省政策奖励扶持体系基本形成。2017 年省政府办公厅出台《关于加快促进影视产业繁荣发展的若干意见》。这些政策措施都为把民营经济优势转化为影视产业优势，推动浙江民营影视产业领先于全国的快速发展营造了良好的环境。2017 年，浙江省有影视机构 2100 多家，电视剧产量位居全国第一，电影产量位居全国第二，动漫产量位居全国第三，影视上市公司数量也位居全国第一。

"一个亮点、两个坚持、三项任务"工作思路的核心，显然是加快培育和发展民营文化主体。而文化体制试点工作开展以来尤其值得总结的经验，则是浙江省在实现"三项任务"之一即"鼓励参与国有文化单位改革"中的做法。在推进文化体制改革的过程中，浙江省积极地在政策允许范围内，降低社会资本进入门槛，通过产权交易、共同投资、联合开发等途径，引入具有资金、体制优势的民营文化企业，推动国有文化单位体制机制创新，甚至允许参与对外出版、网络出版，以控股形式参与国有影视制作机构、文艺院团改制经营。比如，民营企业横店集团参与杭州电影公司改制，参股 39% 组建新公司。广厦集团与浙江广电集团联合组建影视公司，共同发展影视业、演艺业等，2007 年参与投资摄制了《集结号》等影视片。星星集团与台州市政府一起创办台州市歌舞团（星星艺术团）。不仅如此，浙江省也积极引导民营文化企业参与公共文化服务体系建设。比如，自从开展文化体制改革试点工作以来，浙江一些地方按照所有权与经营权相分离的原则，尝试把公益性文化设施委托给专业公司管理或民营企业经营，破解传统体制下公共文化设施经营不善、维持困难等问题。目前，这种做法也扩展到了其他重大的公共文化活动和服务项目。发挥市场机制的作用，采取"政府采购、公司运作、全民享受"的服务外包、委托经营运行方式，引导民营文化企业合理合法、有序地参与公共文化服务体系建设，已经成为全省各地提高公共文化服务效率的有效途径。可以说，这些做法充分地运用了改革开放以来浙江国有经济和其他非国有经济共生共荣、协调发展的经验。

改革开放以来，正是由于国有经济和其他非国有经济相辅相成、共同发展，才促成了浙江经济的高速发展。一方面，国有经济凭借其雄厚的资本实力、规模效益、技术优势、规范管理和基础产业、先导行业和经济命脉支撑着经济的发展，辐射、引导和带动着整个经济的发展；另一方面，非国有经济以其灵活的机制、顽强的生命力，在众多竞争性行业生根、开花、结果，既填补了在一些竞争性行业国有经济留下的空白，并使之更加富有生机和活力，又在客观上造成了国有经济必须改革、只有改革才有出路的竞争环境，从而有力地促进了国有经济经营机制的转换和竞争能力的提高。[①] 正因为改革开放以来浙江省在发展国有和非国有经济中已经积累了丰富的经验，因此，开展文化体制改革试点工作以来，浙江省能够比较娴熟地利用民营文化企业的增量动力，吸纳民间资本为我所用，鼓励和引导民间资本与国有文化单位合作，将改革目标直指体制内存量资源，实现国有文化单位的体制机制创新，进而实现政府职能的转变、打造市场经济条件下的新型文化主体。在推动文化体制改革的过程中，浙江省始终注重民营经济参与国有文化单位改革和发展，要有利于国有文化集团做大做强，而不是简单地搞"国退民进"。正是由于市场经济的先发优势、国有经济的改革经验以及发达的民营经济，浙江才有信心和能力提出通过加强国有和民营文化机构的合作来"壮大国有文化经济的控制力"。因此，"在浙江省，我们看到了一种积极的互动：一边是不断实行自身革命，从全能走向服务的政府，另一边是大量在市场中成长起来的，强壮有力的国有与民营文化机构群体，它们之间正在形成日益多样的合作方式。这个令人

---

① 参见吴永革《在改革创新中实现超越——对浙江国有经济改革发展历程的分析》，何福清主编《纵论浙江》，浙江人民出版社2003年版，第134页。

鼓舞的过程的结果必定是,性质和形式越来越多样化的各种文化产品,满足层次和类型越来越多样化的需求"①。

实施建设文化大省战略以来特别是开展文化体制改革综合试点工作以来,正是由于浙江省的精心培育和引导,以体制改革释放民营文化企业发展活力,民营资本加快进入文化产业,涌现出了横店集团、宋城集团、华策影视、长城影视、中南卡通、思美传媒等一批在全国有较大影响力的民营文化龙头企业。民营文化企业已经成为浙江文化产业发展的生力军,至 2017 年,民营文化企业占全省在主板上市 36 家文化企业中的 33 家,82 家民营文化企业成功登陆新三板;全省拥有各类民营文化企业和从事文化工作的个体工商户超过 10 万家。

## 第四节　文化体制改革的经验和启示

改革开放以来,随经济体制从计划到市场的转换,浙江文化体制改革也经历了从局部到全面、从自发到自觉的过程。市场经济的先发优势、民营经济的快速发展、政府职能的率先转变、对改革开放以来文化体制改革的先行探索等,使浙江成为特别适合于全国文化体制改革综合试点的省份。实施"八八战略"以来,省委省政府更加自觉地肩负起了先行先试的责任,由点到面、分期分批逐步扩大和拓展改革的范围和内容,全面推进文化体制机制创新。历届省委省政府坚持一张蓝图绘到底,将文化体制改革贯穿于从加快建设文化大省、文化强省到努力建设文化浙江的全过程,在经营性文化事业单位转企改制、公益性文化事业单位内部改革、文化市场体系的改革和建设、文化投融资体制改革、构建公共文化服务体系、政府宏观管理体制和市场监管体制创新、文化市场开放、引入社会资本和文化企业整体上市融资等方面取得了突破性的进展。浙江的改革创新实践,不仅使文化体制机制不断优化、效率不断提升,成为推动文化繁荣发展的重要保障和引擎,而且提供了可供借鉴的经验和启示。

---

① 张晓明:《文化体制改革:解放和发展文化生产力的关键》,李景源、张晓明主编《浙江经验与中国发展(文化卷)》,社会科学文献出版社 2007 年版,第 132 页。

**一 必须紧紧围绕文化发展战略定位改革任务**

纵观实施建设文化大省战略以来的历史，浙江省文化体制改革任务和目标总是根据文化发展总战略而提出并定位的。实施"八八战略"以来，浙江省不断根据国内外省内外条件的新变化，文化发展的新趋势新要求，相继提出了加快建设文化大省、加快建设文化强省、努力建设文化浙江等战略，并将文化体制改革与文化建设战略目标紧密结合在一起，始终服务于文化建设重大战略任务的需要。浙江省文化体制改革任务总是根据文化发展总战略的要求而提出，总是围绕文化发展总战略的调整而调整，总是随文化发展战略的深入实施而不断深化。将文化改革与文化发展紧密地结合在一起，正确地处理好文化改革和文化发展的关系，既是浙江省文化体制改革取得成功的一个重要的法宝，也是浙江省解放和发展文化生产力、推动文化繁荣兴盛的一条重要经验。

文化体制改革和文化发展具有辩证的关系，两者构成了相互联系、相互作用、相互依存、互为条件、互相制约的有机统一整体。一方面，经济发展是硬道理，文化发展也是硬道理。当前，我国存在人民群众日益增长的文化需求与文化发展不平衡不充分的矛盾，解决这个矛盾的关键要靠文化发展。"人民需求是多方面的。满足人民日益增长的物质需求，必须抓好经济社会建设，增加社会的物质财富。满足人民日益增长的精神文化需求，必须抓好文化建设，增加社会的精神文化财富。"[①] 中华民族伟大复兴意味着物质力量和精神力量的同步提升。"实现中华民族伟大复兴，需要物质文明极大发展，也需要精神文明极大发展。"[②]

另一方面，文化体制改革是文化发展的强大动力，是为了完善文化发展的体制机制，进一步解放和发展文化生产力。实施"八八战略"以来浙江文化建设的巨大成就是在推动文化体制改革中实现的。

---

[①] 中共中央文献研究室编：《习近平关于社会主义文化建设论述摘编》，中央文献出版社2017年版，第7—8页。

[②] 同上书，第14页。

改革开放以来我国文化的繁荣发展，也是在不断破解体制性障碍、建立和完善与社会主义市场经济体制相适应的文化体制中实现的。实现未来文化建设战略目标，关键仍在于深化文化体制改革。增强国家文化软实力，加快推动公共文化服务体系建设和文化产业发展，提升人民精神文化生活水平，都需要释放文化发展活力，都离不开解放和发展文化生产力，离不开文化体制改革的深入推进。只有不断深化改革，才能不断破解文化发展中面临的新问题，在实践中找到适合文化繁荣发展的方式方法。因此，文化体制改革是解放和发展文化生产力的重要途径，是中国特色社会主义制度自我完善的重要内容和组成部分。它的决定性作用不仅在于解决当前文化发展中的一些重大问题，更重要的是为未来的文化持续发展奠定坚实的基础。

因此，推动社会主义文化的繁荣兴盛，必须始终将"发展"和"改革"这两个基本环节紧扣在一起，从整体上把握改革与发展之间的内在关系，做到相互协调，相互促进。在新的时代、新的历史方位，必须善于统观全局，精心谋划，始终根据文化发展新趋势新要求不断深化文化体制改革，以推进文化体制改革的新举措解决文化发展中出现的新问题，不断消除束缚文化发展的瓶颈性因素，以文化发展的新成效检验文化体制改革的新成果。

## 二 文化体制改革必须坚持正确方向

早在 2003 年 7 月召开的文化体制改革和文化大省建设座谈会上，习近平已经明确强调，"文化具有鲜明的意识形态属性。文化管理体制改革，必须充分考虑我国国情，着眼于管住方向，管活机制，管出效益，管好质量"[①]。"文化体制改革的着力点就是围绕面向群众、面向市场进行体制和机制创新，逐步建立有利于调动文化工作者积极性，推动文化创新，多出精品、多出人才的文化管理体制和运行机制"。牢牢把握正确方向，是浙江推进文化体制改革过程中始终坚持的原则，也是浙江文化体制改革取得明显成效的关键。浙江的实践表明，文化体制改革既要适应社会主义市场经济发展方向，把推进体制

---

① 习近平：《干在实处　走在前列》，中共中央党校出版社 2006 年版，第 328 页。

机制创新作为关键和重点，又要牢牢把握先进文化的前进方向，遵循社会主义精神文明建设的特点和规律。

一方面，文化体制改革必须适应社会主义市场经济发展方向。一个社会的文化发展体系并非是与经济体制无关的自足体系。经济体制是约束人们行为及其相互关系的一套行为规则。诺斯认为，制度应被视为博弈规则以区别于它的参与人，"制度是一个社会的游戏规则，更规范地说，它们是为决定人们的相互关系而人为设定的一些制约。制度构造了人们在政治、社会或经济方面发生了交换的激励结构，制度变迁则决定了社会演进的方式，因此，它是理解历史变迁的关键"[1]。经济体制是一个严密的逻辑整体，通过一系列规则界定人们的选择空间，确立经济和社会的激励和约束机制，引导人们采取可预测的因而是有秩序的行为。不同的经济体制既会形成不同的经济资源配置方式和不同的经济领域激励和约束机制，也会形成不同的文化资源配置方式和不同的文化领域激励约束机制，从而形成不同的文化发展模式。计划经济体制的特征，是生产资料归国家所有，用计划来解决资源配置和利用问题，产品的数量、品种、价格、消费和投资的比例、投资方向、就业及工资水平、经济增长速度等均由指令性计划来决定。计划经济体制，既是一种特殊的经济发展方式，也是一种特殊的文化发展方式。市场化取向的改革，有其内在发展逻辑和客观必然性。从计划到市场的经济体制转换，必然要求突破大包大揽的传统"文化事业"发展体制，按照社会主义市场经济规律重构文化发展模式，积极构建符合社会主义市场经济体制要求的现代文化市场体系。

另一方面，在顺应市场经济规律的同时，文化体制改革必须牢牢把握先进文化的前进方向。实践表明，市场机制既有推动文化繁荣兴盛、促进文化产品社会效益和经济效益相统一的一面，又有导致文化产品两种效益相矛盾的一面。正如马克思所说，"流通成了巨大的社会蒸馏器，一切东西抛到里面去，再出来时都成为货币的结晶。连圣徒的遗骨也不能抗拒这种炼金术，更不用说那些人间交易范围之外的

---

[1] ［美］道格拉斯·C. 诺斯：《制度、制度变迁与经济绩效》，杭行译，生活·读书·新知三联书店上海分店、上海人民出版社1994年版，第3页。

不那么粗陋的圣物了。正如商品的一切质的差别在货币上消灭了一样，货币作为激进的平均主义者把一切差别都消灭了"①。由于文化产品具有"内容意义"和意识形态属性，以及文化艺术生产的不确定性、其成果难以量化评价的模糊性、投资和消费的审美偏好等，"使之在与市场经济的结合的过程中，既有利用市场机制发现价格、放大文化的财富效应，以及引入竞争机制提高运营效率的一致性，同时也存在着市场经济的商业价值追求的趋利性与艺术价值和社会价值追求之间的矛盾、由于市场经济本身缺陷所导致的公共文化产品供给不足与人民享有基本文化权益之间的矛盾等"②。因此，在社会主义市场经济条件下，如何充分发挥市场机制促进文化繁荣以及文化产品社会效益和经济效益相统一的有利一面避免矛盾消极一面，摆正市场在文化发展中的位置、处理好与市场的关系，是文化体制改革面临的一个重大现实课题。这就意味着在顺应市场经济规律的同时，文化体制改革必须遵循社会主义精神文明建设的特点和规律，不仅能够确立促进文化发展的激励机制，而且要能够确立监督、约束机制，从而使文化企业积极有益的生产和经营活动得到鼓励，消极有害的生产和经营活动受到限制和约束。正如习近平所说，"关于文化体制改革，我只强调一点，就是要在继续大胆推进改革、推动文化事业全面繁荣和文化产业快速发展、建设社会主义文化强国的同时，把握好意识形态属性和产业属性、社会效益和经济效益的关系，始终坚持社会主义先进文化前进方向，始终把社会效益放在首位。无论改什么、怎么改，导向不能改，阵地不能丢"③。

这就表明，坚持文化体制改革的正确方向，关键是要实现三个"统一"：社会主义市场经济规律要求和社会主义精神文明建设要求"两个要求"相统一；社会效益和经济效益"两个效益"相统一；"宏观管理和微观搞活"相统一。

---

① 《马克思恩格斯全集》第二十三卷，人民出版社 1972 年版，第 152 页。
② 齐勇锋：《文化体制改革：进展、难点和前景展望》，人民网—理论频道，2011 年 10 月 15 日。
③ 中共中央文献研究室编：《习近平关于社会主义文化建设论述摘编》，中央文献出版社 2017 年版，第 185 页。

### 三 文化体制改革必须实行分类指导

在计划经济体制时期，我国文化产品和服务曾经全部或几乎全部被纳入传统"文化事业"发展模式之中，以政府"大包大揽"的方式提供，文化服务职能主要由"文化事业"单位来实现，不区分公益性文化事业和经营性文化产业，文化领域完全由各级政府财政支持，由政府文化部门实施行政管理。由此形成的传统文化事业发展模式的主要弊端是：供给渠道单一，保障水平不高，可供选择的项目范围狭窄，享受对象规模有限，不仅资金缺口大而且利用率低，刚性隐性的福利化，供给效率低等。社会主义市场经济的发展，客观上要求突破政府大包大揽的传统"文化事业"模式。

作为一个市场经济的先发省份，浙江不仅先于全国多数省份遇到了在市场经济条件下文化发展方式的重构问题，而且也面临着不少先于全国其他多数省份打破传统"大包大揽"文化发展模式的特殊机遇。从基本脉络看，改革开放以来浙江文化领域先于全国经历了从传统的、由公共财政"大包大揽"的"文化事业"发展模式，到不加区分地把包括图书馆、博物馆、美术馆等公益性文化机构在内的所有文化机构推向市场、在市场化压力下通过"以文助文""多业助文"等方式被动地开展"生产自救"，再到把"公益性文化事业"和"经营性文化产业"从大包大揽的"文化事业"中剥离出来，先于全国实行分类对待、分类指导、分类发展的原则，进而逐步实现了从传统"文化事业"到新型"公共文化服务体系""文化产业发展体系"的转变。坚持"公益性文化事业"和"经营性文化产业"区别对待、分类指导，是贯穿于浙江文化体制改革过程的一条重要的原则。浙江省区别对待、分类指导的做法和经验，预示了市场经济大背景下文化改革发展的方向，具有重要的参考和借鉴价值。

在经营性文化产业领域，加快培育"文化市场主体"和"文化市场体系"这两方面是改革的重要目标。培育文化市场主体，就是要深化国有文化单位改革，重塑一批国有或国有控股的文化企业；发挥民营经济作用，发展一批民营文化企业；引进一批外资或合资文化企业，形成以公有制为主体、多种所有制共同发展的文化产业格局。其中，难点和突破点在于国有文化单位改革，亮点在于民营文化企业的发展。培育和规范文化市场体系，就是要加快建立健全统一、开放、竞争、有序的现代文化市场体系，发展现代流通方式，促进文化商品和生产要素在统一市场中合理流动。关键是要打破制约文化产业发展的行业垄断、条块分割和所有制界限，充分发挥市场在资源配置中的作用，实现优势互补，促进资产、人才、技术等生产要素的优化组合。市场主体和市场体系具有一种辩证的关系，"在市场经济中互为依存，不可分割。没有数量众多、发育充分的市场主体，市场体系难以为体系；没有健全、完善的市场体系，市场主体也就难以在市场中生存"①。因此，两者在改革中同等重要。此外，推动文化产业领域的改革还包括：把文化体制改革目标与全球贸易规则衔接起来，与国家现行法律衔接起来，理顺文化行政管理部门与企事业单位、中介组织的关系，强化政府政策调节、市场监管、社会管理和公共服务职能。

  与文化产业领域不同，公益性文化领域改革的重点，则是公益性文化事业单位内部机制改革，以全新的理念和方式加快构建公共文化服务体系。按照结构合理、网络健全、运行有效、惠及全民的要求，把公共文化服务体系建设纳入经济社会发展总体规划，从整合公共文化服务资源、完善服务网络、创新服务机制、增加服务手段、丰富活动形式等方面入手，积极尝试创新公共文化服务内容和方式，建立以公众需求为导向、优质高效、普遍均等的新型城乡公共文化服务机制，形成城乡公共文化产品和服务"超市式"供给、"菜单化"服务的模式，满足公众基本文化需求。扎实推进公益性文化事业单位人事、收入分配和社会保障制度改革。加大公共文化服务领域的投入力度与改进投入方式结合起来，采取建立基金、项目补贴、定向资助、贷款贴息等方式，提高财政资金使用效益。按照社会主义市场经济发展规律和政府转换职能要求，创新公共文化设施和服务管理与运作机制。借助市场机制、引入社会力量参与公共文化服务体系建设，实现政府与市场、社会的多元合作、互动互补，破解市场经济条件下公共

---

① 习近平：《干在实处 走在前列》，中共中央党校出版社2006年版，第326页。

文化服务发展难题,形成"政府主导、市场化运作、社会力量参与"的更优公共文化服务治理结构和更优公共文化服务发展模式,提高公共文化产品和服务的生产和供给效率,更有效地保障公众基本文化权利。

# 第四章　加快推进公共文化服务体系建设

21世纪以来，内外大环境的深刻变化，迫切要求浙江省必须根据经济社会总体发展战略的变化，及时地调整和更新文化发展战略。与此同时，浙江经济社会发展进入了一个新的历史阶段，即社会主义市场经济由形成时期走向成熟期、经济社会发展由自发追求以 GDP 增长为主到自觉践行科学发展观的历史时期。践行科学发展观，既必须切实提高人民物质生活水平，也必须有效满足人民群众文化需求。这就要求浙江省以"干在实处，走在前列"精神来谋划公共文化服务体系建设，创新公共文化服务体系建设投入和运行机制，加强公共文化服务的有效供给，全面提升城乡人民群众文化生活品质。习近平到浙江工作后，从落实中央对浙江提出的"走在前列"总体要求出发，在率领全省干部群众加快建设文化大省的实践过程中，对大力发展公益性文化事业问题进行了全面深入的探索和战略思考，提出了关于加快建设公共文化服务体系的顶层设计。实施"八八战略"以来，浙江省显著加大了公共文化服务投入，从整合资源、完善服务网络、创新服务机制、增加服务手段、丰富活动形式等方面入手，积极尝试创新公共文化服务内容和方式，满足人民群众文化需求。与此同时，全省各级党委政府积极转变和创新投入方式、管理和运作机制，探索市场经济条件下公共文化服务体系建设规律，形成更优的公共文化服务治理结构，提高公共文化产品和服务的供给效率。浙江省的这些成功实践，不仅有效地改善了文化民生，而且也预示了市场经济大背景下中国公共文化服务发展的方向。

# 第一节　公共文化服务改革与发展的历程

习近平到浙江工作后，公益性文化事业、公共文化服务体系建设，被提升到了关乎落实人民群众文化权利、关乎加快建设文化大省全局的地位而得到了前所未有的重视。2005年省委《关于加快建设文化大省的决定》提出了发展公益性文化事业、建设公共文化服务体系的顶层设计。在加快建设文化大省、文化强省和文化浙江的过程中，历任省委省政府坚持一张蓝图绘到底、一任接着一任干，浙江公共文化服务体制机制不断健全，公共文化服务体系不断完善，较好地满足了人民群众的精神文化需求。

### 一　经济发展与公共文化服务发展

实施"八八战略"以来，浙江经济发展进入到了一个新的历史阶段。2004年浙江成为全国第4个生产总值突破万亿元的省份。2005年，全省城镇居民人均可支配收入和农民人均纯收入分别达到16294元和6660元，相当于全国平均水平的1.55倍和2倍。同年，浙江成为全国第一个人均GDP超过3000美元的省（区）。经济的快速发展，必然要求浙江省先于全国加快公共文化服务体系建设，创新投入和管理模式，丰富公共文化服务内容和方式，加强公共文化服务的有效供给，实现基本公共文化服务均等化，全面改善城乡"文化民生"，实现"文化惠民"。正是在这一背景下，浙江省将公共文化服务建设纳入加快建设文化大省总体布局予以统筹谋划，发展速度明显加快。

改革开放以来，浙江经济快速发展，但在相当一段时期，文化发展相对滞后于经济发展，文化投入不足，欠账较多。不仅如此，在文化建设内部，也存在公共文化建设滞后于经营性文化发展的现象。在浙江区域市场经济孕育和发展过程中，那些与市场经济关系比较密切的经营性文化首先出现了繁荣，从而曾一度凸显了经营性文化与公益性文化发展的严重不平衡现象。在《1992—1996浙江社会发展状况》中，"浙江社会发展现状与对策研究"课题组曾这样描述当时的情况，"文化领域的发展不平衡，特别是高雅文化发展缓慢，与日趋红火的通俗文化相比显得比例失调。在公益性文化与消费性文化的发展方面，这几年公益性文化发展相对薄弱，文化设施发展也不平衡，近年来，在我省的大中城市，乃至小城镇等人口密集地区，舞厅、卡拉OK厅、夜总会发展很快，但在有些智力型、发展型的文化设施如公共图书馆、博物馆等的建设与发展仍不如人意。市场的发展和文学艺术的发展在存在一致性的同时，市场机制的自发作用，有可能更加有利于消费性文化和通俗文化的发展，而不利于公益性文化和高雅文化发展，更加有利于文化娱乐功能的发挥。促进文化多元的平衡发展，支持高雅文化的发展，任务艰巨"①。这充分地表明，在市场经济条件下，文化市场能够通过价格的浮动等因素，发出灵敏的市场信号、形成有力的竞争机制，对文化市场的主体形成经常性的激励和压力，迫使文化企业不断地降低生产成本，优化文化生产要素的配置，提高文化产品的质量，以最大限度地去发展文化生产，形成具有竞争力的新的文化产品。然而，在文化领域市场又绝不是万能的，它在配置一些社会效益好却缺乏经济效益的公益性文化产品方面也会"失灵"。实践表明，就总体而言，市场经济不仅在有效地利用经济资源方面优于计划经济，而且在促进文化资源合理配置、推动文化繁荣和发展方面也优于计划经济。比如，市场经济能有效地促进文化产业的发展；一个市场机制较为完全因而经济上较富庶的社会，既为公共文化产品的创造、生产和保护提供了剩余资产，也为文化的创造者和享受者提供了闲暇时间；市场机制也为提高公共文化发展效率提供了市场化运作手段。然而，在文化发展领域，即使市场机制充分地发育和运作，缺陷也是十分明显的：市场经济倾向于漠视缺乏货币支付能力的弱势群体的文化需求。在市场经济条件下，人们往往注重市场价值而忽视那些无市场价值、缺乏赚钱效应的东西。当眼前经济利益与文化发展目标难以兼顾时，人们常常会舍弃后者而追逐前者。

进入"九五"以来，公益性文化发展严重滞后的现象并未发生根本性的改变。据《1992—1996浙江社会发展状况》的表述："尽管全

---

① "浙江社会发展现状与对策研究"课题组：《1992—1996浙江社会发展状况》，浙江人民出版社1997年版，第111—112页。

省各级财政对公益性文化事业的投入逐年增加，但由于欠债太多，积存问题多、缺口大，特别是原有部分文化政策未能落实，影响了公益性文化事业的发展，相对于大文化范畴中的教育和科技，更显得滞后。据统计，1998年浙江省财政投入教育领域达581192万元，占当年财政总支出的20.3%，公益性文化事业总投入为30856万元，占当年财政总支出的1.08%；1999年公益性文化事业总投入为30761万元，占当年财政总支出的1.07%，低于上年度0.01个百分点。此外，体育场地建设资金投入也不足，场地数量偏少。浙江省体育场地数量列全国第16位，人均体育场地面积0.44平方米，列全国第23位，万人拥有体育场地个数3.7个，位居全国第22位；人均累计体育场地投资为34.60元，与发达省市的200余元相比差距甚大，与浙江经济强省地位很不相称。"[①]

在世纪之交，伴随着财政收入的逐步增加、文化意识的觉醒。浙江省委省政府已经开始着手解决公共文化投入不足、欠账较多的问题。1999年12月，浙江省委根据经济社会发展的新特点，在十届三次会议上，提出了"发展文化产业，建设文化大省"的战略目标。这是浙江文化建设的一个标志性事件。虽然在建设文化大省战略目标中似乎仅仅突出地强调了"发展文化产业"而未突出地强调"发展公益性文化事业"。但是，将"发展文化产业"提升到前所未有的地位这种做法本身，已经意味着浙江省开始明确地在理论和实践上将文化产业发展从传统的"文化事业"发展格局中剥离出来。它不仅对于文化产业、文化市场的发展本身具有深远的意义，而且对于自觉地构建相对于文化市场、文化产业的公益性文化事业、公共文化服务体系也具有重要的意义。把文化产业从传统"文化事业"中剥离出来的一个必然结果，就是自觉地重新定位不能被产业化的公益性文化领域的功能、发展途径。这种新思路在2000年12月省委常委会通过的《浙江省建设文化大省纲要（2001—2020年）》中得到了明确的表述。该《纲要》明确提出要"正确处理文化事业和文化产业的关系，对

---

① 杨建华、葛立成主编：《"九五"浙江发展报告（1996—2000年）》，浙江教育出版社2000年版，第402页。

不同的文化类型,采取不同的政策和管理方法"。在提出分类发展、分类管理政策的基础上,《纲要》进一步强调,要"充分发挥公共财政的职能,逐步增加对公益性文化事业和重要新闻媒体的投入,鼓励社会力量捐赠公益性文化事业,建立多渠道的投入方式。积极探索文化系统自我积累、滚动发展的有效机制";要"进一步发展哲学社会科学、文学艺术、新闻出版、广播影视、体育等文化事业。广泛开展群众性文化体育活动,精心策划和举办重大文化节庆活动,大力推进社区文化、企业文化、校园文化、旅游文化、广场文化的发展。建立健全公共文化服务网络,加强历史文化资源的抢救保护和合理开发利用。加强文化名城、名镇、名馆、名园和名品建设"。

## 二 加快公共文化服务发展的顶层设计

党的十六大以来,党中央高度重视公益性文化事业、公共文化服务的发展,党的十六大报告首次将文化事业和文化产业区分开来,实行分类发展、分类指导的原则,强调"国家支持和保障文化公益事业,并鼓励它们增强自身发展活力。坚持和完善支持文化公益事业发展的政策措施,扶持党和国家重要的新闻媒体和社会科学研究机构,扶持体现民族特色和国家水准的重大文化项目和艺术院团,扶持对重要文化遗产和优秀民间艺术的保护工作,扶持老少边穷地区和中西部地区的文化发展。加强文化基础设施建设,发展各类群众文化"。2004年,国家发改委颁布《关于2004年经济体制改革的意见》,提出要"深化公益性文化事业单位劳动人事、收入分配和社会保障制度改革。建立健全公共文化服务体系"。其中,首次出现了"公共文化服务体系"这个新的概念。2005年10月十六届五中全会进一步提出了以"逐步形成覆盖全社会的""比较完备的"为定语的有关"公共文化服务体系"的新理念,明确强调要"积极发展文化事业和文化产业。加大政府对文化事业的投入,逐步形成覆盖全社会的比较完备的公共文化服务体系"。

习近平到浙江工作后,公益性文化事业、公共文化服务体系建设,被提升到了关乎落实人民群众文化权利、关乎加快建设文化大省全局的地位而得到了前所未有的重视。他说,"我们的文化是社会主义文化，文化建设的根本目的是满足群众文化需求，实现好人民群众文化权利。在打造文化精品的同时，要更加重视面向基层、面向群众的精神文化产品的创作生产和传播服务，努力建立健全公益性文化事业服务体系，提高公共文化服务能力，把为人民服务、为社会主义服务真正落到实处"[1]。这就从文化建设根本目的的高度阐明了公共文化服务体系建设的地位和意义。习近平明确强调，在市场经济大背景下，不能把公益性文化机构推向市场，一推了之，政府必须承担责任，加大对公益性文化事业的投入。他说，"繁荣社会主义文化离不开国家的财政投入。文化体制改革是为了更好地发展文化，绝不是简单地理解为政府'卸包袱'和经济上'断奶'。总的原则是，政府要继续加大投入力度"[2]。

2005年7月，距离党的十六届五中全会召开还有3个月时间，浙江省委十一届八次会议通过《关于加快建设文化大省的决定》，第一次明确地用"社会公共服务""公共文化服务体系"等新词汇，来构建有关"公益性文化事业"的表述框架。"提高社会公共服务能力"与"增强先进文化的凝聚力""解放和发展文化生产力"一起，被作为加快建设文化大省的三个着力点之一。加快建设公共文化服务体系的问题，已经被提升到了关乎加快建设文化大省全局的地位而受到了前所未有的重视。

有学者认为，浙江省委2000年出台的第一个与2005年出台的第二个有关建设文化大省的纲领性文件[3]相比，虽然在内容上都强调了经营性文化产业和公益性文化事业两个方面，但仔细分析可以看出，第二个纲领性文件，"在某种程度上意味着文化大省建设的重心从发展文化产业转向发展文化产业与建设公共文化服务体系并举。这说明，浙江省在文化体制改革的推动下，文化产业部门的改革已经得到了较好的实施，产业潜力已经得到了较大程度的释放，人民群众市场

---

[1] 习近平：《干在实处 走在前列》，中共中央党校出版社2006年版，第330页。
[2] 同上书，第329页。
[3] 第一个文化大省建设文件是指2000年出台的《浙江省建设文化大省纲要（2001—2020年）》；第二个文化大省建设文件是指2005年出台的中共浙江省委《关于加快建设文化大省的决定》。

化的文化消费需求得到了较大程度的满足，开始向公共文化产品需求提升"①。显然，这一说法具有相当程度的合理性。在第一个有关建设文化大省的纲领性文件中，虽然十个部分中有两个部分的篇幅分别阐述了"繁荣文化事业"和"发展文化产业"。但省委首次提出"建设文化大省"战略，就是与"发展文化产业"战略并举的（即"发展文化产业，建设文化大省"）。不仅如此，第一个纲领性文件，也是把"发展文化产业"作为建设文化大省的"突破口"和"重要标志"来布局和部署的。2002 年召开的全省文化工作会议则把"发展文化经济"作为主题，而作为文化经济化产物的文化产业自然而然地成为其中两个方面（经济文化化、文化经济化）的内容之一，而紧随建设文化大省第一个纲领性文件后出台的省委省政府两个政策《意见》②，也体现了对发展文化产业的倚重。虽然前一个《意见》主要针对"公益性文化事业"和"文化产业"，而后一个《意见》则几乎是专门针对"文化产业"的。

再来看第二个纲领性文件。这个文件关于加快建设文化大省战略任务的核心内容，可以被归纳为"三个着力点""八项工程"和"四个强省"③。在三个着力点中，"增强先进文化的凝聚力""提高社会公共服务能力"都与建设公共文化服务体系直接相关，而"解放和发展文化生产力"，既包括解放和发展"文化产业"生产力，也包括解放和发展"公益性文化事业"生产力。如有学者所说，"'解放和发展文化生产力'包含了两层内容：'解放文化生产力'是针对文化产业，'发展文化生产力'是针对文化事业。前者指向被原有体制束缚的国有经营性文化单位，后者则指向公益性文化事业单位"④。尤

---

① 张晓明：《文化体制改革：解放和发展文化生产力的关键》，李景源、张晓明主编《浙江经验与中国发展（文化卷）》，社会科学文献出版社 2007 年版，第 135 页。
② 即 2001 年的《关于建设文化大省若干文化经济政策的意见》和 2002 年的中共浙江省委《浙江省人民政府关于深化文化体制改革　加快文化产业发展的若干意见》。
③ 即"教育强省、科技强省、卫生强省、体育强省"，自从中央提出经济、政治、文化、社会"四位一体"建设总布局以来，"四个强省"中的相当一部分内容已经被纳入"社会建设"范围。
④ 张晓明：《文化体制改革：解放和发展文化生产力的关键》，李景源、张晓明主编《浙江经验与中国发展（文化卷）》，社会科学文献出版社 2007 年版，第 135 页。

其值得一提的是，作为加快建设文化大省核心内容之核心的"八项工程"，除了"文化产业促进工程"以外，其他七项工程，即"文明素质工程""文化精品工程""文化研究工程""文化保护工程""文化阵地工程""文化传播工程""文化人才工程"，都可以归入"公共文化服务体系"建设范畴。在这个纲领性文件中，浙江省"覆盖全社会的比较完备的公共文化服务体系"蓝图首次得到了清晰的呈现，成为指导浙江未来加快公共文化服务体系建设的顶层设计。

更值得关注的是，由于有了被确立为文化体制改革综合试点省以来全省各地的创新性实践基础，以及由此而逐步积累的丰富实践经验，因此，关于建设文化大省的第二个纲领性文件，也以更准确的文字，表达了在市场经济发展、政府职能转变、民间社会力量兴起背景下公共文化服务的新理念和新方式，即"充分发挥公共财政的支撑作用，探索形成政府主导、社会参与、市场运作的公共事业发展新格局"。

从基本脉络看，改革开放以来中国文化领域经历了由政府"大包大揽"的"文化事业"发展模式，到不加区分地将所有的文化部门推向市场、在市场化的压力下被动地开展"生产自救"，再到把公益性文化事业和经营性文化产业区分开来实行分类指导、分类发展的原则。但是，在采取区分不同文化类型并实行分类指导原则以后，许多人尤其是一些领导干部仍然存在着一种错觉，即在市场经济条件下，文化产业发展任务应由企业和市场承担，而计划经济的模式会在某些文化领域保留下来，公共文化事业仍然应当一如既往地由政府"大包大揽"，直接由政府生产并提供。然而，实践已经表明，在市场经济条件下，文化领域那种"甩包袱"的做法，会导致公共文化部门生产的萎缩以及供给的不足，即使由政府部门直接生产和提供公共文化产品和服务，也同样无法解决"效率"问题。

因此，在把"公益性文化事业"从传统的、政府"大包大揽"的"文化事业"中剥离出来以后，还需要实施进一步的"剥离"，即需要把"公益性文化事业"从仍然带有计划经济剩余的内涵中"剥离"出来，并充入市场经济的内涵。这种"剥离"和"充入"的突破口或关键，在于实现投资主体的多元化，改变以往政府作为公益性文化事业唯一投资者和出资人的状况，从而拓宽公益性文化事业的投资和融资渠道，为公益性文化事业的发展注入新的动力。但这并不意味着"政府甩包袱、财政脱负担"，把"公益性文化事业"从仍然带有计划经济剩余的内涵中"剥离"出来，并充入市场经济的内涵，改变的是政府传统的缺乏效率的管理手段，而不是要改变公益性文化事业的性质，也不是要推卸政府应该履行的各种责任。

显然，经过进一步"剥离"和"充入"以后，将更加突出在发展"公益性文化事业"过程中，加强公私合作，建立政府、市场和社会的伙伴关系。也就是说，在市场经济条件下，政府对"公益性文化事业"的做法，不是传统的"大包大揽"而是现代公共管理学意义上的"治理"。"治理"意味着从等级政治向复合政治的转变。J. 库伊曼（J. Kooiman）和 M. 范·弗利埃特（M. Van Vliet）认为，"治理所要创造的结构或秩序不能由外部强加，其发挥作用是要依靠多种进行统治的以及互相发生影响的行为者的互动"。星野昭吉将治理分为平行治理和垂直治理，认为治理的本质是一种非暴力、非统治的治理机制，而不是强迫和压制。K. J. 霍尔斯蒂（K. J. Holsti）强调治理在一定意义上就是秩序加上某种意向性，秩序意味着对行为的限制。"治理的理念是，它所要创造的结构和秩序不能由外部强加；它之发挥作用，是要依靠多种进行统治的以及互相发生影响的行为者的互动。"① 在此，"参与""谈判""协商""合作""伙伴"等成为治理的关键词。在梳理相关研究文献的基础上，格里·斯托克进一步归纳了 5 种有关"治理"的主要观点：一是治理意味着一系列来自政府但又不限于政府的社会公共机构和行为者；二是治理意味着在为社会和经济问题寻求解决方案的过程中存在着界线和责任方面的模糊性；三是治理意味着肯定了在涉及集体行动的各个社会公共机构之间存在着权力依赖；四是治理意味着参与者最终将形成一个自主的网络；五是治理意味着办好事情的能力并不仅限于政府的权力，不限于政府的发号施令或运用权威。在公共事务的管理

---

① ［英］格里·斯托克：《作为理论的治理：五个论点》，《国外社会科学》2000 年第 4 期。

中，还存在着其他的管理方法和技术，政府有责任使用这些新的方法和技术来更好地对公共事务进行控制和引导。①

治理理念视野下的这种"公益性文化事业"，事实上在内涵上已经与强调通过结成一种平等的合作伙伴关系来发展的"公共文化服务体系"重合，如詹姆斯·罗西瑙所说："与统治相比，治理是一种内涵更为丰富的现象。它既包括政府机制，同时也包括非正式、非政府的机制，随着治理范围的扩大，各色人等和各类组织得以借助这些机制满足各自的需要并实现各自的愿望。"② 在中国的特殊语境下，"公共文化服务体系"模式，既可能是通过引入新的供给机制和手段的"优化"了的政府供给模式，也可能是打破政府单一主体地位的多种供给主体的新供给模式。正是在这一意义上，可以说，建设"公共文化服务体系"，乃是市场经济条件下发展"公益性文化事业"的一条崭新途径。具体而言，这种新型的"公益性文化事业"或"公共文化服务体系"与传统的、带有计划经济剩余内涵的"公益性文化事业"的区别主要体现在以下两个方面：

第一，传统"公益性文化事业"的实施主体仅仅是以政府为代表的官方组织和公共部门，政府包揽公共文化领域的一切事务，政府既是出资人，又是运作者和监管者，官方组织和公共部门依靠行政命令采用计划分配的方式提供公共文化产品和服务。显然，这种政事不分的体制，不仅已经被历史证明严重地制约了我国公共文化事业的发展，而且也不符合市场经济发展和政府职能转变的大趋势。而"公共文化服务体系"的实施主体，则不仅仅是以政府为代表的官方组织和公共部门，而且也包括第三部门、民间组织等政府以外的其他社会组织。"公共文化服务体系"这个概念事实上意味着政府必然不是管制型的而是服务型的，不是全能型的而是有限型的，在发展公共文化服务过程中，必须通过与社会其他资源的整合、与社会力量的合作共治，以弥补和矫正自身功能的不足或失效。因此，不同于"单中心"

---

① ［英］格里·斯托克：《作为理论的治理：五个论点》，《国外社会科学》2000年第4期。

② ［英］詹姆斯·罗西瑙：《没有政府的治理》，张胜军、刘小林等译，江西人民出版社2001年版，第5页。

的传统"公益性文化事业"的治理体系,公共文化服务体系必然是一种"多中心"的治理体系,"多中心意味着在社会事务管理过程中,并非只有政府一个主体,而是存在着包括中央政府、各级地方政府、各种政府派生组织、各种私人机构以及公民个人在内的多个决策中心"[1]。

第二,传统"公益性文化事业"突出政府的行政力量,通过一个指挥统一的指挥链条,由最高层开始,沿着自上而下的等级体制逐级指挥控制下一层级的组织直至最基层,由此完成公益性文化产品和服务的生产和供给的全过程。这种对单中心权力负责的等级行政体系,不仅难以使公共文化服务生产和供给的效率最大化,而且也难以对人民群众形形色色、多种多样的公共文化产品和服务的偏好做出灵敏的反应,这正是我国公共文化服务领域普遍存在的"政府中心"而不是"公众中心"的原因所在。而"公共文化服务体系"则不仅注重经济、效率与效能的实现,同时也注重公平正义的实现、人民群众对公共文化产品和服务不同偏好的满足;强调通过与市场机制的结合来整合和优化公共文化服务资源,包括公共文化部门的改革和重组、竞争机制的引入,以促进公共文化服务投入和管理效率的提高和改善;强调管理者的责任,强调公众导向、服务导向、绩效导向和结果导向等核心理念,强调通过体制外的监督来实现管理者责任的履行。

毋庸置疑,从计划经济下的"文化事业"到"公益性文化事业",再到"公共文化服务体系",不仅仅是词语表述上的变化,更重要的是,每一种新的表述,都意味着人们认识水平上的一次新的飞跃。而认识上的飞跃,又总是以实践发展为基础。浙江的实践表明,一个从传统文化发展模式中脱胎而出的公共文化服务体系,总是与市场经济的孕育和发展进而文化产业和文化市场的孕育和发展、"市场失灵"的暴露、文化体制改革的展开、政府职能的转变、民间社会力量的兴起等因素相伴随的。

如果把"公共文化服务"不同于"公益性文化事业"的最突出特征,视为"加强公私合作,建立政府、市场和社会的伙伴关系",

---

[1] 唐娟:《政府治理论》,中国社会科学出版社2006年版,第84页。

那么，作为市场经济的先发省份，早在世纪之交浙江省就已经初步地萌生了"公共文化服务"的理念。事实上，改革开放以来，"民间诱致"与"政府增进"相结合的浙江经济制度创新过程，本身就是政府、市场和社会三者新型伙伴关系的形成过程。诚然，改革开放以来浙江各地"民间诱致"与"政府增进"现象的形成，乃是民间与政府博弈的一种结果，是一种扩展的自然秩序。但是，"民间诱致"基础上的"政府增进"这一概念，更接近于公共管理学意义上的"治理"，而不是传统政治学意义上的"统治"，即通过协作、协商、伙伴关系等方式实施对公共事务的有效管理；更接近于一种"复合政治"，而不是一种"等级政治"。正是在"民间诱致"与"政府增进"的制度变迁过程中，浙江省各级地方政府逐渐地意识到，在市场经济条件下，政府只是市场规则的制定者和市场环境的监管者，政府管理的主要职能就是为市场、企业、公民提供服务，缩减政府的职能、改变政府大包大揽一切事务的做法已经势在必行。政府对社会管理，必须从"越位"的地方"退位"，在"缺位"的地方"补位"。

显然，"民间诱致"与"政府增进"的制度变迁实践，既为浙江先于全国形成与市场经济扩展秩序相适应的现代地方治理模式积累了丰富的经验，也为浙江形成"加强公私合作，建立政府、市场和社会的伙伴关系"的"公共文化服务"理念，创新公共文化发展模式，提供了较为充分的土壤和条件。浙江的实践表明，从传统模式下政府对文化事业大包大揽的单一负责制，转向以政府保障为主，政府、企业、第三方、个人等多方参与的多元格局，是市场经济条件下公共文化服务体系建设的一个必然趋势。在市场经济大背景下，政府已经不再是垄断公共文化事务的唯一机构，政府有必要把大量公共文化事务让渡给各类社会主体，让其承担大量政府"不该做"或"做不好"的事情，从而实现公共文化产品和服务从传统的单中心提供模式向多中心、多层次、协同合作的提供模式转变，提高公共文化服务体系建设效率，更好地满足公众的公共文化需求。

早在1999年8月出台的杭州市委、市政府《关于杭州建设文化名城的若干意见》已经提出要"改革文化发展投资体制，充分利用上级有关部门文化投入财政补贴等政策杠杆，广泛开拓社会投资渠道，逐步形成多渠道、多元化的投资融资体制。积极动员机关、企业、学校向社会开放各自的文化设施、场所，实现文化资源的社会共享"。显然，这些表述，已经呈现出了"政府主导、市场化运作、社会力量参与"这种新公共文化服务发展模式的雏形。2000年出台的《浙江省建设文化大省纲要（2001—2020年）》则不仅更加明确地提出要"建立多渠道的投入方式""积极探索文化系统自我积累、滚动发展的有效机制"，而且提出要"建立鼓励社会力量办文化的新机制"，"将社会力量办文化纳入文化发展的总体规划，努力形成政府投入与社会投入相结合的多渠道、多元化的文化投入机制。积极探索以市场化运作方式发展文化的新途径，坚持'谁投入，谁受益'的原则，建立新的分配激励机制、市场营销机制、风险共担机制。对各类文艺体育活动，要积极引入招投标机制"。

这些都突出地表明，作为市场经济的先发省份、全国民营经济大省，浙江省已经意识到，今天的公益性文化事业发展不能背离市场经济大背景。市场经济条件下公益性文化事业发展模式已不同于计划经济体制下政府大包大揽的"文化事业"模式，必须引入市场机制、社会力量，尽量借助一些被实践证明是灵验的市场手段，建立政府、市场和社会的伙伴关系，实现政府与市场、社会的互动互补，形成更优的公共文化服务供给机制，提高公共文化的发展效率，更好地满足群众的公共文化需求。

自2005年省委《关于加快建设文化大省的决定》出台以来，加快建设公共文化服务体系的理念和战略，在浙江省文化管理部门以及杭州、宁波、温州、嘉兴、湖州、绍兴、台州、金华、舟山、衢州、丽水等市（地）党委政府制定的相关文件以及实践中，被进一步明晰化和具体化了。其中，尤其值得一提的是省会城市杭州。这不仅由于杭州市在加快公共文化服务体系建设实践方面走在全省的前列，而且也因为2007年11月杭州市出台了《杭州市公共文化服务体系建设规划（2008—2010年）》。这是杭州市，也是浙江省内（也可能是国内）出台的有关公共文化服务体系建设的第一个专项规划。它的出台，不仅标志着杭州市保障城乡居民基本文化权益、满足公众基本公共文化服务需求意识的自觉，也标志着以杭州市为代表的全省各级地方党委政府已经从健全公共文化服务设施网络、提高公共文化产品供给能力、丰富公共文化服务内容、打造公共文化服务品牌等入手，开始有步骤地通盘考虑和布局公共文化服务体系建设。这个《规划》的突出亮点，尤其体现在以下两个方面：一是描绘了与加快建设"一名城、四强市"和"生活品质之城"相适应的公共文化服务体系建设新蓝图，并明确了今后几年杭州公共文化服务体系建设的主要任务。二是《规划》中关于"基本原则"的表述，比较充分地体现了市场经济大背景下公共文化服务体系建设的"新理念"和"新方式"，比如，"政府主导，社会参与""统筹发展，资源共享""面向基层，服务群众""重在普及，着眼提高""保障权益，多元发展"等。

### 三　不断推动公共文化服务创新与发展

实施"八八战略"以来，浙江全省各级财政对公益性文化事业的投入力度逐年加大，从2001年的5.93亿元、2002年的8.48亿元，到2003年的8.92亿元、2004年的12.4亿元、2005年的14.88亿元、2006年的17.26亿元，平均每年以23.82%的速度增长。"十五"期间，浙江省文化投入总量位居全国第二位，人均文化经费7.8元，居全国各省（区）首位。"十一五"时期全省文化投入力度进一步加大。2006年、2007年、2008年三年全省文化、文物事业费（指财政投入部分，含专项经费，不包括基本建设投资）为65.3亿元，较"十五"期末增加30.06亿元，增长了1.85倍。特别值得一提的是，实施"八八战略"以来，浙江省显著地加大了长期以来公共文化服务短板的农村文化投入。2006年省级专项资金对农村文化投入达到8200万元，比"十五"期间每年投入的1500万元增加了4.5倍。从2007年起，省级专项资金对全省农村文化投入增加到每年10900万元。其中，农村文化设施建设即"两馆一站"建设专项资金达到了每年3800万元，主要用于全省欠发达地区农村文化设施建设。正是由于大力度的投入，全省开始逐步形成省、市、县三级（公益性）文化设施网络体系。至2006年年底，全省建有县级以上公共图书馆92个、群艺馆12个，县级文化馆87个，县级文化馆和图书馆覆盖率分别达97%和87%。在全省1525个乡镇中，有文化站建制的达1493个，覆盖率为97.9%；其中837个建有站舍，占有文化站建制的56%，439个乡镇（街道）创建了省级"浙江东海文化明珠"，占全部乡镇（街道）的29.34%。全省35061个行政村，建有村文化活动室的有19072个，覆盖率达到56%。浙江城乡的公共文化设施建设和公共文化服务水平，开始跃居全国前列。

2007年8月，中办、国办下发《关于加强公共文化服务体系建设的若干意见》，明确了公共文化服务体系建设的指导思想、目标任务、工作抓手及工作要求。党的十七大提出要建设"覆盖全社会的公共文化服务体系"。中央建设"覆盖全社会的公共文化服务体系"的政策导向，为浙江加快推动公共文化服务体系建设带来了新的战略机遇。

党的十七大以来，浙江经济社会发展进入更高阶段。2008年，全省生产总值（GDP）达到21487亿元，人均GDP达到42214元，超过6000美元，比全国（约22698元、3268美元）高出86%，位列上海、北京、天津之后，居全国第4位、各省区第1位。这意味着浙江省公共财政更加宽裕，居民更加富裕，文化消费能力普遍提高。与此同时，虽然实施加快建设文化大省战略以来，浙江公共文化服务体制改革创新取得了突破性进展，但仍然存在着问题。比如，在公共文化服务领域中引入市场机制后，监督和考核制度还未相应到位。在推进公共文化发展的过程中，各级政府已经开始考虑到了监督和考核制度的建立和完善问题。但就总体来看，执行的成效还不够理想。政府对社会力量参与公共文化事业发展优惠政策的落实还不够有力。对民营经济参与公共文化发展的监管力度也不够大，造成一些民间组织的不良竞争，浪费了社会资源，乱收费现象也时有发生，而一些具有良好发展潜力的民间组织却由于资金、政策未到位而得不到很好的发展。此外，一些公益性文化事业单位制度外财政收支账证不全，甚至没有建账，监督成本过高，监督不足。公益性文化事业发展资金被短期或长期挪用，不能及时到位或不能到位的现象也在一定程度上存在。公共文化需求表达不足、表达机制不健全，行政领导拍脑袋替民众决定他们有什么文化需求的情况在相当程度上存在。

在这一背景下，进一步破除公共文化服务发展的体制机制障碍、加快构建公共文化服务体系问题，顺理成章地被提到了更加重要的议事日程。2008年6月，浙江省委工作会议通过有关建设文化大省的第三个纲领性文件《浙江省推动文化大发展大繁荣纲要（2008—2012）》，进一步把公共文化服务体系与社会主义核心价值体系、文化产业发展体系一起作为浙江文化建设的三大体系之一。该《纲要》不仅明确了浙江公共文化服务体系建设的总体目标，即"公共文化服务体系进一步完善。率先建成覆盖全社会的、较为完善的公共文化服务体系，城乡、区域文化协调发展，公益性文化单位的公共文化服务水平显著提高，基本公共文化服务均等化逐步实现，人民群众看电视、听广播、读书看报、进行公共文化鉴赏、参加大众文化体育活动等基本文化权益得到保障，社会文化生活更加丰富"；而且也明确地阐述了公共文化服务体系建设的主要任务，即"增强公共文化产品的生产供给能力""完善公共文化服务网络""加强文化遗产保护和利用"。

尤其值得一提的是，这个《纲要》以相当大篇幅较为系统地阐述了"创新公共文化服务方式"的内涵和途径，提出要通过政府采购、项目补贴等方式，提高重要公共文化产品、重大公共文化服务项目和公益性文化活动的服务效益。加大向基层尤其是低收入和特殊群体提供免费公共文化服务的力度，扩大重点党报党刊免费配送农村的范围。发挥浙江民营经济优势，积极引导社会力量以兴办文化俱乐部、赞助活动、免费提供设施等多种形式参与公共文化服务。支持民办公益性文化机构的发展，鼓励民间开办博物馆、图书馆等，促进公共文化服务方式的多元化、社会化。可以说，在这份省委有关建设文化大省的纲领性文件中，"免费""低收费""政府主导""社会参与""市场化运作"等原则得到了比较充分的阐述，以全新理念和方式加快推动浙江公共文化服务体系建设的思路，得到了相当清晰的表述。

2011年，浙江人均GDP突破了9000美元，经济结构、社会结构、城乡结构、消费结构变化步伐显著加快，人民群众精神文化需求迅速增长，呈现出多方面、多层次、多样性等特点，对公共文化服务提出了更高的要求，为公共文化服务体系建设注入了新动力。也正是在这个时候，2011 年 10 月党的十七届六中全会提出了深化文化体制改革，推动文化大发展大繁荣的战略任务，把建设公共文化服务体系纳入建设社会主义文化强国总体布局中。提出，"必须坚持政府主导，按照公益性、基本性、均等性、便利性的要求，加强文化基础设施建设，完善公共文化服务网络，让群众广泛享有免费或优惠的基本公共文化服务"。同年 11 月，浙江省委十二届十次全会通过《关于贯彻十七届六中全会精神推进文化强省建设的决定》，从浙江科学发展新要求、文化发展新趋势、人民群众精神文化生活新期待、落实中央对浙江提出"走在前列"的总体要求、切实担负起为文化强国建设先行探索重大责任的新高度，对加快推动文化大省向文化强省迈进做出了新的战略部署。该《决定》把"着力构建公共文化服务体系"作为推进浙江文化强省建设 6 个方面的主要任务之一，并从"完善公共文化设施网络""增强公共文化服务能力""创新公共文化服务机制""加强现代传播能力建设""加强文化遗产传承和利用"五个方面，对建设文化强省背景下公共文化服务体系建设进行了新的部署。

尤其值得一提的是，这个有关建设文化强省的纲领性文件，再次以相当大的篇幅阐述了市场经济大背景下以全新理念和方式建设公共文化服务体系的思路。不仅强调"公益性文化事业单位、专业艺术团体、广播影视机构、出版企业和文联、社科联、作协等文化团体要充分发挥主体作用，为群众提供更多更好的公共文化产品"，"把主要公共文化产品和服务项目、公益性文化活动纳入公共财政经常性支出预算"，而且强调"要采取政府购买、项目补贴、贷款贴息、税收减免等政策措施，鼓励文化企业参与公共文化服务"；不仅强调"各级财政要确保足额经费投入，完善各级公共图书馆、博物馆、美术馆、文化馆、纪念馆等公共文化场馆的免费开放服务，逐步推进展览馆、科技馆、工人文化宫、青少年宫等免费开放"，而且强调要"发挥浙江民营经济优势，鼓励社会力量积极参与公益性文化建设，支持民办博物馆、艺术馆等民间文化机构的发展"。这些表述的关键点，就是要把政府权威与市场优势有机地组合在一起，实现公共文化服务从传统的单中心提供模式向多中心、多层次、协同合作的提供模式转变，形成供给项目多、对象广、模式优、效率高的治理结构，更好地满足公众的公共文化需求。

  上述提法，都再次体现了开展建设文化大省战略以来浙江省公共文化服务体系建设一以贯之的主题或市场经济大背景下公共文化服务体系建设必须着重解决的两大问题：（1）如何推进公共文化服务的均等化；（2）如何提高公共文化服务的生产与供给效率。事实上，这两个问题乃是"公平"与"效率"这两大社会价值目标在公共文化服务领域的具体体现。"社会公平就如同效率、经济、生产率以及其他标准的使用一样也会成为公共行政的效率标准。"[①] 实践表明，由政府大包大揽的传统"文化事业"发展模式，既被实践证明是低效率的，也无助于有效推进公共文化服务均等化。因此，解决这两个问题都与创新文化投入方式、公共文化设施与服务运作机制、管理机制，构建市场经济条件下公共文化服务发展新模式有关。

  2013年10月党的十八届三中全会通过《关于全面深化改革若干重大问题的决定》提出，要"建立公共文化服务体系建设协调机制，统筹服务设施网络建设，促进基本公共文化服务标准化、均等化。建立群众评价和反馈机制，推动文化惠民项目与群众文化需求有效对接。整合基层宣传文化、党员教育、科学普及、体育健身等设施，建设综合性文化服务中心"。"明确不同文化事业单位功能定位，建立法人治理结构，完善绩效考核机制。推动公共图书馆、博物馆、文化馆、科技馆等组建理事会，吸纳有关方面代表、专业人士、各界群众参与管理。""引入竞争机制，推动公共文化服务社会化发展。鼓励社会力量、社会资本参与公共文化服务体系建设，培育文化非营利组织。"这就进一步明确了构建现代公共文化服务体系、创新公共文化服务发展体制机制的目标和任务。2013年11月，浙江省委十三届四次全会通过《关于认真学习贯彻党的十八届三中全会精神全面深化改革再创体制机制新优势的决定》，提出"建立公共文化服务体系建设协调机制，统筹服务设施网络建设，促进基本公共文化服务标准化、均等化。""完善文化设施网络建管用机制，分类分层推进覆盖城乡

---

[①] ［美］乔治·弗雷德里克森：《新公共行政》，丁煌、方兴译，中国人民大学出版社2011年版，第22页。

的文化设施网络建设。实施基本公共文化服务提升计划，以农村和欠发达地区为重点继续推进重大文化惠民工程，推进群众性文化活动广泛开展。深入推进农村文化礼堂建设，着力打造农村精神家园"。更值得一提的是，该《决定》再次明确了"鼓励社会力量、社会资本参与公共文化服务体系建设，培育文化非营利组织，推动公共文化服务社会化发展"，"创新公共文化服务机制，探索公共文化设施共建共享模式"。

2014年5月23日，浙江省第十三届五次全会通过《中共浙江省委关于建设美丽浙江创造美好生活的决定》，将推动公共文化服务体系建设作为建设美丽浙江创造美好生活的重要内容，将提升城乡居民精神生活品质作为提升城乡居民生活品质的重要标志，强调要"加强公共文化服务体系建设，不断增强基本公共文化服务的均衡性、普惠性，推进重大文化惠民工程，推进农村文化礼堂等设施建设，广泛开展群众性文化体育活动，不断丰富城乡居民精神生活，培育良好社会心态，促进群众身心健康"。

2015年7月，为弘扬社会主义核心价值观，提高城乡公共文化服务水平，根据《中共中央办公厅国务院办公厅印发〈关于加快构建现代公共文化服务体系的意见〉的通知》精神，结合浙江省实际，省委办公厅、省政府办公厅印发《关于加快构建现代公共文化服务体系的实施意见》提出，"到2020年，基本建成城乡一体、区域均衡、人群均等的现代公共文化服务体系。文化设施网络进一步完善，管理利用水平明显提升；文化产品和文化服务更加丰富，按需供给水平明显提高；公共文化服务能力明显增强，公共文化服务机制进一步健全，政府、市场、社会共同参与公共文化服务体系建设的格局逐步形成，整体水平继续走在前列"。这个《实施意见》从统筹推进公共文化服务均衡发展、进一步完善公共文化设施网络、增强公共文化服务发展动力、加强公共文化产品和服务供给、推进公共文化服务与科技融合发展、完善公共文化管理体制和运行机制、加大公共文化服务保障力度等方面，对新的历史条件下浙江省加快构建现代公共文化服务体系做了全面布局和部署。

2016年是"十三五"时期的起始年，同年6月，浙江省发展和改革委员会、省文化厅印发《浙江省文化发展"十三五"规划》，提出了未来五年浙江省公共文化体系建设的总体目标："公共文化设施布局合理，互联互通，公共文化服务内容和手段更加丰富，服务质量显著提升，公共文化服务体制机制进一步完善，公共文化服务提供主体和提供方式更加多元，基本建成覆盖城乡、便捷高效、保基本、均等化的全国公共文化服务示范区。"围绕这个总体目标，该《规划》从推进公共文化服务均衡发展、推进公共文化服务数字化发展、推进公共文化服务社会化发展、推进公共文化服务品牌建设等方面，明确了"十三五"时期浙江省"坚持率先发展，构建现代公共文化服务体系"的主要任务。

2017年6月召开的省十四次党代会，围绕"两个高水平"的奋斗目标，提出了包括"努力建设文化浙江"在内的六个具体目标。为全面落实省第十四次党代会决策部署，扎实推进文化浙江建设，11月29日，浙江省委省政府正式发布《关于推进文化浙江建设的意见》，作为重点实施的文化浙江十大工程之一的"基本公共文化服务提升工程"的目标是："加快构建城乡一体、区域均衡、人群均等的现代公共文化服务体系，高水平推进基本公共文化服务标准化均等化。实施高水平推进基本公共文化服务标准化均等化行动计划和文化惠民工程，全面落实浙江省基本公共文化服务标准，推进国家、省公共文化服务体系示范区（项目）创建，稳步提升公共文化服务水平。深入推进农村电影发行放映体制改革等四项全国改革，建立基本公共文化服务标准化均等化建设评价机制，完善公共文化机构绩效考评制度。完善政府购买公共文化服务机制，拓宽政府购买公共文化服务范围。建立农村电影放映长效机制。"

2017年11月30日，以贯彻落实《中华人民共和国公共文化服务保障法》为契机，浙江省十二届人大常委会第四十五次会议审议通过了《浙江省公共文化服务保障条例》，2018年3月1日起正式施行。该《条例》共34条，主要包括了强化政府主体责任、大力推进均等化建设、科学布局公共文化设施、提升公共文化服务效能、引导社会力量广泛参与五个方面的内容。该《条例》突出了政府主导、社会力量参与，强化基层建设、加大惠民力度，充分满足人民群众对美好生活的向往和文化追求；重在解决影响和制约浙江省公共文化发展的薄弱环节和突出问题，确保立法的精准性和有效性，更利于基层操作和把握；根据省委"两个高水平"和"文化浙江"的建设要求，结合本省在公共文化服务领域的创新实践，将近年来的成功经验写入条例；对《保障法》已经明确的一些要求、措施，《保障条例》不再重复，确保内容简洁、针对性强。这个《条例》的出台，对浙江省紧紧围绕"五位一体"总体布局和"四个全面"战略布局，依法推进"文化浙江"建设，加快构建现代公共文化服务体系，更好地保障人民群众的基本文化权益，具有重要的意义和影响。2018年，浙江省以《浙江省公共文化服务保障条例》正式实行为契机，推进公共文化服务"十百千"工程建设，持续抓好10个公共文化服务重点县、107个重点乡镇、1230个重点村建设，补齐公共文化服务短板；新增农村文化礼堂3000个，力争到2022年实现全省行政村农村文化礼堂全覆盖，满足人民过上美好生活的新期待。

## 第二节　加大公共文化服务体系建设投入

2003年7月，习近平在文化体制改革和文化大省建设座谈会上指出，"繁荣社会主义文化离不开国家的财政投入。文化体制改革是为了更好地发展文化，绝不是简单地理解为政府'卸包袱'和经济上'断奶'。总的原则是，政府要继续加大投入力度"[1]。这就明确了在市场经济大背景下，不能把公益性文化机构推向市场，一推了之，政府必须承担责任，加大对公益性文化事业的投入。2005年11月，在浙江省文学艺术界联合会第六次代表大会上的讲话中，省委书记习近平强调，"要加大政府对文化事业的投入，逐步形成覆盖全社会的比较完备的公共文化服务体系"[2]。这就表明，政府的财政投入是公共文化服务体系建设的血脉。满足公共需要是公共财政"公共性"的基本要求，是公共财政的出发点和归宿点。在市场经济大背景下，公

---

[1] 习近平：《干在实处　走在前列》，中共中央党校出版社2006年版，第329页。
[2] 同上书，第336页。

共财政是服务型政府矫正市场失衡、弥补市场功能不足的重要手段，政府更有必要加大对公共文化事业的投入。实施"八八战略"以来，随着全省干部群众文化意识的逐渐觉醒，经济实力迅速增强，全省各地财政总收入迅速提高，全省各级政府不仅逐步加大了对公共文化事业的投入，为建设一个能够覆盖全社会的比较完备的公共文化服务体系提供了坚实的物质基础，而且也逐步地优化了公共文化服务投入结构，从而把政府有限的财力投入到了人民群众最迫切需要的公共文化服务发展上来。

## 一　加大公共文化服务财政投入

"十五"期间浙江省各级财政对文化的投入总额以年均24.57%的速度增长，快于财政预算总支出的年增长速度，增长趋势明显，文化投入总额（不包括基本建设投资）达49.52亿元，较"九五"期间增加33.93亿元，增长了2.2倍。其中，仅2005年一年，文化投入总额就达14.28亿元，与"九五"期间5年文化投入总量基本持平。"十五"期间浙江省各级财政对文化的投入总额占全省财政预算总支出的比重为1.08%，较"九五"时期也有稳步提高，上升了0.06个百分点，其中，2005年各级财政对文化的投入总额占全省财政预算总支出的比重为11.2%，较"九五"期末上升了0.11个百分点。2005年全省各级财政对公共图书馆、群众文化、博物馆等公益性文化单位的投入总额达6.23亿元，占全部投入额的43.6%，分别较2004年增加1.07亿元和2个百分点。2001—2005年，省财政还安排专项资金5亿元，用于浙江美术馆、科技馆和自然博物馆的建设；每年安排文化事业专项补助经费5000万元用于基层文化建设、民族民间艺术保护和扶持文化产业发展等；文物保护专项补助经费2001年为490万元，2004年增加到1500万元；广播电视"村村通"累计安排专项经费3400万元，全省共投入3.2亿元，消灭广播电视盲点自然村13030个。"十五"期间，浙江省文化投入的主要指标已经位居全国前列。与全国发达省份相比，浙江各级财政文化事业投入总量高于江苏、山东，位于广东之后稳居全国第二，占财政预算总支出的比重以及人均文化事业费均高于江苏、山东、广东3省。其中，农村文化事业费投入总量及占文化事业费的比重虽低于广东，但高于江苏、山东，按农村人口计算的农村人均文化事业费则为4省中最高。正是由于显著地加大了投入，"十五"期间浙江公共文化设施建设能够稳步推进，"全省建有县级以上公共图书馆92个，建筑面积45.3万平方米；群艺馆12个、县级文化馆87个，建筑面积26.6万平方米；县级文化馆和图书馆覆盖率分别达97%和87%。全省1525个乡镇中，有文化站建制的达1493个，覆盖率为97.9%；其中837个建有站舍，占有文化站建制的56%，439个乡镇（街道）创建了省级'浙江东海文化明珠'，占全部乡镇（街道）的29.34%。全省35061个行政村，建有村文化活动室的有19072个，覆盖率达到56%"①。

进入"十一五"时期以来，浙江省各级财政文化投入总量较"十五"同期又有显著提高。据统计，2006年、2007年、2008年三年全省文化、文物事业费（指财政投入部分，含专项经费，不包括基本建设投资）为65.3亿元，较"十五"期末增加了30.06亿元，增长了1.85倍；"十一五"前三年年递增速度为23.04%，高于同期财政预算总支出年递增速度0.37个百分点，占全省财政预算总支出比重也由2006年的1.17个百分点提升为2008年的1.18个百分点，基本与财政支出增速持平。2008—2011年，全省各级财政对文化（主要为狭义文化口径）投入经费共计135.16亿元，其中：文化事业费拨款97.62亿元，文物事业费拨款23.82亿元，其他拨款13.72亿元。这四年全省各级财政文化经费投入分别为：2008年28.57亿元、2009年30.06亿元、2010年36.44亿元、2011年40.08亿元。浙江文化事业费占财政支出比重连续九年位居全国首位。正是由于"十一五"时期进一步显著地加大了文化投入，全省公共文化设施建筑面积总量稳步提高。全省建成县级以上文化广场、文化中心300余个，浙江自然博物馆新馆、浙江美术馆、浙江省博物馆武林馆区（浙江革命历史纪念馆）等省级大型设施先后建成，全省建成了温州大剧院、湖州大剧院、杭州图书馆、宁波博物馆、丽水文化艺术中心、良渚博物

---

① 王锋：《浙江乡村文化事业的发展及其启示》，《西安社会科学》2009年12月15日。

院等一批上规模上档次的现代化大型文化设施相继建成,初步构建了公共文化设施的主体框架。

在"十二五""十三五"时期,浙江省进一步加大了公共文化投入力度。2013—2017年这五年,浙江全省一般公共预算安排基本公共文化服务支出459.28亿元,2013—2016年年均增长13%。浙江音乐学院、浙江自然博物馆、浙江小百花越剧院等陆续建成,从2013年开始文化礼堂每年被列入政府为民办实事项目,一个布局合理、覆盖城乡、惠及全民的公共文化设施网络正在逐步形成。至2018年年初,全省已建成公共图书馆102家、文化馆102家、各类博物馆275家,实现乡镇(街道)综合文化站、村(社区)文化活动室全覆盖;建成图书馆乡镇分馆894个、文化馆分馆312家、农村文化礼堂7628家、农家书屋25335个、文化广场26109个;乡镇(街道)综合文化站平均面积达到了2689平方米,上等级站比例达到了91.6%。21世纪以来特别是实施"八八战略"以来全省各级政府不断加大的文化投入,使长期以来形成的文化建设滞后于经济发展的现象有了较大改变,公共文化服务体系建设的欠债问题从根本上得到了解决,主要指标开始跃居全国前列。

**二 优化公共文化服务投入结构**

实施"八八战略"以来,如何在加大公共文化投入的同时优化投入结构,逐步实现公共财政政策的转型,把更多资金投向公共文化服务的薄弱领域,也是一个摆在全省各级党委政府面前的重大问题。改革开放以来相当长一段时间,浙江省不仅文化投入少而且投入结构也存在严重的不平衡现象。在担任浙江省委书记期间,习近平指出:"我省城乡文化发展还不平衡,多数文化活动场所集中在县级以上城市,不少农村文化阵地存在缺设施、缺经费、缺人才、缺内容的情况,一些偏远农村至今无法收听收看广播电视节目,文化产品供给的有效性不高,农民群众精神文化生活还比较贫乏。"[①] 从总体上看,经济相对发达地区,文化基础设施建设相对较好,经济发展相对落后

---

[①] 习近平:《干在实处 走在前列》,中共中央党校出版社2006年版,第331页。

地区，文化基础设施相对落后。全省浙东北好于浙西南，中心城市好于中小城镇，中小城镇好于农村，平原好于山区、海岛。比较突出的是一些贫困县和边远山区、海岛，由于经济落后、基础设施又比较差，文化设施破旧简陋问题十分突出。

实施"八八战略"以来特别是实施加快建设文化大省战略以来，优化文化投入结构问题被提到了更加重要的议事日程上。在担任浙江省委书记期间，习近平强调，"提高公共文化服务能力，着力点要放在公益性文化事业的发展上，放在基层特别是农村文化事业的发展上"[1]；"我们要充分体现城乡统筹、协调发展的要求，更多地考虑城乡协调发展，无论是在文化设施布局、文化经费投向，还是文化生活安排、文化产品生产等方面，都要更多地向农村倾斜，努力使农村的文化环境有较大改善"[2]。这就明确了浙江公益性文化事业发展的重点和着力点。2005年颁布的省委《关于加快建设文化大省的决定》强调，要"改革现有财政投入机制，调整优化投入结构，有效整合和优化配置各类文化资源，避免重复建设和浪费现象"；并要求"各级文化行政部门和文化单位要相应制定各自领域的文化事业和文化产业发展专项规划，列出一批重点发展项目，引导投资方向，形成发展亮点"；"加大对欠发达地区和农村、社区等基层文化建设的投入"。2008年6月出台的《浙江省推动文化大发展大繁荣纲要（2008—2012）》再次强调，要优化公共文化服务体系的投入结构，提高投入效率。"进一步加大财政投入向基层、农村特别是欠发达地区的倾斜力度，促进城乡和区域文化统筹协调发展。"

"十五"期间，全省各级财政投入农村文化建设11.23亿元，仅次于广东的14.16亿元居全国各省区第二位，比"九五"时期增加了7.01亿元，增长166.11亿元，投入总额占全省地方财政预算的比重为0.09个百分点，农村人均文化经费7.8元，居全国各省区首位。全省对农村文化事业的投入逐年增长，2001年为1.44亿元，2005年

---

[1] 习近平：《干在实处　走在前列》，中共中央党校出版社2006年版，第330—331页。

[2] 同上书，第331页。

达到 2.96 亿元，年均增长 19.74%。"十五"期间，省财政累计安排用于基层文化设施建设的专项资金达 6500 万元，全省各地用于基层文化设施的配套资金达 10.05 亿元。

进入"十一五"时期以来，浙江省对农村和欠发达地区文化投入的力度进一步加大。2006 年，省级专项资金对农村文化建设的投入达到 8200 万元，比"十五"期间每年投入的 1500 万元增加了 4.5 倍。从 2007 年起，省级专项资金对全省农村文化建设的投入进一步增加到每年 10900 万元。其中农村文化设施建设即"两馆一站"建设专项资金每年 3800 万元，主要用于全省欠发达地区农村文化设施建设。2008 年浙江省开始实施《基本公共服务均等化行动计划（2008—2012）》："城乡公共文化服务网络更趋完备。全面实现'县县建有文化馆、图书馆，乡乡建有综合文化站，85% 以上的行政村建有文化活动场所'的目标；加大'万场演出进农村、百万册图书送农村、万场电影下农村'（简称'三万工程'）实施力度；有线广播农户覆盖率达到 80%，行政村有线电视网络联网率达 95% 以上，20 户以上自然村达 50% 以上，农村广播电视的综合人口覆盖率提高到 98% 以上。"[1] 显然这个计划的实施，对推动全省公共文化服务均等化具有重要的作用。

正是由于显著加大了文化投入尤其是对农村和基层等薄弱环节的投入，"十一五"期末全省县级图书馆、县级文化馆、乡镇综合文化站基本实现全覆盖，村级文化活动室的覆盖率达到 85%，平均面积分别达到 4420、3222、1084、206 平方米，比"十五"期末分别增加 1339、829、541、37 平方米。2011 年年末，全省农村有线电视入户用户数 721.57 万户。"文化信息资源共享工程"覆盖农村、基层服务站点达 4 万余个，其中乡镇覆盖率达 100%，村覆盖率 98.5%。到 2012 年年底，"三馆一站"和农家书屋已经实现了全覆盖，原来一直落后的村级文化活动室的覆盖率已达到 89%。各种流动大舞台、流动播出、图书馆总分馆制等，把原本集中于城市的文化资源，输送到基层和农村中去。

---

[1] 《基本公共服务均等化行动计划（2008—2012）》，《浙江经济》2008 年第 19 期。

进入"十二五"时期以来，浙江省进一步加大投入，加强和完善农村、社区及市辖区的文化设施建设，坚持文化地标建设与基层设施网络覆盖相结合，建设了一批具有标志性意义的农村和基层公共文化设施；着力推进经济欠发达地区的"文化扶贫"，坚持公共文化产品供给向基层、偏远地区、弱势群体倾斜，从而进一步有效地缩小了公共文化设施的城乡差距。

特别值得一提的是，2013年年初，建设1000个农村文化礼堂被写入省政府工作报告，此后，省政府连续6年将文化礼堂建设列为当年十件民生实事之一，2018年，省政府工作报告提出要"新增农村文化礼堂3000个"，是过去每年新增1000个目标的3倍。开展建设文化礼堂以来，省农村文化礼堂建设工作领导小组组织协调给力，各成员单位配合积极；投入有保障，省财政、省委宣传部、省农办、省文化厅等部门加大专项投入，浙报集团等企事业单位也纷纷出资支援文化礼堂建设。截至2017年年底，全省累计已建成农村文化礼堂近8000个。这些礼堂按照有场所、有展示、有活动、有队伍和有机制以及学教型、礼仪型和娱乐型的"五有三型"标准建设，是集思想道德建设、文体娱乐活动、知识技能普及于一体的农村文化建设综合体。它们既有新建的，也有依托已有的大会堂、文化活动中心、祠堂、书院和闲置校舍等改建的。这些事实都充分地表明，浙江省委省政府提出的"进一步加大财政投入向基层、农村特别是欠发达地区的倾斜力度，促进城乡和区域文化统筹协调发展"政策，已经在实践过程中稳步地得到了落实。

## 第三节　加强公共文化服务惠民力度

在担任浙江省委书记期间，习近平明确地指出，"我们的文化是社会主义文化，文化建设的根本目的是满足群众文化需求，实现好人民群众文化权利。在打造文化精品的同时，要更加重视面向基层、面向群众的精神文化产品的创作生产和传播服务，努力建立健全公益性文化事业服务体系，提高公共文化服务能力，把为人民服务、为社会主义服务真正落到实处"[①]。这就明确了加快发展公益性文化事业，必须着力于保障人民群众充分享受参与文化创造、享受文化成果、表达文化主张的权利，实现文化惠民。实施"八八战略"以来，浙江省各地在显著加大了文化投入的同时，积极面向基层、面向群众，从整合公共文化服务资源、创新服务机制、增加服务手段、完善服务网络等入手，着力于建立以公众需求为导向的、优质高效的、普遍均等化的新型城乡公共文化服务机制，形成城乡公共文化产品和服务"超市式"供给、"菜单化"服务的模式，有效地推动了公共文化服务均等化，满足了人民群众的精神文化需求。

## 一 创新农村公共文化服务内容和方式

在计划经济时期，我国以牺牲农村为代价优先发展重工业，在发展上不遗余力地向城市倾斜，虽然城市工业发展了，城市居民的生活水平也有了大幅度提高，而农村发展却相对滞后了。改革开放以来，人们逐渐地认识到，以牺牲农业、农民和农村为代价的发展，既是不公平的，也是不可持续的。中央提出要统筹城乡发展、工业反哺农业、城市支持农村，这应该成为加快农村公共文化服务体系建设的思想和政策依据。中国农村公共文化服务体系建设面临着两个突出的问题：一方面，是投入不足而导致"供不应求"；另一方面，是供给单一化而导致"供不适求"。实施"八八战略"以来，浙江省各地在显著加大农村公共文化服务投入从而解决"供不应求"问题的同时，积极创新服务内容和方式从而解决"供不适求"问题。这些做法不仅体现了公平性、便利性等宗旨，而且也体现了以结果为导向、以公众需求为导向的新公共文化服务理念。

（一）创新送文化下乡内容和方式

"送文化"下乡，目前已经成为全国各地普遍实施的农村公共文化服务供给工程。浙江省各级党委和政府也一直把"送文化"（"送书、送戏、送电影"）作为为民办实事的一项重要内容，大力实施文化下乡"三万工程"，即"万场演出进农村""万场电影下农村"

---

[①] 习近平：《干在实处　走在前列》，中共中央党校出版社2006年版，第330页。

"百万册图书送农村"。实施"八八战略"以来尤其是实施加快建设文化大省战略以来,浙江省一直保持了每年较大的送文化下乡数量,有效缓解了农民"看书难、看电影难、看戏难"的问题,极大地丰富了广大农民群众的精神文化生活。2006 年,全省共向广大农村送电影 11.7 万场、演出 1.6 万场、图书 306 万册;2007 年,全省共送 1.56 万多场演出、21.35 万场次电影、194 万多册图书;2008 年,全省共送 2.5 万余场演出、184 万余册图书;2009 年,全省共送 1.9 万场演出、电影 25 万场、图书 166 万册;2010 年,全省共送 1.5 万场演出、20 万场电影、100 万册图书;2011 年,全省共送戏 2.1 万场、图书 181 万册;2012 年,全省共计送戏下乡 2.15 万余场、送书 195 万余册、送电影 30.5 万场。2013—2017 年这五年,全省年均送戏下乡 2 万场次、送书 200 万册次、送电影 30 万场次、送讲座展览 4000 余场次、开展"文化走亲"活动 1000 余场次、培训基层文化队伍 10 万人次,涌现了浙江"图书馆之夜"、衢州"文化加油站"、温州"城市书房"、舟山"淘文化"、丽水"乡村春晚"等一大批在国内有影响的文化品牌。

在浙江省"送文化"下乡做法中,更值得注意的亮点,不是其一直保持了每年较大的"送演出、送电影、送图书"数量,而是对创新"送文化"下乡的组织和活动方式进行了有意义的尝试和探索。

在"送文化"下乡过程中,浙江省推出了"钱江浪花"艺术团下乡巡演、"雏鹰计划"优秀儿童剧巡演和"唱响文明赞歌"声乐专家辅导团优秀歌手展演团文化下乡等一批有特色、群众喜闻乐见的示范性文化下乡活动。这些活动不仅在内容和形式上有诸多的创新,而且在组织方式、运作机制上也突破了传统的政府大包大揽公共文化服务的框架,在一定程度上把政府与市场的功能优势有机地结合在一起,为实现公共文化服务从传统的单中心提供向多中心、多层次、协同合作提供的模式转变,提供了有益的经验。其中,最具有典型性的是浙江钱江浪花艺术团文化直通车开创的文化下乡模式。这是一种以多功能流动舞台车为平台,以专业艺术院团为演出队伍,直接为基层群众提供文化服务的新形式。2006 年 8 月,习近平对"钱江浪花艺术团"的创新性做法给予了批示表扬,他说,"钱江浪花艺术团文化直通车，搭建了文化服务基层的平台，丰富了广大基层群众文化生活，特色鲜明，形式多样，贴近基层，富有实效；希望认真总结，不断完善，持之以恒，积极推广，把更多的精彩节目送到基层乡村，进一步满足基层人民群众日益增长的文化需要，为推进文化大省建设和社会主义新农村建设作出积极贡献"[①]。

钱江浪花艺术团模式已经成为浙江省具有全国性影响的农村公共文化服务著名品牌。钱江浪花艺术团现象，集中凝聚了浙江文化体制改革、文化创新、文化科技等多项成果。钱江浪花艺术团模式的典型性，突出地体现在文化服务的内容和形式、运作机制的创新性做法上。

第一，采用了文化直通车与艺术团相结合的中介整合模式。钱江浪花艺术团由省委宣传部、省文化厅、浙江广厦控股创业投资有限公司、浙江日报报业集团有限公司和浙江广电集团5家股东单位共同出资组建，实行"党委政府主导、社会力量参与、艺术团公司化运作"模式，整合艺术资源和演出市场资源。与一团一院为主体的传统模式形成对照，钱江浪花艺术团是一个股份制形式的文化服务的中介机构，既不是国有资产机构，也不是纯粹的民营资产机构，而是两者的组合；既是一种文化直通车与艺术团相结合的中介整合模式，也是一种满足基层农村文化需求，具有较强流动性和机动性，又能综合各种资源的新的公共文化服务形式。钱江浪花艺术团这种新的组织方式、整合模式，将原先由政府内部承担的活动向外部竞争开放，体现了公共文化服务体制机制创新的一种积极尝试，构造混合、高效和公平的公共文化服务输送模式的一种有益探索。

第二，通过创新投入方式实现"零费用纯公益"的公共文化服务目标。作为一个公共文化服务团体，钱江浪花艺术团的公益性特征，尤其集中地体现于"五个坚持"（即零费用纯公益、寓宣传于娱乐、零距离双互动、常下乡全覆盖、人多才队精干）中"零费用纯公益"这一条上。艺术团下乡演出，不收任何费用，演职员的吃住行等经费

---

① 转引自周少华、秦军、王婷、李文芳、陆遥、严粒粒《习近平总书记在浙江的探索与实践：凝魂聚气铸自信》，《浙江日报》2017年10月11日。

全部由艺术团自筹解决。钱江浪花艺术团的活动经费来源主要是两个渠道：一是由政府以演出津贴的方式进行节目采购；二是艺术团自身得到的社会赞助。显然，与传统的政府包办制不同，这两种经费来源方式都能够对艺术团保障服务质量、全面提升服务水平产生激励作用。这种尝试和探索不仅较好地坚持了公平性、公益性原则（零费用纯公益），而且鲜明地体现了市场经济条件下公共文化服务生产和供给的新内涵，即在确定政府承担提供公共文化服务责任的前提下，把民营企业的管理手段和市场激励结构引入公共文化服务领域之中，以增强生产和供给的有效性。

第三，实行"定餐制"和"加餐制"，更好地满足了农村多样化的文化需求。"定餐制"即打破以往一团一院为主体的传统模式，以省属院团为主，省内外其他院团为辅进行节目采购，建立了一个由戏曲、曲艺、歌舞、杂技四大类280余个节目组成的节目库，在演出前供基层农村选择预订。这样，每年就有数十个文艺团体，千余名演职人员包括几十位"梅花奖""文华奖"得主参加演出。"加餐制"是根据各乡镇文化活动的特殊需求，通过提前预约，编排特别节目。显然，"定餐制"和"加餐制"是引入现代配送理念而创建的文化服务样式。我国公共文化服务体系建设面临的一个突出问题，就是公共文化需求表达不足、表达机制不健全、文化服务选择的公共决策程序不够完善等，由此导致了公共文化服务供给与公众多样化文化诉求目标错位、需求结构不对称等现象。而类似于像"定餐制"和"加餐制"这样的机制，则是一种能够显示公众文化需求偏好的一种更加有效的机制，有助于解决公共文化服务供给与公众多样化文化诉求目标错位、需求结构不对称等问题。

第四，建立以绩效为导向的考核制度。为了激励演员的积极性，以深化文艺院团管理体制改革为契机，浙江文化管理部门专门制定了激励办法，把院团参演场次量化与绩效考核目标挂钩，把演职员个人参演与职称评定、业务考核挂钩；明确了演出场次、观众人数和不同的津贴额度相挂钩。这是把企业管理方法（绩效评估、全面质量管理、成本核算等）和市场竞争机制等引入了公共文化服务领域，有助于促使院团和演职员的艺术服务重心下移、积极参与文化下乡。

服务质量与公众满意是现代政府公共管理的两大主题。然而，传统公共部门往往是"机构驱使的政府"，其主旨是方便政府管理人员和公共服务提供机构，而不是公众。不少公共部门甚至不清楚服务对象是谁，其服务水平低、服务态度差。"不管在等级中是什么职位，官僚都是以代表整个组织的权力和声望的身份行动的。它的官方被授予了明确的权力，这常常会产生一种实际表现出来的盛气凌人的态度。"① 钱江浪花艺术团在服务体制机制、形式和内容上的一系列创新，不仅体现了公众取向这种公共文化服务的新理念，而且体现了公共文化治理主体由单一政府权威主体向多元治理主体转化的新的发展趋势。钱江浪花艺术团的实践，为政府从公共文化服务"直接提供者"转变为"促进者"和"发包人"，实现公共文化服务从传统单中心供给向多中心、多层次、协同合作供给转变提供了有益的经验。

"文化大篷车"概念早在前些年已悄然在全国各地流行。大篷车主体是一个多功能流动舞台的表演车，它充分应用现代控制技术及工艺，集声、光、电机为一体，把现代舞台艺术运用于流动演出。平时合拢时，大篷车外形为一辆半挂式货车，演出时通过液压翻转系统，货车箱体平展就成为一个舞台。自从钱江浪花艺术团诞生以来，已经对浙江全省各地产生了广泛的示范效应。目前，类似的"文化大篷车"送文化活动在全省各地已经相当活跃。目前，全省已开出了遍布广大农村的70多辆"文化大篷车"（文化直通车）。这些"文化大篷车"也都把创新服务方式，形成以公众需求为导向的文化服务机制作为一种重要的理念和目标，并取得了明显的成效。文化下乡活动不单纯以让农民得到娱乐为目的，提升农民素质和文明程度也是其中一项重要内容。在"文化大篷车"送文化下乡活动中都包含了这一项内容，从而实现了娱乐与教育的叠加效应。不少艺术团每次演出前都要向农民群众宣讲政策、科技致富知识、农业经济信息等，还与相关部门合作，送政策、法律、科技、交通安全等知识下乡，送种植、养殖等书籍下乡。当然，在浙江各地，寓教于乐的送文化下乡和农村公

---

① ［美］罗伯特·墨顿：《官僚制结构与人格》，中共中央党校出版社1996年版，第102页。

共文化活动,不限于"文化大篷车"这一种手段和形式。改革开放以来,农村的精神风貌发生了极大的变化,然而,在农村中,与"乡风文明"的要求格格不入的陈规陋习依然存在,农民的精神素质与新农村建设仍然不相适应。新型农民的培育无疑是一项涉及方方面面的综合系统工程。而实践已经显示,"送文化"下乡也是其中的一条重要途径。

(二) 从送文化下乡到农民种文化

农民"种文化",当然体现了农民的文化主动性和创造力。"种文化",表明农民不是文化的被动消费者,而是文化的生产者和创造者。改革开放以来,在浙江经济发展领域的诸多方面,如个体私营经济、专业市场、股份合作制、区块经济的兴起等,都呈现为一种市场解决模式、自发自生发展模式和自组织模式,也就是说,民间自主创业力量起着主要的作用。然而,在过去农村文化活动领域,农民自主性却未得到充分的体现。农民以看戏看电影为主,演员在台上在银幕中,农民是观众,主动性不强、互动性不够。多数时候,农民无节目选择权,仅仅作为观众被动地接受,"农村文化活动"似乎就是单方面地向农民"喂食"。问题是,随着农民参与意识、主体意识的逐渐觉醒,他们参与文化活动的愿望也更强烈了,他们希望对文化产品、服务等有选择权,希望能自主地参与到农村文化活动中来,在农村文化大舞台上登台亮相,从文化的旁观者变成参与者,从观众变成演员。

正是在这一背景下,浙江省文化管理部门和地方政府开始着力于突出农民在农村文化活动中的自主权和主体性,并把"送文化"活动和"种文化"活动结合起来,就像种庄稼一样,让文化的种子在农村生根、开花、结果。具体做法是:

1. 改善"送文化"活动,在"送文化"活动本身中借铁打铁,突出农民对节目的选择权和主体性。钱江浪花艺术团"定餐制"和"加餐制"的做法,已经体现了这一点。而2005年开始的宁波市"万场电影千场戏"进农村活动,则是这方面的一个更典型的范例[①]。

---

[①] 李建新、罗颖杰:《把文化消费选择权交给百姓:宁波"万场电影千场戏"进农村的启示》,《浙江日报》2005年4月25日。

以往的免费送戏下乡，剧团、剧目多由上级部门指定，农民无发言权和选择权，演出效果打了折扣。而"万场电影千场戏"采取了全新"菜单式"供给模式：农民可以自主选择剧（片）目，选择剧团（演、放映团队），补助政策和操作程序完全公开。按照这一原则，宁波市把几十台越剧、甬剧、姚剧、滑稽戏剧目和3000多部中外影片、数十个放映队编成详尽的目录手册，下发到各个村，供农民"随便挑、随便选"。这样，农民既是消费的对象，又有了选择权和主动性。目前，突出农民群众对"送文化"节目的选择权和主体性，已经成为全省各地较普遍的做法。

2. 在"送文化"下乡活动中，一些艺术团体的做法，也体现了"输血"与"造血""送文化"与"种文化"的结合。比如，在钱江浪花艺术团的下乡演出中，已经在"送下乡"中添加了"请上台"的节目，即把乡间文艺骨干自编自演、具有鲜明地方特色和浓烈乡土气息的节目请上舞台，营造专业与业余相结合、剧团演员与农村文艺骨干同台表演的氛围，从而扶持和培育了农村特色文艺团队，增强了农村文化的造血功能。此外，艺术团的专业文艺工作者还深入生活，收集资料，挖掘了一批真正属于民间原生态的艺术作品。如宁海的"长街渔歌"，常山的民俗舞"跳竹马""钢叉舞"等经过挖掘和加工，重新显现了优秀民间文艺的光芒。从2006年6月至2017年6月，台州市已成功举办了11届农民文化节。农民文化节紧紧围绕"送文化""种文化""秀文化"三个方面展开，把"送文化"与"种文化""秀文化"较紧密地结合在一起。其中，"送文化"侧重于基层文艺演出，"种文化"侧重于对基层的培训、辅导，"秀文化"则有歌词大赛、广场舞大赛等。台州市每届农民文化节都有特定主题，比如，2017年台州市农民文化节的"送文化"，安排有基层文化走亲巡演48场、乡村文化大使巡演30场和乡村打擂台文艺演出及播出30场文艺活动；"种文化"主要是举办农村文化礼堂智能影院系统培训和农村文化礼堂管理员培训等培训，其中，农村文化礼堂管理员培训主要针对2016年新建的136家文化礼堂管理员；"秀文化"则侧重于歌词大赛等。这些做法都体现了从单纯的"送文化"向"演、教、学、导"互促互动的"送文化"与"种文化""输血"与"造血"有机结合的转变。

3. 扶持农民自办公共文化或"种文化"活动。21世纪以来特别是实施"八八战略"以来，在各级党委政府的倡导下，浙江基层农村自办公益性文化活动日趋活跃。据统计，早在2005年全省村级业余文体队伍共开展各类活动已经达约316717场次，平均每村9.03场次。当前浙江省各地基层农村群众文化活动生产和供给形式，主要分为政府直接供给型、政府采购并供给型、民众自发生产并供给型、非营利组织生产并供给型、企业生产并供给型。目前，全省农村活跃着1300多支电影放映队、1万多支业余文保队伍、500多家民间剧团、3万多支业余文体队伍、60多万名业余文体骨干。这些队伍门类齐全，有腰鼓队、舞龙舞狮队、乒乓球队、象棋队、老年健身队及大量的地方戏曲团队等，覆盖老、中、青各个年龄层次。通过"种文化"活动，在全省不少地方，文化表演已经从以专业文艺队伍为主逐渐转向以民间文艺人才的表演为主。文化主体和受众实现了转换，单项输送文化的方式也得以转变。

值得一提的是，农民"种文化"活动是农民自己组织的。相对于政府大包大揽的传统模式，体现了公共文化服务发展模式的创新。在"种文化"活动中涌现的各种农民文艺队伍、农村文化协会等的组织构建具有较强的志愿性，其运作并不遵循行政指令机制，而是扎根于农村社区，具有"非营利性""自治性"等非营利性组织的特征。农民"种文化"实践表明，在许多公共文化服务领域，依靠民间社会组织，能达到比行政手段更好的效果。因此，在政府不能或不愿意做的公共文化服务领域，民间社会组织承担相应职能，具有拾遗补阙的功能；而在行政手段或社会自治方式都能完成的公共文化领域，应尽可能发挥民间社会组织职能，政府承担更多的宏观调控责任，而民间社会组织则承担具体微观层面的公共文化事务责任。

显然，浙江各地农民广泛的"种文化"活动，是"民间诱致"的结果，具有鲜明的"自治性"等特征，但也得到了全省各级党委政府的扶持和"增进"。2007年春天，浙江4个县市8个村的村民发起了《我们都来"种文化"》的倡议，"种文化"很快在全省61个县的100多个村开展起来。村民们的行动得到了省委省政府的呼应，

2008年，浙江省出台了意见和实施方案，在全省农村启动"千镇万村种文化"活动。2011年，浙江省文明办根据农村对于文化的实际需求，奔赴浙江省20个县市区开展农村"种文化"培训辅导示范活动，直接培训群众3千余人。浙江省文明办还会同省文化厅、体育局等部门开展了5场农村"种文化"片区赛，受到当地百姓欢迎。2013年，浙江选择全省21个乡镇、村落，开展"新农村文化良种"基地建设。109位省级文艺专家，对口联系100个村级文化礼堂，开设辅导培训班100多场，直接培训对象超过2万人次。与此同时，一些市县党委和政府也通过各种渠道，扶持农民"种文化"活动。比如，从2008年开始，天台县通过"六个一"，即各乡镇配备一名党委宣传委员、一名专职宣传干事、一名专职文化干事，各乡镇文化站聘用一名文艺教师、一名懂文艺的退休人员、一名民间文艺骨干为基层文化指导员，为农村"种文化"活动提供了有效的组织和人才队伍支持；推动"村企文化结对"，组织了100个企业与贫困村文化结对，联办文化活动，并要求每个企业每年为这些村提供不少于2万的资金，以帮助解决这些村"种文化"活动资金紧缺的困难；鼓励"村校文化共建"，组织了83所学校与附近的行政村结对，发挥学校文化艺术人才优势，参与农村的"种文化"活动，并规定学校每年参与活动不少于2次，促进区域文化资源的整合共享，提高农村文化活动质量。全省各县市党委政府的这些做法有效地实现了公共文化服务基层从"授之以鱼"向"授之以渔"的转变，带动了更多农村群众加入农村文化建设。

2015年4月，省委宣传部根据《中央宣传部办公厅等关于广泛开展文明共建、文化共享"结对子、种文化"活动的通知》的要求，结合全省实际，深化拓展"双万结对、共建文明""千镇万村种文化"活动，决定在全省广泛深入开展以"结对子、种文化、育文明"为主题的结对帮扶活动，构建一套组织有力、网络健全、畅通高效的结对帮扶工作机制，打造一批内涵充实、形式多样、符合需求的基层文化活动品牌，健全一批就近便民、功能完备、适用实用的基层文化阵地，建设一支来自民间、扎根基层、作用突出的基层文化队伍，创作一批源自生活、积极向上、生动鲜活的优秀文化作品，推动全省基层文化大繁荣、城乡文明程度大提升，凝聚起实现中华民族伟大复兴中国梦的强大精神力量。三年多来，全省各地根据中宣部、省委宣传部的工作部署，结合地方实际和村民需求，内强活力、巧借外力，扎实推进机制完善、品牌打造、队伍建设等工作，有效促进了农村文化的繁荣发展和乡风文明的传承弘扬。比如，作为全省"种文化"活动的发源地，杭州市临安市（临安区）相继出台了《关于深入开展"结对子、种文化、育文明"活动的通知》《文化、服务、培训"三进礼堂"你点我送活动的实施意见》《群众文化团队补助专项经费管理办法》《推进基本公共文化服务标准化均等化实施方案》等政策文件，有力地促进了"结对子、种文化、育文明"活动的开展。

全省各地这些推动"种文化"的做法，体现了广泛调动政府、企业、农民、文艺工作者、民间组织等多方力量参与农村公共文化服务建设的"新理念"和"新方式"；同时也表明，一个"善治"的政府不仅必须与一个发达的市场经济相联系，而且也必须与活跃的民间社会组织相联系。民间社会组织参与公共文化服务领域，对形成多中心、多层次、协同合作的公共文化提供模式，优化公共文化服务治理结构，具有重要的意义和功能。对于民间社会组织而言，参与政府主导的公共文化服务体系建设，可以带来更多的经费和取得合法性等好处。而对于政府而言，民间社会组织参与公共文化服务体系建设，将有助于改进传统政府体制的无效率、反应慢等问题，提高公共文化服务的效率；通过与民间社会组织的合作，政府可以发挥这些组织在公共文化服务领域的专业化优势，从而弥补自身公共文化服务专业化不足的问题；有助于解决政府公共文化服务供给与公共文化需求结构不对称问题。虽然我国在突破计划经济下形成的文化产品生产和分配模式方面已经取得了明显成效，但公共文化需求表达不足、表达机制不健全、文化服务选择的公共决策程序不够完善等问题仍然突出，公共文化服务供给与公众多样化文化诉求目标错位、需求结构不对称现象仍然明显。由于民间社会组织"不存在像政府那样的科层结构，行事比政府更有弹性、更能创新，也更人性化，可以使人民需求得以确实表现，而不受限于官僚体制僵化、形式主义的束缚，也因此使民众乐于表达意见、需求,进而增加政策和服务的参与意愿"①。概言之,通过政府与民间社会组织在公共文化服务供给方面的合作,可以使公共文化需求直接通过民间社会组织来表达,解决政府公共文化服务供给与公共文化需求结构不对称问题。

"送文化"以前是城市对乡村的专利。而随着浙江农村"种文化"活动的深入,也有农民开始向城市"送文化"了。宁波市鄞州区坚持面向农村基层,以普惠共享为原则,推进区、镇、村"三联建",送文化、创文化、种文化"三联动",政府主导、社会参与、市场运作"三强化",公共文化服务综合评估指标位居浙江省第一。2011年鄞州区进入了文化部、财政部公布的全国首批28个"创建国家公共文化服务体系示范区"名单。鄞州区不仅建成了较为完善的农村公共文化服务体系,而且农民"种文化"活动也相当活跃,呈现出了普及化、多样化趋势。对于这些活跃的农民自办文化活动,鄞州区党委和政府的做法是为他们"搭建平台",体现了一种"民间诱致,政府增进"的特征。比如,早在2007年区政府组织了"星光大舞台"演出活动,打造基层群众文艺演出品牌。在此后不到一年的时间里,有28支乡村业余文艺演出队依次登上了曾经站过许多明星、举办过多场大型文艺演出的舞台。活跃的农村自办文化活动,加上政府的扶持,使乡村业余演出团体的水平不断提高,演出人才也脱颖而出。结果是,农民也开始能够向城市"送文化"了。鄞州古林镇张家潭村业余文艺队登上了宁波市"逸夫剧院"的舞台,成为改革开放以来第一个登上宁波一流专业演出场所的农民演出团体。在杭州临安,2014年举办村干部好声音比赛,2015年组织开展以"山川秀美、城靓村美、生活和美"为主题的村歌大赛、摄影大展、诗歌散文创作及微视频创作活动,2016年举办纪念建党95周年合唱比赛、纪念长征胜利80周年诗朗诵活动。通过以上活动,极大地活跃了农村文化的氛围,有力地带动了农村文艺人才的培养,促进了农民自编自导自演的文艺作品的产生。泥川村村歌《我的泥川我的家》荣获第六

---

① 汪锦军:《走向合作治理:政府与非营利组织合作的条件、模式和路径》,浙江大学出版社2012年版,第78页。

全国村歌大赛"十佳村歌"、横岭村村歌《慢慢的幸福》荣获第七届全国村歌大赛"中国村歌十大金曲"①。2017年兰溪市共有各类民间草根文艺团队146支，团队人数25900余人，团队年活动次数达8600余场次。近年来，兰溪市群众自发性的文化活动越来越丰富，兰庆草根艺术团连续多年举办草根春晚，中洲公园的星光大道、和平公园的兰溪好声音等活动几乎天天举行，朱兰庆、叶秀兰、吴连富、江宪等一批草根艺人走上了央视舞台。② 因此，一些农民深有感触地说，"以前是'文化送百村'，现在是'百村送文化'"。

## 二 创新城市公共文化服务内容和方式

在增强农村公共文化服务供给的同时，浙江省各地积极从创新服务机制、增加服务手段、完善服务网络等方面入手，增强城市公共文化服务供给，丰富公众文化生活，保障公众尤其是基层弱势社会群体的文化权益。

（一）整合城乡文化资源，构建公共文化服务网络

我国公共文化服务体系建设的一个突出问题，就是多头管理、条块分割。在现行管理体制中，许多公共文化机构至少被十多个政府机构所管辖，综合管理部门就有人事部门、机构编制部门、财政部门、国有资产管理部门等，相关行业主管部门就有文化、教育、劳动、公安、社会保障、旅游等。希克斯认为，从功能上讲，碎片化治理存在八个方面的缺陷："让其他机构来承担代价的转嫁问题；互相冲突的项目；重复导致浪费并使服务者感到沮丧；互相冲突的目标；缺乏沟通；在对需要做出反应时各自为政；公众无法得到服务或对服务感到困惑；服务提供或干预的遗漏和差距。"③ 当前中国公共文化机构的行政管理体系，不仅复杂、庞大，而且各行业主管部门之间往往各自

---

① 黄建正：《浙江临安市"结对子、种文化、育文明"推进文化建设》，2016年11月17日，党建网（http://www.dangjian.cn/）。
② 徐枫：《"送文化"向"种文化"转变——兰溪"星舞台"活动成功经验探寻》，《金华日报》2015年1月9日。
③ Perri 6, Towards Holistic Governance: The New Reform Agenda, New York: Palgrave, 2002, p. 48.

为政，综合管理部门的管理则存在既有分工又有交叉的状态，造成政出多门、缺乏统一的管理目标、不同层级政府间的责任划分不合理等现象。这种条块分割公共文化管理体制的直接结果，就是管理上的低效、统一组织协调则严重不足，错位、越位、缺位现象并存，许多同一领域的文化事业分属不同层级政府和不同部门，造成了管理上低水平的重复和相互掣肘等弊端，并不可避免地助长了部门或地方无视或放弃对公共文化利益的追求而追求自身利益的最大化。条块分割的管理体制，也使本来就捉襟见肘的公共财政资金投向难以集中，有限的公共文化资源因为管理权分离而得不到有效的利用，因为缺乏统筹和整合，难以发挥整体效益，重复建设和资源浪费现象严重。

同时，落实公共文化服务的公平性、均等性、基本性、便利性等原则，本身就意味着必须统筹文化发展，实现城乡、区域、群体等平衡，重点关注人民群众最直接、最现实和最薄弱的文化需要，在盘活优化存量文化资源的同时，保证增量文化资源向基层和弱势社会群体倾斜。而实现这些目标的前提条件，就是必须消除行政壁垒和条块分割，突破体制障碍，加大跨区域、跨部门、跨领域、跨系统的文化项目的交流和合作，建立城乡公共文化服务发展联动机制，统筹和整合公共文化资源，凝聚各方力量，发挥各方面优势，提高公共文化服务的体系化水平和公共文化资源的利用率，推动公共文化资源在城乡之间、区域之间、群体之间均衡布局、合理配置。

整合区域、城乡公共文化资源，关键在城市。现代城市具有"集聚性"和"扩散性"的特征，意味着统筹和整合公共文化资源，必须通过发挥城市的"集聚"功能来实现；推动公共文化服务资源在城乡区域群体之间均衡布局、合理配置，必须以发挥城市的"扩散"或"辐射"功能为渠道。近年以来，浙江省一些地方政府在统筹和整合公共文化资源、发挥城市公共文化资源集聚和公共文化服务扩散的功能，提高公共文化服务体系化水平和公共文化资源的利用率，推动公共文化资源在城乡之间、区域之间、群体之间均衡布局、合理配置方面，也进行了有益的尝试和探索。其中，比较典型的是慈溪市的做法。

2013年年初，慈溪市公共文化服务中心正式成立。服务中心以"供需群众化、产品市场化、服务网络化"为基本运作思路，整合全市公共文化服务产品供给资源,包括整合现有各级各类文体设施、器材设备等硬件资源和民间艺术、文艺队伍(节目)、文化辅导人才等软件资源,以供需对接、菜单式配送的方式供基层单位和群众选择。公共文化服务中心成立后,慈溪还将积极探索"群众认可配产品、政府扶持送服务、市场运作强管理"的公共文化服务运作模式,结合"四百"(百姓课堂、百姓展厅、百姓舞台、百姓书场)惠民工程、百场戏剧千场电影进农村、百场文艺百万图书送基层、文化爱心卡发放等众多文化惠民项目,全方位打造该市公共文化产品丰富的供给服务网络。显然,不同于多头管理、条块分割下的传统文化事业体系,慈溪市公共文化服务中心不仅是一个区域城乡一体化的公共文化服务网络,而且也是一种全新的公共文化服务运作机制。"整合盘活""连锁配送""双轮驱动"是这一全新运作机制的3个关键词[1]:整合盘活,即分级分类梳理盘点并统筹和整合全市公共文化服务资源;连锁配送,即设置了"中心—站(所、点)"机构框架;双轮驱动,即建立健全公益性机制与市场机制并行的高效运作机制。

显然,构建这种"整合盘活""连锁配送""双轮驱动"的全新公共文化服务机制,首先需要消除行政壁垒和条块分割,突破体制障碍。唯有如此,才能"整合盘活",统筹公共文化服务资源,凝聚各方力量,发挥各方面优势,提高公共文化服务的体系化水平和公共文化资源的利用率,实现"连锁配送"和"双轮驱动",推动公共文化资源在城乡区域群体之间均衡布局、合理配置。"整合盘活""连锁配送""双轮驱动"的全新公共文化服务机制,体现了一种整体性治理理念。根据希克斯的定义,所谓整体性治理就是以公民需求为治理导向,以信息技术为治理手段,以协调、整合和责任为治理机制,对治理层级、功能、公私部门关系及信息系统等碎片化问题进行有机协调与整合,不断从分散走向集中,从部分走向整体,从破碎走向整合,为公民提供无缝隙且非分离的整体型服务的政府治理图式。[2] 整

---

[1] 参见刘婵《连锁配送 整合盘活 双轮驱动》,《中国文化报》2013年5月22日。
[2] 参见曾凡军、定明捷《迈向整体性治理的我国公共服务型财政研究》,《经济研究参考》2010年第65期。

体性治理针对的是碎片化治理带来的一系列问题,整体主义的对立面是碎片化,而不是专业化。所谓碎片化是指组织间关系呈现破碎与分裂的状态,是指不同功能及专业的机关间,缺乏协调而无法沟通、合作与团结,导致各自为政的局面,无法有效处理共同的难题,造成政府机关个别或整体政策目标执行时的失败。碎片化不只是两块、多块或均等的集团化裂解,而是不规则、大数量及畸形化方向发展。其成因包括组织数量与类型的多样化,以及无心与有意的碎片化。[1]

"整合盘活""连锁配送""双轮驱动",意味着政府、企业、社会组织、公民等多元主体协作共治,形成跨部门协作的整合系统结构,再造以协同为特征的业务流程。"整合盘活"有助于化解公共文化服务的碎片化困境,实现整体运作,提供更优质的公共文化服务,"连锁配送""双轮驱动"则是多元主体协作共治功能有效发挥作用的基本特征。

(二) 实施城市公共文化设施免费和低收费开放

图书馆、博物馆等公共文化服务通过直接服务个人,提升公民文明素质,从而间接地服务于整个社会,具有公有、共享、公用等公益性事业的一般特征。公共文化机构遵循公益性原则,既是政府在文化服务上弥补市场失灵的应有举措,也是公共部门回报纳税人,为全体公众创造文化福利的必要之举。正因如此,包括公共文化服务在内的公共服务理应确立"免费是原则、收费是例外"的理念。

在计划经济时期,中国城市的文化产品和服务,全部或几乎全部是以"公共方式"免费或低收费向社会公众提供的。计划体制下的免费和低收费虽然也体现了"公益性"原则,但与此相伴随的却是"低水平"和"低效率",不仅公共文化服务品种少,而且文化机构的服务态度也差。改革开放以来,随着经济体制转轨,在财政捉襟见肘的情况下,一些公益性文化部门开始面向市场开展"生产自救"。一些原先免费、低收费的城市公益性文化场所逐渐地收费并一步步地提高了价格。这种做法虽然缓解了经费不足的问题,也在一定程度上

---

[1] 韩保中:《全观型治理之研究》,《公共行政学报》(台湾)2004年第31期、第9期。

提高了职工的收入，却违背了保障人民群众基本文化权益的宗旨和公平性原则。收费尤其是过高的收费对低收入弱势社会群体产生了"排他"的作用，使这些社会群体因缺乏货币支付能力而无法参与文化活动，从而在客观上导致了文化权利享受上的不公平。毋庸讳言，上述现象也曾出现于浙江省。有所不同的是，作为一个在全国具有先发优势的省份，浙江较早地意识到了以前做法的偏颇。21 世纪以来尤其是实施"八八战略"以来，随着公共财政的逐渐宽裕、文化意识的逐步觉醒，浙江率先于全国，开始逐渐地对原先收费的城市公共文化服务设施实施免费和低收费策略。

浙江是全国实行博物馆免费开放的首个省份。2003 年 5 月 18 日，即当年的"国际博物馆日"，杭州西湖周边的中国茶叶博物馆、南宋官窑博物馆、杭州历史博物馆、章太炎纪念馆、苏东坡纪念馆，加上之前已经免费开放的于谦祠、俞曲园纪念馆、林风眠故居纪念馆、浙江辛亥革命纪念馆等，已宣布全部免费对外开放。2004 年，浙江省博物馆、中国丝绸博物馆分别在全国省级博物馆和国字头博物馆中率先实行常年免费开放。2007 年，浙江图书馆在国家和省级公共图书馆中率先免费开放，率先开通网络图书馆，构建城乡一体化的公共图书馆系统"一卡通"工程。杭州图书馆新馆 2008 年 9 月开馆即在全国图书馆中第一家实现免证、免押金、免服务费。2008 年，绍兴市宣布包括鲁迅纪念馆在内的鲁迅故里所有景区实行免费开放，所有经费由政府承担。浙江美术馆自 2009 年 8 月开放后即在全国美术馆中率先免费开放，而隶属于浙江省博物馆的西湖美术馆也早就随 2004 年博物馆免费开放了。2012 年，浙江省文化厅与财政厅联合颁发《关于进一步推进美术馆、公共图书馆、文化馆（站）免费开放工作的实施意见》，全省文化行政主管部门归口管理的各级美术馆、图书馆、文化馆（站）全面实现了无障碍、零门槛进入，公共空间设施场地全部免费开放，所提供的基本服务项目全部免费。

这些做法，无疑再次体现了作为"走在全国前列"省份的文化自觉。免费开放带来了门票收入的损失，但使博物馆、图书馆、美术馆等公共文化机构的"公益性""公平性"得以回归，恢复了公共文化机构公有、共享、公用等公益性特征。免费开放使这些公共文化机构更好地融入了社会，也使更多的观众走进了博物馆、图书馆、美术馆等，有更多机会了解历史、体验文明。免费开放后，浙江省博物馆、中国丝绸博物馆及杭州市的大部分博物馆的观众量增幅一直处于稳定状态。免费开放前，浙江省博物馆每年参观人数约40、50万人次，2004年免费开放以来，平均每年参观人数超过140万人次；中国丝绸博物馆每年观众量在40万左右，是免费开放前的两倍。

当然，公共文化机构的免费和低收费，又不是简单地向"计划经济时期"的做法"回归"，而是建立在改革开放成果和经验基础上的一种更高级别的"回归"：

1. 在完善公共文化设施的基础上"回归"。免费开放后，既打开了博物馆、图书馆、美术馆等真正面向社会的大门，同时也对馆藏保护和管理带来了巨大挑战。由于观众量大增，使馆舍拥挤、硬件设施落后的问题更为突出，影响了公众参与的效果。免费开放以来，浙江省财政不断加大投入，完善配套、加快了免费开放公共文化设施的改造和建设。免费开放后，文物安全和观众安全的隐患随参观人数的增加急剧上升，安全保卫压力很重。针对这些问题，增设或更换了观众参观导览和禁令标志等；印制陈列展览的参观介绍，供观众免费取阅。同时加强专业讲解员队伍的培养，组建志愿者讲解员队伍，配置观众电子讲解器，开发制作文物仿制品和有特色的纪念品，不断充实观众休闲服务内容。

2. 在深化公共文化服务机构内部改革、提高管理水平和服务效率、改善服务态度的基础上"回归"。免费开放后，公众对公共文化机构提供服务的质量要求并没有降低。在计划经济时期，由于无法建立有效的激励和约束机制，公共文化服务机构管理水平落后、效率低、服务态度差等问题始终是困扰人们的"顽疾"。随着改革开放的深入，浙江省政府部门的公共服务意识已经显著地增强，并且已经比较充分地积累了市场化取向改革的经验尤其是国有企事业单位改革的经验，因而向这些传统的"顽疾"开刀，也就成为"水到渠成"的事情。博物馆、图书馆、美术馆针对免费开放，不断深化改革，增强活力、改善服务、谋求发展，以向广大公众提供更加优质的服务为目标，规范各项工作，提升服务质量，满足观众的需求。

3. 在创新服务机制、增加服务手段、完善服务网络基础上"回归"。在计划经济体制下，公共文化服务机制僵化、服务手段单一、网络不健全。而现在随着浙江省各级政府管理职能的转变，创新公共文化服务机制、增加服务手段、完善服务网络，已经具备了比较充分的条件。

2017 年 12 月 27 日，文化部、新闻出版广电总局、体育总局、发展改革委、财政部联合印发《关于推进县级文化馆图书馆总分馆制建设的指导意见》，提出到 2020 年，全国具备条件的地区因地制宜建立起上下联通、服务优质、有效覆盖的县级文化馆、图书馆总分馆制。这标志着，一场让文化资源流动起来以增加服务供给、提高服务效能的基层公共文化体制机制改革全面启动。而早在 2007 年，嘉兴市已经率先全国探索以"政府主导、集中管理、资源共享"为主要特点的城乡一体化公共图书馆服务体系"总分馆制"模式。至 2018 年年初，嘉兴市公共图书馆总分馆服务体系城乡覆盖率已达 3 万人每馆，高于日本、韩国的水平，接近美国、英国的水平。全市已形成了"中心馆—总分馆"、图书馆联盟、社会资源整合的三重服务体系，构建了固定网点和流动服务、移动图书馆、实体和虚拟相结合，纵向到底、横向到边的无缝隙服务网络。通过总分馆制建设，改变了"一级政府办一个文化馆图书馆"，"一个城市设一个文化馆图书馆"，由一个主体或多个主体联合建设一个"文化馆图书馆群"，以人财物的统一管理或参与管理为手段，实现体系内政策标准的统一，资源的共建共享，活动的区域联动，最终促进服务效能的提升。

杭州市则通过实现图书馆资源共享，服务创新，践行"免费、平等、无障碍"的公共文化服务理念，着力打造"市民大书房、平民图书馆"。2008 年 10 月 1 日，投入 3 个多亿的杭州图书馆新馆正式开馆后，不仅取消了公共图书馆图书借阅的所有收费，而且在国内大型公共图书馆中率先推出取消借书证、取消押金等举措，市民可凭借市民卡及第二代身份证自助借还。杭州图书馆新馆是国内外开放比例最大的公共图书馆，以温馨、舒适的家居式的布局及功能的设计，不仅为读者利用图书馆资源提供了最大限度的便利，而且也营造出了"人在书中、书在人中"的阅读环境，实现了从传统的

"人围着书转"向"书围着人转"的转变。杭州图书馆新馆还实现了全市图书大融合、大流通。"一证通"将城区20余个分馆和100余个图书流通点连在了一起，将区、县（市）8家图书馆和600余家图书流通点整合在一起，实行通借通还，方便了大杭州范围内包括外来务工人员在内的全体读者。杭州图书馆改变了只为本地人提供服务的做法，全方位向所有人群开放；改变了只为成年人服务的做法，不仅将杭州少儿图书馆纳入总分馆体系之中，而且还在新馆中按少儿喜欢的风格设立了低幼部。显然，上述创新性做法都集中地反映了公共文化服务"杭图模式"的理念："平等、免费、无障碍"，即向所有人群敞开大门，不因人们身份、地位、受教育程度或者户籍所在地而区别对待，平等地传播知识与文化，确保全体市民都有免费使用图书馆的权利。

（三）创新城市公共文化活动和服务形式

显然，对原先收费的城市公共文化服务设施实施免费和低收费策略，主要体现了"存量"改革，以"回归"这些设施和机构的"公益"特性，保证公众的基本权益。与此同时，浙江省也通过"增量"方式，创新服务机制、增加服务手段，以丰富城市公共活动形式，满足公众文化需求。浙江各地举办城市节庆活动，就属于丰富城市公共文化活动形式的"增量"方式。

所谓节庆，简单地说，就是一种公开的、有主题的活动，是在固定或不固定的日期内，以特定主题活动方式，约定俗成、世代相传的一种社会活动。法拉西认为，节庆是一个实际发生于所有人类文化中的事件或社会现象。节庆的五个要素是：其一，是一个神圣或世俗的庆祝时间，并借助特殊的仪式表现出来；其二，是一个有名的人或事件，或是一个重要产品收成的一年一度的庆祝活动；其三，文化活动包括一系列以单个或是某一流派艺术家的艺术品展览；其四，是一个博览会；其五，能带来一般性的欢乐、愉快、爽朗。格茨则把节庆的主要特征概括为：开放给一般大众参加；主要目的是庆祝或呈现一个特殊的主题；通常一年举办一两次或数年举办一次；有一事先预定的举办期间；不拥有永久、固定的硬件建筑结构；其节目通常由几项个别的活动组成，活动内容可能包罗万象；活动举办的地点在当地同一个区域范围。① 从节庆性质可分为单一性和综合性节庆；从节庆内容可分为祭祀节庆、纪念节庆、庆贺节庆、社交游乐节庆等；从节庆时代性可分为传统节庆和现代节庆；从规模大小，可以把节庆活动区分为超大型活动、大型活动、重要活动、地区性活动等种类，区分的主要指标，包括参观人数、媒体曝光率、知名度、硬件设施、成本、效益影响以及冲击强度等；也可以把节庆活动分为国际性活动、全国性活动、区域性活动、地区性活动、社区性活动、社会性活动、都市性活动、促销性活动。

巴赫金认为，节庆或狂欢生活中的时间超越了自然的生物意义，进入了历史的文化范畴。节庆时间之所以为人们所感知，是因为它在本来匀速前行、单调循环的流程中挣脱出来，甚至截断了自然时间匀速、平稳的连续性，使它突然断裂，使它陌生化，从而将人们引向常规生活之外；同样，节庆广场也不是一种自然的物理空间，或人们日常游弋的休闲场所，而是一块让人在摆脱生活重累之后热情奔放的快乐之地。节庆是不分演员和观众的演出，所有的人都不是作为观众观看，而是作为积极的参加者，参与到狂欢中。"严格地说，狂欢也不是表演，而是生活在狂欢之中。"狂欢式的生活，是"脱离了常轨的生活""某种程度上是翻了个儿的生活"②。正因如此，节庆就成为大众喜闻乐见的公共文化活动形式。

21世纪以来尤其是实施"八八战略"以来，浙江省城市节庆活动一直十分活跃，作为一个历史文化名城，杭州市节庆文化活动一直丰富多彩，每年推出开茶节、女装节、啤酒节、旅游购物节、工艺美术节等。杭州市也一直试图突破其他城市节庆活动的框框，突出自身城市的人文特色，并体现人民群众共办共享的特征。从2005年以来，宁波已连续多年被评为"中国十大节庆城市"。宁波的主要节庆活动有宁波文化节、小百花艺术节、海曙区商贸艺术节、鄞州东钱湖文化艺术节、镇海区文化艺术节、大剧院艺术节、农民文化艺术节、社区

---

① 参见郭鉴《吾地与吾民：地方文化产业研究》，浙江大学出版社2008年版，第263—264页。
② 转引自［日］北冈诚司《巴赫金：对话与狂欢》，魏炫译，河北教育出版社2002年版，第267页。

家庭文化艺术节、鄞州区群众文化艺术节、外来建设者文化艺术节、社区家庭文化艺术节、鄞州区群众文化艺术节、北仑区大港文化节等。舟山市则有中国·舟山海鲜美食文化节、普陀山南海观音文化节、朱家尖国际沙雕艺术节三大主要文化节日活动,这三大节庆集中体现了舟山群岛最著名的滨海休闲渔业、海天佛国观音文化和天然优良的沙滩群三大特征。此外,嵊泗列岛每年举办嵊泗贻贝文化节,舟山群岛也曾举办渔市文化旅游节、观音文化研讨会、休渔节、徐福东渡节等。这些多种多样的文化艺术节,显然大大地丰富了群众的文化生活,同时也展现了地方文化特色。

除了举办节庆文化活动以外,浙江省各级党委和政府也通过文明创建活动以及建设企业文化、校园文化、楼道文化、墙门文化、家庭文化、庭园文化等多种渠道,创新服务机制、增加服务手段,以丰富城市公共文化活动形式,满足公众文化需求、提升公众精神素质。

这些由政府主导的城市文化活动之所以得到了市民的欢迎,是因为其使市民大众找到了生产和流通"意义"与"快感""认同"等的有效载体,"共享"一种文化活动,就是共享一种意义和快乐。"共享"是公共文化活动的本质特征之一。20世纪中期以来尤其是70年代以来,文化活动、文化符号等的共享性,在公众之间生产和流通意义的功能,不断地得到了学者的关注。福德·格尔茨,强调文化是意义的生产和解释,由此特别注重语言和符号在文化中的中心地位。文化不是一种引致社会事件、行为、制度或过程的力量,而是一种风俗的情景,在其中社会事件、行为、制度或过程得到可被人理解的描述。对文化的分析不是一种探寻规律的实验科学,而是一种探求意义的解释科学。"文化的概念本质上是一个符号学的概念。由于韦伯,人们相信人是一个悬浮在他自己编织的意义之网中的动物。因此,意义的分析就不是探讨规律的实证科学,而是一门探讨意义的解释性的科学。"[①] 格尔茨认为,"象征符号"是意义和概念的载体,是固化在可感觉的形式中的经验抽象,是思想、态度、判断、渴望或信仰的具体体现;符号的有序排列就构成了"文化模式",正如遗传基因是生

---

① Geetz C., *The Interpretation of Cultures*, New York: Basic Book, 1973, p. 5.

物体的内在信息源一样，文化模式是人的外在信息源，它为组织社会和心理过程提供了一个复制模板或程序，据此便可以塑造公众的模式化行为；"文化"就是此类模式积累起来的总体。符号学文化概念，强调文化的符号化和公共性，其核心就是由符号系统所表达地为社会群体所共享的概念和意义。

威廉斯、费斯克等也认为，"意义""快感"的"共享性"是文化、文化活动的本质特征。威廉斯主张，我们必须不断地扩展文化的意义，直至它与我们的日常生活成为同义的。他在回顾文化概念的变迁历程后指出，现在文化不仅是新的生活方式、新的"工业"的反应，而且也是新的政治和社会发展的反应，是"民主"的反应，它涉及普通男男女女的日常经验、各种新的人际关系和社会关系。所以，认为道德与知识活动可以游离于实际社会生活而自成一统，乃是"文化"一词的早期意义；而逐渐用以指涉一种作为整体的生活方式，则是文化一词的当代意义。在当代，文化已经不再是少数人的专利而成为一种普通人的东西。斯道雷认为，威廉斯的定义中最有重要的因素，是他把文化和意义联系了起来。一种特殊生活方式的重要性就在于它"传达了特定的意义和价值"。而且，从这个文化定义的视角所做的文化分析是对一种特殊的生活方式中所固有的意义和价值的阐释。文化是不断变化的意义网络，是我们每个人都参与其中的事情。在《解读大众文化》一书中，费斯克把"文化"理解为"生产关于和来自我们的社会经验的意义的持续过程，并且这些意义需要为涉及到的人创造一种社会认同"[1]。文化是感觉、意义与意识的社会化生产与再生产，是将生产（经济）领域与社会关系领域（政治）联系起来的意义领域。文化总是处于生成的过程中，而这种生成又总是一个社会过程。"文化关注的是意义、快感、身份认同"[2]，而任何社会体系都需要一种关于意义的文化体系。文化（及其意义、快感和身份认同）是社会实践的一种持续演进。

---

[1] ［美］约翰·费斯克：《解读大众文化》，杨全强译，南京大学出版社 2001 年版，第 1 页。

[2] ［美］约翰·费斯克：《理解大众文化》，王晓珏、宋伟杰译，中央编译出版社 2001 年版，第 26 页。

正是在参与节庆、企业、校园、楼道、墙门、庭园等文化活动过程中，市民大众分享了共同的"意义""快感"和"社会认同"。因此，从某种角度看，这些城市文化活动，既是医治"城市精神贫乏症"的一剂良药，也是城市社会团结、社会和谐的有效黏合剂。

### 三 创新保障外来务工人员文化权益方式

随改革开放以来经济的快速发展，浙江不仅吸纳了大量本省农村劳动力转移到第二、第三产业，而且还吸纳了大量外来务工人员。21世纪以来，外来务工人员流入浙江呈现加速态势。从2001—2011年的十年间，全省登记在册的流动人口总数增幅达到239%，2011年6月已达2215.1万人，其中，跨省流动约占九成以上，来自安徽、江西等6个省份的农民工占到七成多。近年以来，浙江省流动人口总量进一步上升。至2015年12月底，浙江省登记在册流动人口总量达2300余万人，已连续16年位居全国第二，仅次于广东。

外来务工人员为浙江经济社会发展、居民收入的提高付出了辛勤的劳动。外来务工人员的规模流动，优化了浙江区域生产要素的组合，提高了资源利用率，降低了工业化的成本，促进了国民经济的增长。显然，像浙江这样一个外来务工人员集聚较多的省份，能否有效地实施新的发展理念，在很大程度上取决于能否有效地改善外来务工人员的民生，能否处理好新老浙江人的关系，能否从建立责任机制、长效机制及服务体系上，在就业、维权方面给予帮助，增强外来务工人员的认同感和归属感。外来务工人员也是广义的纳税人，他们有权利、有资格享受当地政府提供的公共服务，当然也包括公共文化服务。

当前，相当数量的农民工很少参加文化活动，文化权利的实现度较低，一些地方把农民工排斥在公共文化服务体系之外，形成了事实上的文化歧视和文化障碍，积累了许多文化资本的欠账。作为平等的公民，外来务工人员同样拥有广泛的文化权利，拥有享受图书馆、博物馆、文化馆等各种公共文化基础设施以及公益性文化服务的权利，拥有平等参与文化活动、从事文化创造的机会。李南生等认为，从文化概念上看，作为城市的建设者，农民工应该享受的文化权利包括：

起码能适应岗位需要的及进一步塑造自己未来命运的知识、技能培训，即获得一种生存技能；通过单位、团体或者政府组织的各类文化活动及宣传，获得一种健康文明的生活方式，即培养其行为认知能力；自由进入公共文化场所，分享文化成果，从事文化交流，即培养其对社会的认同感和对自身的身份确认；满足日常生活的基本文化休闲活动与产品的取得，包括个人阅读、文化娱乐、艺术欣赏及基于个人爱好的文化创作，即基本的审美能力和创造能力。[1] 显然，外来务工人员的文化权利必须由政府履行公共文化的义务来保障与实现。

公共文化服务不仅是公共部门提供的文化产品和服务，而且也是一种共同分享的期待、主意、价值观、态度和行为模式，一种共享的意义系统。从这个角度看，提供公共文化服务，也是增强外来务工人员对城市的认同感和归属感的一种有效途径。在心理学意义上，认同（identification）是指体认与模仿他人或团体之态度行为，使其成为个人人格一个部分的心理历程。弗洛伊德认为，认同是一种个体与他人有情感联系的最早的表现形式[2]。塞缪尔·亨廷顿强调，认同"是一个人或一个群体的自我认识，它是自我意识的产物：我或我们有什么特别的素质而使得我不同于你，或我们不同于他们"[3]。Tajfel 则将认同定义为："个体认识到他（或她）属于特定的社会群体，同时也认识到作为群体成员带给他的情感和价值意义。"[4] 认同是自我概念的组成部分，源自于个人的社会群体身份，以及与此身份相关的价值观和情感。个体通过社会分类，对自己的群体产生认同，并产生内群体偏好和外群体偏见；个体通过实现或维持积极的认同来提高自尊，积极的自尊来自内群体与相关的外群体的有利比较。随着个体发展与生活环境的变化，每个人一生中可能发展

---

[1] 李南生等：《努力探索农民工文化建设——深圳市农民工文化建设的实践与思考》，章建刚、尹昌龙、张晓明主编《中国公共文化服务发展报告（2007）》，社会科学文献出版社 2007 年版。

[2] 王歆：《认同理论的起源、发展与评述》，《新疆社科论坛》2009 年第 2 期。

[3] [美] 塞缪尔·亨廷顿：《我们是谁》，程克雄译，新华出版社 2005 年版，第 20 页。

[4] Tajfel H., Differentiation Between Social Groups: Studies in the Social Psychology of intergroup Relations. chapters 1 – 3, London: Academic Press, 1978.

出各种不同的认同形式：在个人方面，如自我认同、性别角色认同等；在群体方面，如阶级认同、族群认同等。文化认同（cultural identity）意指个体对所属文化以及文化群体内化并产生归属感，从而获得、保持与创新自身文化的社会心理过程。它是个人和群体的众多认同之一，与宗教认同、语言认同、阶级阶层认同、职业认同、性别认同等具有类似的心理机制，但与其他认同相比，有着更深远的内涵，更具"自我认同"的特征。文化认同是人们在一个共同体共同生活中形成的对本共同体最有意义事物的肯定性体认，其核心是对一个共同体基本价值的认同；在本质上它是一种集体观念，是凝聚共同体的精神纽带，是共同体生命延续的精神基础。由于各自目标不同，所处环境条件不同，并受不同历史传统的影响，不同的共同体都形成了各自独特的文化认同。

作为一个"边缘性群体"，农民工群体是最有可能缺乏城市社会的认同感和归属感的社会群体。从乡村社会进入城市社会，本身就意味着进入到了一个次属关系代替首属关系、血缘纽带式微、家庭的社会意义变小、邻居关系松懈、传统社会链接纽带断裂、文化认同的传统基础遭到破坏的社会。城市这个巨大的万花筒对个人构成了巨大的刺激。各种刺激的急剧增加，可能会让人"窒息"。"都会性格的心理基础包含在强烈刺激的紧张之中，这种紧张产生于内部和外部刺激快速而持续的变化。人是一种能够有所辨别的生物。瞬间印象和持续印象之间的差异性会刺激他的心理。永久的印象、彼此间只有细微差异的印象，来自于规则与习惯并显现有规则的与习惯性的对照的印象——所有这些与快速转换的影像、瞬间一瞥的中断或突如其来的意外感相比，可以说较难使人意识到。"[①] 这就是大都市所创造的心理状态。来自四面八方的外来务工人员带来了各自的文化，形成了多元化的社会文化背景，但相互之间缺少地缘和血缘的联系，在思想观念、生活习惯上存在较大差异，原有的价值观念、道德标准以及风俗习惯等都发生明显的错位，缺少凝聚的精神纽带及共同的文化体验、

---

[①] ［德］齐奥尔格·西美尔：《时尚的哲学》，费勇、吴燕译，文化艺术出版社2001年版，第186—187页。

共同的精神家园感和归属感,这些都会使他们产生较大的"社会焦虑"。此外,基本权益难以得到保障、缺乏与城市原有居民之间的社会互动、城市社会一定程度上存在的歧视、漂泊不定的生活所产生的窘迫忧虑,这些也会使外来务工人员处于孤独和无援的心理状态之中。据共青团安徽省委课题组 2010 年在对全国多个省市调查基础上形成的《新生代农民工城市社会融入研究报告》[①],有 36.5% 的人感到得不到尊重,37.2% 的人出现过痛苦失望,9.7% 的人产生过愤怒报复心理。2011 年,共青团浙江省委课题组对 1980 年以后出生的 2175 位新生代农民工的问卷调查结果显示,[②] 70% 的新生代农民工认为,自己"与所在地城市居民地位上有差异"。据中国人民大学心理学系联合工众网《中国农民工"生存感受"2012 年度报告》,25 岁以下农民工群体中 31% 的人认为自己属于中等社会地位,68.2% 的人认为自己是属于社会底层。[③] 这些调查数据都表明,农民工游离在城市与农村之间,强烈的不安和迷茫时常笼罩着他们的内心,"城市边缘人"的社会角色,又让他们面临着巨大的心理落差。

在这个背景下,让外来务工人员共享城市文化发展成果,就具有一种特殊的意义。向外来务工人员提供基本公共文化服务,是形成外来务工人员对城市文化认同感、归属感心理机制的一条重要途径。让外来务工人员能够自由地进入城市的各种公共文化场所,共享城市文化发展成果,尤其是为他们创造条件,使他们能够自主地参与到公共文化服务体系建设中来,在城市文化大舞台上登台亮相,从城市文化的旁观者变成参与者,从观众变成演员,有助于使他们完成其作为新市民的"自我类化"(self-categorization)、形成心理群体(psychological group),形成新老居民共同的"我们感"(sense of we-ness),即外来务工人员"个体"把自己归属(belonging)于城市群体,自我认定是城市中的一员(member),使他们感觉到城市是"我们的",而不是

---

① 王佳逸、赵展慧:《安徽新生代农民工八成不会干农活》,《新民晚报》2012 年 7 月 26 日。
② 董碧水:《新生代农民工精神文化生活孤岛化》,《中国青年报》2012 年 1 月 18 日。
③ 《农民工幸福感调查:中国农民工"生存感受"泉州最好 深圳最差》,2012 年 4 月 25 日,经济观察网(http://stock.591hx.com/)。

"他的""他们的",从而最终达到"群体凝聚"(group cohesiveness)。在"我们"意识的推动下,新老居民才能风雨同舟、和衷共济。

外来务工人员这个既不同于传统农民也不同于城里人的边缘群体,实际上是当代中国城乡二元社会结构背景下的"两栖公民"。这种"两栖公民"的文化生活需求,必然具有不同于传统意义上的农民的文化生活需求。早在2005年有关部门对浙江宁波杉杉、太平鸟、帅康等15家大型民营企业民工文化生活状况的调查已经表明,在每天的文化生活所用平均时间中,农民工除了看电视外(73.8分钟),上网时间已达到52分钟,大大超过看报纸的38.3分钟。至于他们的上网目的,看新闻的最多,占50.74%,其他依次为:聊天占38.5%,查询资料占37.9%,游戏占21.2%,收发邮件占20.5%,下载资料占19.3%,商务活动占14.4%,网上购物占6.5%。① 仅从这一点看,农民工的文化生活需求与传统意义上的农民文化需求,已经在相当程度上形成了区别。

不仅如此,随着1980年以后出生的新生代农民工成为农民工群体的主体,其所显示的主要特征也开始成为整个农民工群体的重要特征。国家统计局对新生代农民工的专项调查结果表明:与上一代农民工相比,新生代农民工文化素质整体较高;大多数人不再"亦工亦农",而是纯粹从事二、三产业;就业主要集中在制造业,工作勤奋,仍是吃苦耐劳的一代。新生代农民工在融入城市的过程中,还存在诸多问题。部分新生代农民工有较大的工作压力,对收入的满意度较低,在"市民"和"农民"的身份认同中处于尴尬境地。近一半的新生代农民工有在城市定居的打算,但是收入太低和住房问题成为制约新生代农民工在城市定居的最主要困难和障碍。② 共青团浙江省委课题组对1980年以后出生的2175位新生代农民工的问卷调查结果显示,③ 新生代农民工一个月不到就跳槽和一年内的流动

---

① 陈涵等:《农民工接触最多的是电视、最少的是报纸》,《观察与思考》2005年第9期。
② 国家统计局住户调查办公室:《新生代农民工的数量、结构和特点》,2011年3月11日,中华人民共和国国家统计局网站(http://wap.stats.gov.cn/)。
③ 董碧水:《新生代农民工精神文化生活孤岛化》,《中国青年报》2012年1月18日。

人总数占调查对象总数的 35.75%。新生代农民工平均每人每年换工作 0.45 次，而第一代农民工仅为 0.08 次，前者的跳槽频率是其父兄辈的近 6 倍。近年以来其他一些学者的调查研究也显示，与老一代农民工相比，新生代农民工具有文化程度相对较高、消费观念更加开放、生活目标明显转移、生活方式差别显著、维权意识不断增强等特征。这也意味着，当代新生代农民工文化生活需求与老一代农民工相比，也有了很大程度的差别。不同于以赚钱为外出打工主要目的的老一代农民工，新生代农民工把打工视为改变生活方式和寻求更好发展的契机，追求实现身份、地位和文化的提升，更加关注精神文化生活需求的满足。

21 世纪以来，在倡导以人为本、科学发展、社会和谐理念的大背景下，全省各级党委和政府越来越意识到，不仅外来务工人员有权利、有资格享受公共文化服务，而且享受到公共文化服务反过来也会让他们产生融入感、认同感，从而使整个社会具有更高的凝聚力和向心力。早在 2005 年 7 月省委十一届八次全会通过《关于加快建设文化大省的决定》已经提出，要"面向基层、面向群众，广泛开展群众性文化体育活动，大力推进企业文化、校园文化、社区文化、村落文化、广场文化、军营文化的发展，不断丰富广大群众的精神文化生活。兼顾不同社会群体多层次、多样化的文化需求，使全社会共享文明成果"。其中虽然未特别提到"外来务工人员"或"农民工"，但"面向基层、面向群众，广泛开展群众性文化体育活动"，"兼顾不同社会群体多层次、多样化的文化需求"等提法，事实上已经涵盖了"外来务工人员"及其文化需求。

"十一五"期间，浙江省实施了"文化低保"工程，对外来务工人员文化活动中心予以补助。浙江省总工会省文化厅等部门也开始把维护外来务工人员文化权益作为自身的一种职责，探索改善和丰富外来务工人员精神文化生活的形式和方法。2006 年浙江省总工会启动了"向农民工送文化行动"，以丰富外来务工人员精神文化生活为目的，开辟了送电影、送演出、送书报、送培训、送广播、送彩电、送健康 7 种活动形式。同年，浙江省总工会又启动了"一千双万大培训"活动，即每年向农民工送演出 1000 场，送电影 1000 场，送报纸

1万份，采取各种形式培训农民工100万人次。省总工会希望通过这一系列活动，不仅为外来务工人员提供一个文化娱乐平台，而且也为他们了解社会、学习知识、提高素质提供一个重要渠道。2007年5月30日，省总工会宣教部和浙江电台新闻台为民工打造的"民工在线"专题节目也正式开播。全省工会向农民工送去了300多台收音机，节目采用新闻资讯、热线访谈等形式，倾听广大农民工的心声，还为广大农民工提供咨询维权服务等。2008年年初，因大雪封道，交通阻隔，很多外来务工人员滞留浙江。省文化厅专门下发通知，要求各地在做好春节文化活动安排的同时，特别要为不能返乡留在城里务工人员组织开展丰富多彩的文化活动。随后，浙江时代电影院线推出外来务工者专场，将在其下属的杭州庆春、翠苑、奥斯卡、众安、恒隆五家电影大世界推出为滞留杭州的外来务工者和过路返乡群众放映新年专场电影的活动，五家电影大世界所有专场电影票价一律10元/张；时代电影院线还针对一部分被雪天困住的暂被集中安置的外乡群众，安排旗下数字电影流动放映队，将免费电影送到有关安置点。2009年8月，由省总工会省文化厅联合组织的浙江省"文化共享工程进企业"行动正式启动，计划三年内创建千家"文化共享工程进企业示范服务点"，万家"职工电子书屋"，依托网络化管理和服务体系，逐步实现全省企业文化信息资源共建共享的目标。"文化共享工程进企业"行动，虽然针对全省所有企业职工，但外来务工人员无疑是一个重要的受益群体。外来务工人员的文化生活问题，也受到了省人大、省政协、团省委的高度关注和重视。2011年12月，共青团与人大代表、政协委员以"丰富新生代农民工精神文化生活"为主题举行面对面座谈交流活动。省直相关部门职能处室负责人、基层团干部代表、驻浙团工委代表和青少年工作专家，就新生代农民工的城市认同感、文化生活、自我进修、婚恋交友等多方面问题与参会的人大代表、政协委员进行了热烈的交流。从20世纪90年代初开始，浙江省政协已经组织政协委员开展"送医疗、送文化、送体育"下乡活动，2011年增加了"送科技"下乡，2012年扩展为"送文化、送卫生、送科技、送教育、送法律、送体育"下乡为主要内容的省政协委员"走进基层走进群众"活动，此后每年5月都举行"六下乡"活动,成为省政协实现"系列民生"履职工作制度化常态化的重点履职工作。从 2012—2017 年,省政协委员"六下乡"活动已经持续 6 年,外来务工人员是这个活动的重要受益群体。

与此同时,外来务工人员的精神文化生活需求,越来越受到浙江省各级地方党委和政府的重视。一些地方在丰富外来务工人员精神文化生活中,也尽可能地考虑他们工作生活的特点和消费能力,采取便捷的方式和渠道为外来务工人员提供尽可能多的公益性文化服务;也考虑把文化设施建在外来务工人员相对集中的地方,方便外来务工人员参加;在形式上,根据小型分散、简便易行的原则,组织和开展形式多样的文化活动。

早在 2005 年,嵊州市不仅把丰富外来务工人员精神文化生活纳入全市精神文明建设纲要中予以布局,而且也重点启动了"一卡三队五中心"工程建设。"一卡"即对外来务工人员发放"文化绿卡",凭这张绿卡可以免费借阅市图书馆图书,参观体育馆、越剧博物馆、越剧艺术中心等公益性文化场馆,参加各项文化体育培训以及各种公益性文化活动;"三队"即组建外来务工人员民乐演奏队、越剧演唱队、体育运动队,搭建外来务工人员自我展示的平台;"五中心"即建立外来务工人员生活居住中心、教育培训中心、文体活动中心、管理服务中心和信息网络中心。[1] 嵊州市还建立了外来职工培训中心,创办了外来人口越剧俱乐部,在外来务工人员相对集中的地方设立外来务工人员文化活动点(室),开展越剧演唱、音乐舞蹈、书画围棋培训,并在企业中组织文艺活动队伍,开展企业内部本市职工与外来职工的联谊文化活动。同时,嵊州市开展了"嵊州是我家"等文化系列活动,每年举办"同一个家"广场文艺晚会,吸引外来人口参加演出、观看;表彰"十杰十优"外来务工人员。这些做法不仅提高了外来务工人员的素质,使他们尽快地融入当地,促进了社会和谐,而且也拓展了公共文化服务的对象和内涵,提高了服务效能。

类似于嵊州市这样向外来务工人员发放"文化卡"的做法,也见之于余姚市。2008 年余姚市出资 400 万元为"新余姚人"和低保户

---

[1] 《丰富外来务工人员的精神文化生活》,《浙江日报》2005 年 6 月 20 日。

这两个特殊群体分别量身定做了4万张享受免费或与"老余姚人"同等待遇的"阳光文化共享卡"和"阳光文化爱心卡"①。从图书馆、博物馆、文化站、美术馆等已经实行免费来看,发放"阳光文化共享卡"和"阳光文化爱心卡"的做法,似乎只是一种"小恩小惠",但在当时却具有相当重大的意义。像发放"文化绿卡"的做法一样,发放"阳光文化爱心卡"的做法,意味着外地人口在本地生活的权利已经开始得到承认。这张小小的卡,就是落实外来务工人员获得公共文化服务权利的凭证,体现了一种文化关爱意识和平等意识。

21世纪以来特别是实施"八八战略"以来,浙江省一些地方出现的"农民工文化活动中心""农民工文化家园"是一种更能使农民工体会"家园"归属感的场所。东阳市外来人口50万,占总人口的近40%。2006年,东阳市白云街道杨家村、五马塘村和南市街道大田头村3个农民工聚集村率先建立了"农民工文化活动中心"。到2015年年底,东阳市建成了20个左右集文化娱乐、体育锻炼、学习培训等功能于一身的"农民工文化活动中心"。文化部对浙江东阳"农民工文化中心"、北京市"民工影院"、甘肃省"工地图书流通站"等40个"农民工文化服务示范项目"进行了表彰,希望这些项目能发挥"示范"效应,加快引导全国各地把农民工文化服务纳入当地公共文化服务体系。东阳市在创新"农民工文化活动中心"建设机制和运作机制上也进行了积极的探索。

目前浙江全省已经建成了约400个省级"农民工文化家园"。省总工会给予每家省级"农民工文化家园"赠书600册,同时重点扶持60家建在开发区、乡镇、社区等农民工聚住地,经济相对困难的"农民工文化家园",每家补助创建经费4万元。作为浙江省首批10家"农民工文化家园"之一,绍兴县杨汛桥文化中心于2008年建成,建筑面积为1.1万平方米,总投资达3500万元。2012年年初,杨汛桥镇推出的"一元文化大餐",让区域内5.5万外来农民工只需象征性地付1元钱,就可以享受到1元钱"影观中外"、1元钱"唱响世

---

① 张品方、张伟、吕芳:《外来务工人员和低保户刷卡消费文化》,《浙江日报》2008年10月4日。

界"、1元钱"打遍全球"等丰富多彩的文化活动。2012年4月，余姚市总工会在河姆渡镇翁方村组建了余姚首家"农民工文化家园"。同时，制定出台了余姚市"农民工文化家园"创建实施意见，提出把一批有条件、有设施、有人员的村落文化宫打造成区域性的农民工文化活动中心。同年7月，全市建成了10家村"农民工文化家园"，共投入资金2000余万元，面积达6000多平方米。至2014年5月，余姚市已建成了25家村"农民工文化家园"，投入资金5000余万，面积达12000多平方米。余姚市总工会还指导社区（村）联合工会制定了具体文化活动联系制度和全年文化活动"菜单"，组织农民工参加文化素质教育和文化体育活动；以企业工会为主导、外来务工人员居住地工会为补充、社区（村）联合工会为辅助，建立了一批基层农民工中心示范点和企业五星级职工俱乐部。一些规模较大的农民工中心示范点或五星级职工俱乐部，篮球场、健身房、乒乓球室、职工书屋、电子阅览室等文化活动场所一应俱全，成为广大农民工文化娱乐活动的好去处。同时，市总工会还通过宁波市图书馆的职工书屋援建机制，每年将大量文化书籍配送到基层农民工中心示范点和企业五星级职工俱乐部。

义乌市针对外来务工人员的文化生活需求，建设了一批"外来建设者之家""安心工程"，创办了外来人员文化俱乐部（科技图书馆），组建了外来人员文化活动点等，既让外来务工人员享受到了"文化套餐"，也让他们在异乡有了在家的感觉。义乌的不少企业在丰富外来务工人员文化生活中起到了主力军作用，许多企业为员工提供了健身娱乐场所，并组织开展丰富多彩的企业文化活动。街道、社区和乡村在为外来建设者构建欢乐家园工作中也做了不少工作。

还有一些地方不仅向外来务工人员提供公共文化服务，而且也吸引他们共同参与文化建设。比如，宁波市鄞州区就广泛地吸引新老鄞州人共同参与文明创建、和美家园创建活动。在鄞州区，共有381个民间性、群众性的"和美家园共建会"，新老村民争当主人翁，大力倡导和谐、文明的社会新风。从2014年年初开始，鄞州区推出面向企业外来务工人员的"私人订制"文化服务，由区文广局、经信局、工商联3家单位联合，通过区文化馆、图书馆、越剧团、电影公司及宁波天天演文化艺术有限公司、宁波市甬剧团等十余家文化企事业单位,向全区外来务工人员集中的企业提供点到点的订制服务,企业可以通过"文化服务备选菜单",自由选择订制文化服务项目、服务时间、服务形式、服务数量等,经主办单位审核后,统一委托相关承办单位配送。[1] 杭州市成立了"会员之家""外来人员之家"等组织,以实现外来务工人员自我管理、自我服务、自我教育的愿望。杭州市拱墅区共有 200 支活跃在基层的各类群众文体团队,外来务工人员占了近 40%,其中,蒲公英艺术创作团等由清一色的外来务工人员组成并深受当地群众喜爱。温州市则举办了以关爱外来务工人员为主题的"尊重劳动、共创明天"和"共享一片蓝天"等晚会和歌手大奖赛系列活动,展示外来务工人员的艺术风采。在外来务工人员中开展"外来务工青年大家乐""把文明带回家"等丰富多彩的文化活动。宁波奉化市西坞街道力邦社区在"人性化管理、市场化运作、社会化服务"新理念的引导下,形成了富有特色的"力邦文化"。针对以年轻人群体为主的特点,社区举办了"欢乐力邦村"青年文化艺术节,并利用青年文学社积极开展"打工文学"征文活动。[2]

显然,丰富外来务工人员的文化生活,不能采取强制喂食的方式。浙江各地的实践表明,如果没有外来务工人员自发、自愿、自主、互动的参与,没有对外来务工人员的平等态度,对他们组织能力和创造能力的信任和尊重,所谓"外来务工人员公共文化活动"只可能是一场流于形式、成为一种好看的"摆设"或"文化秀"。

文化娱乐是浙江省各地供给外来务工人员公共文化服务的重要内容。对于外来务工人员而言,文化娱乐不仅有助于愉悦身心,而且也"传达了特定的意义和价值"。通过参与城市和企业的文化娱乐活动,外来务工人员能够认识到他自己属于特定的城市,同时也认识到作为城市成员带给他的情感和价值意义,从而强化了对所生活城市、所工

---

[1] 王路、金慧君:《为外来务工人员提供 文化服务"私人订制"》,《浙江工人日报》2014 年 2 月 14 日。

[2] 李晓鹏:《城市,让他们感到温暖》,《浙江日报》2005 年 6 月 9 日。

作企业、所居住社区的认同感和归属感。

提高外来务工人员的素质、提升其融入城市的能力，也是浙江省向外来务工人员提供公共文化服务的重要内容。省委省政府把对外来务工人员的法律法规、就业技能等培训活动纳入"千万农民素质培训工程"之中，予以通盘考虑和布局。浙江省还率先全国把外来务工人员科普经费列入财政预算。省文化厅也安排专项经费，实施了公益性培训"星光计划"，着重对外来务工人员、民工子弟等部分特殊社会群体实行免费培训，提高他们的文化和职业水平。与此同时，不少市（地）、县（市）也将外来人员教育纳入现代市民培育工程，专门编写《外来务工人员教育读本》之类读物，向外来务工人员提供计划生育、社会治安、劳动保障、职工权益等法规政策以及地方风土人情、人文环境以及文明礼仪、文明市民、健康娱乐、科学普及等思想文化知识。免费为外来务工人员办班，也是浙江省不少地方政府的多年坚持的做法。宁波市群众艺术馆以打造"群星"系列公共文化服务品牌为抓手，服务农民工群体，从2007年开始，推出了"群星课堂"这一免费文艺培训项目。针对农民工生活和工作的特点，宁波市群艺馆把课堂办到了企业、社区、外来务工人员聚居地、民工子弟学校等场所，让农民工不出门就能免费享受到文艺培训服务。长兴县每年专门从财政拿出500万元，作为农村劳动力的培训资金，并制定了"农村劳动力技能培训券"等制度、建立了17个政府免费培训基地。

## 第四节　创新公共文化服务发展的体制机制

在担任浙江省委书记期间，习近平已经充分地意识到，今天的公益性文化事业发展不能背离市场经济大背景。市场经济条件下公益性文化事业发展模式已不同于计划经济下政府大包大揽的"文化事业"模式，必须引入市场机制、社会力量，尽量借助一些被实践证明是灵验的市场手段，实现政府与市场、社会的互动互补，以提高公共文化产品和服务的供给效率。习近平指出，在公益性文化事业投入上，虽然政府必须加大投入力度，但"要用改革的思路和办法，运用市场机制，强化资本运作，充分发挥财政投入的导向和带动作用，推行扶持文化项目的财政转移支付制度和文化产品、服务的政府采购制度，逐步从对文化单位及其从业人员的一般性投入转为对文化项目的投入，实现由'养人头'向'干事业'转变"[1]。这就明确了公益性文化事业改革发展的方向。实施"八八战略"以来，浙江全省各地在优化公共文化服务治理结构，尤其是在促进公共文化发展过程中借助市场机制、引入社会力量，实现政府与市场、社会的多元合作、互动互补等方面，进行了积极的尝试和探索，积累了不少符合市场经济要求的创新公共文化服务领域投入方式、管理和运作机制的经验。

### 一 创新公共文化服务投入机制

实施"八八战略"以来，在财政逐步宽裕的条件下，浙江省逐年加大了对文化的公共财政投入力度。更值得关注的是，全省各地在公共文化服务投入和提供方式上的创新、建设理念上的重大转变。其中，尤其重要之点，是浙江省不少地方在提供公共文化服务上建立政府、市场、社会合作伙伴关系、强化财政投入的有效性、激励性和引导性功能方面的尝试。浙江各地创新公共文化投入方式的实践表明，从传统模式下政府文化投入上大包大揽的单一负责制，转向以政府保障为主，政府、企业、第三方、个人等多方投入的多元格局，是市场经济条件下公共文化服务体系建设的一个必然趋势。

**（一）从"直接拨款"到"以奖代拨"等**

长期以来，我国对"文化事业"的投入，基本上采取了直接"拨款"的方式，即按单位在编人员拨给人头费，再由这些人员提供公共文化产品和服务。计划经济时期我国文化事业单位规模小，财政支出规模有限，因此行政支配方式曾经在一定程度上有效。然而，这种方式导致的一个结果，就是"以钱养人""以钱养单位"，财政支出按人付费，但具体需要多少人，这些人又干了多少事，是否应该支付这些费用，往往是一笔糊涂账。实践表明，"以钱养人""以钱养

---

[1] 习近平：《干在实处　走在前列》，中共中央党校出版社2006年版，第329—330页。

单位"的"直接拨款"投入方式，往往会导致人浮于事、办事效率低等弊端。

21世纪以来尤其是实施"八八战略"以来，浙江一些地方和部门开始了从"养人""养机构"向"养事"转变。"养事"是根据公众需要事业单位提供的服务量来衡量服务费用，即"以事定费"，其结果将促使事业单位"定人"并解决机构臃肿、办事效率低等老大难问题，从而对计划经济体制下形成的文化事业单一由政府直接拨款方式形成有效的突破。为了实现从"以钱养人""以钱养单位"向"以钱养事""以钱养项目"转化，强化财政投入对公共文化服务项目建设的有效性、激励性和引导性功能，加大公共文化服务体系建设资金的投入，浙江省一些地方政府采用了"以奖代拨""补贴""项目申报"等方式。比如，台州市"以奖代拨"机制的形成，始于2004年。从这一年开始，市财政每年下拨200万—300万元资金奖励文化俱乐部建设。验收合格的俱乐部，可获得8万元现金或实物补贴。"奖"和"拨"虽然仅仅一字之变，却对基层建设文化俱乐部形成了有效的激励，带动了县、乡财政和村级集体配套资金的投入。嘉兴市则制定了市、县两级财政对农村新建、改建和扩建的文化阵地达标项目给予奖励性资助的政策措施，形成了以政府投入为主、社会多渠道投入为辅的新的投入机制和奖励机制。从2007年开始，嘉兴市还设立了总额为2000万元的嘉兴市农村文化建设专项资金，对外来务工人员文化活动、文化信息资源共享工程、图书馆乡镇分馆等建设进行奖励和补助。2008年诸暨市委市政府出台了《关于推进文化惠民的实施意见》，对获省"东海文化明珠""绍兴市文化示范镇乡"称号的镇乡街道，获"省级文化示范村"的行政村，在上级奖励的基础上，再给予奖励。开展诸暨市"文化强镇"和"文化特色村"创建活动，每创建一个"文化强镇"奖励30万元、每创建一个"文化特色村"奖励5000元。开展规范化文化站建设活动，对年度考核优秀的文化站给予3000—6000元的奖励。富阳市也通过"以奖代拨"等文化投入方式，推动公共文化服务体系建设。这种变"拨"为"奖"的做法，有效地激励了文化设施建设主体的积极性，提高了投入的效率。

除了"以奖代拨"以外,"补贴"也是市场经济大背景下政府对公共文化服务领域的一种投入方式,但这种方式已经与过去"大包大揽"的公共财政投入模式截然有别。在古汉语中,"补贴",亦作"补帖"。犹贴补,谓因不足而有所增益。从本义上看,"补贴"是给予特定的消费群体一定的资金补助。"补贴"可以降低特定物品的价格,使特定消费者不必过多担心经济上的问题,有能力购买其需要的服务。在当代社会,"补贴"是世界上众多国家政府普遍运用的一项经济政策,既是政府调控经济运行、协调社会各方面利益分配关系的重要经济杠杆,也是发挥公共财政激励功能的重要手段。顾名思义,"补贴"不是传统的公共财政"大包大揽",仅仅是政府对公共文化建设中所筹措的资金之不足部分加以补偿或补助。在从公共文化服务发展模式转型过程中,"补贴"是一种有价值的经济措施。如有学者所说,"政府投入建设文化设施并对商业运作给予一定的补贴具有培育文化消费市场的性质,政府补贴导致的低票价也鼓励了部分公众的文化消费"[①]。

对公共文化建设采用"补贴",目前已经成为全国各级政府比较普遍的做法,而浙江省则是较早实行这种做法的省份。早在2001—2005年,省财政已经每年安排文化事业专项补助经费5000万元用于基层文化建设、民族民间艺术保护和扶持文化产业发展等;文物保护专项补助经费则从2001年的490万元增加到了1500万元。实施"八八战略"以来,浙江省不少市(地)、县(市)也纷纷实行"补贴"的做法。长兴县从2003年起,每年从财政拨出80万元用于"东海明珠工程"达标补助;从2005年开始,湖州市文广新局每年拿出100万元用于两个区的文化设施建设的补助。从2005年开始,嘉兴下属的海宁市对辖区内每个创建成为"东海文化明珠"的乡镇(街道)予以30万—50万元的补助,对每个市级村文化活动中心、文化活动室分别予以4万—7万元和2万—4万元的资助,并要求镇(街道)的配套资金不得低于市级标准。嘉兴的南湖区在文化共享工程建设中,

---

[①] 章建刚:《公共文化服务体系:市场经济条件下的重构》,李景源、张晓明主编《浙江经验与中国发展(文化卷)》,社会科学文献出版社2007年版,第231页。

采取了"区财政补贴一块,镇里出一点,村(社区)凑一点"的模式,使全区文化共享工程服务点覆盖率达到100%。从2007年开始,绍兴的诸暨市对各级各类基层群众文化活动给予补助。送戏下乡每场补助5000—10000元,镇乡文艺活动每场补助1000—5000元,文艺骨干培训每人每天补助50元,每建成开通一个文化信息资源共享点补助5000—10000元等。宁波市对宁波大剧院、宁波剧场等,每演出一场,根据演出规模,进行资金补助。从2005年开始,宁波的慈溪市、余姚市等地都建立了乡镇文化设施建设评比标准,年底给予不同的资金补助,个别有条件的乡镇对村级的文体设施建设也制定了补助方案,形成了公共文化服务体系的资金补助网络。宁波市鄞州区则不仅形成了有利于公共文化服务发展的较为完善的奖励制度,而且也形成了相对完善的财政补助机制。从2006年开始,区政府按户籍人口每人每年2元的标准设立专项补助资金,各镇乡(街道)要在本级财政中按人均4元的标准落实专项资金,用于对文体队伍和文体活动的补助,以保证农村群众文体工作补助经费的落实。此后,在创建"星光工程""公共文化明珠镇"过程中,区政府也设立了设立专项补助资金。显然,这些"补贴""补助"的做法,与过去"以钱养人""以钱养单位"的做法形成了对照,鲜明地体现了"以钱养事""以钱养项目"的原则,发挥了财政投入的有效性、激励性和引导性功能。

  20、21世纪之交以来,"项目申报"这种文化投入方式,也越来越多地被浙江各地所采纳。从2006年开始,杭州市对"文化产业扶持项目"(从2008年开始更名为市"文化创意产业专项资金"。这些项目虽然被称为"文化产业扶持项目",实际上也包括了不少"公共文化设施扶持"项目)实行专家评审与行政决策相结合的立项审批制度。从2006—2017年,杭州市已经连续12年实行了这种制度,通过评审立项,一大批质量较高的重点、潜力项目得到扶持,有力地促进了杭州市文化创意产业发展和公共文化设施建设。

  浙江省一些地方政府"以奖代拨""项目申报"等实践,是对"创新财政投入方式"的积极尝试,对计划经济体制下形成的文化事业政府直接拨款方式形成了有效的突破。"以奖代拨""补贴""项目申报"这些做法的意义,就在于其打破了在文化投入上上级政府大包大揽的传统格局。正是通过这些新的做法，上一级政府与下一级政府的财政投入、政府的财政投入与文化单位和民间资金等得到了较佳的结合，从而既有效地激励了多方力量参与公共文化服务体系建设的积极性，又有效地提高了政府资金的使用效率。

（二）公共文化产品：从政府直接生产到采购

政府采购公益性文化产品和服务，是市场经济大背景下政府投入方式的重要创新。在传统"文化事业"体制下，多数公共文化产品和服务都倾向于由支出单位内部提供。这种提供方式往往缺乏实践依据和战略性考虑，造成重复建设、设施闲置，增加了公共财政性资金的浪费和负担。同时，由于财政性资金使用过于分散，缺乏透明度，也容易产生"寻租"。政府采购是克服公共财政投入这些弊端的重要方法。"政府采购"不仅意味着各级政府及政府部门以提供公共产品和服务为目的，使用公共资金，以法定方式、方法和程序从国内外市场上购买货物、工程和服务的活动，而且也意味着具体的采购过程、采购政策、采购程序及采购管理等。政府采购的通常做法是，政府根据所采购产品的不同特性，通过公开招标、邀请招标、竞争性采购等方式进行。这种做法将公共文化产品和服务的提供与生产分离，政府出资作为公共产品的提供者，但是在公共文化产品和服务的生产者（包括公共文化机构和私营文化机构）之间引入了市场竞争机制。因此，政府采购公益性文化产品和服务，不仅有助于完善公共支出方式，使政府掌握了选取产品、服务工程的主动权，保证采购质量，提高政府财政投入的效率，而且通过法制化、规范化、程序化的操作手段，有助于实现公共文化产品和服务的公平、有效分配，也使得公共支出能够更好地满足社会公众对公益性文化产品和服务的整体偏好。

在浙江省，也是在全国，杭州市最早试行"公益性文化产品政府采购制度"。2004年4月，杭州市出台了政府采购公益性文化产品政策，规定凡在杭州市辖范围内正式注册的文化单位和文艺团体，其所生产的图书、戏剧、影视剧、音乐会以及其他文艺演出等文化产品，均属政府采购范围。在采购中，政府选择那些思想性、艺术性、观赏性俱佳，群众喜闻乐见、寓教于乐的大众文化产品，签订购买合同，以免费或是低价的方式提供给群众，从而引导大众文化消费，丰富城乡居民精神文化生活。与以往拨"专项资金"的扶持方式不同，这是杭州市第一次以"政府采购"的形式对文化产品试行扶持与监督，从而使财政政策的杠杆作用突显了出来。首次被政府采购的，是杭州滑稽艺术剧院的"双百场进社区"活动和杭州红星文化大厦的"开启音乐之门"系列音乐会，这两家文化机构从政府文化事业建设费中各获得了20万的采购基金。在总结经验的基础上，2005年《杭州市政府采购公益文化产品服务试行办法》出台，不仅明确了采购的原则、范围、重点等，而且也明确了采购的方法。同年，政府加大力度，采购了杭州歌舞团的百场音乐会进广场、杭州越剧院的童话音乐剧百场《寒号鸟》进学校，以及余杭区的文艺大篷车进乡镇等公益性文艺演出项目。2006年政府对"星期六音乐会"等一批公益文化产品和服务项目进行采购。[①] 同年，杭州市西湖区在购置文化大篷车以后，尝试以市场化运作方式，与浙江至诚文化投资有限公司合作，由政府提供文化设施、企业受政府委托运作公益文化项目。根据双方约定，浙江至诚文化投资有限公司每年要完成60场左右的送戏下乡任务，而西湖区以政府采购方式给予企业适当资助。从2007年开始，杭州市文化广电新闻出版局以"万场文化活动下基层"工程为抓手，由市、县（市）两级政府采购公益性文化产品，杭州市群众艺术馆等文艺团体和各区、县（市）文化馆、民间剧团、群众表演团队每年都会下社区、进祠堂、上戏台，在老百姓家门口送上滑稽戏、戏曲杂技、民乐歌舞等丰富多彩的文化演出，每年送戏下乡上万场，有效缓解了广大群众文化需求"供给不足"的问题。

目前，政府每年向社会购买一批重点项目，低价或免费向群众提供，已经成为全省各地一种较为普遍的做法。实践表明，公共文化产品采购制度以竞争性采购为主，通过公开招标或竞争询价、竞争邀请的方式，吸引供应商前来竞标，形成有利于政府的买方市场，使政府获得比较价格利益和更优质的公共文化产品或服务，从而提高公共支

---

[①] 参见杭州市文化体制改革领导小组办公室《杭州市试行公益性文化产品政府采购制度》，杭州市文化体制改革工作领导小组办公室编《杭州市文化体制改革回眸》，杭州出版社2007年版。

出的效率。这就表明政府采购公益性文化产品有效地发挥了"四两拨千斤"的引导作用。由于政府采购的公益性文化项目往往具有较高的艺术质量,从而能吸引企业和其他社会力量共同来参与投资,产生了多方受益的多赢效应。显然,政府采购公共文化产品的做法,引入了市场竞争机制,有助于提高公共文化投入的效率和供给的质量。

(三)公共文化服务:从单一到多元的投入

公共文化服务体系建设资金仅来源于财政税收往往会导致两种弊端:一是有限的政府单一投入难以满足日益增长的公共文化服务需求;二是政府单一投入效率和效果难以监控。为了弥补单一投资模式的缺陷,21世纪以来特别是实施"八八战略"以来,浙江省一些地方尝试多种融资渠道和融资方式,着力探索公共文化事业"政府和民间协力发展的新型合作模式"新路子。宁波市新建宁海十里红妆博物馆、慈溪金轮艺术馆、紫林文房作坊、象山张德和竹根雕艺术馆等一批民间博物馆、艺术馆,免费或低价向公众开放,都采用了"国助民办"与个人投资相结合的这种多元投入方式。

尤其值得一提的是,21世纪以来尤其是实施"八八战略"以来,全省各地积极引导和激励社会力量对公共文化事业进行赞助,从而在实现公共文化服务从单一投入向多元投入转变方面取得了显著的成效。在欧美各国,政府常常通过在社会上广开财源以寻求社会对公益性文化的支持和捐助。据统计,美国的个人、公司和基金会对公益性文化事业的资助达到政府直接投资的4倍,英国企业的资助占政府投入的40%,德国和法国也高于30%。在这些国家,社会对文化的参与极其广泛,各种文化艺术基金会非常之多,有些大公司还定有资助规划。作为全国民营经济大省,浙江发动社会力量资助公益性文化事业具有充分的条件。自21世纪以来尤其是实施"八八战略"以来,浙江在鼓励社会力量对公共文化事业的赞助方面,取得了突破性的进展。比如,从2004年年初到2007年年初,慈溪市就有2000多家民营企业以各种形式赞助农村公共文化事业。绍兴县齐贤镇阳嘉龙等6个村,由10多位企业家出资320万元建造村文化中心,所有权归个人,由村集体管理,无偿使用。海宁市许村镇永福村采取"上面补一点、集体挤一点、企业助一点、村民捐一点"的办法筹措资金,共投资195万元,建成了村文化活动中心。2005年12月31日,台州市开始在全市范围内实施"百分之一文化计划"活动,即在项目建设投资总额中提取百分之一的资金用于公共文化艺术设施建设。这既是一种公共文化共建机制,也是一种多元化的新的公共文化设施投入方式,不仅拓宽了文化艺术设施建设的筹资渠道,而且更为台州活跃的社会资本参与文化建设提供了政策依据。"百分之一文化计划"获第三届文化部创新奖,并因成效显著而被其他一些城市仿效。

## 二 创新公共文化设施和服务运作机制

公共文化事业必须体现免费或低收费的"公益性"原则,但其"运转费用"却是一个难以回避的问题。在我国,有不少地方走进了"建设一座设施,背一个包袱"的怪圈。显然,破解这个难题,需要探索公共文化设施在市场机制下建设运营管理的新模式,增强公共文化设施的自我造血功能和运作效率。21世纪以来特别是实施"八八战略"以来,浙江省一些地方在这些方面也进行了有意义的尝试。

(一) 国有民营和国助民办:公共文化设施运作机制创新

作为一个市场经济先发省份,浙江省一些政府部门较早意识到了传统公共文化设施运作机制的弊端,提出了一些符合市场经济规律的公共文化设施建设和运作机制的改革思路。完成于1996年的浙江省计经委社会发展处《"九五"及至2010年浙江省文化事业基础设施建设发展基本思路》已经提出,"打破计划经济条件下由国家包办文化基础设施建设的办法,建立适应市场经济运行机制的社会主义文化基础设施建设运行机制。充分发挥社会力量兴办文化事业"。"对社会团体、个人投资兴建文化基础设施,除各种建设配套费予以适当减免以外,主要通过税收适当倾斜的方法加以扶持。文化基础设施投入使用以后,产生的经济效益可视不同情况实行差别税率或实施税率返还政策。"[①] 实施"八八战略"以来,浙江省越来越多的地方政府

---

[①] 浙江省计经委社会发展处:《"九五"及至2010年浙江省文化事业基础设施建设发展基本思路》,沈晖主编《再创辉煌——浙江文化发展战略文集》,浙江人民出版社1997年版,第280页。

开始采取一些市场化、社会化的手段，创新公共文化设施运行机制，逐步尝试走出"建设一座设施，背一个包袱"的怪圈。显然，这些探索为全国各地破解公共文化设施和服务的运作和管理难题，提供了有益的经验和启示。

1. 由文化设施所有者自身实行企业化运作

红星剧院改制组建杭州红星文化有限公司，宁波大剧院按照"企业化管理，市场化运作"目标组建经营有限公司，大力开拓演艺市场，都属于对"由文化设施的所有者自己实行企业化运作"这种模式的尝试和探索。在这方面，杭州红星文化有限公司的探索，具有相当程度的代表性。这是一家按照现代企业制度组建的公司，其主体建筑是杭州红星文化大厦，由市政府投资1.3亿元，市文化局自筹0.4亿元建成。红星的突出特征，是采取四星级酒店的管理标准，努力培育红星品牌，做大做强文化市场，走出了一条国有文体场馆市场化运作管理的新路子。

杭州红星文化有限公司的具体做法是：其一，建立完善员工考核、激励、分配机制，用四星级酒店的管理标准来打造服务品牌。自开业之初，红星就实行全员合同制。红星全面启动业绩考核制度和目标考核责任制，从"知识、技能、业绩"等多方面对员工进行绩效考核。作为一家剧院，全年的演出场次与演出收入首当其冲成为考核的两项重要内容。同时，为培养各部门的团队合作精神，管理层将考核内容分成个人考核与团队考核两部分，团队的表现好坏直接影响个人的收入。这就把培养优秀的个人与优秀的团队有机地结合起来，在相当程度上激发了员工的主动性和创造性。同时，建立完善员工培训制度、制定员工手册、规范工作程序。其二，立足于培育市场。红星将"做演出"和"做市场"区分开来，视前者为短期行为，视后者为长期行为。剧院用系列演出安排、规模宣传等来提升市场的关注程度，坚持"做市场"、打造品牌、多元化发展来保证和扩大自身的市场份额，保持持续发展。比如，红星退出的"开启音乐之门"和"越剧大舞台"，在内容和价格的定位上，采取了顺应市场、平价和普及的路线。其三，以更新和更细的管理手段吸引观众、赢得市场。包括用合作分成、打包签约、"加演"概念等方式降低了费用，为降低票价打下了基础；在每一种活动中，首先考虑"平价"，在做票房预算时基本按实估算，把票价放到最低；采用独特的分类、分阶段售票方式；通过推出会员俱乐部制、引入"音乐季"概念、建立营销网络等创新营销方式。其四，实施多元经营。红星在经营上采用灵活机动的形式，利用酒店与剧院结合的优势，充分盘活各类资源。在演出的操作上，把自营、合办及租场相结合，除演出外，同时承接各类会议、歌（影）迷见面会、大型公开课程等。红星还最大限度开发利用产业资源，将剧场观众休息区开辟为画廊，并成功地推出了多项活动。这些举措不仅实现了公司经营的多元化，创造了更多的利润空间，而且营造了酒店高雅的文化氛围，促进了酒店和剧院的共同发展。

### 2. 委托专业公司管理或民营企业经营

在计划经济体制下，国内大型文化体育场馆基本由政府投资，以文化体育部门附属单位的方式运行。这种"办文化"和"管文化"合一的模式往往会导致资金短缺、经营不善、维持困难等难题。21世纪以来特别是实施"八八战略"以来，浙江一些地方政府按照"所有权和经营权相分离"的原则，尝试把公益性文化设施委托给专业公司管理或者民营企业经营，从而较成功地破解了上述难题。委托经营和管理意味着公共文化服务的生产和供给可以委托给私人部门，政府不再是直接生产者和提供者，而是购买者、委托人和监管人；意味着政府的"掌舵"职能和"划桨"职能可以分离，政府可以从公共文化产品和服务的直接生产者和提供者角色中摆脱出来，而专司"划桨"的职能。

宁波市鄞州区区体育馆和区文化艺术中心、萧山剧院、义乌梅湖体育场等公共文化设施委托经营和管理的做法，在浙江全省乃至全国不仅具有"早发性"，而且也具有典型性。目前，公共文化设施委托经营和管理这种做法，不仅较为普遍地被全省各地仿效和采用，而且已经不限于像体育馆和文化艺术中心这样的公共文化设施，扩展到了其他重大的公共文化活动和服务项目。比如，在鄞州区，采取"政府采购、公司运作、全民享受"的服务外包、委托经营运行方式，已经成为提高公共文化设施和服务专业化程度和组织效率的有效途径。尤其值得一提的是鄞州区"天天演"文化惠民工程。

2009 年，通过公开招标的方式，鄞州区政府与宁波和盛文化演艺发展公司合作开展"天天演"文化惠民工程，由政府负责采购和监督，外包公司统筹安排演出计划，负责具体配送和组织实施，开展面向公众的免费巡演。从 2009 年至 2015 年 8 月，鄞州区"天天演"文化惠民工程共投入资金 6682 万元，引进全国各地 141 支优秀专业表演团体和本土 31 支业余表演团体在鄞州城乡演出 6724 场次，惠及观众 709 万余人次，推动了公共文化服务的均等化，提高了公众的受惠度和满意度。至 2017 年，鄞州区"天天演"等十大系列公共文化惠民工程年均举办各类活动 1.5 万场次。正如有学者所归纳，"天天演"已经成为政府公共文化服务外包的一种典型模式。[①]

第一，政府主导。在"天天演"运行过程中，政府是公共文化服务责任主体这一理念得到了鲜明的体现。鄞州区委宣传部、区文化局始终承担着责任主体的角色，既是外包服务平台的搭建者，又是外包服务的出资人，同时还承担外包服务的监管、考核和评价等职责。不同于政府"大包大揽"的传统做法，通过公共文化服务外包，政府管理部门有可能从以往因"办文化"而产生的大量繁杂事务中摆脱出来，从而有更多的精力从事公共文化服务的平台搭建以及规划、管理和引导等工作，逐步实现从"管办不分"向"管办分离"、从"办文化"向"管文化"转变。

第二，公司运作。"天天演"模式最大的创新，就是引进外包承接商和盛公司。和盛公司是一家股份制公司，接受鄞州区政府的服务外包，负责供需对接、产品采购、配送及全程监督等任务。和盛在确保"天天演"政府采购合同完成的前提下，尽量降低采购和运行成本，获取了一定的经营利润，基本保证了公司的日常运转。在此基础上，公司积极拓展市场，在商业性演出、培训等方面实现了突破，公司自身也得到了发展壮大。

第三，专业生产。专业化生产是"天天演"运行机制的又一大特

---

① 洪贤兴、胡华宏：《鄞州"天天演"公共文化服务外包的调查与思考》，《政策瞭望》2010 年第 11 期。

色。"天天演"面向全国进行采购,改变了过去更多依靠国有文化单位和本地文化团队提供产品的做法,让群众享受到更多专业水平高的演艺服务。通过"天天演",引进了大量优质演艺资源,基本都是引进地市级以上剧团,往常少见的省级、国家级剧团现在也常出现,从根本上改变了农村演出市场以民间职业剧团演出为主的状况。通过"天天演",群众看到了多层次、多样化的优质文化演出,许多群众表示,这在以前是不可想象的。对于演艺团队,集中采购使它们减少了营销方面的精力和成本,可以更加专注于演艺水平的提升。

第四,公众参与。从一开始对采购团队、剧目乃至演员的选择,到最后对演出质量优劣的评论,公众的意见都得到了重视,他们的参与度更大、归属感更强了。在公共文化服务短缺的时代,群众基本没有什么选择余地。政府包办公共文化服务,群众参与度低,供需对接不充分,即使花了很多钱,群众也不一定满意。"天天演"模式则有效地保障了公众的文化参与权、享受权、选择权和评价权。

在传统的政府"大包大揽"模式下,公共文化设施和资源往往缺乏自身造血功能,服务功能低下,社会效益较差。这就导致,一方面公众的文化需求无法有效地得到满足,另一方面则是一些公共文化设施和资源长期被闲置和浪费。而浙江的实践表明,引入市场经济方式,可以有效地提高公共文化设施和资源的利用水平,增强公共文化设施和资源的自身造血功能,提升公共文化设施和资源的运转效率。

(二)市场营销:增强公共文化设施运作效率

在市场经济大环境下,文化产业必须采取市场营销战略,公共文化服务是否也应当采取市场营销战略?对此,弗朗索瓦·科尔伯特予以肯定的回答:"像博物馆、音乐厅、公共图书馆或者大学这样的文化机构生产了文化商品或文化产品。所有这些机构现在都意识到,它们不得不在吸引消费者的注意力和它们自己所共享的国家资源这两方面展开竞争。换句话说,它们同样都面临着市场营销的问题。"[1] 长期以来,在我国的一些公共文化部门,"皇帝女儿不愁嫁"的观念根

---

[1] [加拿大]弗朗索瓦·科尔伯特:《文化产业营销与管理》,高福进等译,上海人民出版社2002年版,第18页。

深蒂固，因而往往不注重市场促销。事实上，在市场经济大背景下，不仅仅文化产业发展必须运用市场营销战略，而且公共文化服务体系也不可能完全独立于市场体系之外而成为一个完满自足的体系，也必须运用市场营销手段。

在这方面，作为市场经济的先发省份，浙江省的许多地方也进行了有益的尝试，从而提高了公共文化设施的运营效率。比如，杭州市萧山区提出，作为全区标志性公益性文化场馆的萧山剧院在运营过程中，要牢固树立"让更多的老百姓走进剧院，把更加丰富的精神食粮汇集到剧院"的理念。剧院采用灵活多样的形式，积极组织策划各类营销活动，在演出层面的操作上，把租场、自营与合办相结合，高雅精品艺术与群众文化相结合，实行多条腿走路；主动为一些大型企业组织策划产品推介、企业庆典、节庆联欢等活动，找准时机，积极承办各类大型会议、专题讲座、学术报告和大型公开课等。同时，剧院努力推动内活动与外广场活动的有机结合，以凝聚人气，营造氛围。这些举措的实施，一方面，推动了剧院经营的多样化，创造了更大的利润空间，另一方面，更重要的是吸引了更多市民群众的眼球，使萧山剧院逐步成为市民休闲娱乐、享受精神文化生活不可或缺的重要场所，有力地促进了萧山新区文化氛围的形成和文化品位的提升。[①]

"企业冠名"赞助既是企业推广的一种手段，也是浙江一些公共文化设施尝试用以增强自我造血功能的一种方法。"企业冠名"可以使企业客户的名称获得高度注意，极大增加了企业客户的曝光率，既是企业的一个很好的推广途径，也有助于企业在社会公众中树立良好的形象。因此，"企业冠名"的方式可以有效地激励企业参与公共文化事业建设。比如，宁波逸夫剧院、宁波音乐厅、萧山剧院等都在引进高品位、高档次文艺演出的过程中，主动出击，采用企业冠名或企业赞助的形式，使企业参与到文艺演出中来。萧山剧院等还利用场外大型电子屏幕的广告传媒作用，既扩大了企业的知名度，又为文艺演出提供了资金保障。目前，"企业冠名"赞助已渗入全省各地节庆活

---

[①] 参见萧山区委宣传部《萧山剧院探索国办民营新路子》，杭州市文化体制改革工作领导小组办公室编《杭州市文化体制改革回眸》，杭州出版社2007年版。

动、音乐会、下乡演出、文体赛事等各种公共文化活动领域中，从而既为公共文化活动的顺利开展提供了坚强的资金保障，也使企业较好地扩大了品牌效应。

（三）社会复合主体：公共文化设施建设和运作机制创新

21世纪以来，杭州市对西湖进行了大规模的综合保护治理，占西湖70％的公园景点陆续免费向游人开放。免费开放首先体现了把社会效益放在首位的原则，使杭州市委市政府兑现了"还湖于民、还绿于民"的诺言，西湖真正地变成了惠及杭州人民、外来游客的公共文化设施。更重要的是，西湖免费开放对弱势群体具有明显的好处。在杭州的外来务工人员、低收入家庭，在闲暇时间都有可能免费游览西湖的大部分景点。同时，西湖免费开放又不是一个传统意义上的非经济性的公益行为，它使西湖成为本地和周边地区民众的首选休闲和旅游之地，由此吸引而来的逐年剧增的游客使杭州总体旅游收入远远大于西湖免费的成本支出。此外，过去西湖若干公园被围墙分割为不同的段落，难以让游人完整地感受西湖的魅力，不断地购买门票也让人难以产生"人间天堂"的感受。经过大规模综合保护治理后的西湖，以整体的、免费的形式呈现在人们面前，这就大大地提升了杭州的城市形象，由此而来的间接经济效益更是难以估算。[①] 21世纪以来，杭州还实施了运河综合保护工程、西溪湿地综合保护工程等重大工程，也取得了显著的社会效益和经济效益。

在一定意义上，可以把西湖综合保护工程以及运河综合保护工程、西溪湿地综合保护工程等视为大型的公共文化设施建设和管理工程。

从某种意义上说，这些工程的成功，可以被归结为形成了"政府主导、市场化运作、社会参与"这种公共文化设施建设和管理全新运作机制的结果。在杭州，"政府主导、市场化运作、社会参与"这种运作机制，已经被总结、提炼、归纳并表述为党政界、知识界、行业界、媒体界"四界联动"的"社会复合主体"运作机制。这种"社

---

[①] 章建刚：《公共文化服务体系：市场经济条件下的重构》，李景源、张晓明主编《浙江经验与中国发展（文化卷）》，社会科学文献出版社2007年版，第202—213页。

会复合主体"具有以下五个特征[①]：第一，架构多层复合、成分多元参与。在成分上有党政界、行业界、知识界和媒体界等多元参与，联动运行，你中有我，我中有你，彼此关联，互为支撑。第二，功能特色互补、职能衔接融合，既具有引导、协调、管理职能，又具有创业、开发、经营职能，既具有研究、策划、设计功能，又具有宣传、推广、展示功能，各种功能既彼此分工，又互补衔接。第三，人员专兼结合、角色身份多样，既有专职人员，又有兼职人员，形成既立足岗位、履行职能，又相互平等、协商合作的社会关系。第四，事业项目带动、机制灵活规范，往往针对文化型、知识型产业或项目的弹性、柔性、开放性等特性，以及项目建设的阶段性特点，形成灵活的组织结构和运作模式。第五，社会公益主导、持续经营运行，以推进事业发展、社会性项目建设、知识创业为己任，具有事业发展性质，突出公益性，同时又能实行经营运作，不是依靠权力或行政审批权延伸来运作，而是采用企业化、社会化运作方式，具有自我造血功能，实现可持续发展。

"社会复合主体"是一种既基于社会多元分层现实，又具有互渗融合功能，既能最大限度地激发个体创造活力，又能集中力量办大事的创业主体。在这一意义上，社会复合主体可以被理解成一个事业共同体。与传统单位组织因人设事、因人废事的等级制结构形成鲜明对照，社会复合主体是以做事、成事为目标，以推进社会性项目建设、知识创业、事业发展为目的，以"工程""项目"等为核心安排工作与人事。就此意义而言，社会复合主体可以被称作"事本主义"的共同体。诚然，在社会复合主体内部，不同社会主体或单位行动者都有不同的利益诉求，但同时，又存在高度的利益关联性或共同利益。这两个方面既构成了社会复合主体的基本利益关系，也是协调不同社会主体利益关系的立足点和出发点。在实践过程中，不同社会主体或单位行动者的不同利益诉求与共同利益之间往往会发生矛盾和冲突。但是，从推进社会性项目建设、知识创业、事业发展大局出发，也是

---

① 王国平：《培育社会复合主体 共建共享生活品质之城——在第三届生活品质全国论坛上的讲话》，2008年12月13日。

为了最终实现不同行为主体的利益，就需要暂时搁置不同的利益诉求，否则也就没有共同利益放大和不同法人主体利益实现的帕累托改进（即共享）。从这个意义上说，协同共建机制是社会复合主体孕育和发展的实质性基础。

作为公共文化设施建设和运作机制的创新模式，"社会复合主体"的组织优势在西湖综合保护工程实施过程中得到了充分的体现。杭州市委市政府在西湖综合保护工程方案决策、资源整合、工程监管、宣传引导、社会动员等方面起到了主导作用。自工程实施以来，杭州市委主要领导每年实地考察西湖综合保护工程均达到十余次，各类批示数十件；西湖风景名胜区管委会（园文局）的全体干部夜以继日地奋战在工程第一线；杭州市发改委、市建委、市规划局、市国土局、市房管局等职能部门，都派出分管领导和业务骨干长驻西湖风景名胜区，现场办公，从而极大地提高了办事效率。各行各业专家学者积极参与工程实施的决策，参与工程项目实施方案的评审和论证，在推进工程科学民主决策中发挥了举足轻重的作用。2003 年北山街保护工程开展之际，杭州市领导与专家一起专题论证《杭州北山街历史文化街区保护规划设计方案征集文件》和《北山街道路系统整治改造工作方案》。除了直接参与课题研究外，西湖综合保护所有重大工程项目的规划设计方案、可行性研究论证等，均通过公开招标请国内外专业机构承担，方案的选择均通过专家学者评审，择优录用。参与西湖综合保护工程的各家企业在建设中发挥了主体作用。西湖综合保护工程推行市场化运作，在工程建设上建立准入制度，对企业资质和业绩进行严格审查。各个项目严格遵循招投标程序，公开、公平、公正竞争，并加强工程项目监理、验收和财务审计。按照"谁投资、谁所有、谁受益、谁承担风险"的原则，广泛吸纳企业和社会资金进行市场化运作。媒体也在西湖综合保护工程实施过程中发挥了重要作用。比如，2007 年杭州以"和谐西湖、品质杭州"为主题开展了三评"西湖十景"——我最喜爱的西湖新景点评选活动。这一活动引起了国内众多媒体的高度关注。杭州本地媒体在活动各阶段积极参与、全力报道，从而使三评"西湖十景"活动赢得市民的广泛关注与认同。媒体介入评选活动打破了以往单纯由官员和文人评景的做法，使全民开放式评景成为可能,从而提高了评选活动的影响力、市民的认同率。

上述实践表明:在市场经济条件下,公共文化服务建设模式已完全不同于计划经济下"大包大揽"的文化事业发展模式。当市场经济已经成为一种基本经济制度时,不仅文化产业必须围绕市场的优势和缺陷发挥自身的功能,而且具有公益性质的公共文化事业也要围绕市场的优势和缺陷发挥自身的功能。在市场经济条件下,为了更好地保障人民群众的基本文化权益,在坚持公共文化服务公益性原则的前提下,有必要通过引入市场机制和民间资本,优化公共文化服务的微观主体,推动国有文化事业单位的改革和机制转换,以解决政府在公共文化领域投入不足、经营不善、效益低下、资源浪费等问题。引入经济机制和社会力量的目的,不是要放弃政府在公共文化事业发展中的责任,而是为了使其更好地承担这种责任。在新的机制下,政府的责任是遵循和利用市场经济规律来发展公共文化事业,政府的任务是组织协调各方力量共同去办,即从公共文化产品和服务的经营者转变为组织管理者。这样,不仅可以解决公共文化事业发展中"统得过死"的问题,而且也使政府有更多的精力集中于公共文化事业的管理,从而提高工作效率,更好地履行在公共文化服务体系建设中的责任。

## 第五节 加快公共文化服务发展的经验与启示

实施"八八战略"以来,浙江省显著加大了公共文化服务投入,从整合资源、完善服务网络、创新服务机制、增加服务手段、丰富活动形式等方面入手,积极尝试创新公共文化服务内容和方式,满足人民群众文化需求。与此同时,全省各级党委政府积极转变和创新投入方式、管理和运作机制,探索市场经济条件下公共文化服务体系建设规律,以全新的理念和方式探索形成更优质的公共文化服务治理结构,提高公共文化产品和服务的供给效率。浙江省的这些成功实践,不仅有效地改善了文化民生,而且也预示了市场经济大背景下中国公共文化服务发展的方向。

**一 公平是推动公共文化服务发展必须坚持的原则**

改革开放以来相当长的一段时间,浙江省不仅文化投入少而且投入结构也存在严重的不平衡现象。21世纪以来特别是实施"八八战略"以来,全省各地不断加大对欠发达地区和农村、社区等基层文化建设的投入,不断完善公共文化服务网络、创新服务机制、增加服务手段、丰富活动形式,促进了城乡和区域文化统筹协调发展,推动了公共文化服务的均等化,较好地保障了人民群众的基本文化权益。浙江的实践表明,公正平等是推动公共文化服务体系建设必须坚持的原则。

公正平等是公共文化服务最重要的价值理念之一。《布莱克法律词典》从最广泛和最一般的意义上对"公平"作了如下界定:"'公平'意指公正和正当的精神和习惯以及分配谁将会调控人与人交往的权利——亦即所有的人对待他人的行为规则;或者说,如同加斯汀尼安(Justinian)所表达的那样,'诚实地生活,不伤害任何人,公平对待每一个人。'因此,它是自然权利或正义的同义语。但是,在这个意义上,公平的义务与其说是法律的,倒不如说是伦理的,关于公平问题的讨论属于道德的范围。它根基于意识的箴言而非成文法的制裁。"[①] 罗尔斯则在《正义论》一书中指出,"正义是社会制度的首要价值,正像真理是思想体系的首要价值一样。一种理论,无论它多么精致和简洁,只要它不真实,就必须加以拒绝或修正;同样,某些法律和制度,不管它们如何有效率和有条理,只要它们不正义,就必须加以改造或废除"[②]。罗尔斯更加强调公民基本权利的平等,主张平等权利不受利益因素的侵犯,"在一个正义的社会里,平等的公民自由是确定不移的,由正义所保障的权利决不受制于政治的交易和社会利益的权衡"[③]。虽然奥肯不同意罗尔斯把"优先权交给平等"的观

---

① 转引自[美]乔治·弗雷德里克森《新公共行政》,丁煌、方兴译,中国人民大学出版社2011年版,第24页。
② [美]罗尔斯:《正义论》,何怀宏、何包钢、廖申白译,中国社会科学出版社1988年版,第1页。
③ 同上书,第2页。

点，也不同意弗里德曼"把优先权交给效率"的观点，但也认为，在社会和政治权利领域中，公民权利、政治权利、法律权利、生存权利等基本权利的分配是平等和无偿的，并且权利平等与经济效率并无矛盾和冲突，"源于机会不均等的经济不平等，比机会均等时出现的经济不平等更令人不能忍受（同时，也更可以补救）"①。

文化权利的分配也必须是平等的。1948年12月10日联合国大会通过的《世界人权宣言》第二十七条规定："人人有权自由参加社会的文化生活，享受艺术，并分享科学进步及其产生的福利。""人人对由于他所创作的任何科学、文学或美术作品而产生的精神的和物质的利益，有享受保护的权利。"1966年12月16日由第二十一届联大通过的《经济、社会、文化权利国际公约》强调了经济、社会、文化权利与公民、政治权利的同等重要性和不可分割性，确立了民族自决的权利，对维护和促进发展权和建立公正的国际政治经济新秩序产生了积极影响。1997年10月27日我国签署了《经济、社会、文化权利国际公约》，2001年3月27日我国政府批准了该《公约》，同年6月27日该《公约》对我国正式生效。《经济、社会、文化权利国际公约》第二条第二款规定："本公约缔约各国承担保证，本公约所宣布的权利应予普遍行使，而不得有例如种族、肤色、性别、语言、宗教、政治或其他见解、国籍或社会出身、财产、出生或其他身份等任何区分。"第二条第三款规定："本公约缔约各国承担保证男子和妇女在本公约所载一切经济、社会及文化权利方面有平等的权利。"第十五条第一款规定："本公约缔约各国承认人人有权：（甲）参加文化生活；（乙）享受科学进步及其应用所产生的利益；（丙）对其本人的任何科学、文学或艺术作品所产生的精神上和物质上的利益，享受被保护之利。"中国宪法规定"公民在法律面前一律平等"。公正平等既体现在政治、经济、社会等领域，也体现在文化领域尤其是公共文化服务领域。

这些都表明，政府在提供公共文化产品和服务时，必须惠及全民，不应存在任何地域、城乡、种族、身份等歧视，即所谓地不分南

---

① ［美］奥肯：《平等与效率》，王奔洲等译，华夏出版社1999年版，第72页。

北、人不分老幼、身份不分高低贵贱，均有权享受到同样的、质量稳定、程序公平的对待，所有公民都应享有平等的文化服务。作为平等的公民，任何人都应当拥有广泛的文化权利，包括享受图书馆、博物馆、文化馆等各种公共文化基础设施以及公益性文化服务的权利，平等参与文化活动、从事文化创造的机会。

当然，公共文化服务的平等性原则在不同空间和区域、不同经济社会发展阶段具有不同的具体内涵和具体实现形式，是机会和效果的大体平等，而不是内容的完全均一。坚持公共文化服务平等性原则的目的，是消除因经济社会发展水平差异和个人天赋差别而对社会成员享有基本文化权利和权益的影响和制约，而不是彻底抹杀社会差异。当然，公共文化服务的平等性，要求政府尽可能地将公共文化服务的差距控制在人们可以接受的范围，并最大限度地满足人们日益增长的公共文化需求。

## 二 弱势群体是衡量公共文化服务整体水平的重要标尺

实施"八八战略"以来，浙江省不仅显著地加大了对欠发达地区、农村地区的文化投入，在公共文化服务上向弱势群体倾斜，而且不断地创新公共文化服务和活动形式，创新改善弱势群体文化民生的方式方法。这些做法，不仅体现了公共文化服务的公平性、便利性、均等性等宗旨，而且也体现了以结果为导向，以保障人民群众最基本、最直接、最核心文化利益为导向的公共文化服务理念。

浙江的实践表明，从理论上分析，公共文化服务均等化主要体现为服务对象的全体性或者说服务必须惠及全民，即全体居民享有充分的自由选择权，有机会、有权利、有能力享有与公民基本权利有关的基本公共文化服务项目，其因收入差距无机会支付或付不起基本公共文化服务使用费的情形大体上得以消除，无论对象为何人，均有权享受到基本公共文化服务。从现实需求分析，公共文化服务均等化的重点对象是困难社会群体或弱势社会群体。这些社会群体享受公共文化服务的状况，既是衡量全社会公共文化服务和全社会文化福利整体水平的重要标尺，也是衡量公共文化服务公平正义和权益保障程度的重要尺度。

一方面，在市场经济大背景下，公共服务均等化并不意味着政府"大包大揽"地提供所有文化服务，也不意味着所有的人都只能且必须享受政府提供一般化、保障性、标准化的公共文化服务。基本公共文化服务的均等化，是一定区域内公共文化服务中最核心、最基础部分的均等化，是紧密联系文化民生，与人民群众最关心、最直接、最现实的切身文化利益密切相关部分的均等化，而不是所有公共文化服务的均等化，是享受和参与公共文化服务的机会和效果均等，而不是简单的无差异化或简单的平均化。在市场经济条件下，政府仅仅提供一般化、保障性、基本性、标准化的各种公共文化服务项目，个人如果有足够的货币支付能力，也可以在政府提供的基本公共文化服务之外，选择由市场提供的更为合适的、特殊化的、较高层次的、更多的文化服务。

另一方面，遵循产品和服务跟随货币选票原则的市场机制，倾向于漠视无货币支付能力的弱势社会群体的文化需求，市场经济的这一缺陷，需要通过"均等化"的途径加以弥补。在市场经济条件下，优胜劣汰的竞争机制以及人们进入市场条件的巨大差别，即使在起点公平和过程公平的前提下，客观上也会导致人们悬殊的收入差别，这难免造成高收入者有更多机会、更容易接近物质生活服务项目和精神生活服务项目，而低收入群体则可能与此无缘的局面。"在不了解具体情况时，他们不知道自己将会属于强势群体还是弱势群体。于是，智慧告诉人们所选择的正义原则必须改进最弱势一方的状况，因为每个人都可能很容易沦为那个弱者。"[①] 所以，有必要通过采用税收、捐助等多种形式，将高收入群体的部分收入"转移"给低收入者，通过均等化的机制，改变在物质产品和服务项目及精神产品和服务项目分配上的不公平现象，满足全体社会成员日益增长的物质和文化需要。

正因如此，虽然公共文化服务均等化主要体现为服务对象的全体性，或者说服务必须惠及全民，但重点对象不是高收入社会群体，而

---

[①] 转引自［美］乔治·弗雷德里克森《新公共行政》，丁煌、方兴译，中国人民大学出版社2011年版，第25页。

是城乡、区域弱势或困难社会群体，重点关注弱势或困难群体基本文化权益的保障和基本文化需求的满足。公共文化服务均等化的内容和范围，是政府公共文化服务职能的"底线"，由政府负最终责任。这就意味着推进公共文化服务均等化，重心必须下移，必须扩大公共财政覆盖面，把更多财政资金投向公共文化服务的薄弱领域，不断加大对重点支出项目的保障力度，向农村倾斜，向经济发展落后地区倾斜，向困难地区、困难基层、困难群众倾斜，不断改善人民群众尤其是弱势或困难群体的文化生活条件，最终满足全体人民的公共文化需求，让广大人民群众共享文化发展成果。

公共文化服务均等化的范围和标准也是动态的，随着经济发展水平和政府保障能力的提高，均等化的范围和内容会不断变化和扩展，均等化的标准会不断调整，均等化的水平也会不断提高。因此，公共文化服务均等化，也意味着政府必须根据不同经济社会发展阶段的要求，动态地制定或调整相关基本公共文化服务范围和标准（设施标准、设备标准、日常运行费用标准、人员配备标准等），保证在政府、公共文化机构和社会组织等不存在特殊门槛、社会歧视和社会偏见的前提下，使每个社会个体不分地区、不分城乡、不分身份地能够有机会和权利接近法定基本公共文化服务项目的过程。

### 三 体制机制创新是提升公共文化服务效率的重要途径

21世纪以来特别是实施"八八战略"以来，浙江全省各地不仅比较普遍地加大了公共文化领域的投入，而且一些文化管理部门和地方党委政府在优化公共文化服务治理结构，尤其是在促进公共文化发展过程中借助市场机制、引入社会力量，实现政府与市场、社会的多元合作、互动互补等方面，也进行了积极的尝试和探索，积累了不少符合市场经济发展规律和政府转换职能要求的转变公共文化领域投入方式、创新公共文化设施和服务管理及运作机制的经验。

与此同时，浙江不少地方还从整合公共文化服务资源、完善服务网络、创新服务机制、增加服务手段、丰富活动形式等方面入手，积极尝试创新公共文化服务内容和方式，建立以公众需求为导向、优质高效、普遍均等的新型城乡公共文化服务机制，形成城乡公共文化产品和服务"超市式"供给、"菜单化"服务的模式，满足公众基本文化需求，保障公众基本文化权益。这些做法和经验，预示了中国公共文化的发展方向，对探索市场经济大背景下公共文化服务体系建设规律，破解市场经济条件下公共文化服务发展难题，形成更优质的公共文化服务治理结构和更优公共文化发展模式，提高公共文化产品和服务的生产和供给效率，更有效地保障公众基本文化权利、满足公众基本文化需求，具有重要的示范、参考和借鉴价值。改革开放以来尤其是 21 世纪以来，浙江全省各地创新公共文化发展模式的实践表明：

第一，文化发展总是在一定经济体制和行政体制下进行的，不同的经济体制和行政体制会给文化发展打上不同的烙印。当市场经济已经成为一种基本经济制度时，不仅经营性文化产业必须充分运用市场机制得以发展并围绕市场经济的优势和缺陷发挥自身的功能，而且公益性公共文化事业也必须借助市场经济手段以提高自身的效率并围绕市场经济的优势和缺陷发挥自身的功能。与此同时，随着从全能政府向有限政府的转变，政府既无必要也无可能继续统包统揽公共文化发展事务，公共文化事业也必须围绕政府的优势和缺陷发挥自身的功能。

第二，以符合市场经济规律、政府职能转变要求的全新理念和全新方式建设公共文化服务体系，不是要改变公共文化服务公益性质以及保障人民群众基本权益这一根本宗旨，而是要通过引入市场机制和社会力量，优化公共文化服务的微观主体，弥补政府与市场的不足或功能缺陷，把政府权威与市场交换的功能优势有机地组合在一起，实现公共文化产品和服务从传统的单中心提供模式向多中心、多层次、协同合作的提供模式转变，以解决政府在公共文化领域投入不足、管理不善、资源浪费、效益低下等问题，形成更优质的公共文化服务体系建设模式，加快发展步伐，从而更有效地推动公共文化服务均等化，更好地保障人民的基本文化权益。

第三，历史已经表明，过去那种由政府"大包统揽"的文化事业发展方式，不仅缺乏活力和效率，而且也未能有效地实现政府保障公众基本文化权益的责任。在新的模式和机制下，公共文化服务治理并不必然由政府垄断或操纵，民营部门、社会组织等都可以参与治理；

政府的责任是掌舵而不是划桨，是遵循和利用市场经济规律、按照转变自身职能的要求来促进公共文化事业发展。这样，不仅可以解决传统公共文化事业发展中因"统得过死"而缺乏效率的问题，而且也使政府有更多的精力集中于公共文化领域的管理，从而更好地履行自身的公共文化服务职能。

# 第五章 增强文化产业整体实力和竞争力

浙江发展文化产业具有许多得天独厚的优势，如市场经济先发优势、民营经济发展优势、历史文化资源优势等。浙江也是全国最早意识到文化产业重要性、最早把经济体制改革成就（尤其是民营企业发展模式、市场经济发展模式）引入文化产业发展领域的地区之一。在1999年年底的浙江省委十届三次全会上，浙江就已提出了"发展文化产业，建设文化大省"的目标。习近平到浙江工作后把发展文化产业提升到了加快建设文化大省突破口和重要支撑、经济发展重要增长点、文化体制改革重要着力点的高度来认识，纳入"八八战略"中予以通盘谋划和布局。实施"八八战略"以来，随着加快建设文化大省战略的实施、文化体制改革的逐步推进，浙江文化产业战略逐步趋于完善，文化经济政策、管理机制、市场格局等服务保障明显加强，文化产业发展的宏观环境日益优化。从加快建设文化大省、文化强省到努力建设文化浙江，历届省委坚持一张蓝图绘到底，采取了一系列政策措施，深入推进文化体制改革，加快推动文化产业发展，浙江国有经营性文化单位转企改制取得重大进展，涌现出一批具有较强实力和竞争力的文化企业和企业集团，文化产业规模不断壮大，多种所有制共同发展的文化产业格局初步形成。文化"走出去"步伐加快，文化产业的整体实力和水平不断提升。

# 第一节　发展文化产业的探索与实践历程

回溯改革开放以来的历程，浙江文化产业发展经历了从自发到自觉的阶段。随着市场经济的萌芽和发展，全省各地的文化市场和文化产业也开始逐步地得以孕育。经过 20 多年的发展，浙江文化产业不少指标已经位居全国前列。文化产业领先于全国的发展，也是 2003 年 6 月浙江被确定为全国文化体制改革综合试点省的一个重要因素。2003 年 7 月，习近平在浙江省委第十一届四次全体（扩大）会议上完整、系统地提出了"八八战略"，并把加快建设文化大省作为实施"八八战略"的重要内容之一。正是在这一背景下，省委从更高的起点上谋划和布局浙江文化产业的发展，加快发展文化产业不仅成为加快建设文化大省的重要内容和突破口，而且成为文化体制改革的重要着力点。浙江进入了以文化体制改革释放发展活力和动力、以制度创新推动文化产业转型发展的阶段。从加快建设文化大省、文化强省到努力建设文化浙江，历届省委坚持一张蓝图绘到底，采取了一系列政策措施，着力于打破束缚文化产业发展的体制机制障碍，不断推动文化产业发展跃上新台阶。

## 一　市场取向改革与文化产业的自发发展

像全国其他地区一样，浙江文化产业发展也经历了从自发到自觉的过程。随着改革开放以来浙江市场化、工业化、城市化的迅猛进程以及现代大众传媒的迅速成长，市场经济先发优势的形成，浙江文化产业的孕育和发展已经具备了一些得天独厚的条件。自 20 世纪的 80 年代初期开始，随着经济体制从计划到市场的转换，人们的市场意识逐渐觉醒，开始逐渐地认识到文化产品不仅具有文化属性而且也具有商品属性。在实践中，文化领域已经开始显现出其产业性质的一面。

像经济领域一样，改革开放初期浙江文化产业的萌芽和发展也显示出了"民间诱致"的特征。与"强制性"制度变迁是通过政府命令和法律引入与实施相区别，"诱致性"制度变迁指的是对现行制度的变更或替代，或者是新制度安排的创造，它通常由个人或一群人，在响应获利机会时自发倡导、组织和实行。"诱致性"的制度变迁，是一个自下而上、从局部到整体的制度变迁过程。制度的转换、替代、扩散都需要时间。从外部利润的发现到外部利润的内在化，期间要经过许多复杂的环节。①

"民间诱致"的浙江模式，本质上是一种市场解决模式、自发自生发展模式和自组织（self-organizing）模式，其鲜明的特征是人民群众积极性、主动性、创造性的充分发挥。政府的作用当然十分重要，但更多的是促进性、倡导性、主持性的作用。1978年12月，中国共产党召开了具有重大历史意义的十一届三中全会，开启了改革开放历史新时期。"一有阳光就灿烂，一有雨露就发芽。"从1979年开始到1982年春，浙江许多地方就已初步建立了联产承包责任制（而全国则完成于1984年），这是浙江民间对制度不均衡做出的一种先于全国的自发性、主动性反应。改革开放以来，浙江各地星罗棋布的专业市场、民营经济的兴起，也不是预先"设计"的结果，而是"自发自生"地兴起的，不是源于某个人通过把一系列要素各置其位并且指导和控制其活动的方式而确立起来的人造的秩序、人为的秩序、建构的秩序或者建构，而是源于广大人民群众积极、主动的自发行为。"民间诱致"的浙江经验，不仅仅表现于改革开放以来的经济领域，也广泛地渗透到了其他社会领域。在20世纪80年代，浙江的城市化水平远远低于全国城市化的平均水平。在国家财政投入捉襟见肘的情况下，浙江各地出现了由农民自理口粮进城，自己集资建城镇的潮流。改革开放以来，正是民营经济自我保护和发展的需要，直接催生了全省各地蔚然成林的民间商会。浙江的许多基层民主政治新举措，如台州的基层民主恳谈活动、金华的政务公开、余杭干部报酬民主评议、镇海村务决策听证制、奉化重大事务公决制、武义村务监委会、枫桥多方参与共同维护社区和谐秩序、嘉兴预算外资金"四统一管理"、杭州市长公开电话、天台效能网等，既是地方政府发挥促进性、倡导性、主持性作用的结果，也是民间"诱致"所使然。

---

① 参见卢现祥《西方新制度经济学》（修订版），中国发展出版社2003年版，第110页。

改革开放初期,浙江一些地方文化专业户、文化市场、文化经营活动甚至文化企业,也不是某个人或某些人预先"设计"的结果,而是在国家政策松动背景下"自发自生"地兴起的,不是源于某个人通过把一系列要素各置其位并且指导和控制其运动的方式而确立起来的人造的秩序、人为的秩序、建构的秩序或者建构,而是源于一些人的非意图性行为。在这一方面,鄞县尤其具有典型性。据1992年编撰的《鄞县广博文化志》,鄞县早就形成了民间兴办文化企业、从事文化经营活动的传统。"清朝末叶,外国传教士携带影片和放映机,先后在城区放映电影。1919年,一些沪甬商人携手摇电影机在茶楼、广场等地,流动放映外国无声影片。""1925年,宁波第一家影剧院'宁波鼓舞台'正式挂牌营业。青年会电影部开始对外售票放映。新新舞台、百货商场游艺部、中山公园游艺场也陆续兼映电影。1931年秋,开明街的民光戏院开张,始演戏,后专映电影。"① "民国时期,我县书店、影院、剧场多属商办,电台、报纸等间有官商合办的。民国18年,国民党官办的民众俱乐部附设民众茶园,开设说书、阅览、丝竹、弈棋等文娱项目。实行有偿服务。"中华人民共和国成立以后,随着计划经济体制的确立,"文化企事业均改为国家经办;文化馆、广播站、县报社均属全民文化事业机构。书店、电影队、剧场、曲艺等,成为国家和集体经营的文化企(事)业单位。农业社、工厂等单位举办的俱乐部、业余剧团、图书馆等,概为集体文化福利组织,为群众提供无偿服务"②。在计划经济时期,民间兴办文化企业和从事文化经营活动一度受到了压抑。

改革开放初期,在国家政策松动以及民间内源力量的推动下,鄞县开始突破计划经济思维模式的束缚,兴办文化企业和从事文化经营活动的历史传统迅速地得到恢复。据《鄞县广博文化志》,"1978年县内农村图书室全部实行有偿服务。1980年后,群众自办的电影录像放映、文艺演出均实行买票进场。随后,举办科技学习、文艺培训、新闻图片、大奖赛等文化活动,亦相继实行有偿服务,并出现一

---

① 鄞县广播电视局编:《鄞县文化广博体育志》(未刊稿),1992年,第93页。
② 同上书,第58页。

批文化专业户";"1978 年全县有 21 个公社文宣队举办了各类企业。尔后,县级文化广播事业单位将自办的广博水泥杆工场改为工厂,实行企业经营。县展览馆制发的《鄞县新闻图片》,实行收回成本费。接着又创设《县摄影美术服务部》,试办小工厂。同年,县文化馆创办了'鄞县文艺影器材厂'和文联的'明州书画社'等各类企业,实行'以文补文,以工助文',推进文化事业发展。""1981 年,县成立了'文化服务公司',实行管理和经营相结合的体制。附设'县文办企业经营部''摄影服务部'和'繁华商店'。县广播站亦创设了'广播服务部'。1984 年调整为管理性的'文化服务公司',其经营的企业改为'独立核算,自负盈亏'。1988 年,又扩展为'县文化广播服务公司',并制定《鄞县文化广播企业管理暂行规定》,对全县文办企业进行清理登记。至 1990 年底,全县文办企业补文助文经费据不完全统计为 38.9 万元"[1]。

像改革开放初期的鄞县一样,浙江其他一些地区的文化市场和文化产业也随着市场经济的萌芽和发展而开始逐步地得以孕育。浙江省各级文化工作者从实际出发,开始探索在有计划的商品经济、市场经济框架下文化发展的新方式,大力发展文化"三产","以文助文""多业助文",增强自身造血功能。比如,1986 年,杭州市属六个艺术表演团体开始施行"承包责任制",或与企事业挂钩,结成互利互惠的文化经济联合体,或自开"以副补文"渠道。杭州杂技团一队、二队、金鱼魔术团、青春宝飞车走壁队就与企业挂钩,建立了文化经济联合体;1987 年,杭州话剧团与省财政厅、浙江省电视台联合拍摄了电视剧,杭州歌舞团也与"国旅"浙江分社合作,在"杭州饭店"定点演出,杭州越剧团也与杭州电视台联合承办"越剧新姐妹"的评选活动等。对文化发展新方式的这些探索,为后来杭州先于全国提出"发展文化产业"的战略,提供了丰富的实践经验与基础。与此同时,这些尝试性实践也培育了杭州文艺工作者的市场意识,并初步地培养了一批文化经营人才。1987 年,文化部、公安部、国家工商行政管理局发布了《关于改进舞会管理的通知》,正式认可营业性

---

[1] 鄞县广播电视局编:《鄞县文化广博体育志》(未刊稿),1992 年,第 58 页。

舞会等文化娱乐经营活动。以此为契机，杭州文化市场开始进入迅速发展的历史时期。

　　1985年浙江省电影公司在嵊县召开了全省电影发行放映经营座谈会，会上文化厅领导第一次向全省提出"一业为主，多种经营"的思路，要求全省各级电影发行放映单位，坚持以电影发行放映为主，同时大力发展"第三产业"。在人员、资金、设施、设备的安排上，首先保证电影发行放映主业，在经营管理上，明确规定在兴办"第三产业"时，经济上要独立核算、自负盈亏。1987年中影公司在广州召开了全国城市专业电影院改造（建设）经验交流会，提出涉及改造影院的资金问题，除了依靠电影企业积累的利润、贷款、集资以外，影院附设的录像厅、舞厅、电子游戏等多种经营的收入和利润，是一项重要的资金来源。省文化厅、省电影公司及时传达了这次会议的精神，电影发行放映单位多种经营在全省迅速、普遍地得到开展。全省各地电影发行放映单位充分利用空余的办公房或临街房屋，开设综合经营部、卡拉OK、桌球室，以及电器修理部、小型工厂等经济实体。就连当时的国家级贫困县泰顺县电影公司也办起了招待所、小卖部等多种经营，招待所的年利润达1.5万元，产生了"以副补影"，弥补电影亏损的作用。据不完全统计，1990年全省至少有367个电影发行放映单位办起了665个多种经营项目。[①] 显然，这些探索和实践为后来浙江省影视产业领先于全国的发展，积累了丰富的经验。

　　1992年邓小平发表南方谈话。同年召开的中共十四大提出我国经济体制改革的目标是建立社会主义市场经济体制，这标志着我国改革开放和现代化建设进入了一个新的阶段。1992年6月，《中共中央国务院关于加快发展第三产业的决定》，正式提出以产业化为方向，加快发展包括文化生产和服务在内的第三产业。在这一背景下，浙江区域市场化进程加速推进。在市场化的压力之下，发展"文化三产"，增强自身造血功能，逐渐成为浙江文化事业单位的一种共识和

---

[①] 陆耀亭主编：《记忆与感知——浙江电影产业研读报告》（未刊稿），2013年，第71—72页

行为。据统计，1992年、1993年、1994年、1995年，浙江文化系统开展以文补文活动机构数分别为342个、369个、358个、1035个，补文活动开展率分别为58.0%、55.0%、54.5%、43.6%，纯收入分别为1792万元、2559万元、3033万元、4099万元，用于补助文化事业经费分别为1633万元、2221万元、2541万元、3433万元。1996年全省文化系统的补文收入占当年总收入的47.56%。"以文补文"活动的开展，为文化系统体制改革，分流富余人员创造了条件；培养造就了一批经营管理人才，为部分事业单位面向市场，走上产业化道路积累了经验。

与此同时，随着浙江区域市场的进一步孕育，浙江各地的舞厅、卡拉OK厅、录像厅、电子游戏厅以及音像制品市场、演出市场等得到了迅速的发展。比如，1989年，杭州城区经审批陆续开放的舞厅有28家，1996年发展到110家；1988年，杭州市尚无一家"卡拉OK厅"，但到1996年，杭州市已有"卡拉OK厅"102家。录像放映于20世纪80年代初出现于杭城，至1990年，杭州市放映厅已达106家。浙江省另一个副省级城市宁波文化市场的发展也十分迅猛。1981年宁波市工人文化宫开始从事电影、录像放映等经营活动；进入20世纪80年代中后期，文化经营活动的开展越来越广泛，内容和范围也日益扩大，宁波市现代文化市场逐步开始孕育发展起来。从1984年3月第一家歌舞厅开办为起点，至1989年市文化市场管理机构成立时，宁波市文化市场共有歌舞厅51家、录像放映单位72家、书刊销售点111家、游艺场15家，初步形成了规模。此后，宁波文化市场进一步成加速发展态势。至1998年年底，全市共有文化经营单位8148家。从市场构成看，属娱乐市场有3493家（占42.9%），音像市场有2335家（占28.7%），书报刊市场有1513家（占18.5%），演出市场有198家（占2.4%），文物市场有160家（占2.0%），电影发行、放映单位有343家（占4.2%），美术品经营单位有25家（占0.3%），艺术培训单位有23家（占0.3%），其他经营项目有58家（占0.7%）。据不完全统计，1998年宁波全市娱乐、音像、演出、书报刊四大市场经营单位的固定资产达11.9亿元，主营项目的营业收入3.1亿元，上缴税费和支付从业人员劳动报酬1.04

亿多元，文化市场直接从业人员 8 万人左右，其中相对固定的 2.5 万多人。各类场所日接纳消费人次达 20 万以上。①

不仅在省会城市杭州和副省级城市宁波，而且在浙江省的其他市县区，文化市场也日渐繁荣。在这一方面，宁波市的鄞县同样具有典型性。1995 年，全县已有文化经营单位 688 家，其中录像制品发行站 2 个，家庭录像片租点 70 个，营业性录像放映队 39 个，有声盒式磁带销售点 71 个，书报刊店、摊 81 个，卡拉 OK 厅 16 个，电子游戏机室 178 家，桌（台）球 135 家，农村舞厅 52 个，录像厅 12 个，游戏宫 1 个，碰碰车 10 台，经营性剧场 19 个，书场 2 个。全县有文广企业 40 家，全年销售额 5000 万元，利润 350 万元。

《1992—1996 浙江社会发展状况》一书的"文化"部分，用了"初步繁荣"这一断语来描述当时全省文化市场的孕育和发展状况，并提供了一些可以用以佐证的具体数据。比如，全省文化经营单位总数、歌舞厅、卡拉 OK 厅、台球室、保龄球室和溜冰等新兴项目、书报刊经营单位、综合游艺娱乐场所分别从 1993 年的 21333、1625、862、2113、0、3684、154 家上升到 1997 年的 32858、2828、1622、4007、536、4182、824 家。此外，根据《1992—1996 浙江社会发展状况》"文化"部分的表述，当时"省、市、县各级文化行政部门均健全了文化市场管理办公室，建立了编委正式批准的文化稽查队，现有管理和稽查人员 543 人，监督检查人员 4000 余人，文化市场管理和稽查力量得到明显加强"②。这也从另一个侧面反映了 20 世纪 90 年代中期浙江全省文化市场的孕育和发展程度。

正是在浙江文化产业、文化市场已经有了一定程度发展的背景下，1996 年 12 月出台的《浙江省文化发展规划（1996—2010）》，虽然还未明确地以专门部分的形式，把"发展文化产业"作为文化建设"目标"和"基本任务"之重要组成部分，但事实上已经在"旅游文化产业"名下包含了"文化产业"的门类。该《规划》提出，

---

① 《宁波五十年》编辑委员会：《宁波五十年》，宁波出版社 1999 年版，第 187—189 页。

② "浙江社会发展现状与对策研究"课题组：《1992—1996 浙江社会发展状况》，浙江人民出版社 1997 年版，第 106 页。

"要与国内外大型经贸、技术、文化活动有机结合，形成一个比较发达的包括娱乐业、旅游餐饮业、商务业、会务展示业、旅游交通业、旅游商品业等方面的大旅游产业格局，使文化成为旅游经济高速增长的重要生长点"。其中，尤其值得注意的是"大旅游产业格局"中的"娱乐业"和"会务展示业"。在2000年出台的《浙江省建设文化大省纲要（2001—2020年）》中，"娱乐业"和"会务展示业"这两个产业门类都明确地被归入浙江省要"大力培育和发展"的"重点文化产业门类"之中①。显然，在1999年省委正式提出"发展文化产业，建设文化大省"战略之前，浙江文化产业实际上已经采取了一种"旧瓶装新酒"的发展方式。

也是由于在1999年以前还未明确地把"发展文化产业"作为文化建设"目标"和"基本任务"的重要组成部分，因此，浙江省还没有关于文化产业发展的相对完整的统计数据。2000年，即省委提出"发展文化产业，建设文化大省"战略的第二年，浙江省出台了关于上一年，也是全省历年以来第一份有关文化产业发展的统计资料。据测算，1999年浙江省文化产业增加值占GDP的4.0%，按中文化口径统计总产值已达314.77亿元。这一测算结果可能不是十分准确，但也具有"破天荒"的意义，其首次提供了可资参考的文化产业发展的大致数据。此外，据统计，1999年全省广播电视经营收入20亿元，居全国第2位（上海21亿元）；出版系统总资产26.8亿元，居全国第9位，净资产14.5亿元，居全国第6位，销售收入居全国第7位，利润1.9亿元，综合指数居全国第11位；娱乐业固定资产总值26.36亿元，经营收入10.3亿元，利润3.47亿元，税收1.59亿元，综合指数居全国第5位。1999年年底，全省有各类文化体育经营单位4.5万余家。另据统计，1998年全省共有电影发行放映从业人员9883人（其中含县以上电影单位从业人员5049人），其

---

① 在《浙江省建设文化大省纲要（2001—2020年）》提出的六大重点文化产业门类中，"会务展示业"被表述为"会展业"；"娱乐业"则被归入"演艺业"，并提出，要"根据我省娱乐市场发育较早，分布面广，主体多元化，消费群体庞大的特点，依托民间资金优势，开发新的娱乐项目，实现娱乐产业升级，促进我省娱乐产业朝着健康规范、规模化、综合性、高档次方向发展"。

中电影发行放映公司1868人,电影院3954人,影剧院982人,开放礼堂俱乐部347人,放映队2382人。从全省电影机构数看,全省共有电影机构2807个,其中电影发行放映公司85个,电影院672个,影剧院62个,开放礼堂俱乐部41个,对内电影俱乐部139个,放映队1808个。浙江省电影发行放映总效益连续保持全国领先地位,居全国第2位。与此同时,1999年以前,随着民营经济的迅猛发展,浙江区域民营文体用品以及民营文化设备制造业、民营文化休闲娱乐服务等,也有了相当程度的发展。

可以说,一方面,上述数据大体上反映了1999年以前浙江文化产业的发展水平;另一方面,也应看到,这一阶段浙江文化产业发展的"自发性"特征也相当明显:

其一,在1999年以前的省委省政府的文件中,发展文化产业还未被上升到"自觉"的高度。《1992—1996浙江社会发展状况》一书的"文化"部分,较客观地分析了20世纪90年代中期浙江文化发展中存在的七大问题,其中的一个问题就是"深化文化体制改革力度不够,还没有步上产业化道路","文化投资渠道不够顺畅,以政府投入为主、广泛吸引社会资金良性投入机制还未真正形成。文化经济等方面的政策措施也有待于进一步完善落实,文化产业化有待于加速进行"[1]。诚然,在《浙江省文化发展规划(1996—2010)》中,已经有2处出现了有关"文化产业"的表述:一是在"浙江跨世纪文化发展总目标"中,提出,要"建成一个全民文化素质良好,文化体制富有活力,文化资源充分利用,文化体制富有活力,文化资源充分利用,文化产业结构合理";二是在《规划》的第三部分"城乡文化建设的基本任务"的第二方面,即"加强城市文化的导向作用、示范作用和辐射作用"中,提出,省辖市和地区所在地的市"要进一步加快城市的文化建设,构建各具特色的当代城市文化,逐步形成文化设施比较完善、文化市场比较健康、文化产业比较发达、特色明显、辐射能力强的区域文化中心"。但在这个改革开放以来浙江省第一个,

---

[1] "浙江社会发展现状与对策研究"课题组:《1992—1996浙江社会发展状况》,浙江人民出版社1997年版,第111页。

也是1999年以前唯一的浙江省省级文化发展规划中，无论在文化发展的"具体目标"，还是在文化发展的"基本任务"中，"发展文化产业"都没有以单独的形式出现，未有通盘、整体的布局和部署，更未被上升到全省文化发展战略的高度而予以定位。《规划》中有关"文化产业"的零星表述，只能被视为对现实中浙江省文化产业自发发展的一种自发反映。这也表明，大包大揽的"文化事业"发展模式还未从根本上得以突破，文化产业还未完全从计划经济下形成的"文化事业"母胎中脱离出来，仍然在旧的外壳中孕育，也还未受到省委省政府的正式承认和充分重视。

其二，如前文所述，1999年以前，浙江省还未在理论和实践上明确地把文化产业和公益性文化事业区分开来，更未采取分类指导、分类发展的原则。诚然，20世纪80年代以来尤其是1992年以来，"以文补文""多业助文"等在市场化压力下开展"生产自救"的做法，在一定程度上有助于使一些本质上具有经营性属性的国有文化单位面向市场、走产业化的道路。但是，不加区分地把所有文化部门都推向市场，也妨碍了一些公益性文化部门公共文化职责的履行。同时，在传统文化体制未从根本上受到触动尤其是国有文化单位产权还未明晰的背景下，"以文补文""多业助文"的做法，也导致了资产的流失："一些以文补文单位打国营牌子，占用国家房子和资金，在不付房租和利息的情况下，由于经营人才缺乏等原因，经济效益不明显，致使国有资产得不到保值增值。就省级文化系统而言，1996年，近百家多种经营单位场地2123平方米，资金740万元（大部分为注册资本），从业人员277名，其中主办单位人员117人，占总数的42%，但所创造的利润，盈亏相抵后亏损44万元，而部分亏损企业承包人却'手拿大哥大，脚踩桑塔纳'，显得非常阔气，这种情况是侵占国有资产的典型。"①

## 二 文化产业发展从自发到自觉

在20、21世纪之交，浙江文化产业发展从自发走向自觉已经成

---

① 连晓鸣：《从以文补文到文化产业回顾和反思》，陈立旭、连晓鸣、姚休《解读文化和文化产业》，浙江人民出版社2003年版。

为水到渠成、瓜熟蒂落的事情。

改革开放以来，浙江经济一直保持着快速增长的势头。一方面，在20、21世纪之交，浙江的主要经济指标、增长幅度都高于全国平均水平，浙江经济发展走在全国前列。从1978—1999年，全省国内生产总值由124亿元增长到5350亿元。在全国大陆各省区市的排位由第12位上升到第4位。从20世纪90年代末开始，浙江经济进入新一轮快速发展期。2001年，全省国内生产总值上升到6748.2亿元，城镇居民人均可支配收入首次突破万元，达到10465元，农村居民纯收入达4582元。1999—2003年间，浙江GDP年均增幅达到11.7%，高出全国同期平均增幅3.4个百分点。但另一方面，也正是在这个时候，浙江"发展中的问题"也逐渐地暴露了出来：改革开放以来，浙江的工业化从低门槛的家庭工业、轻小工业起步，存在结构层次低、产品附加值不高、科技进步贡献率偏低、经营方式粗放等先天不足，特别是随着经济总量的不断扩大，浙江面临着土地、资金、电力、人才等生产要素供给缺乏和环境承载力下降的压力、内外市场的约束。电力、土地、水资源等生产要素短缺，表面上看是要素供给跟不上经济的快速发展，但根子还在于低层次的产业结构和粗放式的发展方式。"从长期看，关键还是要调整产业结构，宜轻则轻，宜重则重，加快传统产业技术改造，大力发展高技术产业，充分利用我省港口优势适度发展重化工业。同时，要进一步引导企业加强管理，加快技术创新和技术进步，改变低成本、低价格竞争和以量取胜的经营策略，着力提高产品档次和附加值。"① 显然，在20、21世纪之交，"如何发展"已经上升为关乎浙江能否继续"走在全国前列"的全局性问题。

正是在这样的背景下，浙江省委省政府对改革开放以来浙江的发展进行了全面的自我诊断和反省，从而自觉地提出了经济增长方式转型的战略主题。2001年开始实行的《浙江省国民经济和社会发展第十个五年计划纲要》已经指出，"调整和优化产业结构是经济结构战略性调整的首要任务，是推动经济发展从量的扩张向质的提高转变的

---

① 习近平：《干在实处 走在前列》，中共中央党校出版社2006年版，第127页。

重大举措。面向国际国内两个市场,以企业为主体,依靠科技进步,发挥比较优势,突出改造传统产业、发展高新技术产业和服务业。按照加入世贸组织的要求,采用国际标准,提高技术、质量和经营管理水平。努力培育一批名牌产品,发展一批具有核心竞争力的优势企业和行业,加快建设优质高效农产品生产和精深加工基地、先进制造业基地、高新技术产业发展基地和有地方特色的旅游、商贸和文化产业发展基地,提高产业和经济的整体竞争力"。显然,在20、21世纪之交,浙江产业能否尽快升级,主产业能否尽快转向高附加值领域,已经成为事关浙江经济社会可持续发展的重大课题。省委省政府意识到,文化产业资源消耗低、环境污染少、技术含量高、人才聚集度高,已经成为各个国家和地区竞相发展的朝阳产业,顺理成章地成为加快浙江经济发展方式转型的首要选择。

世界各个国家的经验和国内改革开放以来的历史都表明,随着经济的发展,人们在衣食住行等物质需要得到一定满足之后,消费倾向必然重点向文化方面转移。随改革开放以来浙江经济社会的快速发展,浙江区域人民群众的文化消费需求也呈现出了快速增长的趋势。浙江城调大队的研究报告显示,1999年浙江城镇居民的全部文化消费支出为919.1亿元,比1998年增长7.4%,占全部消费支出的14.1%。不包括教育的文化娱乐支出为506.47亿元,占全部消费支出的7.81%。1999年浙江省居民人均文化消费支出比1992年增长3.2倍,快于全部消费支出的增长速度,文化消费在总消费中的比例趋于上升,由1992年的10.2%上升到1999年的14.1%。在文化消费的动态变动中,最明显的是教育支出和购买耐用消费品支出发生了结构互换,1992年购买消费品支出比例占41.4%,1999年下降到24.1%,而教育支出占总支出比例由1992年的25.8%上升到44.9%。其他四类(文艺用品、书报杂志、文娱费、旅游)占文化消费的比重稳定在31%左右。研究报告还显示,浙江省有56.9%的家庭在过去5年中已有重大艺术消费(投资项目)。当提及未来5年投资打算时,有71.7%的家庭表示会进行重大艺术消费(投资)。有26.3%的家庭已有资金投向艺术品、名人字画、古玩收藏等领域,特别是高收入家庭,对文化艺术的投资兴趣不断增加。有84.5%的家庭认为,生活水平提高,人们对艺术品、字画、古玩等的收藏兴趣会与日俱增;有62.5%的人认为艺术品具有保值增值的功效,投资艺术品是理财的好办法。同样有39.2%的人认为,投资艺术品作为一项投资形式,一般家庭都可以选择,不仅仅限于有钱的富人。除此以外,在20、21世纪之交,浙江省文化市场上音像制品、商业性体育竞技观赏等都呈现出了逐步繁荣和兴旺的景象。这些都已表明,浙江人民群众对文化产品的需求无论在数量上、强度上、实现方式上都已达到了一个前所未有的程度。面对人民群众日益增长的文化需求,浙江省委意识到,加快文化产业的发展、建立与市场经济体制相适应的文化市场和文化产业运作方式,已经成为一种历史的选择。发达国家和地区的经验以及改革开放以来国内发达省市和浙江的实践都已充分地表明,市场经济以及产业化运作方式,不仅是一个国家和地区摆脱贫穷、加快经济发展的有效途径,而且也是一条可以促进文化产品繁荣发展的有效途径。

正是在上述背景下,1999年12月浙江省委十届三次全体(扩大)会议正式提出了"发展文化产业,建设文化大省"的战略目标。如前所述,虽然早在1996年年底出台的《浙江省文化发展规划(1996—2010)》中,已经有2处出现了有关"文化产业"的表述,但在1999年以前,"文化产业"并未被浙江省委省政府上升到全省文化发展战略的高度而予以认识和定位,因而其发展一直处于一种自发的状态。有实质性区别的是,1999年12月浙江省委十届三次全体(扩大)会议已经把"发展文化产业"作为建设文化大省的重要任务加以强调,这不仅标志着"文化产业"概念已经在浙江被正式接受,而且更标志着浙江文化产业的发展结束了自发阶段而进入到自觉发展的阶段。虽然浙江首次明确提出建设文化大省战略目标并将"发展文化产业"作为建设文化大省的重要目标和突破口,在时间上晚于北京3年[1],却早于全国其他省、自治区、直辖市[2]。

---

[1] 1996年12月,在《中共北京市委、北京市人民政府关于加快北京文化发展的若干意见》中,已经明确地使用了"文化产业"这一概念。

[2] 2000年10月,中共中央十五届五中全会通过的《中共中央关于制定国民经济和社会发展第十个五年计划的建议》中,首次正式使用了"文化产业"这一概念。

2000年7月，中共浙江省委十届四次全体（扩大）会议召开。会议强调，要充分认识文化因素在经济社会发展中的重要推动作用。2000年12月，中共浙江省委常委会通过了《浙江省建设文化大省纲要（2001—2020年）》。该《纲要》突破了仅仅单一地看到文化产品意识形态属性的传统思维模式，强调文化产品不仅具有精神属性，而且也具有经济价值和商品属性。其中明确提出，"经济文化一体化是现代经济社会发展的重要趋势"；"要正确处理文化事业和文化产业的关系，对不同的文化类型，采取不同的政策和管理办法"；"在社会主义市场经济条件下，文化产业是国民经济的有机组成部分，文化产品具有商品属性，必须在坚持社会效益的前提下，十分重视文化产品的经济效益，努力实现两者的最佳结合"。这些表述都标志着在市场经济条件下一种新的文化发展观已经开始形成，文化产业作为增量，拓展了浙江区域文化建设的内涵。

正是基于对发展文化产业战略地位的崭新认识，该《纲要》首次提出了浙江文化产业发展的近期目标，即到2005年"文化产业形成规模，文化竞争实力显著增强。文化产业要成为文化事业发展的强大支撑，成为文化大省的重要标志。文化产业规模进一步扩大，文化生产和服务能力显著提高，文化产业增加值在全省GDP中的比重有较大增长，成为新的经济增长点和支柱产业。文化消费在城乡居民生活支出中的比重有较大提高，人均文化消费支出位居全国前列。努力健全文化产业政策法规体系，创新文化产业管理体制和发展机制，加快形成以文化重点产业为主导、相关产业联动发展的文化产业发展体系，以文化企业集团为龙头、文化中介服务机构为联结的文化产业组织结构，以现代文化科技为支撑的文化产业技术基础，以浙江丰富的自然人文资源为依托的文化产业可持续发展机制，把浙江建成全国文化产业发展的重要省份"。这充分地体现了浙江省发展文化产业意识的觉醒。

与1996年年底出台的《浙江省文化发展规划（1996—2010）》形成鲜明对照，该《纲要》把"繁荣文化事业"和"发展文化产业"，分开表述，并列作为其十个方面内容的组成部分。以此为标志，浙江省已经开始从理论和实践上将"（公益性）文化事业"和

"文化产业"从计划体制下大包大揽的"文化事业"中剥离出来，分别进行布局和部署。这份关于建设文化大省的第一个纲领性文件，不仅提出要"加快形成与现代化进程相适应的文化产业发展格局"，"积极调整文化产业结构""逐步优化文化产业布局""大力扶持文化骨干企业""积极培育和开拓文化市场"，而且也结合浙江文化产业发展实际，适应文化产业发展趋势，首次明确地提出，"要把传媒业、旅游业、演艺业、美术业、会展业、体育业作为我省文化产业的发展重点"。

在实施建设文化大省战略以及浙江经济快速发展的背景下，20、21世纪之交的浙江文化产业发展呈现出了一种新的气象。文化产业的增加值占GDP的比重有所上升。据测算，2000年全省文化产业总产出861.99亿元，增加值271.0亿元，占GDP的比重为4.5%，比1999年上升了0.4个百分点，按可比价格计算，比1999年增长18.3%，比GDP的增长速度高7.3个百分点，比第三产业增加值的增长速度高6.4个百分点。这是继1999年后浙江省第二个文化产业统计数据，也不一定十分准确，但仍可从中见到两年之间的变化和发展。此外，居民文化消费支出比重逐年上升，城乡居民文化教育娱乐及服务消费的支出占居民消费总支出的比重，1996年为7.9%，1999年为10.2%，2000年为10.4%，2000年比1996年上升了2.5个百分点。特别是文化服务业作为文化产业的主体产业呈快速增长态势。

2002年5月，为了顺应浙江经济社会新一轮发展趋势，加快文化产业发展，推进文化大省建设，省委省政府召开了全省文化工作会议。这次会议的突出亮点，就是提出了发展"文化经济"的新命题。省委省政府意识到，浙江已进入全面加快推进社会主义现代化建设的新阶段，浙江经济能否主动应对加入世贸组织后的新形势，不断增强综合实力和国际竞争力，继续保持在全国领先地位，很大程度上取决于对先进文化的深刻认识和推进文化发展的高度自觉。会上，省委书记张德江强调，要充分认识文化的深刻内涵，充分认识文化对经济发展和社会全面进步的巨大推动作用，充分认识建设文化大省的重要性和紧迫性，认真研究"文化经济"，科学把握经济与文化相互作用的辩证关系。就文化而言，一方面要在融入经济、服务经济、促进经济发展中，实现自身的繁荣与发展；另一方面要进一步解放和发展文化生产力，用强大的物质基础支持文化建设，用改革的思路推进文化创新，用最新的科技成果促进文化发展。显然，发展文化经济，就是要在促进经济文化化的同时，促进文化的经济化，也就是说，要在不断增加经济发展中文化含量的同时，促进文化产业的发展。正因如此，提出发展文化经济的新命题，意味着省委省政府已经从更高的起点上来定位发展文化产业的重要性。

这次会议出台了省委省政府《关于深化文化体制改革加快文化大省建设的若干意见》。在2000年《浙江省建设文化大省纲要（2001—2020年）》的基础上，这个《意见》进一步明确了浙江文化产业发展的目标，即"到2005年，初步建立与社会主义市场经济体制相适应的文化产业宏观管理体制和微观运行机制；基本形成以公有制为主体，以文化产业集团为龙头，多种所有制文化企业共同发展，结构合理，技术先进，具有浙江特色的文化产业发展格局。'十五'期间，文化产业增长速度明显高于全省国内生产总值增长速度，文化产业增加值翻一番，文化产业增加值占全省国内生产总值的比重和城乡居民文化消费支出占全部消费性支出的比重显著提高。到2010年，建立比较完善的文化产业发展宏观管理体制和微观运行机制，形成比较发达的文化产业体系和市场体系，初步实现文化产业的现代化，使浙江文化产业整体发展水平和综合实力位居全国前列"。

该《意见》还将浙江文化产业发展重点，从《纲要》中传媒业、旅游业、演艺业、美术业、会展业、体育业6大门类，调整为传媒业、演艺业、美术业、会展业和体育业5大门类，并对这5大门类的发展做出了具体的部署："传媒业在继续发展广播电视和报刊、图书、音像出版与发行等行业的同时，要着力发展网络、影视制作、电子出版等现代传媒业"；"演艺业要继承和弘扬我省优秀地方剧种与民间艺术，培育和发展现代表演艺术，积极发展丰富多彩、健康向上的大众娱乐活动"；"美术业要充分发挥浙江美术的传统优势，大力发展书画、摄影、雕塑、工艺美术、服装设计、广告制作、环境艺术等美术产业"；"会展业要合理规划布局，加快建设一批高档次、多功能的现代化会展场馆，努力办好重大节庆会展活动，使浙江成为全国重要的会展中心";"体育业要大力发展竞技体育、健身娱乐等体育产业,加快推进体育职业化、市场化、社会化"。该《意见》不仅进一步明确了浙江文化产业发展的重点门类,而且也进一步把全省各地分成三类并明确各自发展的重点:"杭州要充分发挥历史文化名城、国际风景旅游城市和全省政治、经济、文化中心的优势,围绕构筑大都市、建设新天堂的总体目标,统一规划,整合省、市文化资源,大力发展都市文化,使杭州进一步成为全省文化产业中心和全国重要的文化产业基地";"宁波、温州要充分发挥地方优势,围绕建设现代化、国际化港口城市的目标,大力发展港城文化和商贸文化,成为浙江文化产业发展的两个副中心";"其他中心城市也要挖掘地方文化资源,积极发展各具特色的文化产业。大中城市要充分发挥文化资源的集聚和辐射作用,通过小城镇带动农村地区的文化产业发展"。

应当说,与2000年的《纲要》相比,2002年的《意见》对于文化产业发展目标的表述,更加具体,也更加清晰;对于文化产业发展重点的定位,也更加准确、合理。从2000年的《纲要》到2002年《意见》的出台,标志着省委省政府已经开始自觉地筹划浙江文化产业发展,并初步地完成了对区域文化产业发展的部署和布局。

与此同时,全省各地也对发展文化产业做出了部署和布局。2001年,杭州市颁发了《关于加快发展杭州文化产业的若干意见》《关于加快文化产业发展若干经济政策的意见》和《关于加快市属文化事业单位转企改制的若干政策意见》3个文件。为鼓励社会力量兴办各种文化经营企业,杭州市明确规定在规划建设、土地征用、人才引进、税费减免、从业人员职称评定方面与国办文化企业一视同仁;为鼓励文化事业单位进行企业化改制,文化事业单位转制为企业的原享受的优惠政策不变,财政拨款3年内不减。2002年,市政府还把文化产业项目列入新一轮对外招商引资项目之中,并要求统计局把文化产业列入年度统计调查计划之中,定期向社会提供统计数据,为企业及政府决策服务。这些政策的制定和出台,为促进杭州文化产业发展提供了良好的政策环境。从2002年始至"十五"期末,杭州市财政每年安排200万元建立文化产业改革专项资金,加快文化事业单位改制步伐。

2000年8月，宁波市召开了全市文化工作会议，作出了《关于加快文化改革和发展的决定》，制定了《宁波市"十五"文化发展规划》，明确了"实现文化产业新突破、建设文化大市"的文化建设总体目标，提出："十五"期间，文化产业增加值年均增幅要高于GDP增幅5个百分点，使文化产业逐步成长为国民经济的支柱产业。并明确了产业工作重点，制定了扶持政策。充分运用投入、税收、土地等经济杠杆，区分不同类型，采取相应对策，扶持文化产业和文化企业强身健体。对于条件尚不成熟，暂时无法在市场中独立生存的文化单位，实行增效不减拨，财政继续投入。对社会资本进入文化产业，允许设施建设用地实行行政划拨，减免城建配套费和征地管理费。对已经在市场中立足的具有发展前景的国有文化企业，实行原有建设用地和税收等方面的优惠政策，允许以减免税收作为国有资本的再投入。同时加大文化基础设施建设，创造文化产业发展的硬件基础，并通过重大文化基础设施建设来推动文化对社会资本的集聚，带动文化产业发展。

### 三　以体制改革加快推动文化产业发展

2002年习近平到浙江工作后，对浙江破解发展难题、推动浙江又好又快发展的思考，引发了他对文化力量更深层的思考。在领导全省加快建设文化大省和推进文化体制改革过程中，习近平立足浙江，站在党和国家全局的高度上，着眼于时代发展的主线和主题，阐述了加快发展文化产业的战略地位、战略意义和战略思路。

首先，习近平从软实力、文化力、文化竞争力的高度，对发展文化产业的地位和意义进行了深入的论述。在全省宣传文化系统调研座谈会上，习近平说："发展文化产业，首先是文化本身发展的必然要求，当代文化竞争在很大程度上取决于文化产业的竞争，软实力、文化力必然通过文化产业的竞争力来加以体现。"[①] 文化产业"既然是一个产业，就要按照市场经济的规律来发展，也就是说，只有把文化产品变成商品，变为广大群众的消费，才能实现经济价值和社会效

---

[①] 习近平：《干在实处　走在前列》，中共中央党校出版社2006年版，第331页。

益,也才能最大限度地体现文化的宣传教育功能,强化它的意识形态属性,达到以优秀作品鼓舞人的目的"①。这就揭示了一个重要规律:在当代社会,随着文化产业和文化市场的兴起,一个国家和地区的文化传播力和影响力,已经在很大程度上取决于其文化产业发展程度以及文化产品的市场占有率和流通率。文化产业不仅有经济功能、娱乐功能,而且更重要的是还具有宣传教育功能、意识形态的属性。

其次,习近平从推进经济结构调整和转变经济发展方式的高度,阐述了发展文化产业的战略地位。习近平说:"调整和优化产业结构、转变经济增长方式,是我省经济形态发展的客观趋势和内在要求,是解决我省经济发展与人口、资源之间矛盾的根本出路,是把经济发展转入科学发展轨道的关键所在。"② 而发展文化产业,"具有促进经济结构调整和增长方式转变的意义"。他认为,文化产业既是现代服务业的重要门类,也是体现先进制造业水平的一个重要窗口。我们推进经济结构调整和增长方式转变,最终的目的一个是为了更多地赚钱,如产业高度化等;一个是为了更少地消耗,建设节约型社会。"而文化产业就是高附加值的产业,就是极少消耗的绿色产业。因此,必须把文化产业作为文化大省建设的重要突破口,努力使文化产业成为文化大省建设的重要支撑,成为浙江经济发展的重要增长点。"③ 这就把发展文化产业提升到了前所未有的战略高度来认识。

习近平到浙江工作的第二年,即 2003 年 6 月,浙江被确定为全国文化体制改革综合试点省。文化体制改革综合试点工作的全面启动,标志着浙江文化产业进入了以文化体制改革释放发展活力和动力、以制度创新推动加快发展的阶段。

文化产业与市场经济具有一种天然的亲和性。从严格的意义上说,在计划经济时期,中国没有文化产业。虽然那时的中国也制作了一定数量的电视、电影产品,出版了一些图书、期刊等,但大多数文化产品以服务于政治为目的,不仅难以有效实现价值补偿和价值增值

---

① 习近平:《干在实处 走在前列》,中共中央党校出版社 2006 年版,第 331 页。
② 同上书,第 128 页。
③ 同上书,第 331 页。

（文化产业性质的重要内容），而且还经常浪费大量的文化资源。文化的经济属性（更能体现产业性质的属性）只有在市场经济的时代才可能被充分地认识和发掘，文化产业只有在相对完善的市场经济条件下才可能存在并发展。这意味着，发展文化产业，必须打破长期以来形成的计划经济体制模式，建立与市场经济相适应的文化管理体制，通过文化体制改革，释放文化产业发展的活力。

作为一个率先突破计划经济体制束缚的市场经济先发省份，从提出"发展文化产业，建设文化大省"战略开始，浙江省委省政府对于发展文化产业的体制性障碍就已经有了一定的认识，并初步形成了以体制改革推动文化产业发展的思路。2000年出台的《浙江省建设文化大省纲要（2001—2020年）》提出，要"大力推进文化体制创新，建立科学合理、灵活高效的管理体制和文化产品生产经营机制。进一步转变政府职能，理顺关系，真正实行政企分开、企事分开、管办分离，充分发挥市场在资源配置中的基础性作用，促使各种文化资源和文化要素的合理流动。积极推进经营性文化事业单位的企业化改造"。值得注意的是，在这一表述中，既涉及了关系文化产业发展的宏观文化管理体制的改革，也涉及了微观文化企业的培育，从而具备了后来文化体制改革试点工作中以体制改革释放文化产业发展活力战略方案的雏形。

2001年出台的省政府《关于建设文化大省若干文化经济政策的意见》，则进一步把"以体制改革推动文化产业发展"的思路具体化了。该《意见》不仅再次强调要"大力推进文化体制改革和制度创新，建立科学合理、灵活高效的管理体制和文化产品生产经营机制"；而且提出，要"充分发挥市场在资源配置中的基础性作用，促使各种文化资源和文化要至少的合理流动。鼓励文化企业之间打破地区、部门、行业和所有制界限，实行优势互补，促进资产、人才、技术等生产要素的优化组合。积极调整文化产业资产存量结构和文化产业结构，增加文化资源的创新活力，促进文化产业升级"。不仅如此，这份《意见》也进一步明确了与文化体制改革相配套的文化产业发展政策，比如，要"支持文化单位加快科学进步，执行企业会计制度的文化单位的电子设备年折旧率可达到20%，其他文化事业单位参照执行。文化单位的技术开发费可在成本中按实列支。根据技术、管理要素参与分配的原则,允许文化品牌、创作和科研成果等要素参与收益分配";"文化事业单位企业化改制后继续以文化产业为主业的,原有国家土地使用权经批准可按规定保留划拨方式,原国有直管公房可作为国有资本投入。鼓励个人、企业、社会团体以多种形式参与兴办国家政策许可的各种文化、体育经营企业,在规划建设、土地征用、税费减免、从业人员职称评定等方面与国办文化单位一视同仁"。

2002年5月全省文化工作会议上出台的省委省政府《关于深化文化体制改革加快文化产业发展的若干意见》,关键词就是"文化体制改革"和"文化产业发展"。从具体内容看,《意见》共由四部分组成,即"指导思想和原则""发展目标和重点""做大做强文化产业集团""深化国有文化单位改革",其共同主题都是如何以文化体制改革释放文化产业发展活力。这些都标志着,自从确立把"发展文化产业"作为"建设文化大省"的"突破口"和"重要标志"的战略以来,浙江省已经在一定程度上意识到,发展文化产业并非一件孤立的事情,而是与宏观管理体制的改革、文化经济政策的制定、微观文化企业主体的培育等诸方面紧密联系在一起的综合工程。

显然,一方面改革开放以来特别是20、21世纪之交以来,浙江省对以文化体制改革释放文化产业发展活力的积极探索,取得了明显的成效,积累了经验;另一方面也应看到,长期以来形成的计划经济体制的弊端并不是短期之内就能破除的,一些制约文化产业发展的深层次矛盾和问题仍然在相当程度上存在。因此,激发文化创造活力,加快文化产业发展,迫切需要一场更系统更全面的文化体制改革。文化体制改革综合试点省的确立,为浙江省开展这样一场更系统更全面的改革,提供了重要的契机。

在领导全省开展文化体制改革综合试点工作过程中,习近平提出了关于抓好经营性文化产业改革和发展的战略思想。2003年7月,在文化体制改革和文化大省建设座谈会上,习近平从"加快培育文化市场主体"和"文化市场体系"两方面明确了经营性文化产业的改革目标。他说,市场主体和市场体系具有一种辩证的关系,"在市场经济中互为依存，不可分割。没有数量众多、发育充分的市场主体，市场体系难以为体系；没有健全、完善的市场体系，市场主体也就难以在市场中生存"[1]。因此，两者在改革中同等重要。习近平把培育文化市场主体归纳为三个方面，即深化国有文化单位改革，重塑一批国有或国有控股的文化企业；发挥浙江民营经济优势，发展一批民营文化企业；充分利用我国加入世贸组织的有利条件，引进一批外资或合资文化企业，形成以公有制为主体、多种所有制共同发展的文化产业格局。他还从浙江省实际出发，分析了培育文化市场主体的难点和突破点以及亮点："难点和突破点在于国有文化单位改革，亮点在于民营文化企业的发展。"[2] 关于培育和规范文化市场体系，习近平说，关键是要打破文化产业发展的行业垄断和条块分割。必须把文化体制改革与世贸组织的贸易规则衔接起来，与国家现行法律衔接起来，整顿和规范市场秩序。习近平还明确了培育和规范文化市场体系的目标任务，即"加快建立健全统一、开放、竞争、有序的现代文化市场体系，发展现代流通方式，促进文化商品和生产要素在统一市场中合理流动"[3]。

自从开展改革综合试点工作以来，浙江省着眼于解放和发展文化生产力，从宏观和微观两方面稳步推进文化体制改革。如前所述，在宏观管理上，浙江省围绕建立"党委领导、政府管理、行业自律、企事业单位依法运营"格局，从"推进政事分开、管办分离""加快转变政府职能"以及"建、并、分"三方面入手，破除束缚文化产业发展的体制机制障碍。在微观层面上，浙江省着力于打造"四个一批"，即着力于转出一批主体，国有文化事业单位通过深化内部干部、人事和分配制度改革，转换机制，增强活力，形成适应发展要求的企业化管理模式；着力改出一批主体，通过明晰产权，改制改造，对一部分国有文化单位实行"事改企"，有条件的改制为规范的现代企业；着力于放出一批主体，在政策允许的范围内，通过完善产业政

---

[1] 习近平：《干在实处 走在前列》，中共中央党校出版社2006年版，第326页。
[2] 同上书，第326—327页。
[3] 同上书，第328页。

策，优化服务环境，让民间资本进入文化领域，形成一批民营文化企业；着力于扶持一批主体，扶持龙头文化产业集团和重点文化公益单位。

文化体制改革的根本目的是解放和发展文化生产力，在文化产业领域，就是要按照市场经济规律以及社会效益和经济效益相结合等原则，释放文化企业主体的生产和经营活力。在文化体制改革综合试点过程中，浙江文化产业发展呈现出了盘活存量、发展增量，以存量和增量共同拉动发展的显著态势：一是文化产业快速增长。2004年，浙江全省实现增加值11243亿元，人均实现增加值为23942元，年均增长速度为13.5%；文化产业实现增加值378亿元，文化产业从业人员110万人，人均增加值34364元，与2003年相比，年增长速度为21.2%。二是存量领域的文化产业发展潜能开始释放。2004年8家国有文化集团资产总值达到126.7亿元，全年总收入超过100亿元。三是增量领域的民营文化企业成长迅速、文化产业区块特色明显。2004年，浙江民营文化企业从业人员为50万人，占浙江省文化产业从业人员的比重为45%，占浙江省全部从业人员（2940万人）的比重为1.7%，所创造的增加值也相当可观。广厦集团、横店集团、宋城集团等一批龙头民营文化企业已在全国产生了较大的影响。高新文化产业区块、传统艺术产业区块、优势文化产业区块等一批特色文化产业区块已经形成。四是新兴文化产业异军突起。数字电视、动漫产业、手机报纸等快速发展；现代文化物流业发展迅速，形成了以浙江新华发行集团为代表的图书发行连锁，以浙江华人传媒公司为代表的音像发行连锁，以浙江在线、沸蓝、大安网盟为代表的网吧连锁，以星光、时代、雁荡院线为代表的电影院线等。

在文化体制改革综合试点工作基础上，2005年，浙江省制定了以文化产业发展为主的《浙江省文化建设"四个一批"规划》，这是浙江省"十一五"规划体系中的重点专项规划。《规划》以坚持文化继承与改革创新并重、文化发展与经济发展统筹、文化事业和文化产业协调、大众文化与精品文化并举、文化发展与结构调整结合、政府引导与市场运作互动等为基本原则，围绕加快建设文化大省的总体目标和文化体制改革的总体方案，以与时俱进弘扬"浙江精神"、创新体制机制为动力,以满足人民群众的精神文化需要和人的全面发展为根本目的,提出到 2010 年,建成一批重点文化设施、发展一批重点文化产业、培育一批重点产业区块、壮大一批重点文化企业。这是浙江省首次以"规划"形式对文化建设"四个一批"进行谋划布局,涵盖了全省新闻出版、广播影视、文化艺术、文化旅游、体育五大领域,对提升浙江文化发展活力,壮大浙江文化实力,提高浙江文化竞争力,加快推进浙江文化大省建设,具有重要意义。

2005 年 7 月,中共浙江省委十一届八次全会通过了《关于加快建设文化大省的决定》,其中对浙江省文化产业的发展做了更全面、更周密的布局和部署。该《决定》将浙江发展文化产业的意义和作用上升到了"市场经济条件下繁荣社会主义文化、满足人民群众精神文化需求的重要途径"的高度来认识,并提出"要充分发挥地域文化资源和非公有制经济优势,培育一批具有较强实力和竞争力的文化产业主体,形成产品丰富、要素完备、管理有序的文化市场体系,形成以国有文化企业为主导、多种所有制文化企业共同发展的开放格局"。该《决定》根据浙江文化产业发展的新特点和新优势,把未来浙江文化产业发展的重点从 2002 年 5 月全省文化工作会议通过的《关于深化文化体制改革加快文化大省建设的若干意见》提出的传媒业、演艺业、美术业、会展业和体育业 5 大行业,调整为出版业、广播影视业、文化艺术服务业、会展业、动漫业、艺术品经营业、旅游文化服务业、文体用品设备制造业 8 个行业,并强调,要"积极鼓励和引导社会力量兴办文化产业,推进投资主体多元化,加快文化产业创新,培育一批民营龙头文化企业和特色文化企业,培育一批高新技术文化企业,积极培育文化产品专业市场和文化产业要素市场"。

与该《决定》相配套,浙江省随后出台了作为加快建设文化大省"八项工程"之一的"文化产业促进工程",进一步明确了到 2010 年浙江文化产业的发展目标:"形成一批在全国有竞争优势的文化主导产业,文化产业年均增长速度快于国民经济增长速度,文化产业增加值占全省生产总值的 7%,城镇居民人均文化消费支出占总消费支出的 15%,农村居民人均文化消费支出占总消费支出的 10%。""培育一批特色鲜明、规模较大、核心竞争力突出的文化产业区块,形成 5

个以上产值超100亿元、10个以上产值超50亿元的重点文化产业区块。""发展一批社会效益与经济效益俱佳、结构合理的骨干文化企业，形成5家以上产值超50亿元、20家以上产值超10亿元、100家以上产值超1亿元的重点文化企业。""打造一批市场适销对路、群众喜闻乐见、在国内外具有较高知名度的文化名牌产品，形成5个以上国际知名、20个以上国内知名的文化产品。""创建一批交易活跃、管理规范、辐射能力强的文化专业市场，形成5个以上全国性、10个以上区域性文化专业市场。"显然，与以往省委省政府有关文化产业发展的政策文件相比，《文化产业促进工程》关于浙江文化产业发展目标的表述，增加了许多量化的指标，从而更清晰，也更具体了。

自《关于加快建设文化大省的决定》和《文化产业促进工程》出台以来，浙江文化产业呈加速发展的趋势。2006年，国家统计局的统计数据表明，在文化产业发展的几个主要统计指标上，如文化产业从业人员数、年营业收入、实现增加值和增加值占GDP的比重，浙江都在全国名列前茅。在从业人员超过50万人的6个省市中，浙江位于广东之后，名列第2位；在年营业收入超过1000亿元的6个省市中，浙江位于广东、上海、北京、山东、江苏之后，名列第6位；在实现增加值超过100亿元的9个省市中，浙江位于广东、北京和山东之后，名列第4位；在文化产业增加值占GDP的比重高于全国平均水平的5个省市中，浙江位于北京、广东、上海和福建之后，名列第5位。2007年，浙江全省文化产业总产出2123.44亿元，实现增加值595.93亿元，分别比上年增长18.5%和18.8%，增幅比上年同期上升6.2和5.4个百分点。文化产业增加值占全省GDP的比重为3.2%。以新闻出版、广播影视和文化艺术为主的文化产业核心层实现增加值142.84亿元，占文化产业增加值的24%；以文化旅游、网络游戏、休闲娱乐等新兴文化服务业为主的文化产业外围层实现增加值83.15亿元，占13.9%；以文化用品、设备及相关文化产品生产和销售为主的文化产业相关层实现增加值369.94亿元，占62.1%。

## 四 推动文化产业成为国民经济支柱产业

2007年浙江省第十二次党代会把"创业富民，创新强省"作为深入实施"八八战略"的重大举措,围绕建设惠及全省人民的小康社会,提出了努力实现"六个更加"和"六大突破"的奋斗目标,即经济更加发展、政治更加文明、文化更加繁荣、社会更加和谐、环境更加优美、生活更加宽裕,力争在加强自主创新、深化改革开放、提升民营经济发展水平、统筹城乡区域发展、节约资源保护环境、全面改善民生方面实现新突破。推动"创业富民,创新强省",实现"六个更加"和"六大突破",必然要求加快推动文化产业发展。

也是在这个时候,文化产业在浙江推动创业创新、经济结构和转型升级中的地位已经逐步凸显。全省初步形成了动漫产品研发、制作、运营和周边产品开发的产业链。新建成的杭州数字动漫产业游戏产业园区,吸引中国创网、中国博客、龙高丽、华人传媒等20余家企业签订入园协议,引进资金近亿元,2007年年底已有13家正式入园办公。2007年,浙江省有专业动画制作企业50余家,从业人员1万多人,动画产量1.3分钟;广播电视综合人口覆盖率、有线光缆联网率、有线电视入户率、用户数等多项指标位居全国前列,初步建成了由数字节目、传输、服务等内容构成的有线数字电视体系;有近3000家行业网站(占全国一半以上,仅杭州市就有1300家)。2007年,全省电子商务网上交易额超过5000亿元,形成了以阿里巴巴为代表的综合性电子商务网站和以中国化工网为代表的行业性电子商务网站两种发展模式(创办中国化工网的网盛科技为第一家在国内上市的互联网企业),培育了一批全国乃至全球知名的电子商务网站,"浙江网商"成为全国知名品牌。在中国行业网站百强中,有七成左右注册地在浙江。据《互联网周刊》统计,全国最具影响的行业性商业网站,浙江省的阿里巴巴、中国化工网、今日五金、中国化纤网、金蚕网、全球纺织网、全球五金网、中国服装网、中国机械网9个网站榜上有名。2007年,阿里巴巴公司的淘宝网网上交易额达433亿元,支付交易金额达493亿元,日交易金额最高达3.1亿元,阿里巴巴网站会员达2700万人;中国化工网通过网络促成的交易额达100亿元。[①]

---

[①] 浙江省互联网宣传管理办公室:《浙江省网络文化产业发展调研报告》,中共浙江省委宣传部编《推动文化大发展大繁荣专题调研成果汇编》,2008年7月。

经过几年以来的培育和发展，浙江创意产业已经初具规模，并形成了一批创意产业园区。2007年6月，浙江省文化创意产业实验区在杭州挂牌成立。实验区囊括了广告设计、建筑设计、艺术和工艺品、时尚设计、影视传媒、表演艺术和出版等多种创意产业形态，云鼎广告、恒腾广告、佳合舞台、一尊装饰、众联实业、世贸广告、丰盛装饰、意大利迷塞亚、众视传媒机构等50余家创意企业和一些个人工作室已经入驻。杭州市还形成了LOFT49、西湖创意设计谷、A8艺术公社、唐尚433、杭州动画产业园等创意产业区块和园区。除了省会城市杭州以外，浙江省其他一些城市的创意产业，也有了相当程度的发展。其中，尤其突出的是副省级城市宁波。开展文化体制改革试点以来，宁波市加快推动文化产业从粗放型、依附型向集约型、自主创新型转变提升，涌现出了一批文化创意产业园区，全市首个LOFT创意园区——新芝8号创意园正式开业，市工业设计与创意街区开始前期建设，首个民营企业开发的创意园区三厂时尚创意街区已经确定规划并开始招商。此外，江东的228创意园区、镇海的创e慧谷、鄞州的128创新园、慈城的天工之城和江北的1842外滩创业基地、134创意谷等一批创意园区都已形成了一定的规模。像杭州和宁波一样，全省各级党委和政府希望通过文化产业区块和园区集聚创意产业资源，打造创意经济，引领全省各地经济发展方式和产业结构的转型升级，发挥创意产业在推动创业富民、创新强省中的重要作用。

  2008年6月，省委工作会议通过《浙江省推动文化产业大发展大繁荣纲要（2008—2012）》，进一步把文化产业发展体系与社会主义核心价值体系、公共文化服务体系一起作为浙江未来三大文化建设体系之一。省委这个有关建设文化大省的新纲领性文件把"文化产业发展体系基本建立"的标志描述为："文化产业结构得到优化，发展水平和层次明显提升，国有文化资本的控制力和影响力显著提升，民营文化企业健康发展，新兴文化业态快速壮大，以公有制为主体、多种所有制共同发展的文化产业格局基本形成。现代文化市场体系逐步确立，涌现出一批具有较强综合实力和创新能力的文化企业、一批具有自主知识产权和核心竞争力的文化品牌、一批具有集聚效应和产业特色的文化产业区块、一批文化产业的战略投资者。"在2005年《关于加快建设文化大省的决定》中确定的浙江省重点文化产业门类，即出版业、广播影视业、文化艺术服务业、会展业、动漫业、艺术品经营业、旅游文化服务业、文体用品设备制造业在新《纲要》中大体上得到了延续。有所区别的是，新《纲要》把《决定》中的"艺术品经营业"调整为"设计艺术和艺术品经营业"。其中虽然只有五个字之差，但包含的意义却有很大的差别，它体现了浙江省已经根据新的发展趋势，把发展文化创意产业提升到了更加重要的议事日程。

新《纲要》结合浙江文化产业发展的新态势新特点，在更高的起点上明确了影视业、出版发行业、文化艺术服务业、旅游文化服务业、会展业、动漫业、设计艺术和艺术品经营业、文体用品制造业等浙江重点文化产业门类的发展目标：

1. 影视业："尊重影视产业发展的客观规律，坚持市场导向，加强题材规划，关注重大历史和现实题材，重点抓好电影、电视剧、纪录片、动画片、网络视频的创作生产，做大做强国有影视机构，提升民营影视机构创作生产水平，培养优秀影视创作团队，支持影视基地建设，努力使我省影视走在全国前列。"

2. 出版发行业："实施出版精品工程，加快产业调整和升级步伐，提升出版整体水平，努力把浙江建设成为全国重要的出版中心之一。适度控制印刷企业发展总量，大力发展特色印刷、数码印刷，重点打造杭州、宁波、苍南、义乌四大印刷产业区块。培育浙江省新华书店集团有限公司等发行龙头企业，大力发展连锁经营和物流配送、出版物电子商务、会员制发行、直邮发行等现代新型分销形式，促进出版物发行向现代流通业态转变。"

3. 文化艺术服务业："着力建设以杭州、宁波、温州为重点的全省演出市场网络体系。扶持若干重点国有文艺院团，发展民营表演团体，努力造就一批能推向全国、走向世界的演出团体。鼓励应用高新科技，引进、开发新的娱乐形式，提高娱乐产业的整体层次和文化品位。引导互联网上网服务营业场所向规模化、连锁化、专业化、品牌化方向发展，加强网上监管，建设功能齐全、内容健康的数字文化家园。"

4. 旅游文化服务业："发挥浙江旅游资源优势，努力建设红色旅游经典景区,做优做特民俗文化、水乡古镇、生态文化、海洋文化、畲族风情等文化旅游区块,打响'诗画江南、山水浙江'的浙江旅游文化品牌。注重开发浙江历史名城名镇、名人故居、名山名园等文化旅游资源,打造一批精品旅游线路,加大文化旅游品牌在海内外的推介力度。"

5. 会展业:"构筑以杭州、宁波、温州、湖州、嘉兴、绍兴、台州以及义乌等城市为主干的会展业群体,加快浙江会展业专业化、市场化、国际化进程,努力打造全国重要的会展中心。加快建设一批高档次、多功能的现代化会展场馆。重点组织好杭州'西湖博览会'、宁波'浙江投资贸易洽谈会'、义乌'中国国际小商品博览会'等大型展会。"

6. 动漫业:"制定全省动漫产业发展中长期规划,出台相关扶持政策,提高浙江动漫、网络游戏产品质量,打响浙江动漫品牌。以杭州为龙头,集聚全省各种要素,探索动漫产业集约化、现代化的发展模式,把浙江建成集教学、研发、制作、生产、销售于一体的动漫产业强省。抓好杭州高新区国家动画产业基地和浙江大学、中国美术学院、浙江传媒学院等动漫教学研究基地建设。加大动漫衍生产品和网络游戏开发力度。"

7. 设计艺术和艺术品经营业:"巩固和发展杭州、宁波等城市设计艺术业基础,加大对环境艺术、广告装潢、服装设计、工业设计等文化创意产业的扶持和引导力度,加快产业集聚和升级,不断提高创新能力,努力成为浙江文化产业的优势门类。大力发展浙江传统艺术、民间艺术和工艺美术,加快形成富有浙江特色和竞争优势的艺术产品系列。支持中国美术学院、西泠印社等推行名师、名品战略,扩大浙派美术在国内外的影响力。培育和繁荣艺术品市场,建设在全国有影响力的现代艺术品拍卖中心。"

8. 文体用品制造业:"大力发展工艺美术品、办公文化用品、木制玩具、体育休闲用品等文体用品制造业,不断提高产业技术含量和产品附加值。重点培育一批文体用品制造基地,形成若干知名品牌和龙头企业,增强在国内外市场的竞争力。"

2008年全球金融危机引发了全球经济衰退。在严峻的形势下,浙江省文化产业逆势而上，总量规模持续较快增长，远超GDP增幅，2008年实现增加值735.44亿元，2009年达807.96亿元，2010年首次突破1000亿元，达1056.09亿元。浙江省文化产业存量和增量同步提升，不仅新闻出版、影视服务、数字内容与动漫、文化旅游、文化会展和文化产品制造等产业门类继续在全国占优势地位，而且数字电视、数字动漫、数字出版等新兴文化产业迅速崛起。文化产业集聚度不断提高，全省各地涌现出众多具有鲜明地域特色的文化产业集聚区。据不完全统计，至2010年年底全省共有文化产业园区70多个，对全省文化产业发展的示范和带动效应不断扩大。

2009年国务院印发《文化产业振兴规划》，提出要紧紧围绕《国家"十一五"时期文化发展规划纲要》确定的文化产业发展的各项目标任务和当前文化体制改革的重点，大力培育市场主体，加快转变文化产业发展方式，进一步解放和发展文化生产力，切实维护我国文化安全，推动文化产业又好又快发展，将文化产业培育成国民经济新的增长点。2010年11月省委十二届八次全会通过《关于制定浙江省国民经济和社会发展第十二个五年规划的建议》。

在这一背景下，2011年1月省政府印发了《浙江省文化产业发展规划（2010—2015）》。虽然其起讫日期为2010—2015年，与"十二五"时期并不完全吻合，但实际上就是"十二五"时期的浙江省文化产业发展规划，因此也可以视为浙江省第一部有关全省文化产业发展的五年专项规划。这个《规划》在充分肯定浙江省文化产业发展成绩的同时，也对存在的问题进行了客观的分析：2009年全省文化产业增加值仅占生产总值的3.5%，还未成为全省的支柱产业；文化产业结构不尽合理，文化资源配置区域差异较大；在全省文化产业增加值构成中，文化服务业仅占37.3%；全省城镇居民人均娱乐教育文化消费支出占总消费支出的比重为13.8%，明显低于发达国家30%的水平；城镇居民人均文化消费支出是农村居民的2.86倍，城乡文化消费差距仍较大。文化产业政策法规体系不健全，文化资源未能得到有效配置。传统的文化管理模式与尚未完善的文化政策体系造成文化资源难以系统开发，文化产业链条无法有效贯通，规模化发展和大市场运作难以形成，文化领域的优惠政策难以真正落实。文化产业高端复合型人才较为缺乏，文化人才政策仍需健全。全省文化产业从业人员主要集中于制造流通领域，文化资本运营、文化经纪代理、媒体产业经营管理等高端复合型人才较为缺乏，对文化人才的引进、培养、激励与保障等机制仍需进一步健全。

在对浙江文化产业发展存在问题的客观诊断的基础上，《浙江省文化产业发展规划（2010—2015）》提出了到2015年浙江省文化产业发展的总体目标：文化产业发展体系更为完善，体制机制更富有活力，企业创新能力显著增强，文化产品和服务出口明显扩大，文化产业增加值在地区生产总值中的比重明显提高，成为全省国民经济的新兴支柱产业；文化产业综合实力和市场竞争力显著增强，在全国的地位得到较大提升，全面巩固和发展在新闻出版、文化创意、影视服务、数字内容与动漫、文体休闲娱乐以及文化产品制造等领域的领先地位。到2012年，文化产业增加值占全省GDP比重达到4.2%以上，文化服务业占比达到40%以上；到2015年，文化产业增加值占全省GDP比重达到5%以上，文化服务业占比达到45%以上。值得一提的是，该《规划》不仅提出到2015年使文化产业成为浙江国民经济新兴支柱产业这一目标，而且还将之具体化为使文化产业增加值占全省GDP比重达到5%以上这一量化的指标。从"十二五"时期浙江文化产业发展的实际情况和结果来看，该《规划》提出的这个量化指标是相当客观的。

2011年10月，党的十七届六中全会通过的《中共中央关于深化文化体制改革　推动社会主义文化大发展大繁荣若干重大问题的决定》提出，"发展文化产业是社会主义市场经济条件下满足人民多样化精神文化需求的重要途径。必须坚持社会主义先进文化前进方向，坚持把社会效益放在首位、社会效益和经济效益相统一，按照全面协调可持续的要求，推动文化产业跨越式发展，使之成为新的经济增长点、经济结构战略性调整的重要支点、转变经济发展方式的重要着力点，为推动科学发展提供重要支撑"。这就把发展文化产业的地位和作用，提升到了前所未有的高度。2011年11月，浙江省委十二届十次全会通过《关于认真贯彻党的十七届六中全会精神大力推进文化强省建设的决定》，从"优化文化产业布局""提升文化产业发展层次"

"加强现代文化市场建设"这三个方面阐述了加快构建文化产业发展体系的思路。这个省委有关浙江文化建设的新纲领性文件，不仅再次提出要推动文化产业成为国民经济的重要支柱性产业；而且提出要大力实施文化产业发展"122"工程，着力培育100家重点文化企业、20个重点文化产业园区（基地），助推20家文化企业上市，提高文化产业规模化、集约化、专业化水平。积极培育全国一流的文化产业中心，打造一批特色文化产业基地，发展一批特色文化产业，形成一批特色文化产业县（市、区）。这就进一步将浙江文化产业发展目标和措施具体化和可操作化了。此后浙江省文化产业发展的政策环境进一步优化，相继出台了《中共浙江省委浙江省人民政府关于进一步加快文化产业发展的若干意见》（浙委发〔2013〕28号）、《浙江省人民政府办公厅关于进一步推动我省文化产业加快发展的实施意见》（浙政办发〔2015〕49号）、《浙江省深化文化体制改革实施方案》、《关于扶持我省影视产业和影视创作的政策意见》等一系列政策文件，从资金、税收、土地、金融、人才等方面为加快推动文化产业成为国民经济支柱性产业提供保障和支撑。2015年，浙江省设立了省国有文化资产管理委员会，作为国有文化资产管理的议事协调机构，推动建立管人管事管资产管导向相统一的国有文化资产管理体制。

"十二五"时期以来，浙江文化产业加快发展，产业规模持续扩大，产业特色加快形成，文化贸易大幅提升。2015年，全省电视剧、动画片、电影产量分别居全国第1、第2和第3位；5家浙江文化企业进入"全国文化企业30强"；全省文化产品进出口总额102.55亿美元，比上年增长19.2%；文化服务进出口总额5.03亿美元，比上年增长15.1%。更值得注意的是，全省文化产业增加值由2010年的1056.09亿元增加到2015年的2490亿元，年均增长18%；文化产业增加值占全省地区生产总值的比重由2010年的3.88%提高到2015年的5.81%（2015年全国文化及相关产业增加值为27235亿元，占GDP的比重为3.97%），这意味着浙江文化产业已经成为国民经济的支柱性产业。这是改革开放以来特别是开展建设文化大省战略以来，浙江文化产业发展具有里程碑意义的事件。2005年出台的作为加快建设文化大省"八项工程"之一的"文化产业促进工程"，虽然未有

"把文化产业打造成国民经济支柱性产业"之类表述，但已经首次提出了浙江文化产业增加值占 GDP 5% 以上的量化发展指标。《浙江省文化产业发展规划（2010—2015）》、2011 年 11 月浙江省委十二届十次全会通过的《关于认真贯彻党的十七届六中全会精神大力推进文化强省建设的决定》均明确提出了"推动文化产业成为国民经济支柱性产业"的发展目标。经过多年持之不懈的努力，浙江省终于在"十二五"期末实现了这个目标。以此为标志，文化产业在浙江省国民经济中的地位更加凸显，在满足人民群众精神文化需求、推动经济转型升级中的作用也更加突出。

**五 加快把文化产业打造成为万亿级产业**

在经过多年持续发展、文化产业已经成为国民经济支柱产业的背景下，浙江省提出了文化产业发展的更高目标。2016 年 9 月，省政府办公厅印发的《浙江省文化产业发展"十三五"规划》提出："到 2020 年，力争全省文化产业增加值占生产总值的比重达到 8% 以上，文化产业总产出达 1.6 万亿元，形成较为健全的文化产业发展体系、现代文化市场体系、文化要素支撑体系和文化政策保障体系，文化产业发展主要指标位居全国前列，为建成文化强省奠定坚实的产业基础。" 2017 年年初，省两会《政府工作报告》明确全省重点打造的产业，从 2015 年的信息、环保、健康、旅游、时尚、金融、高端装备制造"七大产业"，转变为 2017 年的"八大万亿"产业，增加了文化产业，标志着浙江文化产业进入了新的发展阶段。实施"八八战略"以来，浙江文化产业发展生机勃勃，新兴业态不断涌现，与相关产业的融合日益加深，对经济社会发展的拉动作用越来越明显，已经具备了发展成为万亿级产业的巨大潜力。

2017 年 8 月 10 日，全省文化产业发展大会召开，对加快把文化产业打造成为万亿级产业做出了布局和部署。会议提出，加快发展文化产业要重点抓好四方面工作：一要创新发展、培育新动能。注重内容创新，以高质量、高水准的内容赢得市场。注重技术创新，以"互联网+"思维改造提升文化产业，构建创新型的文化产业发展生态。注重品牌创新，按照"一地一品"思路，创造性培育区域文化产业品牌。坚持正确的价值导向，积极培育和践行社会主义核心价值观，始终把社会效益放在首位，实现社会效益和经济效益相统一。二要集聚发展、提高核心竞争力。抓好重大平台、新兴业态、重点企业和重大项目建设，谋划建设之江文化产业带和大运河文化带，进一步做大做强新闻出版、广播影视、动漫游戏、文化演艺、文化旅游等优势行业，延伸产业链，提升价值链，加快发展数字文化、互联网文化等新兴业态，培育壮大一批龙头骨干文化企业、高科技文化企业和创意文化企业，打造特色鲜明、错位竞争、协同推进的区域文化产业发展新格局。三要开放发展、提升国内国际影响力。围绕深度参与"一带一路"建设，坚持文化"走出去"和"引进来"相结合，全面提升全省文化对外合作贸易的质量和等级。四要融合发展、增强产业带动力。突出"文化+制造""文化+科技""文化+旅游""文化+体育"等重点，增强文化产业对其他产业的引领和带动作用。

2015年年初，浙江省《政府工作报告》明确要求加快规划一批特色小镇。特色小镇是浙江省深入实施"八八战略"、践行新发展理念的重大创新举措和重要战略平台，是省委省政府转型升级组合拳的重要一环，是打造包括文化产业在内的"八大万亿产业"的重要载体。特色小镇要聚焦信息经济、环保、健康、旅游、时尚、金融、高端装备制造、文化产业支撑全省未来发展的八大产业，兼顾茶叶、丝绸、黄酒、中药、青瓷、木雕、根雕、石雕、文房等历史经典产业，坚持产业、文化、旅游"三位一体"和生产、生活、生态融合发展。2015年出台的《浙江省人民政府办公厅关于进一步推动我省文化产业加快发展的实施意见》也明确提出要培育一批文化小镇，强调要把打造文化小镇作为促进县域文化产业发展的重要载体和抓手，重点培育一批文化元素特征突出、产业基础较好、产业融合潜力较大的文化小镇，符合条件的，可列入省重点培育特色小镇创建名单，享受相关政策。《浙江省文化产业发展"十三五"规划》也提出，要提升文化产业发展水平，"推进文化产业园区、文化小镇等发展平台建设"。

2016年6月，浙江省文化厅印发《关于加快推进特色小镇文化建设的若干意见》标志着特色小镇文化建设、文化产业发展被摆上了重要的位置。《意见》指出，在特色小镇建设中塑造文化灵魂，树立文化标识，留下文化印象，是文化作为特色小镇内核的必然要求。要运用"文化+"的动力和路径有效助推特色小镇建设，充分发挥文化在塑魂、育人、兴业、添乐、扬名等方面不可替代的独特作用。这就表明，产业发展定位是特色小镇"特色"最集中、最浓缩的概括，是特色小镇"特色"的总纲和统率。文化特色则是特色小镇"特色"的核心和灵魂。正是文化特色赋予特色小镇产业特色、生态特色、功能特色以丰富的内涵和鲜活的灵气。特色小镇不仅是以舒适休憩与人居环境建设为基础、以特色新兴产业和历史经典产业培育壮大为功能的创业创新共同体，而且也是以文化特色形成与认同为支撑的"产城人文"融合发展的新载体。特色小镇既是创新、协调、绿色、开放、共享发展的重要功能平台，也是一个生活中心或劳动中心，更具体地说，是一种气氛，一种特征，一个灵魂。这种气氛、特征和灵魂，就是特色小镇独一无二、不可复制的"生命信息""遗传密码"，就是特色小镇最具魅力的文化特色，就是维系特色小镇这个共同体的根。

从 2015 年开始，浙江省政府先后公布了 3 批特色小镇创建名单，2 批特色小镇培育名单，命名了 2 个省级特色小镇，共批复特色小镇创建名单 114 个，批复特色小镇培育名单 69 个；去除两次考核中被降级的 6 个特色小镇，至 2017 年年底，浙江省特色小镇创建名单共有 108 个（包括 2 个省级特色小镇，不包括三部委发布的 23 个国家级特色小镇）。这些特色小镇"文化+"的模式和特征已经越来越鲜明。比如，在第一批和第二批 78 个省级特色小镇中，文化+旅游产业占 29%，文化+现代制造业占 24%，文化+创意产业占 33%，文化+历史经典产业占 14%。这就表明，文化是特色小镇的灵魂，特色小镇是打造包括文化产业在内的八大亿万产业的重要载体和平台，特色小镇创建与文化建设、文化产业发展必然形成一种共生共荣的关系。

2017 年 9 月，浙江省委省政府发布《关于加快把文化产业打造成为万亿级产业的意见》，在《浙江省文化产业发展"十三五"规划》基础上进一步明确了浙江文化产业发展的新目标："文化产业市场主体进一步壮大，形成一批主业突出、实力雄厚的龙头骨干文化企业和特色鲜明、集聚度较高的文化产业园区和街区；优势行业进一步巩固，新闻出版、广播影视、动漫游戏、数字文化、文化演艺、文化制造等行业在全国的领先地位更加突出；产业结构进一步优化，文化加快融入国民经济各行业各领域，在全省建成一批综合实力和示范带动力强的文化产业重点县（市、区）；现代文化市场体系进一步构建，市场在文化资源配置中的积极作用得到更好发挥，文化消费日益拓展；对外文化贸易规模进一步扩大，国际竞争力显著提升。到2020年，力争全省文化及相关特色产业总产出达到1.6万亿元，增加值近5000亿元，占GDP比重达8%以上，基本建成全国文化内容生产先导区、文化产业融合发展示范区和文化产业新业态引领区。"《关于加快把文化产业打造成为万亿级产业的意见》还提出，浙江将实施影视演艺产业发展计划、数字内容产业打造计划、文化创意设计产业提升计划、文化新兴业态促进计划、工艺美术产业升级计划、文化制造业转型计划、文化旅游融合发展计划、文化体育产业推进计划八大重点产业计划，从深化文化体制改革、实施重大产业项目、引导提升文化消费、全面推动文化走出去、打造文化产业服务和交易平台、加大人才培养和引进六个方面强化产业发展支撑，从加强组织领导、健全工作机制等五个方面加强政策制度保障。这就将打造万亿级产业这一浙江文化产业发展的新战略目标，进一步细化和具体化了。2017年11月发布的省委省政府《关于推进文化浙江建设的意见》将"万亿级文化产业推进工程"列入推进文化浙江建设的"十大工程"之中，并从"全面深化文化体制改革""做大做强文化市场主体""大力发展新兴文化业态""打造文化产业发展支撑平台"等方面对"万亿级文化产业推进工程"提出了指导性的意见。为了落实打造万亿级文化产业的战略部署，2018年6月浙江省政府印发《之江文化产业带建设规划》，提出要按照"五年基本建成、八年提升能级、远景繁荣可持续"的建设要求，优化文化产业布局、全面提升产业能级，把之江文化产业带打造成为全省文化产业发展的主引擎地带、全国文化产业发展的重要增长带，树立文化产业强势崛起和文化驱动产业转型的国际典范。这个《规划》还提出了近期、中期和远期的发展目标：近期（2018—2022年），力争到2022年，之江文化产业带文化产业增加值达到800亿元左右，占全省文化产业增加值的比重达到13%以上；中期（2023—2025年），到2025年，增加值达到1400亿元左右，占全省比重突破15%；远景展望到2035年，区域文化产业综合实力位居国内前列，成为辐射带动全省文化产业发展的核心区域和国内外知名的文化产业集聚地。

作为加快把文化产业打造成为万亿级产业的重要举措，浙江省不断完善财政支持文化产业发展投入保障机制，加大投入力度。2017年3月，经省政府批准，省财政增加浙江省转型升级产业基金规模20亿元，用于支持文化产业发展和重大文化设施建设。2018年年初，经省政府同意，从2019年预算年度起，浙江省文化产业发展专项资金规模从原先的9000万元扩大至2亿元，用于支持各县市区文化产业发展，支持文化产业发展平台、文化产业公共服务平台、国有文化企业重点改革任务和政府引导文化产业发展政策举措等。文化特色小镇、产业园区、创意街区孵化器，文化企业改制、兼并重组、建立现代企业制度，以及体现社会主义核心价值观的优秀文艺作品，文化传播促进文化"走出去"等都属于专项资金的支持范围。浙江省文化产业发展专项资金采用竞争性分配，由省财政厅、省委宣传部联合组织实施，择优选择20个县市区予以支持。

进入"十三五"时期以来，浙江文化产业发展速度进一步加快。据统计，2016年全省文化产业总产出达1.08万亿元，全省"四上"文化及相关特色产业5590家企业营业收入8304亿元，全省文化及相关特色产业增加值达3232.98亿元，增加值占全省GDP比重从2015年的5.81%上升到6.8%（2016年全国文化产业增加值占GDP的比重为4.14%），文化产业综合指数和生产力指数均列上海、北京、江苏之后位居全国第四，影响力指数位居全国第三。浙江省的影视、出版、演艺、动漫、游戏、文化旅游、文化制造等领域在全国形成了比较优势。2017年，全省文化产业总产出达1.22万亿元，增加值达3733亿元，占GDP比重达7.21%，比重比2016年提高0.41个百分点，浙江省新闻出版广播影视业营业收入突破2000亿元；全省有影视制作单位2690家，居全国第2位，全年分别生产电影和电视剧106部和53部，均居全国第2位，其中电影票房收入41.16亿元，比上年增长18.5%，25部浙产剧在央视和一线卫视播出，居全国领先地位。

文化走出去步伐显著加快。2016年浙江省文化服务进出口总额达40.68亿元，同比增长29.84%，其中，文化服务出口达14.68亿元，同比增长140.42%，位居全国第2位，对全省文化产业贡献率也上升了1.6%。2017年，全省文化服务进出口总额55.29亿元，比上年增长28.36%，其中文化服务出口额27.01亿元，比上年增长84.04%，覆盖184个国家和地区。采用互联网线上交易方式的文化服务贸易额接近50%，出口内容涉及网络文学、影视剧、电子书、数字期刊、网络音乐、网络游戏等。入围2017—2018年度国家级文化出口重点企业39家，比2015—2016年度增长近40%。中国（杭州）国际动漫节、中国（义乌）文化产品交易会、杭州文博会、宁波特色文博会、温州时尚文博会等重点文化会展品牌度和外向度持续提升。2018年，第十四届中国国际动漫节共吸引85个国家和地区的143.35万人次参与，实际成交及达成签约交易、意向合作项目1291项，涉及金额138.35亿元；第十三届义乌文交会吸引10.43万人次的境内外采购商及观众，实现洽谈交易额53.21亿元；第十一届杭州文博会达成签约项目168项，现场成交金额达38.6亿元；2018中国（宁波）特色文化产业博览会现场成交5.47亿元，意向成交金额14.5亿元；2018温州国际时尚文化创意产业博览会成交额3.87亿元，投融资签约额18.6亿元。浙江出版联合集团与全世界近100家出版社建立了出版业务联系，有1000多种图书通过版权贸易和合作出版，中国（浙江）影视产业国际合作实验区与央视合作共建译制中心，向东南亚、东非及欧美等20多个国家和地区发行译制影视作品《媳妇的美好时代》《老爸的心愿》《妈妈的花样年华》等1300部集；华策影视在韩国、美国、英国等国以及我国香港、台湾地区设立了分公司，向180个国家和地区销售了10000多小时的影视作品，海外发行总量占全国的30%；温州企业家先后在美国、巴西及欧盟等国家和地区开办报刊社、网站、广播电视台达35家。金华邮电工程公司自筹资金在吉尔吉斯斯坦创办德隆电视台，开通中、英、俄、维等语种的118个频道，成为该国第二大有线电视频道运营商。

## 第二节　推动文化产业区块和园区发展

改革开放以来，浙江文化产业发展经历了从区块到园区的发展过程。这一过程也是浙江文化产业发展从自发到自觉、从民间内源到政府增进的过程，是浙江文化产业发展集聚效应和辐射效应越来越凸显的过程。实践表明，特色文化产业区块和园区对文化产业发展具有集聚和辐射的双重作用。文化产业生产要素在区块和园区的集聚，有助于扩大市场规模，降低运输费用，促进文化企业间的交流与学习，促进基础设施和公用事业的建设与充分利用，甚至还会伴随着大量高素质的文化产业创新创业人才的集中。以区块和园区的方式发展文化产业，是浙江文化产业发展的一个重要特点，是提升浙江文化产业规模化、集约化、专业化水平的重要抓手，是浙江文化产业整体竞争力不断提高的一个重要秘密。

### 一　特色文化产业区块与浙江块状经济

改革开放以来，在民间内源力量和政府力量的共同作用下，浙江形成了许多文化产业区块。区块化是浙江文化产业发展的重要特征。在一定意义上，可以把浙江文化产业区块视为浙江块状经济在文化产业领域的一种自然延伸。浙江文化产业区块覆盖了众多文化产业行业，地理分布上也十分广泛，在全省文化产业发展中发挥着重要的作用和功能。由于文化产业区块化现象是浙江块状经济现象的一种具体的、特殊的表现形式，因此，理解前者有必要从理解后者开始。

浙江块状经济是随着改革开放以来市场化、工业化不断推进而逐步形成的。"追溯浙江一个个区域工业化的发展历程，它们往往都以中小企业集群为依托，从'一村一品''一镇一业'起步，就近建立专业市场，专业生产与专业市场相互促进，经过无数次产业档次提升和市场扩张，区域产业规模不断扩大起来，生产、研发、销售网络逐步向全国扩张，最终在高度专业化的中小企业集群的基础上，形成了小资本大集聚的特色产业区或'块状经济'。"[1] 浙江产业群的一个重

---

[1] 盛世豪等：《浙江现象》，清华大学出版社2004年版，第14页。

要特色，就是成千上万的家庭工场，以及在此基础上形成的同类产业的地域聚集，如宁波服装、温州皮鞋、绍兴化纤面料、海宁皮衣、义乌小商品、永康小五金、嵊州领带、黄岩精细化工、枫桥衬衫、慈溪小家电、路桥汽车等。

浙江区域产业集群或块状经济形成的原因，首先可以用区位比较优势理论阐释。根据区位比较优势理论，不同区域之间资源的配置效益存在差异。一个区域内已有资源的集聚会产生经济效益，同时，区域内的基础设施、公共事业也会给区域内各产业的生产经营活动带来经济效益，产生区域外部经济。区域间的外部经济不同，会造成资源配置的区域比较优势差异。不同的生产要素比较优势，即区域之间各种生产要素拥有状况及其相对价格的差异，也对应着不同的资源配置的区域比较效益。显然，拥有资本、技术、信息、人力资源优势的区域与没有这些要素优势的区域相比，具有更高的资源配置的区域比较效益。当区域之间存在比较效益差异时，在"资源趋向效益，效益吸引资源"规律的作用下，产业势必在效益高的区位形成集聚。[1] 显然，浙江块状经济的形成，也是在"资源趋向效益，效益吸引资源"原则的作用下，产业在高效益区位集聚的结果。

浙江区域产业集群或块状经济的形成，也有社会文化的因素。其中，尤其值得注意的是，基于亲缘和地缘的特殊主义文化和关系网络，在浙江同类产业的地域聚集过程中产生了中介的作用。比如，在温州农村不仅有许多从事第二、三产业的专业户，而且有许多专门从事同一行业的专业家族。尤其是在改革开放初期，这种以家庭为中心、以血缘和亲缘关系为纽带的经济扩散现象更是屡见不鲜。"浙江的特色产业区表面看是从小产品、简单产品起步，而其实质则是从土地中转移出来的一批批农民只能从这类产品生产开始，借助邻里效应，逐步扩散，形成星罗棋布的一村一品圈。"[2] 比如，当1982年国家政策开始允许农民成为"专业户""重点户"时，原温州瑞安韩田

---

[1] 参见王缉慈等《创新的空间——企业集群与区域发展》，北京大学出版社2001年版，第63页。

[2] 颜春友：《浙江民营经济发展与特色产业区》，《纵论浙江》，浙江人民出版社2003年版，第239页。

学校五七厂马上有四五十名工人自动离厂,而回家办起了家庭工场,韩田村的汽摩配业因而开始以家庭为单位向四邻扩散。[①] 这些家庭工场依靠家族、邻里、朋友等多种社会关系联结成一个个企业网络,网络内部存在着密切的专业化分工与协作,不同的企业网络之间又存在着众多的或强或弱的联系,使产业群成为一个无形的大工厂。[②]

上述典型事例,可以被视为浙江省各地产业集群形成过程的一个缩影。浙江区域的特色产业群是以亲戚朋友、邻里同学等关系为纽带,以成千上万的家庭工场为基础,在"一人带一户,一户带一村,一村带一乡(镇)"的模式下起步并快速发展起来。在这个过程中,特殊主义的社会关系网络提供了信息、知识和社会支持。基于亲缘和地缘的特殊主义文化和关系网络的农村聚落,天然就是众多参与者信息共享、互教互学、提高整体竞争技能的"学习型社区"和"创新型组织"。在起始阶段,一个村庄中一旦有人从事某种产业并产生了赚钱的效应,这一信息会向自己社会关系网络中的其他成员传播、扩散,从而带动其他成员也来从事相同产业,而其他成员又依次把与自己有关系的人带进这一产业,从事同一产业的人越来越多,规模像滚雪球一样扩大。在浙江,不仅物质产业集群或块状经济的形成经历了这一过程,而且特色文化产业区块的形成也经历了同样的过程。在一定意义上说,特色文化产业区块乃是浙江块状经济的普遍性特征在文化产业领域的特殊表现。

## 二 浙江文化产业区块的形成和发展

改革开放以来,浙江全省各地文化产业区块的发展,也经历了从自发到自觉的过程。在初始阶段,像一般的块状经济一样,大多数特色文化产业区块也不是某个人或某些人预先"设计"的结果,而是"自发自生"地兴起的,不是源于某人或某些人把一系列要素各置其位并且指导和控制其运动的方式而确立起来的人造秩序、人为的秩

---

[①] 陈东升:《村落家族文化对韩田村汽摩配业的影响》,《温州论坛》2000年第4期。
[②] 朱华晟:《浙江产业群——产业网络、成长轨迹与发展动力》,浙江大学出版社2003年版,第76页。

序、建构的秩序或者建构，而是源于一大群人的非意图性行为。温州苍南金乡镇徽章、湖州德清钢琴等产业区块的形成过程，就典型地体现了这一点。

苍南县金乡镇是一个具有几百年历史的文化古城，居民有从事小商小贩、日用小五金、纸制品制作等传统，能工巧匠众多。改革开放以来，金乡人用"一双手（手工制作）""两条腿（外出跑供销）""三分邮票（业务广告信的邮寄费）""四小产品（硬塑片、涤纶标识、铝制标牌、塑料红膜）"，闯出了一条发展家庭工业的致富道路，金乡镇也成为闻名全国的铝塑标识工艺品产销一体化的专业市场。1992年，被苍南县人民政府命名为"中国商标文化城"。金乡发展家庭工业这条路并不是某个人或某些人设计出来的，而是"民间内源"力量作用的结果。在改革开放初期，金乡镇有15000多居民，人均耕地0.35亩，只有两家国营工厂，100多名职工。金乡人有巨大的生存压力、强烈的自主谋生愿望。1979年，一些金乡人，了解到全国高等院校恢复考试、扩大招生后，校徽需求量急剧增加。他们很快就赶制出校徽样品，并以物美价廉的优势打开了全国各大院校的销路。1981年，在校徽畅销的同时，金乡人也把眼光瞄准了校园里的其他用品，先后研制成了塑料红膜制品的学生证、毕业证书、借书证等。此后，金乡人又把红膜制品扩展到自行车证、户口册、荣誉证、房地产证，以及各种书、簿册的封面等，使用范围由校园扩展到各行业各部门，产品品种达数百种；铝质标牌也从单一的校徽扩展到自行车牌照、门牌、纪念章、领带夹、领章、帽徽、各种标牌等几百个品种。1990年6月，金乡徽章厂与美国海军首次签订了承制领章帽徽合同，不久后又承制了英国海军的帽徽等产品。至1993年年底，金乡徽章厂共制作了300多万枚徽章打入了国际市场，创汇100多万美元。1994年，世界足球赛的35万枚纪念章也由该厂制作。随着新产品的不断开发，市场规模不断扩大，金乡镇也逐渐成为全国最大的徽章生产基地。在这里，徽章的生产工序就有设计、熔化金属、写字、刻模、晒板、打锤、钻孔、镀黄、点漆、制针、打号码、装配、包装等10多道，每道工序的加工都由独立的企业（加工专业户）完成。精细的专业化分工，使生产同种产品的企业能不断地从内部剥离出各种可分割的功能操作，节约了生产费用，形成了专业化优势并实现了整个区域的规模经济。

德清钢琴起源于 1985 年，也是"民间内源"力量的产物。这一年，德清玻璃厂厂长王惠林以高于原厂 4 倍的工资、1 万元保证金以及住房，邀请了上海钢琴厂最为顶尖的 3 位技师开始创业。两三年后，上海钢琴厂又陆续出来工人生产机芯和外壳，推动了德清钢琴产业的孕育和发展。在 20 世纪 80 年代中后期，德清诞生了第一个钢琴品牌——"伯牙"牌，音源、机芯、键盘、外壳等所有配件都是自产。90 年代初期"伯牙"钢琴陷入困境。1994 年"伯牙"钢琴倒闭后，从中分流的技术工人开始自主创业，分别单独生产机芯、榔头、键盘、音源、钢板。大约从 1995—2003 年，德清钢琴体系雏形开始形成，德清钢琴产业从此开始进入蓬勃发展的阶段，成长出了瓦格纳钢琴、华普钢琴、圣坦威钢琴、海尔钢琴、罗宾钢琴等品牌。

浙江许多特色文化产业区块的形成，一方面，都经历了与此相类似的"民间内源""自我生成"的过程；另一方面，"民间内源""自我生成"的文化产业区块的形成过程，也是与"政府增进"分不开的。

杭州 LOFT49 创意产业基地的形成，就是自下而上、自上而下结合，市场主导、政府扶持的结果。2002 年 9 月，美国 DI 设计公司入驻杭州市拱墅区杭印路 49 号——原为杭州蓝孔雀化学纤维有限公司棉纶分厂厂区，闲置土地 52 亩，厂房 21380 平方米。这一区域保留了大量清末以来的民居和街巷，是杭州市具有一定规模的历史街区之一。此后的几年间，又有一大批艺术和设计公司纷纷进入，自发地形成了租用面积达 9300 平方米的新型创意企业的集聚地。LOFT49 创意产业基地的出现，引起了拱墅区委区政府的高度关注。在深入调查研究后，拱墅区初步形成了以可持续发展理念指导旧城改造建设、促进文化创意产业发展的思路，把 LOFT49 社区凝练整合为 LOFT49 创意产业园，并以此为基础，对拱宸桥西地区发展 LOFT 创意产业园区进行了规划。依靠 LOFT49 集聚的先发优势，借鉴国内外创意产业发展的经验，根据"规划引导，政府培育，市场化运作"的思路，编制了《杭州 LOFT 规划设计》方案，确定桥西地区为发展创意产业的核心区块，并进一步健全和完善了 LOFT 社区管理和运作机制。依据

"保护第一"、最少干预、修旧如旧的原则,拱墅区将部分现有的工业厂区改建成融合特色办公、艺术创造、公众休闲娱乐等多种功能的开放式文化公园和具有运河特色的文化创意产业基地。其总体的布局结构为"一点一线":"一点"即杭印路49号周边地区,保留5000平方米的旧厂房,集中改建为LOFT;"一线"即拱宸桥西地区运河沿线,保留1.5万平方米到2万平方米的旧厂房,集中改建为LOFT。为了加快产业集聚,拱墅区组建了跨部门、跨行业的创意产业发展领导小组,由文化、建设和研究机构等部门的领导、专家学者组成,负责规划、指导、协调、组织和管理工作。政府部门统一负责做好LOFT内部环境卫生管理、形象宣传等工作,并为企业提供咨询、办证等业务,协同老厂房业主共同开展招商引资,严把创意产业引入关,注意引进企业与创意产业相关性,为LOFT发展创造良好的软环境。同时,LOFT社区还自发成立了管理委员会,实现创意公司自我管理、自我服务。在拱墅区委区政府的规划和引导下,除了LOFT49创意产业园区之外,拱墅区在杭印路67号、余杭塘路43-3等地也相继出现了创意产业发展区块。[1]

在浙江,正像其他块状经济一样,地方党委和政府往往对自发形成的文化产业区块的进一步发展,起着主持性、协调性、倡导性、引导性的作用。像杭州LOFT49的发展历程一样,一些地方党委和政府,在本地特色文化产业区块已现雏形的情况下,往往能适时出台相关政策加以引导;有些地方党委和政府还在自发形成的文化产业区块基础上积极规划建设各类文化产业园区,鼓励文化企业向园区集聚。这就使浙江各地文化产业区块呈现出了市场主导、政府扶持,自下而上、自上而下结合的鲜明特点,从而成为能够充分发挥市场与政府各自优势的文化产业发展的有效模式。

在2003年省委实施"八八战略"前后,浙江省已经形成了众多具有地方特色的文化产业区块。如"横店影视产业实验区""杭州现代传媒区块""宁波现代传媒区块""温州现代传媒区块""杭州出版

---

[1] 拱墅区委宣传部:《拱墅区扶持LOFT创意产业基地建设》,杭州市文化体制改革工作领导小组办公室编《杭州市文化体制改革回眸》,杭州出版社2007年版。

物和包装装潢印刷基地""宁波包装装潢印刷区""义乌文体专业市场""台州、嵊州戏剧产业区""龙泉青瓷宝剑产业区""湖州湖笔产业区""青田石雕产业区""东阳木雕产业区""杭州书画市场区""宁波书画市场区""浦江书画市场区""秀洲、临安、奉化、慈溪、义乌、嵊泗、岱山、普陀和定海民间绘画区""仙居工艺礼品区""云和木制玩具区""温州龙湾制笔区""桐庐分水制笔区""宁海文具区""德清钢琴区""富阳体育用品区""江山羽毛球区""嘉兴南湖等红色旅游区""普陀山、天台山、雪窦山风景名胜区""乌镇、西塘、南浔古镇旅游区""海宁盐官、绍兴安昌、景宁畲乡、兰溪诸葛八卦村、武义俞源村、江山廿八都、仙居潘滩、临海桃渚军事古镇民俗文化旅游区""苍南包装印刷工业区""义乌包装印刷生产区""杭州、温州文体用品专业市场"等。

如果把 2000 年以来有关建设文化大省的几个政策文件作一梳理，就会发现，省委省政府对浙江文化产业区块发展重要性的认识，也经历了一个过程。在 2000 年《浙江省建设文化大省纲要（2001—2020年）》中，还未出现像"文化产业区块"这样的表述。在 2002 年出台的省委、省政府《关于深化文化体制改革加快文化产业发展的若干意见》中，虽然已经提出"以杭州、宁波、温州等大中城市为重点，加快形成布局合理、各具特色、相对集中、城乡联动的区域文化产业发展格局"，"中心城市也要挖掘地方文化资源，积极发展各具特色的文化产业"，"大中城市要充分发挥文化资源的集聚和辐射作用，通过小城镇带动农村地区的文化产业发展"，但是，文件中仍然未出现像"文化产业区块"这一类的词汇。这也表明，在实施建设文化大省战略的初期阶段，省委省政府还未把发展"文化产业区块"纳入浙江文化产业发展的总体布局中。

### 三 加快推动文化产业区块和园区发展

实施"八八战略"以来，发展文化产业在转变经济发展方式、优化经济结构、满足人民群众精神文化需求中的地位和作用越来越突出。在这一背景下，浙江省委认识到具有集聚效应和辐射效应的"文化产业区块"对加快推动文化产业发展的重要意义，开始自觉地对全省文化产业区块发展加以培育、扶持和引导。2005年省委《关于加快建设文化大省的决定》的配套文件《文化产业促进工程》，首次明确提出，要"培育一批特色鲜明、规模较大、核心竞争力突出的文化产业区块，形成5个以上产值超100亿元、10个以上产值超50亿元的重点文化产业区块"。2005年，以文化产业发展为主的《浙江省文化建设"四个一批"规划》，把"培育一批重点产业区块"与"建设一批重点文化设施""发展一批重点文化产业""壮大一批重点文化企业"一起作为浙江文化建设的"四个一批"之一。按照"四个一批"规划，浙江省将在已有特色文化产业区块的基础上，进一步培育一批产业优势明显，发展潜力大的文化产业区块，重点打造"两新三传五优"区块，即重点培育横店影视产业实验区、滨江高新文化产业区两大高新文化产业区块；重点扶持戏剧、工艺美术、金石书画三类传统艺术产业区；在现代传媒、文体用品制造、文化旅游、出版物和包装装潢印刷、文体用品贸易五大领域形成一批在全国，乃至全球知名的优势文化产业区块，发挥特色优势，拓展壮大优势文化产业区。2006年出台的《浙江省文化产业项目投资指南》，以"浙江省文化产业集群发展导向目录"的形式，进一步明确了浙江文化产业区块发展的三种重点类型，即"重点文化产业区""传统艺术文化产业区"和"优势文化产业区"。这些政策文件的出台，标志着浙江各地文化产业区块发展已经被纳入全省性的规划中予以通盘布局和部署。至2008年年底，全省已形成各种类型文化产业集聚区块70多个，其中，影视制作、动漫游戏、出版印刷、文具生产、艺术品业等成为产业集聚效应最为明显的行业。从产业规模和集聚区块分布情况看，杭州、宁波两地的创意产业集聚较为明显，温州、台州等地印刷产业集聚区块较多，金华、丽水等地文体产品和工艺品集聚区块较多。

由于浙江各地大多数文化产业区块是"自我生成"的，是块状经济在文化产业领域的自然延伸。因此，浙江最早形成的文化产业区块，在行业类别上大多数都属于制造业。比如，义乌的文体用品区块、宁波的文具区块、青田石雕、龙泉宝剑、东阳木雕、金乡徽章等传统工艺制造区块。在政府力量与市场、民间力量良性互动的作用下，浙江特色文化产业区块不仅在量上迅速扩张，而且在质上也不断提升，从行业上看，不仅涉及传统的文化用品制造和销售业，而且也涉及新兴文化产业和高新文化产业领域；从区域上看，不仅分布于杭州、宁波这样的副省级城市，温州、嘉兴、绍兴、湖州、台州、金华、丽水、衢州、舟山这样的地级市城市，而且也分布于全省各地的一些县城和乡镇村。根据全省文化产业已经形成的地域特色、区块特征和集聚态势，《浙江省文化产业发展规划（2010—2015）》提出了"一核三极七心四带"的全省文化产业发展总体布局："一核"，即把杭州建设成为全省文化产业发展核心；"三极"，即推动形成宁波、温州和浙中城市群三大文化产业增长极；"七心"，即建设湖州、嘉兴、绍兴、衢州、舟山、台州、丽水七大特色性文化产业集聚中心；"四带"，即构筑浙北、浙中、浙东、浙西南四大文化产业发展带。

实施加快建设文化大省战略以来，全省不少地区在文化产业区块发展的基础上建立了文化产业园区。顾名思义，与具有更多"自发""无为"色彩的"区块"不同，"园区"具有更多"自觉""有为"的色彩，是政府集中统一规划布局、培育扶持、统一管理的文化产业发展区域，是从区块的初级形态发展而来的区块的高级形态、升级版本。经过合理规划布局，形成特色文化产业内部分工和合理结构，实现园区功能的优化，产生最大的资源优化配置效益。2011 年省委《关于贯彻十七届六中全会精神推进文化强省建设的决定》，提出，将大力实施文化产业发展"122"工程，着力培育 100 家重点文化企业、20 个重点文化产业园区（基地），助推 20 家文化企业上市，提高文化产业规模化、集约化、专业化水平。这就标志着在加快推动浙江从文化大省迈向文化强省的背景下，省委省政府对文化产业区块、园区发展的重视程度、引导和培养力度，都已经显著地加大了。

"十二五"时期，浙江各地文化产业园区建设加快推进。至 2015 年年底，全省已经建成了各类文化产业园区 150 多个，形成了影视动漫、文化创意、工艺美术品生产、文化产品制造等一批具有较强影响力的特色文化产业集群。在这一背景下，2015 年，省委宣传部、省文改办、省文化厅、省新闻出版广电局联合印发了《浙江省重点文化产业园区认定和管理办法》，对省内重点文化产业园区的申报条件、认定程序和考核办法进行规范。2017 年年初，省委宣传部认定了首批 20 家重点文化产业园区（2015—2016 年度），包括：凤凰御元艺术基地、运河天地文化创意产业园、杭州运河（国家）广告产业园、杭州数字娱乐产业园、西溪创意产业园、之江文化创意园、聚落 5 号创意产业园、白马湖生态创意城、宁波和丰创意广场、宁波广告产业园区、宁波市国家大学科技园、浙江创意园、钢琴文化产业园、嘉兴国际创意文化产业园、中国（浙江）影视产业国际合作实验区海宁基地、诸暨珍珠产业园区、金华清大创新科技园、浙江省横店影视文化产业实验区、仙居中国工艺礼品文化创意产业园、龙泉青瓷宝剑园区（龙泉市）。这些入围的重点文化产业园区都符合以下基本条件：设立手续合法完备，规范运营两年以上，社会效益和经济效益显著；用于发展文化产业的建筑面积占园区实际建成建筑面积的比例都大于 70%；文化企业占园内总企业数的比例都大于 60%；上一年度园区内文化产业总产值都在 5 亿元以上，且占园区总产值的都在 70% 以上，文化产业税收总额都在 3000 万元以上；均建有功能完善的共享性服务平台，有能力为文化企业提供信息、融资、人才培育、知识产权等公共配套服务等。这些重点园区具有较强的集聚和辐射效应，在全省文化产业发展特别是全省文化产业区块和园区发展中发挥了领头羊的作用，成为推动浙江文化产业迅速发展的重要增长极。

根据"十二五"时期浙江文化产业发展态势特别是区块和园区发展态势、发展基础，《浙江省文化产业发展"十三五"规划》对"一核三极七心四带"文化产业发展布局进行了修正和完善，提出了"一核三极三板块"的新布局，即推进形成以杭州为中枢的全省文化产业核心，宁波市、温州市、金华市为节点的区域文化产业增长极，以及浙中北文化内容生产与创意设计板块、浙东沿海沿湾文化产品智造板块、浙西南历史经典与文化旅游板块，引导特色优势产业集聚，带动湖州、嘉兴、绍兴、衢州、舟山、台州、丽水等城市文化产业协同发展。2017 年 11 月，省委省政府发布了《关于加快把文化产业打造成为万亿级产业的意见》，进一步强调，要"依托钱塘江两岸的文化、人才、科技、金融等资源优势，规划建设数字文化产业基地、动漫游戏产业基地、影视文化产业基地、艺术创作产业基地等，打造在全国具有示范引领意义的之江文化产业带"；"深入挖掘运河文化资源,充分利用两岸现有旧民居、旧厂房、旧办公楼、旧码头、旧仓库等发展文化产业园区,培育和引进一批文化企业,为大运河文化带建设提供产业支撑";"大力发展浙报集团富春云大数据中心、浙江广电国际影视中心、浙江数字出版印刷中心、宁波文创港和音乐港、海盐山水六旗、湖州龙之梦乐园等重点文化产业项目,推动之江文化中心、浙江自然博物园核心馆区、浙江省考古遗产展示园等省级重点文化设施建设";"加快推进文化产业重点县(市、区)、文化类特色小镇、重点文化产业园区、文化创意街区和重点文化企业等产业发展平台建设,示范带动全省文化产业发展"。2018 年 6 月,浙江省政府印发的《之江文化产业带建设规划》,提出了"一带一核五极多组团"的之江文化产业带空间开发格局。"一带",即之江文化产业带;"一核",即之江发展核,包括之江转塘及紧邻的富阳银湖区块,将聚力打造高能级的数字文化产业平台,加快集聚文化产业龙头企业,大力发展数字内容、影视文化、演艺娱乐、艺术创作等产业,使之成为之江文化产业带的核心引擎和抢占全球数字文化产业发展制高点的重大平台;"五极",即滨江(白马湖)、奥体(湘湖)、上城、九乔、富春五大发展极,是之江文化产业带沿江扩展的重要支撑点和发展增长极;同时,还将整合沿江重大平台和重大项目,串点成面,围绕四大基地建设,谋划建设具有全国乃至国际影响力的 11 个特色文化产业组团。其中包括之江数字文化产业组团、世纪城数字音乐产业组团、之江—西溪国际影视产业组团、转塘艺创小镇产业组团、馒头山影视产业组团、白马湖—湘湖动漫游戏产业组团、之江演艺娱乐产业组团等。这些规划的制定都标志着浙江文化产业区块化和园区化发展进入了新的历史阶段。

以区块和园区的方式发展文化产业,是浙江文化产业发展的一个重要特点。迈克尔·波特认为,产业集群是竞争型产业诞生与成长的秘密,产业集群的竞争力大于各部分加起来的总和。一旦产业集群形成,集群内部的产业之间就形成互助关系。[①] 文化产业生产要素在区

---

① [美]迈克尔·波特:《国家竞争优势》,李明轩、邱如美译,华夏出版社 2004 年版,第 139—143 页。

块和园区的集聚,有助于扩大市场规模,降低运输费用,促进文化企业间的交流与学习,促进基础设施和公用事业的建设与充分利用,甚至还会伴随着大量高素质的文化产业创新创业人才的集中。实践表明,特色文化产业区块和园区对浙江文化产业发展产生了集聚和辐射的双重作用,它是提升浙江文化产业规模化、集约化、专业化水平的重要抓手,是浙江文化产业整体竞争力不断提高的一个重要秘密。正如有学者所说,"以区块化的方式和路径发展文化产业是浙江文化产业发展的一个重要特点,是打破行政和行业壁垒,建立起有效的文化资源整合机制、生产要素重组和创造机制,并将潜在的资源优势切实转化为产业优势和竞争优势的一种制度创新和政策创新。区块在调整文化产业布局、优化产业结构方面也发挥了重要作用"[①]。

经过多年来的区块化和园区化发展,浙江文化产业已经呈现出集聚发展、辐射带动的鲜明特色。2016年,杭州、宁波、金华三市文化产业增加值规模占全省的60%左右,其中,杭州市的空间集聚效应和产业规模效应尤为明显,钱塘江沿线的上城、江干、西湖、滨江、萧山、富阳6个区的文化产业增加值合计达290亿元,区域内集聚了10个国家级文化产业园区(基地)、4个省级文化产业示范基地和13个市级文化创意产业园区;全省10个文化产业发展重点县(市、区)综合实力突出、产业特色鲜明,其中2016年杭州西湖区、滨江区的文创意产业增加值占GDP比重都超过30%;全省拥有文化产业园区140多个,文化企业占入园企业总数的比重超过75%;横店影视文化产业实验区、西溪创意产业园等竞争力不断提升,横店影视产业实验区共吸引包括华谊兄弟、唐德影视、新丽传媒等在内的843家影视企业和492家艺人工作室入驻,2016年实现营业收入180.9亿元,上交税费20.87亿元。

2016年,浙江省在全省遴选首批22个试点单位,启动开展了浙江省文化创意街区创建试点工作,积极推动文化与相关产业融合发展、集聚发展。这些文化创意街区围绕特定文化主题展开,是以特色

---

① 贾旭东:《文化产业:增量拉动的发展模式》,李景源、张晓明主编《浙江经验与中国发展(文化卷)》,社会科学文献出版社2007年版,第167页。

文化产品（服务）的设计、研发、生产、销售为主要业态，以促进文化贸易与消费为手段，由城镇、乡村一条或多条街巷构成的开放空间。文化创意街区凸显文化创意、创业创新、商贸会展、休闲娱乐等综合功能，将文化创意产业与商业相结合，使由无形的高科技、新创意所生产的有形产品进一步融入百姓生活。至 2018 年 6 月，全省涌现出了 78 个文化创意街区创建单位，共改造（建）原文化设施、工业遗址、老旧厂房等 260 余处，入驻国家级及省非物质文化遗产 115 种，集聚文化企业 7044 家，吸纳文化产业从业人数 11.9 万余人，累计投入建设资金近 200 亿元。这些文化创意街区对推动浙江文化产业转型升级，提升文化产业的资源整合度和空间集聚度等产生了重要作用。

## 第三节　培育和打造文化产业发展主力军

改革开放以来，正是由于国有经济和民营经济相辅相成、共同发展，才促成了浙江经济又好又快的增长。一方面，国有经济凭借其雄厚的资本实力、规模效益、技术优势、规范管理和基础产业、先导行业和经济命脉支撑着经济的发展，辐射、引导和带动着整个经济的增长；另一方面，民营经济以其灵活的机制、顽强的生命力，在众多竞争性行业生根、开花、结果，既填补了在一些竞争性行业国有经济留下的空白，并使之更加富有生机和活力，又在客观上造成了国有经济必须改革，只有改革才有出路的竞争环境，从而有力地促进了国有经济经营机制的转换和竞争能力的提升。[①] 与经济领域一样，改革开放以来，浙江文化产业领域的变革，也是民间诱致的增量改革与国有文化企业等存量改革相互作用的结果。"民间诱致"的文化产业领域的增量改革、民营文化企业的孕育和发展，不仅有效突破了原先大包大揽的"文化事业"体制的堡垒，逐步扩大了文化产业资源增量部分的比重，而且也有效触动了仍然保留的存量部分（国有文化企业）的改革。实施加快建设文化大省战略以来，特别是 2003 年开展文化

---

① 参见吴永革《在改革中创新中实现超越——对浙江国有经济改革发展历程的分析》，何福清主编《纵论浙江》，浙江人民出版社 2003 年版，第 134 页。

体制改革综合试点工作以来,浙江省以更加自觉、有为的精神,通过实施一系列改革举措,有效释放国有文化企业和民营文化企业的活力,加快培育和打造文化产业主力军,形成了国有文化企业的存量资源和民营文化企业的增量资源共同推动文化产业发展的生动局面。

### 一 做强做优做大国有文化企业

浙江国有文化企业主要集中在新闻出版发行、广播电视、电影发行放映、演出中介和场馆等多个行业。在计划经济体制下,像其他类型国有企业一样,浙江国有文化企业往往也缺乏有效的激励和约束机制,生机、活力不足,效率较低。改革开放以来,随计划经济体制向市场经济体制的转换,国有文化企业的生存和发展环境逐渐发生了深刻的改变。但是,在相当长一段时期内,像全国其他地区一样,浙江国有文化企业仍然缺乏改革的内生动力。就如浙江省新华书店集团公司在总结中所说,"省属文化单位的职工一直以来既有从事文化工作的优越感,又有省属单位的自豪感,更有事业、企业两边都能享受的实惠感,就是缺乏改革的紧迫感"[1]。20世纪90年代担任浙江省文化厅副厅长的连晓鸣也说,"浙江省在1993年实行院团调整,省级剧团由9个合并为6个,剧团内部也实行了聘任制、考核制。这次改革在省属院团的布局结构等方面是成功的,但因关键问题即体制改革的问题尚未涉及,三五年后,剧团人员重新膨胀,经费支出更加困难。剧团改革为什么十多年来越改越难,长期走不出困境?关键是没有把剧团看成社会主义的文化企业,未能遵循社会主义市场经济规律和艺术生产规律,未能在体制上做彻底的改革。20多年来,浙江省绝大部分专业剧团一直属全民事业单位,演职员全是国家干部,干不干都是由国家养着","国有事业体制使剧团养成干与不干一样。其结果,剧团成了躺在政府'怀抱里'永远长不大的'婴儿'"[2]。

开展建设文化大省战略以来特别是开展文化体制改革综合试点工

---

[1] 张晓明:《文化体制改革:解放和发展文化生产力的关键》,李景源、张晓明主编《浙江经验与中国发展(文化卷)》,社会科学文献出版社2007年版,第131页。

[2] 陈立旭、连晓鸣、姚休:《解读文化和文化产业》,浙江人民出版社2003年版,第209页。

作以来,浙江省着力于系统全面地推进国有文化企业改革,迅速地增强了国有文化企业的生机、活力和经济实力。

在2003年6月被中央确立为文化体制改革综合试点省以前,浙江省已经按照集约化经营、专业化分工、产业化发展、企业化管理的要求,组建了新闻出版、广播影视、文化演出等方面10家国有文化集团。比如,1999年12月底,浙江省新华书店系统率先改制完成,合并全省71家新华书店和浙江省外文书店、浙江图书公司的省属国有资产,成立了浙江新华发行集团和浙江省新华书店集团有限公司。2000年6月,浙江日报报业集团经省委省政府批准成立,集团制定并实施了以《浙江日报》为主体,以《钱江晚报》和《今日早报》为两翼的"一体两翼"战略,基本形成了"六报两刊一网站"的报业格局。2000年12月,浙江出版联合集团组建成立。2001年12月,浙江广电集团组建成立。除组建省级国有文化产业集团以外,杭州市组建了杭州日报报业集团、广电集团等,宁波市组建了广电集团、报业集团、演艺集团等。通过组建国有文化产业集团,浙江省的文化资源得到了优化配置,文化产业低、小、散的状况得到了改变,竞争实力大大增强。这些新组建的国有文化产业集团逐渐成为浙江文化领域的主导力量和文化市场的战略投资者。

2003年6月,被中央确立为文化体制改革综合试点省以来,浙江省不仅加大了推进国有文化企业组建的力度,而且通过"剥离转制""整体转制""股份化改革"等途径,加快推进国有文化企业改革,着力建立现代企业制度,培育合格文化市场主体。十多年来,浙江省一直致力于拓展出版、发行、影视企业改革成果,加快公司制股份制改造,完善法人治理结构,形成符合现代企业制度要求的文化企业经营管理模式,支持符合条件的国有文化企业上市融资,推动发行、影视、演艺集团交叉持股或进行跨地区跨行业跨所有制并购重组,利用市场资源和社会力量做强做优做大核心主业。通过整合资源组建出版传媒集团、由集团履行相应主管主办职责或划转给党报党刊所属的非时政类报刊和其他国有文化企业来主管主办等途径,推动党政部门逐步与所主管主办的非时政类报刊社(企业)等脱钩。按照区别对待、分类指导、循序渐进、逐步推开的要求,推进一般国有文艺院团、非时政类报刊社、新闻网站转企改制，推进党报发行体制和影视剧制播分离改革，在坚持出版权、播出权特许经营的前提下，着力于探索制作和出版、制作和播出两分开。浙江省还着手制定国有文化企业无形资产评估、国有资产指定入场交易等工作制度，建立健全国有文化企业国有资本审计监督体系和资产损失责任追究制度；建立了国有文化企业社会责任和国有资产管理年度报告制度，规定省属国有文化企业法定代表人每年向省国有文化资产管理委员会报告年度社会效益、承担社会责任和国有资产经营管理等情况。与此同时，浙江省逐步加大了省属国有文化企业国有资本经营预算投入力度，积极探索以国有资本金注入的方式推动企业兼并重组，培育骨干文化企业。在加大投入的前提下，浙江省还努力创新财政资金使用方式，大力鼓励有条件的地方组建或改组国有文化资本投资公司，设立国有文化资本投资基金，发挥财政资金和国有资本的杠杆作用，带动社会资本参与，支持创新型企业和小微企业，更好地引导全省各地的文化产业发展。

经过十多年来持之不懈的探索和改革创新，浙江省国有文化企业内部运行机制不断完善，整体活力和实力大幅度提升。比如，浙报传媒控股集团有限公司成立于2002年，前身为浙江日报报业集团有限公司，是浙江日报报业集团出资设立的全资子公司，作为统筹运营浙江日报报业集团经营性资产的市场主体，公司拥有独资、控股子公司30多家，经营业务包括传媒及相关文化产业、资本运营等领域，产业规模居全国报业集团前列，2017年5月入选第九届全国"文化企业30强"。其旗下浙报传媒于2011年借壳上市，成为全国首家实现经营性资产整体上市的省级报业集团和浙江省首家国有文化上市企业。2017年3月，浙报传媒进行重大资产重组，将新闻传媒类资产转移至控股股东，由浙报集团进行统一的集团管控和全媒体融合，上市公司则专注于数字娱乐和大数据产业业务，转型为互联网数字文化产业集团。在彻底剥离传统新闻媒体资产后，浙报传媒（浙数文化）着力发展以IP为核心的数字娱乐、数字体育和"四位一体"的大数据三大重点产业，业务结构更加优化，市场竞争力进一步提升。浙江广电集团成立于2001年11月，截至2017年拥有20个广播电视频道，其中电视频道12个，广播频道8个；有14家下属全资企业单位，主营报纸杂志、音像出版、影视生产、家庭购物、传输网络、IPTV、器材营销、工程建设、宾馆物业等相关产业；有11家控股和参股公司，参与开发数字电视、手机电视等业务。浙江广电集团持之以恒地实施品牌战略，着力于打造全媒化的新型广播电视主流媒体，成为全国经济效益和社会效益最好的省级广电集团之一。从2011—2017年，浙江广电集团连续七年荣获"中国500最具价值品牌"，品牌价值上升至436.78亿元。浙江出版联合集团于2007年完成了整体"事转企"改制，围绕建设"全国重要的数字移动多媒体出版企业"目标，着力于"创新、增量、抓落实"，总体经济规模综合实力位列全国出版集团前5名，是全国文化体制改革先进单位、全国新闻出版"走出去"先进单位、全国首批数字出版转型示范单位和中国服务业500强企业。2016年，浙江出版联合集团首次入选世界出版50强（第18位），资产总额达到172.7亿元，净资产达105.2亿元，合并主营业务收入达117.6亿元，利润总额达11.98亿元。至2017年，浙江出版联合集团已经连续八次入选全国文化企业30强。

在加快推动国有文化企业形成符合现代企业制度要求的经营管理模式，利用市场资源和社会力量做强做优做大核心主业的同时，浙江省着眼于国有文化企业在发展文化产业、发展先进文化中的重要地位和功能，积极尝试和探索正确处理国有文化企业的意识形态属性与产业属性、文化企业的精神特点和现代企业制度要求的关系；积极探索把加强党的领导与完善公司治理结构统一起来的途径和方式；加强分类指导，积极尝试创新资产组织形式和经营管理模式，建立健全把社会效益放在首位、实现社会效益和经济效益相统一的考核评价标准，明确把社会价值优先的经营理念体现到企业章程和各项规章制度中，逐步形成了体现国有文化企业特点、符合现代企业制度要求的资产组织形式和经营管理模式。

2016年，省委办公厅省政府办公厅印发了《关于坚持先进文化前进方向推动国有文化企业做强做优做大的意见》，规定国有文化企业党委成员与董事会、监事会和经营管理班子实行双向进入、交叉任职；企业党委书记兼任董事长，为内容导向管理第一责任人。《意见》要求建立党委和政府监管有机结合、宣传部门有效主导的国有文化资产管理模式，推动实现管人管事管资产管导向相统一。为了推动主管主办制度和出资人制度的有机衔接，《意见》规定省国有文化资产管理委员会为省委省政府监管国有文化资产的议事协调机构，负责审议国有文化资产管理重大事项，统筹协调相关问题。《意见》还要求"制定直接涉及内容创作的部门和岗位的职责纪律，规范内容生产程序。从事内容创作生产传播的国有文化企业，要建立和完善编辑委员会、艺术委员会等专门机构，设立总编辑、艺术总监等岗位，强化内容审核把关岗位职责，对涉及内容导向问题的事项，具有否决权。党报党刊、电台电视台、时政类报刊等新闻单位，可以依法依规开展有关经营活动，但必须做到采编与经营分开，禁止采编播人员与经营人员混岗"；"直接涉及内容创作的部门和岗位要以社会效益考核为主，收入分配和奖励也要适当予以倾斜"；"省国有文化资产管理委员会组织实施省属国有文化企业考核，完善考核办法，明确社会效益指标考核权重占60%，经济效益指标考核权重占40%。完善国有文化企业社会效益、经济效益考核标准，规范考核程序，科学设置政治导向、文化创作生产和服务、受众反应、社会影响、内部制度和队伍建设等具体考核指标，逐步建立第三方机构评估机制。将国有文化企业社会效益纳入党委意识形态工作责任制考核内容"。这就从体制机制上把社会效益优先、两个效益相统一的原则落到了实处。

### 二 加快培育有竞争力的民营文化企业

民营经济的迅速崛起，是改革开放以来浙江发展的最大优势之一。2017年，浙江民营经济占全省GDP总量的65%，贡献了全省54%的税收和80%的就业岗位，平均每11个浙江人中就有一位老板。2017年，全国工商联公布的民营企业500强榜单，浙江占120席，连续19年位居全国第一位，涌现出如吉利集团、阿里巴巴集团等一批世界500强企业。至2016年年底，浙江民营经济市场主体528.6万户，其中民营企业152.6万户，同比增长18%，每千人拥有民营企业28家；个体户353万户。2016年，浙江省新设民营企业、个体工商户和农民专业合作社占全部新设市场主体的98.7%。浙江既是全国民营经济大省、强省，也是全国民营文化企业大省、强省，两者之间具有内在的逻辑联系。

改革开放以来,浙江民营经济的迅速崛起,既是浙江经济快速发展的关键因素,也是浙江民营文化企业发展的重要条件。已经积聚的民间资本,为民营文化企业的发展奠定了雄厚的物质基础。民营企业灵活的运作机制,既为民营文化产业发展提供了内生机制,也为搞活国有文化企业提供了可资借鉴和运用的经验与手段。顺应于浙江民营经济和民营文化企业的发展趋势和要求,早在2000年12月省委常委会通过的《浙江省建设文化大省纲要(2001—2020年)》中,已经提出"引进市场机制,鼓励社会力量兴办文化事业和文化产业",明确提出"鼓励个人、企业、社会团体兴办国家政策许可的各种文化经营企业","将社会力量办文化纳入文化发展的总体规划"。这些政策和提法,比国家层面的相关政策和提法早了4—5年[①],是一个市场经济、民营经济先发省份在文化产业发展领域先行先试的生动体现。

改革开放以来,浙江民营文化企业随浙江民营经济的发展而迅速成长。在2003年实施"八八战略"前后,浙江民营文化企业已经发展到一定规模,并在影视、出版发行、印刷、演艺娱乐、文体用品制造等行业形成明显的优势。据2002年统计,浙江省共有民营文化企业4万余家,投资总规模达到230亿元,已涵盖从文化制造到文化服务的多个领域,涉及影视、印刷、演艺娱乐、艺术品经营、旅游、广告、会展等十余个行业。民营文化企业的规模扩张不仅表现在总体上,而且也表现在单个文化企业上。在4万家民营文化企业中,投资规模在200万—500万元的有1370余家,500万元以上的有680家。[②]至2003年,浙江共有印刷企业20088家,其中98%为民营企业,总产值400亿元;有书报刊电子出版发行单位9389家,其中民营单位约为8000家;有广播影视节目制作公司80家,社会资本多元投资4亿元,其中70%以上为民营企业,2003年社会影视营业收入达到

---

① 2004年10月,文化部制定发布了《关于鼓励、支持和引导非公有制经济发展文化产业的意见》,2005年4月,国务院发布了《关于非公有制资本进入文化产业的若干规定》。

② 李景源、张晓明主编:《浙江经验与中国发展(文化卷)》,社会科学文献出版社2007年版,第173页。

2.81 亿元；在社会表演团体中，民营剧团已达 485 家。①

民营文化产业的快速成长不仅对进一步破除体制性障碍提出了迫切的要求，而且也为浙江省全面深化文化体制改革积累了经验、奠定了基础。2003 年 6 月，被中央确定为文化体制改革综合试点省后，浙江进一步利用民营资本充裕的优势、发展民营文化产业的经验，提出"一个亮点、两个坚持、三项任务"的工作思路，把发展民营文化产业作为浙江文化体制改革试点工作的亮点，把坚持正确政治方向、坚持积极的改革取向作为重要指导思想，把鼓励参与国有文化单位改革、培育一批重点民营文化企业、优化民营文化产业发展环境作为重要任务。

引导民营经济参与国有文化单位的改革和发展，是浙江省推动国有和民营文化产业共同发展的一条重要途径。在文化体制改革过程中，浙江省制定配套政策，放手引导、吸引社会资金，积极鼓励民营企业在政策许可范围内，通过产权交易、共同投资、联合开发等途径参与国有文化单位改革，鼓励民营文化企业以投资、参股、兼并、收购、承包、租赁等形式，参与转制国有文化单位的资产重组活动和国有文化企业的产权结构调整，参与国有文艺表演团体、演出场所等文化单位的公司制改造，从而有效地助推了国有文化单位体制机制的创新，促进了投资主体的多元化，增强了国有资本的控制力。比如，实施建设文化大省战略以来特别是开展文化体制改革综合试点工作以来，省广电局相继制定出台了《加快我省影视业发展的实施意见》《浙江省电影审查暂行规定》《浙江省广播影视业"四个一批"专项规划》等政策文件，吸引社会资本、民营力量参与影视业发展。同时，结合实际，适当调整了影视制作企业的注册资金、业务主管、准入条件等管理内容。这一系列政策措施的出台，有力地促进了全省民营影视业的蓬勃发展。

在引导民营经济参与国有文化单位改革和发展的过程中，浙江省也强调，鼓励民营资本进入经营性文化产业，要有利于国有文化集团

---

① 李景源、张晓明主编：《浙江经验与中国发展（文化卷）》，社会科学文献出版社 2007 年版，第 170 页。

做大做强，决不能搞简单的"国退民进"；要善于通过合作，一方面实现国有文化单位的体制机制创新，增强面向市场的活力；另一方面要通过吸纳民间资本为我所用，增强国有资本的控制力和影响力。在这些政策的引导下，2003年就吸引了一批民营文化企业纷纷参与国有文化企业改革。横店集团重点参与开发浙江横店影视产业实验区，与20多家境内外企业达成合作协议，投资国内6条电影院线，出资5000万设立了横店振兴中国电影基金。广厦文化传媒集团与浙江印刷集团、浙江日报报业集团印务中心、浙江歌舞剧院签订了管理费用合作意向书，探索建立规范的股份有限公司。2003年，全省新批民营图书批发企业53家、民营影视制作和发行企业16家。

开展试点工作以来，浙江省一直根据不同发展阶段的要求，着力于破除束缚民营文化产业发展的瓶颈性障碍、加快培育有实力和竞争力的民营文化企业。在从加快建设文化大省、文化强省到努力建设文化浙江的过程中，浙江省不断根据经济社会发展的新形势、文化产业发展的新趋势新特点新要求，采取了逐步放宽民营文化企业市场准入、落实国民待遇等一系列政策和措施，并取得了显著的效果。

在放宽市场准入方面，早在2000年12月省委常委会通过的《浙江省建设文化大省纲要（2001—2020年）》中，已经提出，要"扩大社会、集体、个人参与艺术、体育产业竞争的准入力度"；2005年7月省委《关于加快建设文化大省的决定》强调，要"积极鼓励和引导社会力量兴办文化产业，推进投资主体多元化，加快文化产业创新，培育一批民营龙头文化企业和特色文化企业"；2008年7月省委《浙江省推动文化大发展大繁荣纲要（2008—2012）》明确提出，要"大力发展民营文化企业，重点培育一批民营龙头文化企业，发展各类'专、精、特、新'民营文化企业""鼓励个人、企业、外资、社会团体进入国家政策未禁止的文化领域"；"在国家政策许可范围内，鼓励民营企业逐步扩大文化投资领域，参与文化体制改革与文化产业发展"。2011年11月出台的省委《关于贯彻十七届六中全会精神大力推进文化强省建设的决定》再次强调，"鼓励和引导非公有制资本进入文化产业，培育和扶持一批民营龙头文化企业，大力支持中小民营文化企业发展，形成以公有制为主体、多种所有制共同发展的文化产业格局"。2016年10月省政府办公厅发布的《浙江省文化产业发展"十三五"规划》提出，要"健全文化产品和服务评价体系，建立市场准入和退出机制，降低市场准入门槛，鼓励各类市场主体公平竞争、优胜劣汰"。2017年9月浙江省委省政府《关于加快把文化产业打造成为万亿级产业的意见》进一步提出，要"深化文化领域投融资体制机制改革，降低准入门槛，鼓励引导社会资本参与"。

在上述理念和政策的指引下，浙江省采取了一系列放宽市场准入的具体做法和措施。比如，贯彻"非禁即入"原则，在国家政策允许范围内，逐步扩大民营企业文化投资领域；凡我国加入世界贸易组织承诺允许外资进入的文化领域，都对民营资本开放；鼓励民营资本参与公益性文化事业建设，其投资、捐赠，按国家有关规定给予优惠政策；规定除重要新闻媒体业外，其余文化产业，如演艺业、娱乐业、发行业、印刷业、会展业、文化培训业、文化咨询业、影视制作业等，民营资本均可进入；允许民营资本投资文化设施建设和管理，参与文化产业园区和特色街区开发建设，参与影视剧的生产和交易、出版物的印刷和发行、文艺院团的演出和中介等。放宽民营文化企业的注册资本，也是浙江省放宽市场准入的重要做法。比如，2008年年底出台的浙江省工商局《关于促进全省民营企业平稳较快发展的若干意见》共19条，也被称为"新经济政策"，规定"对一般性服务业企业降低注册资本最低限额，除法律、行政法规和依法设立的行政许可另有规定的外，一律降低到3万元人民币"；"凡允许外资经营的都允许内资经营；凡允许本地企业经营的都允许外地企业经营；凡法律、行政法规未禁止个体私营等非公有制经济经营的服务行业和项目，都允许其经营"。这些降低准入门槛的一般性规定当然也适合于民营文化企业。更值得注意的是，这个"意见"还对文化等企业提出了"额外"的"放宽政策"："文化、旅游、农业开发机构、中介服务企业和拥有自主知识产权的科技型企业组建企业集团，其母公司最低注册资本放宽到1000万元，母公司和子公司合并注册资本放宽到3000万元。"

在落实国民待遇方面，早在2000年12月省委常委会通过的《浙江省建设文化大省纲要（2001—2020年）》中，已经提出，对民营文化企业要"在规划建设、土地征用、规费减免、从业人员职称评定等方面与国办文化一视同仁"。2005 年 7 月省委《关于加快建设文化大省的决定》强调,要"进一步完善民营文化产业发展的各项政策,实现民营文化企业与国办文化企业在产业政策上一视同仁"。2008 年 7 月省委《浙江省推动文化大发展大繁荣纲要(2008—2012)》、2011 年 11 月省委《关于贯彻十七届六中全会精神推进文化强省建设的决定》都强调,要"鼓励社会力量投资兴办文化实体,在工商登记、项目审批、土地征用、规费减免、财政扶持、投融资以及从业人员职称评定等方面享受同等待遇"。长期以来,"身份歧视"观念影响根深蒂固,一些管理者思想依然停留在"国企是根本,民企是补充"的所有制旧框里,不少法规政策对民营企业的市场进入和市场机会构成壁垒,民营企业被禁止进入很多基础性和关键性行业,往往被挤压在竞争性行业之中。作为民营经济和市场经济的先发省份,浙江省委省政府较早地认识到,不同所有制企业享受平等待遇是市场经济的基础。中国加入 WTO 后遵循的两个最重要原则是:最惠国待遇、国民待遇。国民待遇就是不同所有制的企业,无论是国有企业、大企业,还是民营企业、外资企业、小企业都必须享受平等待遇。浙江省在落实民营文化企业国民待遇上的措施,既是破除束缚民营文化企业发展桎梏的重要尝试,也是一个民营经济大省强省、市场经济先发省份先行探索落实民营企业国民待遇的重要组成部分。

　　回溯 21 世纪以来的历史,放宽民营文化企业市场准入、落实民营文化企业国民待遇,是浙江从建设文化大省、文化强省到建设文化浙江一以贯之的做法。

　　在民间内源力量推动和党委政府政策引导双重因素的作用下,浙江省民营文化企业步入了规模不断扩张、结构不断转型升级的发展阶段。至 2016 年年底,全省拥有各类民营文化企业和从事文化工作的个体工商户超过 10 万家,民营文化企业占全省在主板上市 36 家文化企业中的 33 家,全省有 82 家民营文化企业成功登陆新三板,涌现出了横店集团、宋城集团、华策影视、长城影视、中南卡通、思美传媒等一批在全国有较大影响的民营文化龙头企业。比如:横店影视产业实验区是经国家广电总局批准,于 2004 年 4 月正式挂牌成立的全国首个集影视创作、拍摄、制作、发行、交易于一体的国家级影视产业实验区。至2017年年底，先后建成秦王宫、清明上河图景区等30多个大型实景基地和30多座高科技摄影棚，是中国最大的影视拍摄基地，创造了影视实景基地全球之最，累计拍摄影视剧4.8万余部（集），吸引了900多家企业及500多家工作室入驻，其中包括华谊兄弟、唐德影视、印纪传媒、新丽传媒、光线传媒、唐人电影、本山传媒、长城影视等知名企业，引导培育了30多家企业进入资本市场，吸引了国内外众多优秀影视制作、发行和服务机构参与运作，共同打造中国影视产业要素集聚平台。2016年横店影视产业实验区营业收入达180.90亿元。影视产业的快速发展，有力地推动了横店第三产业的快速发展，促进了横店经济结构的优化升级。横店影视业从无到有，由小到大的过程，也是横店特色第三产业、金色品牌——影视文化旅游业从无到有，由小到大的过程。2016年横店影视城旅游收入13.14亿元，接待游客1576.52万人次。以影视产业为代表的文化产业发展，不仅有力地增强了横店经济发展的活力，优化了横店的产业结构，而且也有力地促进了横店由乡村向城市的嬗变，推动了横店科学发展、转型发展，加速了横店的城市化进程。随着影视产业的发展，文化产业链的不断延伸，横店建成区面积也不断扩大、基础设施也不断完善、城市规划逐步完善、城市功能日益健全、人居环境不断优化。

宋城演艺发展股份有限公司成立于1994年，20多年来，一直致力于深耕文化领域，以"建筑为形，文化为魂"为理念，从传统文化土壤中找寻基因，在时尚潮流的元素里呈现创意，于文化的长河中凝练出有血有肉、激发人们内心真善美的千古情系列作品。2016年，宋城演艺旗下的演出合计15000余场，观众达5000余万人次，是中国演艺市场年演出场次第一、观众人数第一、利润第一的演艺公司。杭州宋城景区的《宋城千古情》自推出十多年来，创造了世界演艺史上的奇迹：年演出2000余场，旺季每天演出9场以上，最多时达到一天15场，至2016年年底，已累计演出20000余场，接待观众6000余万人次，与拉斯维加斯的"O"秀、巴黎红磨坊并称"世界三大名秀"。2014年，宋城演艺集团制作的大型歌舞

《丽江千古情》正式首演，通过30多种先进舞台技术、道具装置与梦幻舞美视觉设计，淋漓尽致地展现了丽江具有代表性的民俗符号与文化元素，被誉为迄今为止云南省科技含量最高、原生态文化容量最庞大的一台旅游演艺项目。《丽江千古情》开业三周年，共接待游客超1500万人次。《三亚千古情》2013年9月首演，被誉为三亚文化产业项目中"亩产含金量高"的典范。至2017年，宋城演艺拥有建成和在建的30个剧院，65000个座位，超过世界两大戏剧中心——伦敦西区全部剧院座位总数和美国百老汇的剧院座位总数，是世界上拥有大型剧院最多、座位数最多的演艺公司。经过多年努力，公司已经形成现场演艺、互联网演艺和旅游休闲等几大板块，公司的行业地位逐渐得以巩固和提升，初步形成了行业龙头企业的气象和格局。

浙江华策影视股份有限公司创立于2005年10月，是一家致力于制作、发行影视产品的文化创意企业，涵盖电影、电视剧、艺人经纪、知识产权运营、电影院线建设、电视和互联网渠道经营、文化创意园区运营、产业投资等多个业务领域，设有杭州事业群、上海事业群、北京事业群、综艺事业群、国际合作实验区、影院事业部、国际公司等八大事业群，是目前国内规模最大、实力最强的民营影视文化企业之一，是经国家商务部、文化部、国家广电总局、新闻出版总署四部委批准的首批国家文化出口重点企业。2010年10月，公司于深圳证券交易所创业板上市，成为国内第一家以电视剧为主营业务的上市企业。2017年，公司获第十一届全国电视制片业"十佳电视剧出品单位"奖，入选第九届全国"文化企业30强"。华策影视也是全球最大的华语内容供应商，以"把优质的华语内容传向世界，做中国文化大发展大繁荣的推动者"为使命，在内容、渠道、资本运营等环节全方位开展国际合作，推动华语影视剧走向世界，已将1万多小时的影视作品销售至180多个国家和地区，成为全球最大的华语影视内容提供商。华策影视2017年新剧《三生三世十里桃花》入选全球知名电视节目趋势研究公司WIT发布的"全球最受欢迎电视剧"，成为首部进入这个世界级"榜单"的中国电视剧。

## 第四节　推动文化产业转型发展

改革开放以来，浙江经济取得了迅猛的发展，在20、21世纪之交，浙江经济在许多指标中已走在全国前列。也正是在这个时候，阻碍浙江经济"发展中的问题"暴露了出来，如生产要素缺乏、粗放式开发和生产造成的环境承载能力下降等。浙江文化产业发展的历程与浙江整个经济发展的历程大体上同步，也存在同样的问题，如规模偏小、水平较低、产业层次不高等。习近平到浙江工作后，省委省政府在全面自我诊断的基础上，自觉地提出了经济发展方式转型的战略主题，并形象地被表达为"凤凰涅槃""腾笼换鸟""二次创业""浴火重生"等。在这一背景下，推动文化产业转型升级和结构优化，实现文化产业发展从量的扩张到质的提升，就成为转变浙江经济发展方式的题中应有之义。实施"八八战略"以来，推动文化产业转型升级和结构优化是贯穿于从加快建设文化大省、文化强省到努力建设文化浙江全过程的一个重要主题，是推动浙江文化产业发展的一条重要路线图。

### 一　加快推动文化产业转型升级的政策措施

浙江原来的产业基础差、资源匮乏。在世纪之交，浙江经济经过改革开放以来二十多年的快速发展，综合实力和竞争力不断提升，但也存在着不少的问题：浙江的企业特别是民营企业总体规模偏小、水平较低、产业层次不高、组织结构松散，低、小、散的特点十分突出，虽然有少数企业已经发展成大中型企业，一部分民营企业通过联合经营壮大了实力，而大多数企业则仍处于"千家万户"的经营状态，当时浙江企业的平均规模水平比全国平均规模水平小1/4，一直到2002年年底浙江才出现了一家年销售额超百亿的企业。企业规模小会产生许多问题，其中比较突出的是会制约企业技术创新能力的提高，进而影响到企业产品的国内和国际竞争力。在世纪之交，浙江企业通过"模仿"这一低成本、高效益的方式，其产品的技术含量和质量已大大提高，但以国内和国际的高标准衡量，多数产品加工精度和深度不高，以名牌产品为龙头的企业集团很少。"千家万户"产品仍占多数，依靠"质低价廉量大"占领市场。2003年，浙江高新技术制造业总产值为1079亿元，销售收入为1044.3亿元，占规模以上工业企业总产值、工业销售收入的比例分别为8.3%和8.2%，发达国家一般达到30%以上。

据《2004年浙江发展报告（文化卷）》的描述，"我省的广播电视、出版、报业、文化娱乐、印刷、会展等产业门类，虽有一定的优势，但其规模不大，档次不高，特别是一些媒体和出版物是靠政策过日子，参与市场竞争的能力不强，无法与发达国家相比，就是与上海、广东、江苏、山东等省市相比，也存在一定差距。国家投资的比重过大，利用外资和社会资本的比重相对较少"[①]。改革开放以来，浙江文化产业发展基础差、起步低，特别是民营文化产业是"自我生成"的，是浙江的民营经济在文化产业领域的自然延伸。因此，浙江最早形成的民营文化产业在行业类别上大多数都属于制造业，如义乌的文体用品区块、苍南与平阳的印刷和礼品包装、宁波的文具区块等，不仅规模偏小、水平较低、产业层次不高，而且文化、创意、科技等附加值也较低。因此，实施建设文化大省战略以来，如何在促进文化产业规模扩张的同时改造提升传统文化产业，发展新兴文化业态，不断提高文化产业的高新技术含量、文化含量和创意含量，促进文化产业从劳动密集型向技术密集型转变，从低附加值向高附加值转变，从粗放型向质量型转变，就不仅成为关系浙江文化产业的竞争力和整体实力提升的重大课题，而且成为关系浙江转变经济发展方式的重大战略任务。

从实施建设文化大省战略开始，浙江省就一直重视发挥现代科技在文化产业发展中的作用。早在2000年出台的《浙江省建设文化大省纲要（2001—2020年）》中，已经提出，要"加大科技创新力度，大力引进先进的技术设备，管理经验和人才资源，提升我省文化产业的科技含量和文化产品档次，增强文化主导产品在全国的竞争优势，

---

① 参见卢敦基主编《2004年浙江发展报告（文化卷）》，杭州出版社2004年版，第26页。

推进制度创新和技术创新,实现由产业扩张向产业升级转变,促进资源优势转变为产业优势"。这一表述体现了省委对推动文化产业转型升级的初步认识。

习近平到浙江工作后,对浙江现象的深入思考,引发了他对深深熔铸在民族生命力、创造力和凝聚力之中的文化力量的更深层思考。他不仅从更好满足人民群众精神文化需求的高度,而且从推动经济结构转型升级、转变经济发展方式的高度,深刻阐发了发展文化产业的意义。他强调,文化产业是体现先进制造业水平的一个重要窗口,是高附加值的产业,是极少消耗的绿色产业。正因如此,他从文化与科技融合的时代发展趋势的高度,提出了推动文化产业创新和转型升级的战略思想,强调,文化产业要真正成为经济结构战略性调整的重要支点、转变经济发展方式的重要着力点,其本身就必须进行产业结构调整和转型升级。他高度重视文化产业创新,提出,"要适应市场的需求,不断推进文化产业的创新。特别是面向高新技术,积极推动信息产业与文化产业的融合,不断提高技术含量,促进文化产业从劳动密集型向技术密集型转变,从低附加值向高附加值转变,从粗放型向质量型转变"[①]。习近平还从多方面多角度阐述了发展高新技术文化产业的意义。他认为,高新技术文化产业"首先具有文化意义,它提供文化产品;第二具有科技意义,它是高新技术;第三具有经济意义,它能产生经济效益;第四具有政治意义,它能适应对广大群众特别是未成年人进行思想道德教育的需要"[②]。习近平指出,从浙江省文化产业发展的实际出发,必须重点扶持现代文化流通业、动漫游戏业、数字电视业等高新文化产业发展。他希望通过几年努力,使浙江省文化产业的发展水平和层次有明显提升,成为全国文化产品的重要制造基地。

正是在习近平的这些战略思想的指引下,2005年7月省委《关于加快建设文化大省的决定》强调,要"培育一批高新技术文化企业"。2005年出台的加快建设文化大省"八项工程"之一的《浙江省

---

① 习近平:《干在实处 走在前列》,中共中央党校出版社2006年版,第331页。
② 同上书,第332页。

文化产业促进工程》进一步明确提出，要用高新技术提升文化产业的层次，使高新文化企业成为文化产业发展新的重要增长点，把浙江打造成为全国文化产品的先进制造基地：一方面，要积极利用高新技术改造传统文化产业，"推动信息产业与文化产业的融合，推动高新技术在报刊、出版、印刷、影视等传统产业的运用，不断提高技术含量，促进传统文化产业从劳动密集型向技术密集型转变、从低附加值向高附加值转变、从粗放型向质量型转变"；另一方面，要大力发展新兴高新技术文化产业，"从浙江实际出发，进一步扶持现代文化物流企业发展，加强品牌建设，加快产业拓展；进一步加快动漫、游戏等新兴产业开发，加快杭州高新技术开发区、中国美院动漫产业两大基地建设，努力打造动漫产业强省；进一步加快数字电视多种功能的开发、推广和利用"。

实施加快建设文化大省战略以来，杭州市在推动文化产业转型升级方面一直走在全省前列。2004 年，国家广电总局正式批准杭州高新技术开发区为国家动画产业基地，中国美术学院为国家动画教学研究基地。杭州已初步形成动漫产品研发、制作、运营和周边产品开发的产业链。自 2004 年 10 月开始，杭州作为全国首批有线数字电视数字化整体转换城市，充分发挥其先发优势，大力推进数字电视产业发展，成效显著。至 2005 年年底，杭州市区电视用户已经达到 50.5 万户，169 家星级宾馆实现接收播放数字化，成为全国数字电视发展最快的城市之一。2005 年 1 月，杭州日报报业集团正式创办了华东地区首份手机报纸，首批 2000 名手机用户看到了当天的新闻。2005 年 6 月开园的杭州数字娱乐产业园，被文化部授予"国家数字娱乐产业示范园"，中国创网、中国博客网、联梦娱乐、华人传媒等国内知名企业均在此落户。

在推动文化产业与科技、创意融合实践的基础上，2005 年发布的《杭州市大文化产业发展规划》提出，在未来 5 年，杭州市将重点发展"数字娱乐和创意产业、现代传媒业、旅游文化业、艺术品业、文艺演出和娱乐业、体育产业、教育培训业、科技服务业和健康保健业等九大门类"。其中要"优先发展文化旅游业、现代传媒业和数字娱乐业 3 个门类，力争在'长三角'地区乃至全国范围内占优势地位"。该《规划》提出,要充分发挥杭州数字娱乐产业起步早、创业能力强、具有较强产业化能力的优势,高度重视数字娱乐产业发展。结合"动漫之都"的建设目标,在3—5年培育和完善杭州市数字娱乐产业链,建好杭州高新开发区(滨江)国家动画产业基地和中国美术学院国家动画教学研究基地,形成产业聚集,构建好产业发展的公共服务平台及研发、孵化中心。争取每年推出3—5部原创电视(影)动画剧,30款以上手机游戏,不少于20部漫画书籍,每年举办1—2次大型动漫展示活动。

2008年年初,杭州市第十次党代会报告首次提出了把杭州市打造成"全国创意产业中心"的目标,并明确以"文化创意产业"替代八大门类现代服务业中的"大文化产业"。"大文化产业"发展的重点是教育培训业,广播电视业,报刊业,出版业,文娱业,动漫、游戏、数字电视,卫生业,体育业。"文化创意产业"的涵盖范围与"大文化产业"是基本一致的,同时又增加了设计服务类等创意密集型产业。所谓创意就是与众不同的想法和发明,它会衍生出无穷的新产品、新服务、新市场和创造财富的新机会。1998年,英国创意产业特别工作小组把"文化创意产业"定义为:"源于个人创造力和技能及才华、通过知识产权的生成和取用、具有创造财富并增加就业潜力的产业。"[1] 创意产业至少具有三项共同的核心构成元素:以创意为产品内容;利用符号意义创造产品价值;知识产权受到保障。[2] 创意产业的产品往往与现代科学技术相互交融、集成创新,呈现出智能化、个性化和艺术化等方面的特点。创意产业是后工业时代推崇创新与个性化消费、强调知识与文化决定经济发展的新发展观支配下发展起来的新兴产业。显然,用"文化创意产业"来替代"大文化产业",不仅更加符合知识经济时代的产业发展趋势,而且更加符合省委提出的"两创"总战略,也更加符合杭州转变经济发展方式、打造和谐创业模式和建设创新型城市的目标要求,更能体现时代特征和

---

[1] 转引自蒋三庚《文化创意产业研究》,首都经济贸易大学出版社2006年版,第2页。

[2] 奚建华:《从文化产业到文化创意产业:现实走向与逻辑路径》,《浙江学刊》2007年第6期。

杭州特色。

2008年年初，杭州市委、市政府先后制定《关于打造全国文化创意产业中心的若干意见》和《关于统筹财政税收政策扶持文化创意产业发展的意见》，进一步明确了文化创意产业的扶持政策。在制定这些政策文件的基础上，2008年4月，杭州市召开全市打造文化创意产业中心工作会议，提出了杭州发展文化创意产业的总体目标：到2015年形成产业规模巨大、产业特色鲜明、创新能力强大、文化品位较高、创业环境一流、专业人才聚集、知名品牌众多、产权保护严密、公共服务完善的文化创意产业群，把杭州打造成以文化、创业、环境高度融合为特色的"国内领先、世界一流"全国文化创意产业中心，打响"创意杭州"品牌。杭州市委市政府希望到2010年杭州市能够实现以下一些具体目标：第一，产业实力提升。文化创意产业成为杭州新兴主导产业，产业增加值年均增长20%以上。第二，产业特色初现。八大门类文化创意产业优势进一步突出，初步形成具有区域特色的现代产业集群。第三，产业集聚加快。统筹规划，错位发展，初步建成25个以上、总建筑面积100万平方米以上的具有区域特色的文化创意产业园区，集聚文化创意企业1000家以上。第四，创新能力增强。文化创意作品原创能力和技术创新能力显著提升，推出一批具有国内和国际影响的作品和产品，杭州成为浙江省技术研发和作品原创的龙头。第五，创业环境优化。自然环境美化，政策环境优化，"和谐创业"理念得到大力弘扬，知识分子和文化人在"和谐创业"中的引领作用进一步发挥。第六，人才资源集聚。吸引和汇聚一批业内领军人物、创业团队和创新创意人才，限额以上文化创意企业就业人数年均增长10%。第七，品牌效应显现。以动漫游戏、文化演艺、数字电视、女装设计等行业为突破口，培育一批知名文化创意企业和设计师，初步打响"杭州设计""杭州创意"品牌。第八，产权保护加强。全民知识产权保护意识不断增强，知识产权保护政策法规体系不断完善，侵犯著作权、专利权、商标权等违法犯罪行为明显减少。第九，公共服务完善。建成一批产业孵化、投融资服务、技术创新、产品制作、产品和产权交易平台，产业园区服务机构健全，服务功能增强。文化创意产业启动快、扩展强、品位高、无污染，对区域经济、政治、文化、社会和环境等多方面具有引领和带动作用。从"大文化产业"到"文化创意产业"的转变，不仅仅是名称的变化，而且更重要的是杭州文化发展理念的转变。

2007年10月党的十七大报告首次提出，要"运用高新技术创新文化生产方式，培育新的文化业态，加快构建传输快捷、覆盖广泛的文化传播体系"。这标志着党中央已经将推动我国文化产业转型升级提到了更重要的议事日程。在这一背景下，2008年《浙江省推动文化大发展大繁荣纲要（2008—2012）》对"改造提升传统文化产业"和"创新文化业态"做出了更全面的布局和部署。关于"改造提升传统文化产业"，《纲要》提出，"要充分利用先进技术和现代生产方式，改造传统的文化生产和传播模式，推动信息产业与文化产业的融合，推动高新技术在报刊、出版、印刷、广播影视、舞台演艺等传统产业的运用，加快文化产业的转型升级。全面推进广播影视制作、传输、发射、播映、存储、交换以及广播影视和演艺后产品开发等领域的数字化，推动数字出版、印刷以及现代物流技术的研发和应用。积极拓展新型文化产品和服务，提升文化产业整体技术水平和竞争实力"。关于"创新文化业态"，该《纲要》提出，要"大力发展新兴高新技术文化产业，运用数字出版、数字广播影视、网络传输等现代技术，积极发展电子书、数字电视、手机报刊、网络出版物等新兴文化业态。鼓励创作和研发具有自主知识产权的网络文化产品和增值业务。鼓励公民以知识产权出资，依法创办中小创新型文化企业。支持社会力量建立风险投资和担保公司，为中小创新型文化企业发展提供服务"；"大力推动杭州、宁波、温州等城市发展文化创意产业，培育文化创意园区，支持杭州打造成为全国文化创意产业中心之一，发挥文化创意产业对转变经济发展方式的带动作用。实施品牌战略，打造文化精品，培育知名文化品牌"。显然，"改造提升传统文化产业"侧重于文化产业的"存量"，"创新文化业态"则侧重于文化产业的"增量"。浙江省试图通过在"存量"和"增量"中都注入现代高新技术，不断提高文化产业的高新技术含量，加快文化产业的转型升级，增强文化产业的竞争力和可持续发展能力。

实施加快建设文化大省战略以来，全省传统文化产业逐步得到改造提升，数字动漫、数字电视、数字出版、网络广播影视等新兴文化业态快速发展，2009 年全省共生产影视动画片 43 部 32758 分钟，居全国第 2 位。至 2009 年年底，全省 11 个设区市市区和大部分县市开通了有线数字电视，拥有网络出版资质的单位 9 家，涉足网络出版的经营性网站近 100 家，网络游戏、网络音乐等网络文化企业 58 家，注册资金 5 亿元，居全国第 4 位。在新兴文化业态快速发展的态势下，《浙江省文化产业发展规划（2010—2015）》强调，要"创新文化生产、传播、流通、消费方式，突出高技术、高附加值等特征，提高文化产品的科技含量和品牌含量。坚持以结构调整为主线，加快文化产业转型升级，大力提升文化服务业的比重，增强文化产业对其他产业的渗透提升和带动能力"。要形成初步以企业为主体、市场为导向、产学研相结合的文化创新体系，"文化产业人才资源加速集聚，文化产业关键创新技术得到提升，文化策划和原创能力进一步提高，数字化、网络化技术广泛运用，文化企业装备水平和科技含量显著提高，打造一批具有自主知识产权和核心竞争力的文化品牌"。这就把创新文化业态、推动文化产业转型升级提到了更突出的位置。2011 年 10 月党的十七届六中全会通过的《中共中央关于深化文化体制改革推动社会主义文化大发展大繁荣若干重大问题的决定》强调，要"构建结构合理、门类齐全、科技含量高、富有创意、竞争力强的现代文化产业体系"，"推进文化产业结构调整，发展壮大出版发行、影视制作、印刷、广告、演艺、娱乐、会展等传统文化产业，加快发展文化创意、数字出版、移动多媒体、动漫游戏等新兴文化产业"。2011 年 11 月省委《关于贯彻十七届六中全会精神推进文化强省建设的决定》进一步强调，要"推进文化产业结构调整，加快发展新闻出版、影视服务、文化会展、文体休闲娱乐、文体用品制造等优势文化产业，大力发展文化创意、动漫游戏、数字出版、移动多媒体等新兴文化产业。推动文化产业与旅游、体育、信息、教育、工业、工程设计等产业的融合发展"。

"十二五"时期既是浙江文化产业规模持续扩大的时期，也是文化产业结构加快调整、产业特色加快形成的时期。广播影视、新闻出版、动漫游戏、文化演艺和文化产品制造等领域优势凸显；文化与科技融合日趋深入，杭州、宁波、横店获批国家级文化与科技融合示范基地；2015年全省电视剧、动画片、电影产量分别居全国第1位、第2位和第3位，浙江出版联合集团、宋城演艺、华策影视3家企业入选全国文化企业30强。《浙江省文化产业发展"十三五"规划》提出了推动文化产业转型升级的更高目标，不仅强调要"努力构建结构合理、门类齐全、科技含量高、富有创意、竞争力强的现代文化产业发展体系"，而且强调要"牢固树立'文化+'理念，促进文化产业与相关产业的深度融合，发挥文化产业作为绿色产业在经济结构调整和转变经济发展方式中的战略作用"。2017年9月省委省政府发布的《关于加快把文化产业打造成为万亿级产业的意见》提出了"八大计划"，即影视演艺产业发展计划、数字内容产业打造计划、文化创意设计产业提升计划、文化新兴业态促进计划、工艺美术产业升级计划、文化制造业转型计划、文化旅游融合发展计划、文化体育产业推进计划。这"八大计划"的关键词，就是提升、升级、转型、促进、发展、融合等，都聚焦于改造提升传统文化产业，发展新兴文化业态，推动文化产业转型发展。

## 二 加快推进现代科技与文化产业的融合发展

历史表明，文化生产像其他形式的生产一样，依赖于一定的生产技术。这些技术既是文化生产力的一部分，又给特定时期的文化打上了深深的烙印。在结绳记事的年代不可能产生微积分；在把文字刻在竹简上的年代，不可能诞生长篇小说；在手工作业、小规模生产的自然经济社会，不可能通过工业的方式复制大批量的文化产品。技术的意义是决定性的，不同的技术水平和不同的传播媒介将会改变既有文化的形态、风格以及作用于社会现实的方式和范围。正是在此意义上，麦克卢汉指出，"铁路带来的'信息'，并非它运送的旅客，而是一种世界观、一种新的结合状态，等等。电视带来的'信息'，并非它传送的画面，而是它造成的新的关系和感知模式、家庭和集团传统结构的改变"[1]。正如在历史上曾经发生过的事情一样，现代科学

---

[1] 转引自［英］迈克·费瑟斯通《消费文化与后现代主义》，刘精明译，译林出版社2000年版，第145页。

技术的发展也营造了现代文化的新景观,"文化的传统意义的情境被消解了(decontextualized),它被模仿、被复制、被不断地翻新、被重塑着风格。所以后现代城市更多的是影像的城市,是文化上具有自我意识的城市;它既是文化的消费中心又是一般意义上的消费中心。而对后者,亦如曾经所强调,不能脱离文化记号与影像来谈论。因此,城市生活方式,日常生活与闲暇活动本身,不同程度地受到了后现代仿真趋势的影响"①。

现代科技是文化产业发展的基本动力之一。现代印刷技术的进步,广播、电影、电视、网络空间等的诞生,都对文化产业的发展产生了革命性的作用。现代文化产业是一个与现代技术日益融合的产业。新一代信息技术革命催生了文化产业新变革。新一轮科技革命和产业革命浪潮兴起,大数据、云计算、移动互联网、虚拟现实和人工智能等新一代信息技术的广泛应用,给文化产业的内容生产、表现形式、商业模式带来了深刻变革。"'互联网+'是互联网对传统行业的渗透和融合,但并非两者的简单相加,也并非传统行业简单触网即可完成渗透与融合,而是通过互联网平台、互联网思维,对传统行业进行思维模式和经营模式的颠覆,进而让互联网与传统行业进行深度融合,创造新的生态和整体机遇。"②互联网为文化产业的创新发展,提供了便捷、经济、多渠道的技术平台,互联网行业主动向传统文化产业渗透,对传统文化产业业务的发展模式和思维方式进行颠覆,进而实现互联网与传统文化产业主动深度的融合;以创意和新技术为特征的文化产业新内容、新业态层出不穷,数字内容产业呈现爆炸式增长。

实施加快建设文化大省战略以来,浙江一批国有、民营文化企业适应智能互动、虚拟现实等发展趋势,加强内容和技术装备协同创新,以高新技术发展高新文化产业、改造提升传统文化产业、发展新兴文化业态,大力推动新一代技术特别是信息技术与文化产业的融合发展,全省文化服务业发展规模不断扩大,新兴业态层出不穷,呈现

---

① [法]鲍德里亚:《消费社会》,刘成富、全志钢译,南京大学出版社2000年版,第132页。

② 马化腾等:《互联网+国家战略行动路线图》,中信出版集团2015年版,第86—87页。

出快速增长的态势，文化制造业逐步向"微笑曲线"两端转型。以互联网为代表的新媒体新技术不仅为浙江经济发展植入了新的基因，而且也为文化产业的创新创业带来了广阔空间。

浙江省是全国信息经济发展高地，信息经济这种以信息资源为基础、信息技术为手段、信息产业为支撑、信息技术与经济社会各行各业融合运用为主要推动力的新经济模式，在浙江经济转型发展中产生越来越重要的作用。自2014年以来，浙江信息经济核心产业增加值年均增长16.2%，比GDP增速快近1倍，占GDP比重年均提高0.7个百分点。2016年11月，在第三届世界互联网大会前夕，国家网信办、国家发改委批复浙江省建设全国首个国家信息经济示范区。《2017年浙江省信息经济综合评价报告》显示，2016年浙江省信息经济发展指数为119.8%，其中，基础设施、核心产业、个人应用、企业应用和政府应用发展指数分别为133.0%、110.0%、141.1%、104.4%和103.6%。工信部发布的研究报告显示，浙江省电子信息制造业综合发展指数、软件和信息技术服务业综合发展指数分别位居全国第5位和第3位。2017年乌镇智库发布的数据也显示，浙江省在人工智能领域企业数量、融资规模总量均位居全国第4位，连续两年单笔融资额列全国第一，杭州市在人工智能融资规模、平均单笔融资金额增长率均超过370%，每万人拥有人工智能企业的数量等指标居全国大中型城市首位。另据阿里研究院数据，中国大众电商创业最活跃的10个城市中浙江占5个，2100个淘宝村中浙江占793个，240个淘宝镇中浙江占78个，均居全国第一。杭州的梦想小镇、云栖小镇已经成为互联网领域创业创新的样板，以网约租车、共享单车为代表的杭州分享经济领先于全国快速发展。杭州等地成功举办了云计算大数据产业大会、"互联网+"数字经济峰会、中国工业大数据大会钱塘峰会、浙商人工智能产业峰会、中国产业互联网大会、全球未来出行国际展览会、世界互联网大会等。2017年8月，浙江省公布了全国首个国家信息经济示范区建设实施方案，提出，将通过3—5年的努力，信息经济在全省经济中的主导地位凸显，创新能力显著提高，体制机制明显优化，基本建成国际电子商务中心和全国物联网产业中心、云计算产业中心、大数据产业中心、互联网金融创新中心、智慧物流中心、数字内容产业中心、信息化和工业化深度融合国家示范区和国家信息经济示范区，在"互联网+"、新型智慧城市、分享经济、基础设施智能化转型、促进新型企业家成长等方面走在全国前列。国家网信办、国家发改委批复创建首个国家信息经济示范区以来，浙江省先后出台了加快发展人工智能、智能硬件、云计算、集成电路、软件和信息服务业等多个实施意见或行动计划，不断强化在新一代信息技术领域的技术攻关与产业培育发展。浙江省已建成国家和省级信息产业基地、园区40余个，省级信息经济示范区22个，信息经济类特色小镇21个，国家级双创基地8个，省级以上众创空间270个。以互联网为核心的信息经济已经成为支撑浙江未来发展的八大万亿产业之首。

在加快发展信息经济过程中，浙江省着力于推动新一代信息技术与文化产业的融合发展，积极鼓励文化企业与互联网企业跨界融合，与通信运营商、信息服务企业合作，利用互联网、移动终端等载体，加大文化产品推广力度，推动文化产品和服务的生产、传播、消费的数字化、网络化进程。

以大数据、互联网、社交媒体平台为代表的新一代信息技术的广泛应用，带来了舆论生产方式、舆论传播方式以及舆论生态、媒体格局的深刻转型。充分运用新一代信息技术，加快传统媒体和新兴媒体融合发展，占领信息传播制高点，就成为掌握意识形态领域主动权、壮大舆论传播事业的战略选择。近年来，浙江省不断探索媒体融合发展路径，推动传统媒体积极向网上发展，大力发展新媒体业务，传统媒体与新兴媒体优势互补、彼此融合的态势日益凸显。大数据、云计算等技术运用到全媒采编平台构建之中，移动直播、H5应用等技术在采编制作环节普遍采用，机器人写稿、无人机采集、虚拟现实等技术从无到有，实现了突破。2015年，浙江省发布了《关于推动传统媒体和新兴媒体融合发展的实施意见》，出台了系列扶持政策，通过财政资金安排、国有资本投入、国有资本经营预算、税收减免等途径，加大对媒体融合重点项目建设的政策支持力度，积极发挥政策的引领和撬动作用，借力社会资本实现跨越式发展，为媒体融合发展营造良好环境。2016年和2017年，浙江省委常委会三次专题研究浙江日报、浙江广电集团媒体融合改革方案，省委全面深化改革领导小组将媒体融合发展列入深化改革的重点突破项目，强调要着力构建以互联网传播为主要渠道、报纸传播为重要依托的新型传播格局，为浙江的媒体融合发展做好了顶层设计。

浙江报业集团媒体融合实践走在全国前列。2014 年 8 月 18 日，中央深改组会议审议通过了《关于推动传统媒体和新兴媒体融合发展的指导意见》，提出传统主流媒体要大力发展移动端，占领新兴舆论阵地。而在同年的 6 月，"浙江新闻"客户端正式上线，同年年底即快速积累了 500 多万用户，与以往仅仅专注于内容生产不同，"浙江新闻"客户端从产品的设计、运营，内容的策划、呈现，都围绕用户需求进行。这款 App 上线不久，很快在全国产生了巨大的影响力。2016 年，浙报集团推行报网端融合，将《浙江日报》、浙江在线、浙江新闻客户端三班人马合并，融合组建一个中心八个部。一个中心即全媒体编辑中心，包括报纸的夜班编辑部和把网站、App 融合在一起的数字编辑部。八个部即全媒体经济新闻部、全媒体政治新闻部、全媒体文化新闻部等，每个全媒体新闻部都要采集、编辑和分发三个媒体的全端产品。为推动主流新闻传播占领互联网制高点，浙报集团推进建设由核心圈、紧密圈、协同圈三部分组成的"三圈环流"新媒体矩阵。核心圈包括浙江新闻客户端、浙江手机报、浙江在线、浙江视界，构建"四位一体"的网上党报，以传播主流新闻为核心，一个中心、八个部和核心圈的业务联系紧密。至 2016 年年底，浙江日报各类新媒体矩阵已集聚互联网注册用户 6.6 亿，活跃用户 5000 万，浙江新闻客户端用户数达 1300 万。

互联网的迅速发展，加快推动了媒体格局和舆论生态的重构，主流媒体面临更为激烈的竞争，融合发展任务更为紧迫。广播电视的生存环境虽然好于报纸，但受众日渐分流，广告收入也在下降。面对这种形势，浙江广播电视系统着力于加快推动互联网与广播电视的融合发展，建设全媒化的新型广播电视主流媒体，积极推动数字广播电视传输技术研发，加强地面无线广播电视与互联网的融合创新，打造移动、交互、便捷的地面无线广播电视新业态，通过推进深度融合，走出了一条持续发展的新路。比如，2014 年《浙江广电集团新媒体融合实施方案》出台，明确提出"一云、两网、三集群、四平台"总体目标，做强门户网站"新蓝网"，成立浙江网络广播电视台和手机台，打造国内一流综合视频新闻网站；创办"蓝天视频网"，打造国内领先视频网站，努力把浙江广电集团建设成为形态多样、手段先进、具有强大竞争力的省级新型主流媒体。至2016年年底，浙江广电集团各类新媒体产品吸引活跃用户3400万，开拓了全新阵地，扩大了主流媒体的传播力、影响力。除了省广电集团以外，全省杭州、宁波等其他市级广电集团也积极引进新媒体运营、技术等领域人才，通过项目孵化机制等手段，为互联网人才创造良好的就业条件；以先进技术为支撑、内容建设为根本，推动传统媒体和新兴媒体在内容、渠道、平台、经营、管理等方面的深度融合，比如建设集团全媒体融合云平台，构建集采编、制作、存储、媒资、发布、安全管控、运营于一体的广播电视制播云平台和全媒体指挥中心等。

在浙江的主流媒体领域，传统媒体与新兴媒体的加快融合，使融合传播技术得到了广泛的应用，推出了一批"现象级"融合媒体产品，形成了一批有影响力的新媒体品牌，培养和锻炼了一批全媒人才，主流媒体传播阵地得到了拓展，覆盖用户大大增加。全媒体多样化传播形式、分众化互动式服务方式、大众化生活化话语表达，推动了新闻传播全方位创新。

浙江其他文化产业领域与新媒体新技术的融合发展趋势也不断加快。2016年11月，华数传媒在第三届世界互联网大会·乌镇峰会上提出，未来将积极实施"新网络＋应用""新媒体＋内容""大数据＋开发"三大战略，把打造"智能化新网络＋服务化新媒体"运营商作为自身的新战略选择。华数传媒大力推动各项业务发展付费频道业务、互动电视业务、互联网业务、互联网电视业务和集团宽带网络业务等，公司业绩平稳增长。2016年，阿里巴巴集团在文化娱乐领域的布局已经有近10历史的基础上，建立了文娱集团，计划募集超百亿元基金，在文娱领域开启"买买买"模式、"互联网＋"模式。以此为标志，"大文娱"已经成为阿里巴巴继电商、云计算之后的最新主营业务。2012年，浙江杭州国家数字出版产业基地授牌，通过联手共建了八大园区，至2017年基地共集聚400余家企业，产值超百亿元，获"全国新闻出版产业基地（园区）工作优秀基地"

称号。中国移动、中国电信和华数传媒三大数字内容投送平台全面建成，至2017年中国移动手机阅读基地咪咕数媒全平台拥有超过46万种正版图书内容，覆盖近5亿用户；宁波云朵网络与浙江省文化产业促进会共同组建并重点建设和运营的"浙江省文化产业大数据服务平台"（以下简称"浙朵云"），为浙江20多万家企业、政府机构等提供全方位的数据推送、分析、评估和共享等服务；中国移动手机阅读基地覆盖了近5亿用户，年收入超65亿元。杭州、宁波和横店着力于创建国家文化与科技融合示范基地，积极推广应用科技前沿技术，加快培育一批高新技术文化企业，用科技提升文化产业发展；杭州市大力推动梦想小镇、云栖小镇等成为互联网文化产业发展的新载体。全省各地还通过项目众筹、大数据运用、互联网营销等新手段，大力提高办公用品、木制玩具、体育休闲用品的产品档次和技术含量，实现传统文化企业的转型发展。

### 三 提升文化产业的文化内涵和附加值

提升文化产业的文化内涵和附加值，将"文化+"理念融入经济社会发展的各行业各领域，推动文化产业与相关产业融合发展，是浙江省推动文化产业转型升级的一条重要途径。

在市场经济条件下，发掘传统文化资源与发展文化产业之间具有一种内在的联系。其一，文化产业的一个共同特点，就是植根于某一种或几种文化资源，提供具有文化附加值的产品和服务。在这些文化资源中，区域传统文化资源是极其重要的组成部分。其二，以一种产业化的机制来发掘传统文化资源，是实现传统文化资源与现代社会的结合，从而促进其潜在影响力转变为现实影响力的一条重要途径。从某种意义上说，在市场经济条件下，文化的传播和影响程度，在相当程度上取决于其产业化和市场化的程度。诚然，传统文化资源元素在文化产业化的运用过程中会发生一些变异，但同时也会通过文化产业这个新载体而存活下来从而得以传承与弘扬。其三，文化产业是最具可持续发展能力的产业，其所赖以生存和发展的文化资源在很大程度上是一种活的资源，可以不断地重复使用，因而会大大地减轻经济增长对自然资源和生态环境保护的压力。但许多文化资源又是不可多得、不易复制的珍品,具有极高的文物价值,需要在保护的基础上加以合理的开发利用,这是一条不可逾越的红线。①

浙江发展文化产业具有许多得天独厚的优势,其中之一,就是区域传统文化资源优势。自实施建设文化大省战略以来,全省各级党委和政府越来越注重历史文化遗产的发掘,积极尝试把文化传承、地域历史遗产的保护与文化产业发展结合起来,走以发展促保护、保护和开发并重之路,不断增加文化产业的文化内涵和附加值。比如,杭州市大力发展与文化传统资源相关联的文化产业,相继开发了宋城、杭州乐园、未来世界、世界休闲博览园、千岛湖开元度假村、西溪国家湿地公园、大运河、南宋皇城御街等一系列文化旅游项目;推出了"一街(北山街)二馆(中国茶叶博物馆、苏东坡纪念馆)三园(云栖、仁寿山、龙泓涧)四墓(龚佳育墓、苏小小墓、武松墓、陈夔龙墓)五景点(魏庐、朱家里、玉岑诗社、留余山居、三台阁)"等文化旅游景点。绍兴等地建立了历史文化街区、村镇的修缮整治由政府、社会、个人按比例共同出资承担的投入机制,实现了遗产保护与开发的"双赢"。乌镇、南浔、西塘、诸葛等历史文化村镇,也在严格保护的基础上积极发展文化旅游产业。宁波市开辟了慈溪黛青·越窑青瓷之旅、鄞州彩金·国家宝藏之旅、宁海火红·十里红妆之旅和余姚赤色·余姚红色之旅等文化旅游线。全省各地加快推动文化与旅游的整合发展,不断发掘区域文化资源、植入文化元素,提升各旅游景点、旅游产品的文化内涵,将文化资源的优势有效转变为品牌优势、文化旅游优势、经济优势,逐步构建主题突出、特色鲜明、产业联动发展的文化旅游产业发展新格局。

与此同时,"文化+"理念不断深入人心,文化创意和设计服务等新型、高端服务业迅速发展,文化产业与相关产业融合的广度和深度不断加大。全省各地积极利用工业设计、品牌策划、营销推广等文化创意手段,大力发展建筑设计、智能设计、时尚设计、品牌设计、新媒体和体验交互设计等产业,加快将文化元素融入制造业研发、设

---

① 参见姚天祥、王亚南《文化成就腾冲》,张晓明、胡惠林、章建刚主编《2008年中国文化产业发展报告》,社会科学文献出版社2008年版。

计等价值链高端环节，提升产品制造的文化附加值；推动服装服饰、皮革制品、家居用品、珠宝首饰等向时尚产业转型；推动网络众创众包设计发展，建立线上对接及线下项目孵化机制，积极培育引进优秀设计主体，打造服务于区域经济发展的设计服务集群。比如，宁波市、温州市、舟山市、台州市和绍兴北部地区等沿东部海岸、海岛、海湾发展带，积极发挥临海物流便利优势，强化文化创意和设计服务对消费品工业转型的引领作用，不仅重视提升文化产品的技术附加值，而且重视提升文化产品文化性的附加值，加快文化产品制造向文化产品智造转型。全省各地大力提升城乡规划、建筑规划和园林规划的文化品位，增强美丽县城、美丽乡村建设的文化内涵和文化附加值。通过文化嫁接拓展衍生产品制造，推动艺术品与日用品、旅游产品的有机融合。

### 四 推动文化产业与金融的融合发展

金融是经济发展运行的"血液"，是现代经济的核心，也是推动文化产业市场化、专业化、资本化发展的关键要素。同时，文化产业巨大的增长潜力和广阔的发展空间，也为金融业提供了新的业务领域和利润来源。纵观日韩美英等国家，金融支持政策对文化产业发展起到了关键性作用。推动文化与金融的融合发展，是推动文化产业转型升级的重要途径。一直以来，文化与金融的融合发展存在诸多难题，比如软资产多、硬资产少，加之知识产权评估体系不健全，导致抵押存在难题，成熟的外源融资模式少，特别是文化企业与其他类型企业在商业模式上存在非常大的差别，著作权、商标权、专利权等无形资产，在价值评估、权利归属等方面都具有不确定性，长期以来主要依靠各银行自行判断价值。因此，在金融监管不断趋严的大背景下，推动文化产业与金融的融合，必须在无形资产评估、企业征信、文化金融市场信息等方面取得进一步的突破。

作为一个市场经济、民营经济先发省份，浙江省先行先试，积极探索创新文化金融的政策体系、组织体系、投融资体系、公共服务平台体系，在推动文化与金融的融合发展方面走在全国前列，有效地激发了文化产业发展的活力。在发挥市场主导作用的前提下，针对文化企业特别是中小文化企业融资难问题,浙江省从加强金融机构与文化企业对接入手,系统设计和谋划了金融支持文化创意产业的政策和措施,鼓励金融机构开发适合文化企业特点的文化金融产品,支持符合条件的文化企业直接融资,支持上市文化企业利用资本市场并购重组,规范引导面向文化领域的互联网金融业务发展,完善文化金融中介服务体系,促进文化金融对接,积极探索开展无形资产抵押、质押贷款业务,鼓励开发文化消费信贷产品。随着政策红利的释放与资本的青睐,文化与金融的融合速度日益加快,文化金融生态环境逐步得到优化,文化产业与金融资本的融合发展呈现了新的趋势,助推了浙江省传统文化产业的转型升级和新兴文化业态的发展。

2013年,国内首家文创金融专营机构——杭州银行文创支行设立,在短短三年内,支行已经为300多家文创企业和400多个中小企业创业者提供了累计54个亿的信贷支持,覆盖影视传媒、动漫游戏、设计服务、教育培训、艺术品等重点行业。之后,又陆续成立了省建设银行文创支行、杭州联合银行文创金融服务中心,因此,杭州也成为全国首个同时具备3家以上文创金融专业机构的城市,进一步提升了杭州文创金融专业化服务水平。2014年6月,宁波市设立了文化金融服务专营机构——农行宁波市文创支行,这是全国农行系统首家文创银行。文创银行实行机构专营、人才专用、制度专项、政策专属、资源专享。至2017年,浙江全省已设立12家文创银行。这些文创银行积极尝试摸索,专注于打造优质文创金融生态体系,构建差别化授信体系,推出了许多切实有效的新型服务模式,如"影视通宝""银保通达""投贷证租""知识产权质押""股权质押""银投联贷""游戏工厂信贷""影视夹层贷""艺术品质押"等,金融服务逐渐迈向精准化、立体化。

2009年5月,浙江日报报业集团联合中国烟草总公司浙江省公司、浙江省财务开发公司等国有资本共同组建了浙江省首只国有文化产业投资基金——东方星空文化基金,开创了我国文化传媒业以传媒集团牵头组建文化产业投资基金的先河,以资本运作的方式,积极培育省内文化传播产业中的骨干企业和新兴文化产业,增强浙江文化产业整体实力。2011年,杭州市文化创意产业办公室的全资子公司、注册资本金 2 亿元的杭州文投创业投资有限公司成立。作为杭州市国有文创产业投融资平台，杭州文投的主要职能包括：行使国有文化资本投融资主体职能，引导社会资本进入文化产业领域；行使部分国有经营性文化资产运营职责，推动国有文化资产整合和优化配置；行使重大文化项目投资建设主体职能，提供优质公共文化产品和服务。杭州市本级及各区、县（市）均设立文创产业专项资金，"十二五"期间市区两级财政共投入近 20 亿元，带动社会投资约 500 亿元，有效地缓解了文创企业"融资难""融资贵"等问题。2016 年年初，为推进文化企业与资本的融合对接，浙江省首个文化产业金融服务平台"鑫文化"在杭州基金小镇上线。"鑫文化"致力于通过"线上＋线下""标准化＋个性化"服务体系，为文化企业提供"一站式"融资服务。2016 年，杭州市文创委印发《杭州市文化创意产业创业投资引导基金管理暂行办法》，意味着杭州市文创产业引导基金正式启动，首期规模为 1.2 亿元。这些资金将通过与社会资本合作成立子基金的形式，鼓励引导社会各类资本投资杭州市文化创意产业领域，加大对中小微文创企业的投资力度，引导、助推杭州市文化创意产业的健康发展。2016 年，宁波市专门设立了规模为 2 亿元的文化产业基金，主要投资市内的文化企业和文化重点项目，实现财政专项资金向产业发展基金转化、行政性分配向市场化配置转变。同年，规模为 50 亿元的浙江文化产业成长基金设立，首期 2 亿元全部面向民营文化企业募集。东方星空、浙江成长、杭州文投等文化产业基金和一大批民营文化产业基金，构筑了浙江文化产业投融资服务平台，解决了文化企业融资难、融资贵等突出问题，发挥了财政资金的激励引导和杠杆放大效应，有效吸引了社会资本进入文化产业重点领域，提升了浙江文化产业发展的后劲，是推动浙江文化产业成为重要支柱性产业、万亿元产业的助推器。

近年以来，全省不少地方党委政府举办了文化产业项目与资本对接活动，推动社会资本投资文化产业。比如，宁波市高度重视文创产业和金融产业的融合发展，2014 年以来，市委把深化文化金融合作列为全面深化改革的年度重点项目。2015 年，市政府把创建文化金融合作试验区写入了政府工作报告，启动实施金融服务体系构建工程。2016 年，市委市政府把深化文化金融合作纳入"十三五"文化发展规划的重要内容，确立了文化金融合作在文化产业发展中的地位作用。宁波市金融机构累计为 8000 多家文化企业和近百个文化重点项目建设提供了个性化融资服务。2017 年 6 月，宁波市委宣传部、市文广新局、市金融办、中国人民银行宁波市中心支行等主办的 2017 宁波文化产业与金融资本对接会，吸引了 30 余家金融机构和 200 余家文创企业参加，17 个项目现场签约金额达 5 亿元。2015 年年底，台州市举行了文化产业银企对接会暨文化产业银行授牌仪式，各金融机构与市区 54 家文化企业现场签订了额度为 13.5 亿元的贷款合作协议，为台州市文化产业发展奠定了良好的基础。

浙江省上市公司在数量和规模上都领跑全国。支持文化企业上市、支持上市文化企业利用资本市场并购重组，是浙江省推动文化产业与金融融合发展的重要途径。至 2017 年 12 月底，浙江省有 A 股上市文化企业 38 家，数量位居全国第一，百家文化企业挂牌新三板，涵盖新闻出版、广播影视、文化演艺和文化装备等多个领域，拥有"报业第一股"浙数文化、"电影第一股"华谊兄弟、"演艺第一股"宋城演艺、"网吧服务第一股"顺网科技、"广告第一股"思美传媒、"舞台设备第一股"大丰实业等众多明星上市文化企业，形成了令人瞩目的"浙江文化板块"。通过上市，这些文化企业获得了发展的生机，在业务规模、营业盈利、业务拓展等方面都实现了跨越式发展。2017 年 10 月，浙江省政府召开了全国企业上市和并购重组工作会议，会上发布了"凤凰行动"计划，把浙江资本市场发展提升到了一个新的高度。这个计划明确了上市公司倍增的目标，也就是在 2017 年年末全省境内外共有的 507 家上市公司基础上，在 4 年后增长到总 1000 家上市公司和重点拟上市企业。实现文化企业上市公司倍增，既是"凤凰行动"计划的重要内容和目标，也是推动文化产业与金融融合发展的重要举措。浙江省金融办将会同浙江证监局，积极配合省委宣传部，加大文化企业的股改、辅导和上市的力度，把文化企业纳入"凤凰行动"计划的重点培育名单库，提供改制上市"一站式""专业化"各个环节的"绿色通道"服务，着力于把浙江打造成全国文化上市企业的高地，加快推动浙江文化产业成为万亿产业。

## 第五节　发展文化产业的经验与启示

改革开放以来，随着经济体制从计划到市场的转变，浙江文化产业发展也经历了从自发到自觉的过程。习近平到浙江工作后把发展文化产业提升到加快建设文化大省突破口和重要支撑、经济发展重要增长点、文化体制改革重要着力点的高度来认识，将之纳入"八八战略"中予以通盘谋划和布局。从加快建设文化大省、文化强省到努力建设文化浙江，历届省委坚持一张蓝图绘到底，深入推进文化体制改革，加快构建结构合理、科技含量高、富有创意、竞争力强的现代文化产业体系。在这个过程中，浙江省文化发展环境不断优化，涌现出了一批具有较强实力、竞争力和影响力的国有和民营文化企业，文化产业的整体实力和水平不断提升。浙江的实践表明，加快推动文化产业发展是推动文化繁荣兴盛、满足人民群众文化需求、促进经济结构调整和转型升级、提升国家文化实力、弘扬中华文化的有效途径，发展文化产业必须充分重视政府和市场这两种力量的作用。

### 一　发展文化产业是推动文化繁荣兴盛的重要途径

随着我国进入人均 GDP 八九千美元后的发展阶段，经济结构、社会结构、城乡结构、消费结构的变化步伐将显著加快，文化消费将进入大幅跃升阶段，人民群众精神文化需求迅速增长，呈现出多方面、多层次、多样性等特点。这就要求为文化发展注入新的动力，加快推动文化的繁荣兴盛，不断创造新的文化品种、样式、载体和风格，满足人民群众多样化的文化需求。

浙江的实践表明，把市场机制、产业方式引入文化领域，不仅有助于文化领域以新的产业化方式和市场方式积累资金，改善文化自身生存和发展的物质条件，而且有助于转换文化发展机制、方向和方法，促进文化企业不断降低生产成本，优化文化资源和文化生产要素配置，提高文化发展效率，从而有效地推动文化的繁荣兴盛，更好地满足人民群众的精神文化需求。

计划经济体制的一个重要特征，是整个经济中普遍存在的低效率，这种低效率现象也体现于文化生产领域。像经济领域一样，文化生产领域的低效率现象，是计划经济体制下特定的资源配置机制、激励约束机制等因素所导致的直接结果。伊萨克森等认为，计划经济体制有三个特点：一是实物生产指标是完成计划的主要标准；二是缺少作为相对稀缺信号的价格，这是一种让市场出清的机制；三是缺少破产机制，这是停止生产和对生产进行整顿的一种客观机制，它是"软预算约束"的结果。"这三个因素导致了一种长期过量需求的状态，而投入和制成品则相对短缺。此外，当许多部门由在经济中占有垄断地位的大企业构成时，就为以卖方市场为特征的局面做好了准备。这就意味着，在所有阶段上，生产者的利益都占了上风，而消费者将受到损害。""用这种体制组织国家生产所造成的后果是，它不是通过更好地利用现有的资源实现经济增长，而是依靠使用更多的资源来达到经济增长……计划经济无法成功的实现集约性增长，所谓集约性增长即通过提高生产率获得经济增长。"① 不仅如此，计划经济体制也无法实现文化产品的集约性增长，即无法通过提高文化生产率促进文化产品的增长。

文化生产的低效率导致了文化产品和服务有效供给的不足，从而难以满足人民群众的文化需求。正如计划经济时期上海市文办的一份报告所说："目前存在的最大问题是人民对文化生活需要的增长与文化艺术工作不能满足人民需要的矛盾。近两年来上海艺术创作是不够繁荣的。戏曲上曾有过严重的剧目荒，电影话剧、新歌剧、音乐、舞蹈和美术的创作也很少……国产片太少，而且不少是公式化、概念化的作品，观众感到不满意……广播节目数量少、质量低、内容空洞、形式单调，也不能满足群众的需要。"② 在经济文化比较发达的上海市尚且如此，更别论中国经济文化更落后的其他地区了。在"文化大革命"时期，中国文化事业处于更严重的萎缩状态，文化产品供给严重短缺，"八亿人看八个样板戏"，文化生活十分贫乏。有知青在回

---

① ［挪威］伊萨克森、［瑞典］汉密尔顿、［冰岛］吉尔法松：《理解市场经济》，张胜纪、肖岩译，商务印书馆1996年版，第81页。
② 转引自程恩富主编《文化经济学》，中国经济出版社1993年版，第314页。

忆当年的精神文化生活时说,"那时候,我们最高兴最快乐的日子莫过于县上的电影队来大队里放电影。放映员照例要征求大家的意见:两部电影,《沙家浜》和《多瑙河之波》,第二个是个外国的,你们要看哪个?农民们齐声喊道沙—家—浜。把知青们的《多瑙河之波》淹没了。于是就只有看《沙家浜》。因为全县只有两个巡回放映队,一年难得来放一回,可是每次都是样板戏,真叫我们扫兴"①。

作为民营经济和市场经济的先发省份,浙江是全国最早意识到发展文化产业的重要性、最早把市场机制和产业运作机制等经济体制改革成就引入文化发展领域的地区之一。在1999年年底的省委十届三次全会上,浙江就已提出了"发展文化产业,建设文化大省"的战略目标。习近平到浙江工作后,更是把发展文化产业纳入"八八战略"和加快建设文化大省战略中予以通盘谋划和布局。实施"八八战略"以来,随文化体制改革加快推进,浙江文化产业发展环境日益优化、发展速度逐步加快、整体实力和水平不断提升。2016年全省文化产业总产出达1.08万亿元,全省"四上"文化及相关特色产业5590家企业营业收入8304亿元,全省文化及相关特色产业增加值达3232.98亿元,增加值占全省GDP比重从2015年的5.81%上升到6.8%(2016年全国文化产业增加值占GDP的比重为4.14%),文化产业综合指数和生产力指数均列上海、北京、江苏之后位居全国第四,影响力指数位居全国第三。文化产业的快速发展有效地满足了浙江人民群众的精神文化需求。

浙江的先行探索和实践表明,把利益驱动机制、竞争机制、价格机制等市场化机制、产业化机制引入文化发展领域,加快文化产业发展,是社会主义市场经济条件下推动文化繁荣兴盛、满足人民多样化精神文化需求的重要途径。"利润给企业以奖励和惩罚。利润引导企业进入消费者的需要数量较多的领域,离开消费者需求数量较少的领域,而且使厂商使用最有效率(成本最低)的生产技术。"② 因此,

---

① 叶童、朗月:《激荡的情史:1949—1999 中国的婚恋》,中国文史出版社1999年版,第178—179页。

② [美]萨缪尔森、诺德豪斯:《经济学》(上卷),萧琛主译,中国发展出版社1992年版,第74页。

一旦将市场化的运作逻辑和方式引入文化发展领域，利润也会给文化企业以奖励和惩罚。"利润"不仅会引导文化企业进入文化消费者的需要数量较多的领域，离开文化消费者需求数量较少的领域，而且使文化企业使用最有效率（成本最低）的生产技术。为了获取利润，生产者的唯一方法便是采用效率更高的生产方法，以便把成本压缩到最低点。在市场经济大背景下，这种办法既会被用之于一般企业，当然也会被用之于特殊的企业，即文化企业。在市场经济大背景下，文化企业在销售文化产品和提供文化服务方面进行竞争。这就促使文化企业必须不断地生产新的文化产品，以更好地满足文化消费者的需求，从而获得更多的收益。在竞争过程中，具有创新精神的文化企业将获得较大的市场份额，而缺乏创新精神的文化企业，将不得不缩小其生产规模。价格机制是市场经济给社会提供信号的器具。"产品市场上价格的确定是为了平衡消费者的需求和企业的供给；生产要素市场上价格的确定是为了使家庭的供给与企业的需求相平衡。"[1] 从根本上说，价格机制也是一种激励机制，"存在竞争时，价格可发挥最好的作用，价格和竞争使生产者注重成本，并考虑到以替代方式利用资源。同时，消费者将在预算限制之内，对商品的价格和商品对个人所具有的效用进行比较，以决定消费的构成。在市场经济中，价格提供有关生产成本和支付意愿的信息"[2]。显然，市场经济的价格机制，对某些文化资源（即文化产业资源）的有效配置、文化市场结构与供需关系的平衡等也具有重要的作用。

这些都表明，将市场经济运作机制、产业化运作机制引入文化发展领域，使人类拥有了不同于自然经济和计划经济的文化发展机制和方式，带来了前所未有的文化发展效率。在市场经济体制下，各个经济主体的权利和义务、收益和成本、激励和约束是明确和对应的。市场机制、产业化机制既能处理随时随地获得的信息，能利用分散于无数个人习惯和倾向中的实践性知识，又提供了适当的激励，鼓励个

---

[1] [美]萨缪尔森、诺德豪斯：《经济学》（上卷），萧琛主译，中国发展出版社1992年版，第76页。
[2] [挪威]伊萨克森、[瑞典]汉密尔顿、[冰岛]吉尔法松：《理解市场经济》，张胜纪、肖岩译，商务印书馆1996年版，第15—16页。

人、家庭和政府机构作出从宏观文化发展战略尤其是文化产业发展战略的角度看最适当的决策。有了适当的激励，在对个别文化企业有利的事和整个社会的文化发展之间，就会形成一种密切的联系。因此，市场经济运作机制、产业化运作机制有助于促进文化产品和服务的繁荣和发展。这也表明，文化产业"既然是一个产业，就要按照市场经济的规律来发展，也就是说，只有把文化产品变成商品，变为广大群众的消费，才能实现经济价值和社会效益，也才能最大限度地体现文化的宣传教育功能，强化它的意识形态属性，达到以优秀作品鼓舞人的目的"[①]。

### 二 发展文化产业是转变经济发展方式的必然选择

实施"八八战略"以来，浙江省之所以把加快发展文化产业纳入"八八战略"中予以通盘谋划和布局，一个重要原因就是文化产业对破解"发展中的问题""成长中的烦恼"具有重要的作用。当今时代，文化产业已经成为各个国家和地区竞相发展的产业，自然地成为浙江转变经济发展方式的首要选择。文化产业是一种"朝阳产业""无烟工业"，具有资源消耗低、环境污染少，技术含量高、人才聚集度高等特点，实现经济结构的调整和转型升级，必须发挥文化产业的作用，使文化具有经济力，成为社会生产力中的一个重要组成部分，把文化的产业属性和商品属性解放出来，把文化产业作为国民经济支柱产业来培育，使文化产业进入当代经济发展整体机制之中。正如习近平所说，"文化产业就是高附加值的产业，就是极少消耗的绿色产业。因此，必须把文化产业作为文化大省建设的重要突破口，努力使文化产业成为文化大省建设的重要支撑，成为浙江经济发展的重要增长点"[②]。

实施"八八战略"以来，浙江省文化产业的增速一直高于同期GDP的增速。比如，"十一五"时期，浙江文化产业增加值年均增长19.0%，高出同期GDP现价增幅3.4个百分点。2006—2008年和

---

① 习近平：《干在实处 走在前列》，中共中央党校出版社2006年版，第331页。
② 同上。

2009—2010年浙江文化产业增速较快，由于金融危机的影响，2008—2009年文化产业的增速和GDP增速下降，但文化产业增速均大于GDP的增速。2010年，浙江文化产业增加值首次跨过千亿元大关，达1056.09亿元。全省文化产业增加值在国内生产总值中的比重达到3.8%，比2005年提高0.5个百分点，高出全国平均水平1个百分点。"十一五"时期，全省文化产业增加值由2010年的1056.09亿元增加到2015年的2490亿元，年均增长18%；文化产业增加值占全省地区生产总值的比重由2010年的3.88%提高到2015年的5.81%（2015年全国文化及相关产业增加值为27235亿元，占GDP的比重为3.97%），这标志着浙江文化产业已经成为国民经济的支柱性产业。文化产业增速高于同期GDP增速，不仅意味着文化产业增加值占浙江省GDP比重逐步加大，而且也意味着浙江省经济结构的优化。浙江加快发展文化产业的实践表明：

第一，文化产业具有优化需求结构的功能。着力实施扩大内需，建立长效机制，释放消费潜力，着力促进经济增长向依靠消费、投资、出口协调拉动转变，是我国转变经济发展方式的重要举措和战略。多年以来我国各地文化消费增长滞后于消费总体增长，文化消费水平滞后于经济发展水平。从供给上看，由于我国文化产业发展不平衡不充分，产业规模不够大，文化资源有效开发还不够，市场化程度不高，导致文化消费热点较少，市场发育不够成熟，还难以有效满足人民群众日益增长的精神文化需求。实践表明，加快推动文化产业发展，有助于释放居民文化消费潜力，满足人民群众多样化的精神文化需求，优化社会需求结构，实现经济增长由主要依靠投资、出口拉动向依靠消费、投资、出口协调拉动转变。

第二，文化产业具有优化经济结构的作用。文化产业归属于第三产业，具有优化经济结构、促进经济转型升级、扩大内需、增加就业等功能，是典型的生态型产业。美国和意大利文化产业增加值占GDP比重达25%，日本占20%，欧洲国家平均为10%—15%。因此，推动文化产业跨越式发展，是实现经济增长由主要依靠第二产业带动向依靠第一、第二、第三产业协同带动转变，从而优化产业结构的重要途径。加快推动文化产业发展也是一些地区实现跨越式发展的重要途径。长期以来，有一种较为流行的观点：文化繁荣是经济发展到一定程度的产物，发展文化产业必须在经济发展到一定水平以后才能加以考虑。事实已经表明，加快文化产业发展不仅是发达地区优结构、扩消费、增就业、促跨越、可持续发展的重要途径，而且也是欠发达地区优化经济结构、实现跨越式发展的突破口。欠发达地区经济发展相对较慢，如果仅仅单纯以承接发达地区产业转移作为实现经济发展的唯一选择，不仅与发达地区经济社会发展差距会被进一步拉大，而且也有可能成为发达地区清除落后产业的"产业垃圾处理场"。因此，欠发达地区必须独辟蹊径，走跨越式发展道路，而发展文化产业，正是这样一条跨越式发展的重要路径。文化产业与一个地区原有工业基础等条件，不一定存在紧密的对应关系。一些经济尚欠发达，但拥有独特、丰富文化资源和生态资源的地方，只要引进资金、创意人才、经营人才尤其是复合型人才，政府搭建好平台，有效运用市场化、产业化手段，在文化、科技、创意、经济的融合上率先取得突破，就能把文化资源和生态资源的潜在优势转化为文化产业发展的现实优势，推进本地区的跨越式发展。

第三，发展文化产业是提升自主创新能力的重要途径。当代社会各种产业利润主要靠领先的自主创新和技术进步来实现，自主创新是经济发展的助推器，是支撑和引领经济转型升级的主导力。在当代由研发、设计、制造、物流、销售、服务等环节构成的产业价值链中，有一条著名的"微笑曲线"，加工制造业在价值坐标的下端，而研发和市场营销在价值坐标的上端。长期以来我国传统的以加工制造业为主体的产业结构，位于产业链低端，自主创新能力低，消化吸收再创新和自主研发能力不强，科技进步贡献率偏低，只能获取产品价值的小部分。显然，如何因势利导，提升自主创新能力，以高新技术改造提升传统产业，走出一条科技含量高、经济效益好、资源消耗低、环境污染少、人力资源优势得到充分发挥的发展新路，已经上升为关乎最终能否实现又好又快发展的全局性问题。而文化产业是文化、创意、技术高度融合的产业，是自主创造和技术含量高的一种产业门类。发展文化产业，增强文化软实力，是提高自主创新能力的一个重要突破口和强有力的动力引擎。转变经济发展方式，就是要提升产业产品的文化、创意、技术附加值，推动产业链从低端的加工向高端的研发和营销等上升，而这些都与加快推动文化产业发展有关。

### 三　发展文化产业必须发挥政府和市场的作用

改革开放以来特别是实施建设文化大省战略以来，浙江文化产业快速发展的一个重要原因，就是较好地处理了政府与市场的关系，较好地发挥了政府、市场这两种力量的作用。

任何一种产业的孕育与发展，都离不开政府的扶持和推动。作为一种特殊的经济形态和文化形态，文化产业的孕育、发展和壮大更离不开政府的积极扶持和合理引导。实践表明，市场经济能够有效促进经营性文化产业的发展。然而，即使在满足一切理想条件，从而能够充分发挥作用的情况下，市场对文化产业发展的功能失灵和局限性仍然是相当明显的。"让我们暂且假定：经济以完全的有效率的方式运行——总是处于生产可能性边缘上，而从不在它里面，总是选择公共和私人物品的正确数量，如此等等。即使市场制度像我们刚才描述的那样完美地运转，仍然有许多人认为它不理想。"[1] 由于存在垄断、外部性、公共物品、信息不完全性和价格刚性等因素，像一般的经济领域一样，市场机制的自动调节并不能导致文化资源的优化配置，即存在着市场"局限"和"失灵"。正是这种"局限"和"失灵"，使政府的扶持和引导成为一种必然的选择。"市场不能实现有效的（帕累托）资源配置，除了这些情况之外，政府还有一个作用，或因为最后收入分配为人们所反对，或因为市场不能充分地供给某些有效产品（merit goods）或无效产品。"[2] 正因如此，政府有必要通过制定规划、政策等途径对文化产业发展进行调控，弥补市场机制的"局限"或"缺陷"，避免出现文化产业发展中的结构性失衡等问题。此外，与发达国家相比，我国文化产业仍处于发展不充分阶段，企业主体市场

---

[1] ［美］萨缪尔森、诺德豪斯：《经济学》（上卷），萧琛主译，中国发展出版社1992年版，第83页。

[2] ［美］斯蒂格利茨：《政府为什么干预经济》，郑秉文译，中国物资出版社1998年版，第71页。

化程度低，市场发育程度低，也要求政府发挥更大的作用。

　　从总体上来看，在社会主义市场经济条件下，政府对推动文化产业发展的作用是全方位的，既包括宏观战略层面的主导，也包括中观和微观层面的引导。在宏观层面，包括：建立和健全文化产业发展体制机制，制定文化产业发展规划和政策，建立和完善文化产业发展引导体系、绩效管理和产业政策评估体系等；根据文化产业发展战略要求，通过设立文化产业发展专项资金等方式引导文化产业的发展，通过少量财政投入撬动更大社会投入，发挥公共财政"四两拨千斤"的作用；通过制定政策吸引社会力量参与文化产业发展，不断拓宽投融资渠道；通过培育市场主体，发展各类中介组织，促进文化市场成熟。在中观和微观层面，主要是对企业、园区、产业等的扶持，提供有效的公共服务。此外，市场主体、投资、资源、发展空间和政策等文化产业发展的各个关键要素、各个环节的相互协调、合理配置，也需要政府部门的高度支持和有效配合。

　　需要进一步指出的是，长期以来我国较普遍地存在政府职能"越位""错位""缺位""三位"现象。政府职能与市场功能不分，政府往往管了不该管、做了不该做的事，政府组织与事业组织、企业组织、中介组织不分；政府职能分工定位存在交叉混淆等现象；本应由政府生产和提供的服务，政府却未充分尽职尽责，甚至在某些领域出现了"真空"。在社会主义市场经济大背景下，政府必须实现职能"归位"，必须准确定位自身在推动文化产业发展中的作用，从"越位"的地方"退位"，在"缺位"的地方"补位"，从管办不分转向对文化产业发展的规划、指导、协调、监督和管理上来。唯有如此，政府才能干好自己该干的事，有效地发挥自身在推动文化产业发展中的作用。

　　除了政府以外，文化产业的孕育与发展，更离不开市场力量的推动。发展文化产业就是要提高文化资源特别是稀缺文化资源的配置效率，以尽可能少的投入生产尽可能多的产品、获得尽可能大的效益。而理论和实践都已经证明，与自然经济、计划经济相比较，市场经济是实现文化资源优化配置的最有效率的经济形态。市场机制通过价格的浮动等因素，发出灵敏的市场信号，形成有力的竞争机制，迫使文化企业不断降低生产成本，优化生产要素组合，提高产品质量，以最大限度发展文化生产，创造更具竞争力的新的文化产品。"竞争的一个特别重要的结果是，企业会乐于创新。这促使企业不断地进行研究与开发，并力图利用新的生产方法、新的原材料、新的组织生产和分配的方法。从较为长期的角度看，在解释今天市场经济和计划经济之间在技术水平和生活水平方面存在的差异时，不能不说市场的创新能力是一个极为重要的因素。"① 因此，市场决定资源配置是社会主义市场经济的一般规律，也是推动文化产业发展必须遵循的一条重要规律。

经过20多年的实践，我国社会主义市场经济体制已经初步建立，但仍存在不少问题，"主要是市场秩序不规范，以不正当手段谋取经济利益的现象广泛存在；生产要素市场发展滞后，要素闲置和大量有效需求得不到满足并存；市场规则不统一，部门保护主义和地方保护主义大量存在；市场竞争不充分，阻碍优胜劣汰和结构调整，等等"②。这些既是我国在发展社会主义市场经济过程中面临的普遍性问题，也是我国发展文化产业必须着力破解的难题。发挥市场机制对文化产业的推动作用，必须遵循市场规律、善用市场机制解决问题，着力解决文化市场体系不完善、政府干预过多、监管不到位、行业垄断、进入壁垒、地方保护等问题，增强文化企业对市场需求变化的反应和调整能力，提高文化企业资源要素的配置效率和竞争力。

上述表明，当社会主义市场经济已经成为一种基本经济制度时，文化产业必须围绕市场和政府的"优势"和"失灵"发挥自身的功能。发展文化产业必须处理好政府与市场的关系，实现这两种力量持续的良性互动。当然，需要进一步指出的是，相关实践已经表明，政府与企业、市场在推动文化产业中持续的良性互动，必须以完善的市场机制、规范的政府职能、完善的法律制度作为必要条件和有效保障。而中国目前仍然尚未充分具备这些条件。因此，在推动文化产业

---

① ［挪威］伊萨克森、［瑞典］汉密尔顿、［冰岛］吉尔法松：《理解市场经济》，张胜纪、肖岩译，商务印书馆1996年版，第39页。
② 习近平：《关于〈中共中央关于全面深化改革若干重大问题的决定〉的说明》，《人民日报》2013年11月16日。

发展中，把政府"有形之手"和市场"无形之手"的优势结合起来，并尽可能地避免两者的"失灵"，仍然需要一个过程。正如欧文·E.休斯所说，"即使有些人认为，发展中国家需要有一个强有力的私营部门和强大的市场，这也不是一蹴而就的事情，也不能离开与行政管理体制密切相关的基础条件，例如坚持法制，保护竞争，防止出现垄断的法律，以及有能力的人员，这三点正是发展中国家所缺乏的。假定仅仅将活动转向民营部门就可以奏效，而无需其他变革，这种怀有良好愿望的思想和旧的发展行政模式如出一辙"[1]。

---

[1] ［澳］欧文·E. 休斯：《公共管理导论》，张成福、马子博等译，中国人民大学出版社 2001 年版，第 262 页。

# 主要参考文献

中共中央文献研究室编：《习近平关于社会主义文化建设论述摘编》，中央文献出版社 2017 年版。

习近平：《弘扬"红船精神" 走在时代前列》，《光明日报》2005 年 6 月 21 日。

习近平：《与时俱进的浙江精神》，《浙江日报》2006 年 2 月 5 日。

习近平：《干在实处 走在前列》，中共中央党校出版社 2006 年版。

习近平：《"浙江文化研究工程成果文库"总序》，2006 年 5 月 30 日。

李景源、张晓明主编：《浙江经验与中国发展（文化卷）》，社会科学文献出版社 2007 年版。

［美］约瑟夫·奈：《论权力》，王吉美译，中信出版社 2015 年版。

"浙江社会发展现状与对策研究"课题组：《1992—1996 浙江社会发展状况》，浙江人民出版社 1997 年版。

沈晖主编：《再创辉煌——浙江文化发展战略文集》，浙江人民出版社 1997 年版。

杨建华、葛立成主编：《"九五"浙江发展报告（1996—2000 年）》，浙江教育出版社 2000 年版。

杭州市委宣传部编：《名城方略——杭州创文化名城研究文集》（未刊稿），2001 年。

谢地坤主编：《中国梦与浙江实践（文化卷）》，社会科学文献出版社 2015 年版。

蒯大申、饶先来：《新中国文化管理体制研究》，上海人民出版社 2010 年版。

中共浙江省委宣传部编:《推动文化大发展大繁荣专题调研成果汇编》(内部资料),2008年7月。

赵洪祝:《坚持科学发展　深化创业创新　为建设物质富裕精神富有的现代化浙江而奋斗——在中国共产党浙江省第十三次代表大会上的报告》,《浙江日报》2012年6月12日。

何福清主编:《纵论浙江》,浙江人民出版社2003年版。

中共浙江省委党史研究室、当代浙江研究所编:《当代浙江简史1949—1998》,当代中国出版社2000年版。

[德] 马克斯·韦伯:《新教伦理与资本主义精神》,于晓、陈维纲等译,生活·读书·新知三联书店1987年版。

浙江省社会科学界联合会编:《浙东学派与浙江精神》,浙江古籍出版社2006年版。

[德] P. 科斯洛夫斯基:《资本主义的伦理学》,王彤译,中国社会科学出版社1996年版。

段本洛、单强:《近代江南农村》,江苏人民出版社1994年版。

周晓虹:《传统与变迁——江浙农民的社会心理及其近代以来的嬗变》,生活·读书·新知三联书店1998年版。

《中共浙江省委关于认真贯彻党的十七大精神扎实推进创业富民创新强省的决定》,《浙江日报》2007年11月12日。

[澳] 迈克尔·A. 豪格、[英] 多米尼克·阿布拉姆斯:《社会认同过程》,高明华译,中国人民大学出版社2011年版。

[美] 塞缪尔·亨廷顿、劳伦斯·哈里森主编:《文化的重要作用——价值观如何影响人类进步》,程克雄译,新华出版社2002年版。

费孝通:《乡土中国》,生活·读书·新知三联书店1985年版。

[美] 阿历克斯·英格尔斯:《人的现代化》,殷陆君编译,四川人民出版社1985年版。

[匈] 阿格妮斯·赫勒:《日常生活》,衣俊卿译,重庆出版社1990年版。

[美] 奥斯特罗姆等:《制度分析与发展的反思——问题与抉择》,王诚等译,商务印书馆1992年版。

［美］丹尼尔·贝尔：《资本主义文化矛盾》，严蓓雯译，生活·读书·新知三联书店1989年版。

［美］希尔斯：《论传统》，傅铿、吕乐译，上海人民出版社1991年版。

章建刚、尹昌龙、张晓明主编：《中国公共文化服务发展报告（2007）》，社会科学文献出版社2007年版。

陈涓：《县级图书馆开展"以文补文"活动反思》，《图书馆》2008年第1期。

［加拿大］文森特·莫斯可：《传播政治经济学》，胡正荣等译，华夏出版社2000年版。

章建刚、尹昌龙、张晓明、陈新亮主编：《中国公共文化服务发展报告（2009）》，社会科学文献出版社2009年版。

高占祥：《开展以文补文活动促进文化事业发展——在全国文化事业单位以文补文经验交流会上的报告（要）》，《中国图书馆学报》1988年第3期（总第14卷第67期）。

陈立旭、连晓鸣、姚休：《解读文化和文化产业：浙江发展文化产业建设文化大省研究》，浙江人民出版社2003年版。

杨建华、葛立成主编：《1998—1999浙江经济社会发展蓝皮书》，中国国际广播出版社1999年版。

谷迎春、杨建华主编：《浙江社会发展问题与思考》，杭州大学出版社1998年版。

杭州市文化体制改革工作领导小组办公室编：《杭州市文化体制改革回眸》，杭州出版社2007年版。

张晓明、胡惠林、章建刚主编：《2008年中国文化产业发展报告》，社会科学文献出版社2008年版。

刘建军：《单位中国——社会调控体系重建中的个人、组织与国家》，天津人民出版社2000年版。

沈雁冰：《三年来的文化艺术工作》，《人民日报》1952年9月27日。

蒯大申、绕先来：《新中国文化管理体制研究》，上海人民出版社2010年版。

季洪：《新中国电影事业建设四十年（1949—1989）》（未刊稿）。

[美] 道格拉斯·C. 诺斯：《制度、制度变迁与经济绩效》，杭行译，生活·读书·新知三联书店上海分店、上海人民出版社1994年版。

[英] 格里·斯托克：《作为理论的治理：五个论点》，《国外社会科学》2000年第4期。

[英] 詹姆斯·罗西瑙：《没有政府的治理》，张胜军、刘小林等译，江西人民出版社2001年版。

唐娟：《政府治理论》，中国社会科学出版社2006年版。

[美] 乔治·弗雷德里克森：《新公共行政》，丁煌、方兴译，中国人民大学出版社2011年版。

《基本公共服务均等化行动计划（2008—2012）》，《浙江经济》2008年第19期。

[美] 罗伯特·墨顿：《官僚制结构与人格》，中共中央党校出版社1996年版。

李建新、罗颖杰：《把文化消费选择权交给百姓：宁波"万场电影千场戏"进农村的启示》，《浙江日报》2005年4月25日。

[美] 罗尔斯：《正义论》，何怀宏、何包钢、廖申白译，中国社会科学出版社1988年版。

[美] 奥肯：《平等与效率》，王奔洲等译，华夏出版社1999年版。

[美] 乔治·弗雷德里克森：《新公共行政》，丁煌、方兴译，中国人民大学出版社2011年版。

卢现祥：《西方新制度经济学》（修订版），中国发展出版社2003年版。

鄞县广播电视局编：《鄞县文化广博体育志》（未刊稿），1992年。

陆耀亭主编：《记忆与感知——浙江电影产业研读报告》（未刊稿），2013年。

《宁波五十年》编辑委员会：《宁波五十年》，宁波出版社1999年版。

卢敦基主编：《2004年浙江发展报告（文化卷）》，杭州出版社2004年版。

蒋三庚：《文化创意产业研究》，首都经济贸易大学出版社2006年版。

奚建华：《从文化产业到文化创意产业：现实走向与逻辑路径》，《浙江学刊》2007年第6期。

［英］迈克·费瑟斯通：《消费文化与后现代主义》，刘精明译，译林出版社2000年版。

［法］鲍德里亚：《消费社会》，刘成富、全志钢译，南京大学出版社2000年版。

马化腾等：《互联网+国家战略行动路线图》，中信出版集团2015年版。

［挪威］伊萨克森、［瑞典］汉密尔顿、［冰岛］吉尔法松：《理解市场经济》，张胜纪、肖岩译，商务印书馆1996年版。

程恩富主编：《文化经济学》，中国经济出版社1993年版。

［美］萨缪尔森、诺德豪斯：《经济学》，萧琛主译，中国发展出版社1992年版。

［美］斯蒂格利茨：《政府为什么干预经济》，郑秉文译，中国物资出版社1998年版。

［澳］欧文·E.休斯：《公共管理导论》，张成福、马子博等译，中国人民大学出版社2001年版。

# 后　　记

　　这部书写作的直接导因是 2017 年我主持的本课题被立项为浙江省哲学社会科学重大课题，但我对浙江文化发展的思考与研究则几乎与省委实施建设文化大省战略同步，至今已有将近 20 年的历史了。所以，这部书既可以说写了一年半多，也可以说写了将近 20 年。

　　改革开放以来，浙江在工业基础薄弱、农业比重大、资源匮乏等不利条件下，经济快速发展，经济总量迅速上升的一个重要原因，就在于深厚历史文化底蕴与时代精神的有机结合。习近平在浙江工作期间，站在全面建设小康社会、加快建设社会主义现代化的战略高度，把进一步发挥人文优势、加快建设文化大省，作为实施"八八战略"的重要内容，提出了文化建设的顶层设计，更加自觉地推动文化建设。改革开放以来特别是实施"八八战略"以来，正是基于文化建设对于形成新发展优势重要战略意义的认识，省委各个阶段文化建设任务的提出和定位，总是应对经济社会发展面临的机遇和挑战，并将文化建设与经济社会发展总体战略目标紧密结合起来，始终适应于经济社会发展重大战略任务的需要。浙江省文化建设思路和目标，也总是随着经济社会发展战略定位的逐步提升而不断提升的。从加快建设文化大省、文化强省到努力建设文化浙江，历届省委总是不断审视和俯瞰文化建设面临的新问题，提出浙江文化发展的新目标和新任务，既体现了一张蓝图绘到底的文化建设思路的延续性，也体现了省委着眼于不断形成新发展优势的时代要求，根据不同发展阶段及时调整和不断完善文化发展思路和战略的与时俱进精神。

　　浙江推动文化繁荣兴盛的实践，为增强文化自信，走出一条具有中国特色、民族特征和时代特点的文化发展道路发挥了先行探索先行实践的作用，为一个体现中国智慧的文化建设"中国方案"贡献了力量、元素和经验。研究文化发展的浙江探索和实践，总结成功的做法，从中提炼对全国文化建设具有普遍、典型意义和参考借鉴价值的经验，有助于从浙江思考中国，通过对浙江的研究，深化对中国特色文化发展道路和发展规律的认识。

20世纪和21世纪之交以来我分别主持了"浙江经济发展的文化动因""发展文化产业，建设文化大省研究""区域文化发展与浙江经济社会发展互动关系研究""文化的力量：浙江社会发展的引擎"等省重大课题的研究。《文化发展：浙江的探索与实践》这部书既是一个社会科学工作者对改革开放以来浙江文化建设特别是实施"八八战略"以来浙江从加快建设文化大省、文化强省到努力建设文化浙江过程的纪录和见证，也是我近20年来对浙江文化建设重大理论和实践问题思考和研究的一个总结。

在本书写作的一年半多时间里，浙江省社会科学界联合会多次组织了写作大纲和书稿的论证会、修改会。省社联盛世豪书记、蒋承勇主席、邵清副主席，省哲学社会科学规划办俞晓光主任、董希望副主任等给予了热情的指导、帮助和支持。浙江省委党校科研处为课题研究和本书写作做了大量组织协调工作。中国社会科学出版社为著作出版付出了艰辛和富有创造性的劳动。在此，一并致以衷心谢忱。

陈立旭

2018年10月于杭州溪畔花园